# स्त्री-विमर्श: भारतीय नवजागरण काल
# (हिंदी और तेलुगु साहित्य के संदर्भ में)

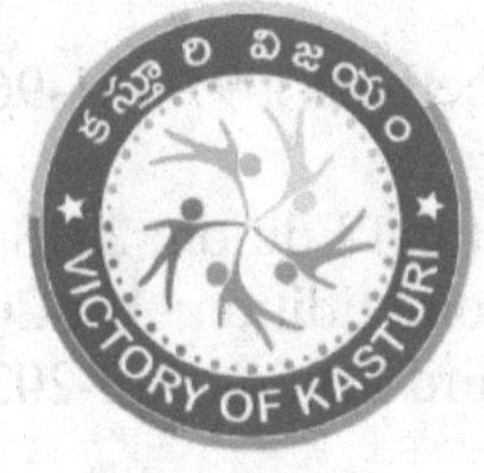


**डॉ.श्रीमती पी.माणिक्याम्बा "मणि"**

**स्त्री-विमर्श: भारतीय नवजागरण काल**
**(हिंदी और तेलुगु साहित्य के संदर्भ में)**

**STRI-VIMARSH: BHARATIYA NAVJAGARAN KAAL**
**(HINDI AUR TELUGU SAHITYA KE SANDARBH MEIN)**

Author: डॉ. श्रीमती पी.माणिक्याम्बा "मणि"



ISBN (Paperback): 978-81-969150-9-4

First Edition: 2013
Second Edition: Apr-2019
Third Edition Apr-2024

Published By: Kasturi Vijayam
Print On Demand

Ph:0091-9515054998
Email: Kasturivijayam@gmail.com

Book Available
@
Amazon (WorldWide), flipkart

# निवेदन

लगभग बीस वर्षों से स्त्री लेखन और स्त्री समस्याओं से संबंधित साहित्य का विशेष अध्ययन कर रही हूँ। मैंने इन विषयों पर स्वतंत्र या तुलनात्मक शोधकार्य किया और करवाया है। इस संदर्भ में "सामाजिक क्रांति के दस्तावेज" उल्लेखनीय हैं जो डॉ. शंभुनाथ द्वारा संपादित एवं वाणी प्रकाशन द्वारा प्रकाशित हैं और जिसमें नवजागरण काल संबंधी तेलुगु सामग्री की अनुवादक मैं रही। दोनों भाषाओं-हिंदी और तेलुगु के नवजागरण कालीन साहित्यों एवं साहित्यिक एवं सामाजिक आंदोलनों की विशेष जानकारी के कारण मैंने नवजागरण कालीन स्त्री- विमर्श पुस्तक के रूप में लाने के लिए प्रारूप बनाया। दो भाषाओं के साहित्य के गहन, गंभीर अध्ययन एवं स्त्री विमर्श के विभिन्न आयाम जो साहित्य में लक्षित हुए, इन का अध्ययन मैंने यहाँ प्रस्तुत करने का प्रयास किया है।

मैं सविनय निवेदन करती हूँ कि नवजागरण कालीन हिंदी साहित्य की अपेक्षा मैंने तेलुगु साहित्य पर ज्यादा जोर दिया है। हिंदी साहित्य के भी महत्वपूर्ण बिंदुओं को समेटने की मैंने पूरी कोशिश की। अनेक महानुभावों ने हिंदी नवजागरण पर कार्य किया और अनेक कर रहे हैं। सभी बातों को मैं दुहराऊँगी तो विषय का विस्तार अधिक हो जाएगा और नयी बातें कम ही हाथ लगेंगी। इसलिए स्त्री-विमर्श से संबंधित महत्वपूर्ण बिंदुओं को प्रस्तुत किया है। तेलुगु साहित्य के नवजागरण कालीन साहित्य के स्त्री-विमर्श पर अधिक से अधिक प्रकाश डालने का प्रयास किया। कुछ महत्वपूर्ण साहित्यकारों के स्त्री - चिंतन का विवेचन किया, साथ कुछ मूल रचनाओं का अनुवाद भी प्रस्तुत किया।

इसमें तेलुगु साहित्य में स्त्री-विमर्श का नवजागरण काल का जो रूप था, मैंने उससे परिचय कराने का प्रयत्न किया। सुधी आलोचक यह अनुभव करेंगे कि नवजागरण कालीन तेलुगु साहित्यकारों ने स्त्री की विवशताओं, समस्याओं और उनके कारणों एवं निदानों को ही प्रस्तुत नहीं किया अपितु सामाजिक आंदोलन के पुरोधा रहे, Activist रहे। अपने इन प्रगतिशील विचारों एवं कार्यकलापों के कारण समाज की उपेक्षा एवं लांछन भी उन्हें सहना पड़ा। किंतु उन्होंने अपनी कठिनाइयों पर ध्यान न देकर तन-मन-धन से स्त्री- पक्ष में कार्य किया।

प्रस्तुत शोध- प्रस्तुति में सर्वप्रथम मैंने 'भारतीय समाज और स्त्री' शीर्षक से प्रथम खंड का अंश प्रस्तुत किया। इसमें मैंने यह पड़ताल करने की कोशिश की कि भारतीय प्राचीन

समाज में स्त्री का जो स्वतंत्र अस्तित्व था, वह किस प्रकार दोयम दर्जे का बन रहा था। उन कारणों पर विचार किया गया। द्वितीय खंड में आधुनिक काल की पृष्ठभूमि पर विवेचन किया, ब्रिटिश शासन का भारतीय परिवेश के साथ भारतीय नव जागरण का ऐतिहासिक विश्लेषण प्रस्तुत करने का प्रयास किया। नवजागरण की वैचारिक पृष्ठभूमि पर विचार करते हुए समग्र भारतीय समाज को प्रभावित एवं प्रेरित करने वाले वैचारिक आंदोलनों एवं चिंतकों के अवदान पर विचार किया। इस काल में बाह्याडंबरों का विरोध, धर्म के प्रति नये दृष्टिकोण (ब्रह्म समाज, प्रार्थना समाज, आर्य समाज) के साथ-साथ दलित एवं स्त्रियों की दुरवस्था दूर करने के प्रयासों पर भी प्रकाश डाला गया। इसमें स्त्री जनोद्धार के लिए विशेष रूप से कटिबद्ध सामाजिक आंदोलनों और उन महान् समाज-सुधारकों के प्रयासों का विवेचन किया गया।

तृतीय खंड में नवजागरण काल का तेलुगु भाषी प्रदेश जो उस समय मद्रास प्रेसिडेंसी से संबद्ध था, प्रकाश डाला गया। उस प्रदेश में स्त्री-शिक्षा एवं विधवा-विवाह का जो मुहिम चला था, उसका संक्षिप्त परिचय प्रस्तुत किया गया। यहाँ यह भी ध्यान देने की बात थी कि स्त्री-शिक्षा के क्षेत्र में संपूर्ण भारत में बंगाल के बाद मद्रास प्रेसिडेंसी ने प्रगति की थी। वीरेशलिंगम ने विधवा विवाह का पक्षधर होकर आंदोलन किया। इस खंड में वीरेशलिंगम पूर्व सामाजिक परिस्थितियों का भी परिचय दिया गया।

चतुर्थ खंड में नवजागरण कालीन कविता में स्त्री विमर्श की अनेक बिंदुओं को सोदाहरण प्रस्तुत किया गया। इस काल के कवियों में गुरजाडा अप्पाराव जैसे साहित्यकार हुए जिन्होंने नाटक, कविता एवं कहानी में स्त्री जीवन के विभिन्न पहलुओं का चित्रण किया और समाज को सचेत किया कि स्त्री-दुखों का कारण उनके प्रति समाज में व्याप्त विवक्षा ही है। स्त्री पक्षधर चलम् का समग्र कथा साहित्य स्त्री-जीवन को ही समर्पित था। अपनी रचनाओं में उन्होंने अनेक क्रांतिकारी विचार व्यक्त किये। चलम की वैचारिक प्रखरता से तत्कालीन समाज के ठेकेदारों ने चलम को समाज से बहिष्कार किया और साहित्य को भी करने की कोशिश की। पर सफलता नहीं मिली।

इसी खंड में नवजागरण कालीन महिला पत्रकारिता की चर्चा की गयी। यह अवगत हुआ कि 19 वीं शती के अंतिम चरण में स्त्रियों के द्वारा और स्त्रियों के लिए पत्रिकाएँ चलायी गयी।

पंचम खंड में नवजागरण कालीन स्त्री पक्षधर कथाकार जो तेलुगु साहित्य में महत्वपूर्ण कथाकार थे उनकी विचारधारा का विवेचन किया गया। स्त्रीवादी पहला चिंतक -

कथाकार चलम के कथा साहित्य का संक्षिप्त विश्लेषण किया गया। स्त्री-विमर्श के बारे में चलम् के मौलिक विचारों की समीक्षा की गयी।

छठे खंड में कुछ चुने हुए अनुवाद प्रस्तुत किये गये। 20 वीं शताब्दी के प्रारंभिक दशकों की इन कहानियों में व्यक्त रचनाकारों के विचार, उनकी स्त्री समस्याओं के प्रति दृष्टिकोण और रचनाकारों की विलक्षणता का परिचय हो जाता है।

कुल मिलाकर इस प्रस्तुति में यथासंभव संबंधित सामग्री पर विचार किया गया है। गागर में सागर तो नहीं आता किंतु सागर के कुछ जलकण आयेंगे जो विशाल सागर के ही अंश हैं। उनसे सागर - तत्व जाना जा सकता है। उसी प्रकार इस संक्षिप्त अध्ययन के आधार पर समझा जा सकता है कि अनेक बिंदु हैं जिनका विस्तार दिया जाना है। यह इसकी उपलब्धि भी है।

**डॉ. (श्रीमती) माणिक्याम्बा 'मणि'**

**आचार्य एवं पूर्व अध्यक्ष**

**हिंदी विभाग, उस्मानिया विश्वविद्यालय,**

**हैदराबाद, तेलंगाना**

# अनुक्रमणिका

# अपनी बात

साहित्य के किसी काल-खंड में ऐसा नहीं हुआ कि उस में नारी विमर्श प्रमुख विषय न रहा हो। वीर, भक्ति, रीति, नीति, जागरण, पुनर्जागरण कोई भी विषय हो, नारी उस का अनिवार्य एवं अकाट्य अंग रहा है। क्योंकि साहित्य जीवन को चित्रित करता है, जीवन के यथार्थ की परीक्षा - समीक्षा करता है और एक समानांतर जीवन की अपनी कल्पना से रचना कर डालता है। उस रचना में जीवन यथार्थ कहीं न कहीं थोड़ा परिवर्तित हो जाता है, क्योंकि उस की रचना मूल रचयिता नहीं, बल्कि साहित्यकार का संवेहित, उद्वेलित व उच्छल मानस करता है, जिस में कहीं-न-कहीं यथार्थ की परिस्थितियों की विकृतियों को संवार देने की इच्छा काम करती है। युग बदलने के साथ मानव की चिंता एवं उसके दृष्टिकोण बदले। जीवन में नारी का स्थान बदला। उसकी स्थिति, उसकी पहचान बदली। वह पुरुष की अर्धांगिनी या मात्र वामा के स्थान पर एक स्वतंत्र, स्वतः पूर्ण, पृथक् अस्मिता युक्त एक अस्तित्व बन कर उभरी। अब वह मानवी का रूप धारण कर चुकी है, जो केवल 'नर' की 'मादा' ही नहीं है अपितु मानव का स्थायी रूप है। यदि पुरुष रूप 'मानव' है तो स्त्री रूप है 'मानवी'। उसकी इस पहचान को जानना और मानना दोनों आवश्यक हैं। आज का यथार्थवादी साहित्यकार नारी के मानवी रूप से दो चार हो रहा है। इस संदर्भ में वह नारी जीवन की नग्न वास्तविकताओं को देख रहा है और उसकी दुर्बलताओं, उसकी विवशताओं के साथ-साथ उसकी शक्तियाँ और संभावनाओं को भी देख रहा है। आज की नारी में चारों ओर से उभर आए विरोधाभासों को भी देख रहा है और स्तब्ध हो रहा है। नारी सशक्तीकरण के प्रयास की दशा, उस के परिणाम को देख रहा है। यहाँ उपज आयी दुविधाओं व समस्याओं को देख रहा है और इस सब का विश्लेषण सहित और कहीं-कहीं विश्लेषण रहित चित्रण कर दे रहा है। इस ही लेखन का नाम है नारी-विमर्श। यह हमें मानना होगा कि मात्र चित्रण कर देना विमर्श नहीं कहा जा सकता। विमर्श की श्रेणी में आने के लिए उसमें पर्याप्त निरीक्षण, परीक्षण और समीक्षा की आवश्यकता है। इस लेखन में लेखक का दृष्टिकोण स्पष्ट उभर कर आना आवश्यक है।

इस संबंध में दो भू-खंडों के या दो भिन्न भाषाओं के साहित्यों का तुलनात्मक अध्ययन यह तथ्य उभारता है कि नारी की स्थिति समाज में, घर- परिवार में और पुरुष के

संदर्भ में सब जगह लगभग एक सी ही है। वही पुरुष का स्वामी, भक्ति और अन्नदाता का रूप, वही नारी का दासी, सेविका, आज्ञापालिका, तृप्तिदायिका व मनोदेविनी का रूप। आत्मगौरव को तो छोड़िए, आत्म सम्मान के भाव से भी वंचित, अस्मिता बोध से रहित, हीनता- बोध से शासित, आत्म- तिरस्कार से भरी हुई, समर्पण करने को विवश या शायद आतुर एक व्यक्ति!

डॉ. माणिक्यांबा ने नवजागरण कालीन हिंदी और तेलुगु साहित्य में नारी- विमर्श का तुलनात्मक अध्ययन प्रस्तुत करके इसी तथ्य की पुष्टि की है। व्यक्ति- भेद एवं दृष्टि-भेद के कारण नारी जीवन पर प्रस्तुत टिप्पणियों में अंतर आया है, जो कि स्वाभाविक भी था, किं अंतस्थल में बहती हुई नारी जीवन-धारा की समानता सहज ही परिलक्षित हो जाती है। डॉ. माणिक्यांबा ने रचनाओं में से संबंधित अंश उद्धृत किए हैं। वे स्वयं हिंदी, तेलुगु व संस्कृत की प्रकांड विदुषी हैं, एक संवेदनशील कोमल हृदय की स्वामिनी हैं। इससे वे यह कार्य सरलता व कुशलता से कर पाई है। अंत में इन्होंने तीन तत्कालीन तेलुगु कहानियों का हिंदी अनुवाद प्रस्तुत किया है। विवाह का नारी के लिए अर्थ, पैतृक संपत्ति में पुत्री का अधिकार और दाय को लेकर नारी की वो स्थिति उभरती है, वह दयनीय ही नहीं, करुण ही नहीं अपितु मन में तूफान उठा देने वाली भी है। समाज में यदि नारी- स्थिति में परिवर्तन आएगा तो साहित्य के चित्रण से ही आएगा, ऐसा विश्वास है।

डॉ. माणिक्यांबा को उन के इस स्तुत्य प्रयास के लिए बधाई। उनकी सतत प्रगति के लिए हार्दिक शुभकामना।

**दिनांक: 27.12.12**

**डॉ. पुष्पा बंसल**
**प्रोफेसर एवं पूर्व अध्यक्ष,**
**हिंदी विभाग**
**एम.डी. विश्वविद्यालय,**
**रोहतक, हरयाणा**

# स्त्री-विमर्श: भारतीय नवजागरण काल
## (हिंदी और तेलुगु साहित्य के संदर्भ में)

# 1.प्रथम खंड

## 1.भारतीय समाज: स्त्री पर्व

स्त्री-विमर्श पर विचार करने से पहले स्त्री-विमर्श की आवश्यकता पर विचार करना समीचीन है। स्त्री-विमर्श और दलित विमर्श आज की आवश्यकता क्यों बन गये हैं? इस प्रश्न पर सोचने से पहले समकालीन समाज में इन दोनों की दशा पर दृष्टि रखते हुए इनके सामाजिक इतिहास से भी अवगत होना जरूरी हो जाता है। साथ ही प्राचीन काल से समाज में स्त्री की दशा और दिशा पर और इस दशा एवं दिशा को संचालित करनेवाले अधिकार - केंद्रों पर विशेष ध्यान देना जरूरी हो जाता है। स्त्री- विमर्श हो या दलित-विमर्श - इन विमर्शों का प्रयोजन है - स्त्री और दलित को समाज के असंतृप्त जीवन-शैली से उभारकर उनको सामान्य और साधारण मनुष्य जीवन जीने के लिए उपयुक्त वातावरण तैयार करने के लिए समाज में वैचारिक एवं मानसिक जागरूकता लाना। इतिहास साक्षी है कि स्वयं स्त्रियों एवं दलितों ने परिस्थितियों का निर्माण करनेवाली व्यवस्था से विद्रोह किया। फिर भी इन आंदोलनों को आशानुरूप सफलता नहीं मिली। व्यवस्था परिवर्तन एक लंबी प्रक्रिया है। वैचारिक एवं मानसिक परिवर्तन लाना भी समय लगने वाली प्रक्रिया है। इस प्रकार की समझ लाने के लिए स्त्रियों की मौजूदा जीवन से असंतृप्त, उस दशा को सुधारने के लिए बलवती आकांक्षा के साथ, उस सामाजिक एवं व्यवस्थापरक स्त्री-जीवन-निर्माण-प्रक्रिया की पड़ताल करना स्त्री-विमर्श है। इसकी वैचारिक अभिव्यक्ति एवं इस वैचारिकता और संवेदना को साहित्य के माध्यम से जो व्यक्त किया गया है उसका अध्ययन मेरे अध्ययन का विषय है। हम पहले समाज में स्त्री समूह के जीवन की गतिविधियों के विकास क्रम तथा समाज में उसके स्थान को निर्धारित करनेवाले तत्वों पर विचार करेंगे।

मानवजाति के विकास के महत्वपूर्ण अंश हैं - उत्पादन एवं पुनरुत्पादन। पुनरुत्पादन में योगदान स्त्री का प्राकृतिक गुण है। इस प्रकार वह मानव जाति के विकास का मूल कारण बनी। मानव जाति अपनी भूख प्यास मिटाने के लिए प्राकृतिक संसाधनों पर निर्भर थी। मनुष्य प्रकृति में सहज सिद्ध तृण धान्य, कंद-मूल-फल और जानवरों का उपयोग करने लगा। स्वयं खाद्य पदार्थों के निर्माण में स्त्री ने कृषि - संसाधनों को ईजाद किया। स्त्री धान्य को सुरक्षित रखने के लिए घड़े बनाने लगी।

इस तरह खेती-बाड़ी और उद्योगों का श्रीगणेश भी महिलाओं द्वारा हुआ। बहुत समय तक इन दोनों ही क्षेत्रों में उसकी महत्वपूर्ण भूमिका रही। कालांतर में स्त्री पुनरुत्पादन संबंधी संतानोत्पत्ति कर्तव्यों के बहाने उत्पादन की प्रक्रिया से उसे दूर कर पुरुष के समान उसका जो दर्जा था उससे उसे अलग किया गया। वहीं से स्त्री-पुरुष असमानता का बीजारोपण हुआ। इस प्रकार की असमानता के कारण स्त्री जीवन में असंतोष घुल गया। यह जो स्त्री-पुरुष जीव में असमानता है, उसको निरंतर चलाने के लिए सशक्त बनाने के लिए जिस व्यवस्था ने रूप लिया, जिसका निर्माण हुआ उसी नाम है-पितृसत्तामक व्यवस्था।

स्त्रियों ने जमीन पर खाद्य पदार्थों को उगाने का काम शुरू किया तो सस्य- श्यामला धरती के मानव की भूख मिटाने के नये-नये उपाय खोजे जाने लगे। कृषि में हल जैसे उपकरणों के प्रयोग के कारण फसल में इजाफा होने लगा। फसल और उसको उगानेवाली जमीन पर स्वामित्व की नयी व्यवस्था का प्रारंभ हुआ। जमीन- जायदाद पर व्यक्ति का स्वामित्व कायम हो गया। व्यक्ति का स्वामित्व फिर वर्ग सत्तात्मक समाज बनने में सहायक हुआ। समाज में उत्पादन प्रक्रिया में जुटे व्यक्तियों से ज्यादा उत्पादक-संसाधनों के स्वामियों का प्रभुत्व बढ़ गया। उत्पादन की व्यवस्था में समाज ने इन स्वामियों को पूरे अधिकार दिये। स्त्री को भी उत्पादन प्रक्रिया से दूर कर उसके शरीर ही नहीं उसके उत्पादक जैविक शक्ति पर भी पितृसत्तात्मक व्यवस्था ने अधिकार जमाया। पुरुष द्वारा स्वाधीन जमीन जायदाद को अपनी ही संतान को वारिस बनाकर सौंपने की बलवती चेतना के कारण स्त्री पुरुष संबंध दंपती के संबंधों में स्थिर होकर कुटुंब या परिवार के निर्माण का कारण बना। कुटुंब में स्त्री पुरुष संबंधों का निर्देश होने लगा। पारिवारिक व्यवस्था के संचालन की बागडोर उत्पादन के संचालकों के हाथ में चला गया। परिणामस्वरूप उत्पत्ति और उत्पादन संबंधों में परिवर्तन के अनुरूप परिवार व्यवस्था या कुटुंब व्यवस्था में समझौते होने लगे।

कुटुंब का मुखिया, कुटुंब व्यवस्था का निर्माण करनेवाला, पुरुष होने के कारण, पुरुष ही रहा। उसे 'यजमान' भी कहा जाता है। उस पुरुष संबंधी मानव संपदा, पशु-पक्षी आदि को

'कुटुंब' कहा गया है। मानव संपत्ति के अंतर्गत पुरुष की पत्नी, संतान के अलावा उसके अधीन जो गुलाम है - स्त्री-पुरुष दोनों अपनी संतान के साथ यजमान के कुटुंब के अंतर्गत आ जायेंगे। यजमान के आदेशों का पालन करते हुए उत्पादन-प्रक्रिया में भाग लेते हुए जायदाद बढ़ाने वाले गुलाम और पुनरुत्पादन की प्रक्रिया में भाग लेते हुए उस पुरुष की वंश परंपरा को बढ़ाते हुए उसकी जायदाद के लिए वारिस पैदा करनेवाली स्त्री के ओहदे में वास्तव में कोई अंतर नहीं है। कालांतर में बदली हुई हालत में गुलामी प्रथा का विरोध हुआ और गुलाम कुछ हद तक अपनी अस्मिता को प्रमाणित करने में सफल हुए और यजमान के कुटुंब से अलग होकर किसानों के रूप में उन्होंने नया अस्तित्व प्राप्त किया। पुरुष और स्त्री के संबंधों में जो असमानताएँ, अस्तित्व के लिए चुनौती है वह सामाजिक प्रगति के प्रत्यक्ष अवरोध न होने के कारण और स्त्री-पुरुष संबंधों में जो अंतर्लीन विरोधाभासों के अस्पष्ट होने के कारण, इनके असमान संबंधों में परिवर्तन नहीं हो सका। गुलामी के जंजीरों से छूटकर खेतीबाड़ी करनेवाला समुदाय एक वर्ग के रूप में आकार ले रहा था। इस प्रक्रिया में परिवार का वही नमूना सामने आया जिसमें घर का बड़ा मुखिया होता है। जमीन-जायदाद से संबंधित रिश्तों में पितृसत्तात्मक पारिवारिक व्यवस्था की जड़ें मजबूत हो गयी। इसलिए साहब और गुलाम के रिश्तों के समाप्त होने के बाद शोषित जनता के उन वर्गों में जिनमें कुटुंब व्यवस्था ने रूप लिया उसने अपने पूर्ववर्ती व्यवस्था का अनुकरण किया। तात्पर्य यह हुआ कि फ्यूडल व्यवस्था में भी कुटुंब का अर्थ है पुरुष, उसकी पत्नी और उनकी संतान। भूमि इनकी प्रधान संपत्ति है। जमीन जहाँ संपत्ति है, वहाँ उसके उत्तराधिकारी के रूप पुरुष संतान का महत्व बढ़ने लगा। यह पुरुष-संतान भूमि पर आश्रित होकर वहीं रह जाते थे। जिस जमीन के टुकड़े पर जिस का उत्तराधिकार होता था वे सभी उसके पास ही रहने लगे। इस प्रकार यजमान, उसकी पत्नी, उसके सभी पुत्र, उनके बहू और उन पुत्रों की संतान एक ही जगह मिलकर रहते थे। इस परिवार का सबसे बड़ा उस परिवार का यजमान कहलाता था। परिवार के सभी यजमान के आज्ञानुवर्ती होते थे। इस प्रकार एक समूह जिसमें खून का रिश्ता महत्वपूर्ण है, उस पर पुरुष का आधिपत्य कायम हो गया था। पितृसत्तात्मक व्यवस्था में इस आधिपत्य को बिना प्रश्न चिह्न लगाये, अनुसरण करना 'संस्कृति' का लक्षण माना गया। इस प्रकार के आचरण को 'विनय' गुण मानकर उस गुण को पितृसत्तात्मक व्यवस्था ने श्रेष्ठ गुण के रूप में प्रचार किया। इस सांस्कृतिक व्यवस्था में पत्नी पति का, संतान माता - पिता का छोटे-बड़ों के अधीन रहना समाज के लिए आदर्श माना जाने लगा। कुटुंब के यजमान के नाम से ही, इनको जाना जाता है, उनकी अलग कोई पहचान नहीं रहती। यजमान के बाद परिवार का बड़ा बेटा पूरे अधिकारों का उत्तराधिकारी होता है।

इस प्रकार का नियम कुटुंब के साथ राज्य एवं राज्य के उत्तराधिकारी के संदर्भ में स्थिर हो गया था। इसमें यह भी एक शर्त है कि प्रजा को राज्य के अधीन रहना भी इस व्यवस्था की विशेषता है। राज्याधिकार के संदर्भ में राजा के बाद राजा का बड़ा बेटा 'युवराज' कहलाने लगा और राजा के बाद वही राज्य का उत्तराधिकार प्राप्त करता था। इस प्रक्रिया में धर्म ने भी अपने भूमिका निभायी क्योंकि परिवार के प्रयोजन एवं राज्य के प्रयोजनों के लिए भी इस व्यवस्था की सुरक्षा को उसने आवश्यक माना। राजा को देवता का ऊँचा स्थान प्राप्त हुआ। इस प्रकार राज्य व्यवस्था में प्रजा के लिए पृथ्वीपति (राजा) विष्णु समान हो गया, कुटुंब व्यवस्था में पत्नी के लिए पति साक्षात् देवता के रूप में स्थापित हो गया। इस प्रकार मानव समाज में विविध स्तरों पर पितृसत्तात्मक व्यवस्था के अनुकूल विनयपूर्ण आचरण के प्रबोध के साथ स्त्री के लिए भी परिवार के पुरुष वर्ग के अधीन रहने के लिए आवश्यक परिदृश्य तैयार हो गया और प्रचार हुआ-'न स्त्री स्वातंत्र्यमर्हति। '

गुलाम प्रथा का पूरा ध्यान जमीन-जायदाद को बढ़ाने में ही था। भूमि पर आधिपत्य के परिणाम स्वरूप उसको भोगने के लिए फ्यूडल व्यवस्था ने रूप लिया। इसमें संपत्ति को भोगने के लिए उत्तराधिकारी देनेवाली स्त्री पर आधिपत्य महत्वपूर्ण हो गया। परिणामस्वरूप स्त्री को पुरुष के अधीन रखने के लिए आवश्यक व्यवस्था का निर्माण हुआ। 'पुरुष' के कुटुंब के उत्तरदात्वि का भार स्त्री पर डाल कर, संतान को जन्म देना, लालन-पालन करना, घर के कामकाज ही को स्त्री-जीवन का पर्याय बनाकर उसे 'घर का गुलाम' बना दिया गया। इस प्रक्रिया में काम का भी विभाजन हुआ-स्त्री जनोचित काम-पुरुषोचित काम। इसको घुट्टी में पिला-पिलाकर स्त्री पुरुषों के लिए इसे स्वभावगत भेद सिद्ध किया जाने लगा। संतान को जन्म देना, स्त्री के लिए जितना प्रकृति सिद्ध है, उतनी ही सहजता से संतान लालन-पालन, रसोई का काम, घर की साफ-सफाई मानी गयी है। पुरुष कृषि आदि उत्पादक कार्यों में और स्त्री के घर का कामकाज - श्रम विभाजन के सिद्धांत के रूप में समर्थन होने लगा। बाद में हालात यहाँ तक आ गये कि यह सिद्धांत भी मान लिया गया है कि इसी प्रकार के काम स्त्री के स्वभाव के अनुरूप हैं।

स्त्रियों के द्वारा किये जानेवाले काम व्यापार-विनिमय उत्पादक (productive ) नहीं होने के कारण, उन कामों को और उनको करनेवाली स्त्रियों को समाज में पुरुषों से कमतर मानने का चलन हो गया है। ऊपर से इन कामों को पुरुषों के योग्य नहीं मानकर हीन माना जाने लगा। जीवन भर जिस घर के लिए चाकरी करते हुए अपना सब कुछ अर्पण किया उसी घर में उनके लिए किसी प्रकार की स्वतंत्रता नहीं है। स्वेच्छा से जीने, अपने निर्णय स्वयं लेने

का अधिकार नहीं है। इस प्रकार के पराधीन जीवन के कारण उसी घर में वे परायापन के अभिशाप को झेलती रहती है। श्रम- विभाजन की असमानता के कारण स्त्री-पुरुष संबंधों में भी असमानता ही रहती है। धर्म, साहित्य एवं संस्कृति ने भी परंपरा के नाम पर इस प्रकार के स्त्री पुरुष असमान संबंधों को वैभवीकरण (Globirication) के द्वारा स्थापित कर अपनी महत्वपूर्ण भूमिका निभायी। परिवार या कुटुंब की संस्कृति का इस प्रकार ताना-बाना था कि स्त्री को जन्म से ही पितृसत्तात्मक संस्कृति के अनुकूल बनाने की योजना की गयी। स्त्री की पवित्रता, कुटुंब को सुचारू रूप से चलाना, अपने पूरे जीवन को पति के चारों तरफ बुनने की सहज कामना आदि मान्यताओं को इतना दिखाया गया है कि स्त्री उनसे पार देखने की क्षमता ही खो बैठी।

इस प्रकार की कुटुंब व्यवस्था को स्थापित करने का श्रेय संस्कृति को है। अतः स्त्री-पुरुष संबंधों में जो असमानता एवं अधीनता है जिसने बड़ी सफाई के साथ सहज स्वीकार्य करने में बड़ी भूमिका निभाई। वह नैसर्गिक मान लिया गया। इस संस्कृति का ही प्रचार हुआ। कुटुंब संस्कृति ने स्त्री के लिए पति परायणता, घरेलू काम करते हुए पति को प्रसन्न रखना, पति की अधनीता आदि गुणों को उत्तम स्त्री - लक्षण माने गये हैं। जिस नारी में ये गुण हैं उसी नारी को उत्तम नारी का दर्जा देकर गौरवान्वित किया जाने लगा। बचपन से ही स्त्री को इसी प्रकार की शिक्षा दी जाने लगी। आर्थिक महत्व के उत्पादक - प्रक्रिया से स्त्री को दूरकर, उसकी सहभागिता को केवल घरेलू काम के लिए उपयोग कर पितृ सत्तात्मक व्यवस्था ने पुरुष को समाज में एकाधिकार के योग्य बनाया। इस प्रकार सामाजिक प्रगति के लिए महतवपूर्ण आर्थिक क्षेत्र से निष्कासित करना ही नहीं, स्त्री के घरेलू काम को मूल्यहीन माना और इसलिएयह प्रमाणित कर दिया गया कि लड़कियाँ घर के लिए महत्वपूर्ण नहीं है। यह भी माना जाने लगा कि लड़कियों को ही जन्म देनेवाली माँ का जीवन भी निरर्थक है। स्त्री का परम धर्म विवाह, संतानोत्पत्ति वह भी पुत्र संतान अगर पुत्र संतान नहीं है तो अविवाहिता, वन्ध्या स्त्री के समान अनादर और अपमान की भागीदार होने को विवश रहेगी। पुत्रहीन संतानवती स्त्री का जीवन भी असुरक्षित रहता था। पत्नी अगर संतानवती नहीं है तो आठ साल के बाद, संतानवती होकर भी अगर संतान मृत होती रहती तो दस साल के बाद, संतान केवल स्त्री संतान हो तो ग्यारह साल के बाद पुरुष पुनः विवाह कर सकता है। इस प्रकार 'मनुस्मृति' में प्रकारांतर से स्त्री की सुरक्षा एवं सार्थकता पुरुष-संतान को जन्म देने में ही माना गया है। अनवरत चलनेवाले काम काज और सेवा को सुख मानकर 'घर' की भावना को साकार किया तो पितृसत्तात्मक समाज में वह 'घर' उसका नहीं है। उसी प्रकार नौ महीने गर्भ में रखकर, जन्म देते- देते बारंबार पुनर्जन्म लेकर जिस संतान को इस संसार में लाती है और

खून पसीना एक कर पालती-पोसती है, उसको भी उसका नहीं माना जाता है। पुरुष से तात्पर्य ही है-स्वयं, पत्नी और संतान। इसका ही समर्थन करते हुए मनुस्मृति कहता है कि पत्नी से उत्पन्न संतान पति का ही होता है। स्त्री को जब पुरुष की सपंत्ति के अंदर माना जाता है तो एक प्रकार से वह अपने लिए ही परायी हो जाती है। इसी तरह वह घर एवं संतान के लिए परायी हो जाती है। यह भू-स्वामित्व व्यवस्था का परिणाम है।

पितृसत्तात्मक व्यवस्था में स्त्री-पुरुष श्रम के विभाजन में उत्पादन रहित एवं प्रत्यक्ष लाभ रहित घर की चाकरी स्त्री के हिस्से में आने के कारण स्त्री-पुरुष के बीच असमानता का आरंभ हुआ। स्त्री-पुरुष के लिए कुटुंब व्यवस्था के निर्माण के पहले रस्म के रूप में 'विवाह' को ईजाद किया गया, उसमें भी इस असमानता का प्रवेश हो गया। विवाह के समय अनेक वस्तुओं के समान स्त्री को भी पुरुष को 'दान' के योग्य वस्तु बना दिया गया। स्त्री को 'दान' रूप में स्वीकार करनेवाले पुरुष को खुश करने के लिए 'दान' के साथ 'दहेज' भी जुड़ गया। परवर्ती समाज में यह दहेज प्रथा समाज को घुन की तरह खोखला कर दिया (लड़की पक्ष) और वधू पक्ष ही वर पक्ष का आज्ञाकारी एवं विनयशील रहने के लिए बाध्य होता गया। वर पक्ष की स्त्रियाँ भी वधू पक्ष के स्त्रियों से अपने आपको ऊँचा मानती हुई व्यवहार करना इसकी विशेषता है। पितृ सत्तात्मक व्यवस्था में यह विरोधाभास है। इसी कारण स्त्री ही स्त्री के लिए शत्रु की भूमिका निभाती आ रही है। इस विरोधाभास के कारण ही स्त्री-शोषण के विरुद्ध पितृसत्ता की जिम्मेदारी को स्त्रियाँ ही कम करती हैं और पितृसत्तात्मक व्यवस्था की सहायक होती हैं। प्रायः स्त्रियाँ पारिवारिक शोषण के गहन गूढ़ कारणों की तह में न जाकर उपरितल के कारण स्वरूप साथी स्त्रियों को शत्रु मानकर व्यर्थ आपस कलह करती हैं।

इस प्रकार शोषित स्त्रियाँ अपने भाग्य को कोसते हुए, नियति मानकर जीने के लिए मजबूर होती हैं। पितृसत्तात्मक व्यवस्था में पुरुषाधिपत्य इस प्रकार कुटुंब व्यवस्था को यथास्थिति आगे बढ़ने में सहायता करता है।

जायदाद के लिए वारिस देना अर्थात् संतान पैदा करना स्त्री के लिए अंतिम प्रयोजन है। इस प्रयोजन के लिए ही कुंटुंब व्यवस्था और संतान को (औरस) उसी पुरुष से प्राप्त करने के उद्देश्य से 'पवित्रता' एवं 'पातिव्रत्य' आदि धर्मों के आचरण का विधान स्त्री के लिए ही माना गया है। सैद्धांतिक दृष्टि से देखें तो दांपत्य एवं विवाह में 'एक स्त्री एवं एक पुरुष' को जीवनकाल के शाश्वत बंधन में लाना ही प्रतीत होता है। किंतु ध्यान से देखने से पता चलता है कि इस सिद्धांत का व्यवहारिक आचरण केवल स्त्री के लिए ही है। पुरुष के लिए इस सिद्धांत के विरुद्ध विवाहेतर संबंध बनाने की छूट देते हुए वेश्या व्यवस्था भी अस्तित्व में

आयी। कुटुंब व्यवस्था पुरुष के लिए संतान के लिए और वेश्या व्यवस्था पुरुष के भोग की प्रवृत्ति की पूर्ति के लिए तैयार रखी गयी। देखने की बात यह है कि दोनों में स्त्री का अपना कोई जीवन नहीं होता। पितृ सत्तात्मक समाज में कुछ स्त्रियाँ पत्नियाँ हैं। कुछ स्त्रियाँ वेश्याएँ हैं, इतना ही नहीं कुछ स्त्रियाँ न पत्नियाँ हैं और न वेश्याएँ हैं- वे व्यभिचारिणियाँ हैं। स्त्री को अपनी इच्छानुसार भोगने के लिए पितृसत्तात्मक व्यवस्था ने स्त्री को एक वस्तु बनाकर छोड़ा। फिर इल्जाम स्त्री पर है कि पुरुष की चरित्रहीनता का कारण स्त्री ही है। पुरुष का वेश्यागामी होना और स्त्री कामी हो ना पत्नी में चातुर्य की कमी मानकर पुनः स्त्री को ही दोष देना भी इस व्यवसथा का लक्षण है। पूँजीवादी आर्थिक व्यवस्था में भी पुरुष का यह मौलिक स्वभाव है जो पितृसत्तात्मक व्यवस्था का है। स्त्री जीवन पुरुष के लिए ही है, बिना किसी परिवर्तन के कायम है।

पूँजीवादी आर्थिक व्यवस्था की परिणत दशा में जिन देशों में कुटुंब व्यवस्था ने (Single family) व्यक्ति परिवार का स्पष्ट रूप परिलक्षित होता है, उतना स्पष्ट रूप एकल परिवारों का विकासशील देशों में नहीं हुआ। इसीलिए भारत में माता-पिता, भाई बंधु के साथ कुटुंब एक ढाँचा है उसमें तो परिवर्तन हुआ किंतु इस प्रकार की पारिवारिक मानसिकता से आमूल-चूल परिवर्तन संभव नहीं हुआ। परिणाम यह हुआ कि एकल परिवार पर भी नियंत्रण पितृसत्तात्मक व्यवस्था का ही रहा। इसलिए स्त्री पर आधिपत्य और शोषण पर पितृसत्ता का परोक्ष नियंत्रण रहा। सच तो यह है कि एकल परिवारों के कारण स्त्री को यह समझने में सहायता मिलती है कि स्त्री का शोषण करनेवाले वास्तव में सास और ननद जैसे साथी महिलाएँ न होकर, पुरुष प्रयोजनों के अनुरूप बने हमारे सामाजिक एवं सांस्कृतिक मूल्य हैं। किंतु भारतीय समाज के व्यक्ति परिवार या एकल परिवार अपना स्वभाव फ्यूडल मानसिकता से अलग नहीं हो सका। इसीलिए इस व्यवस्था से जुड़ी आधिपत्य भावना से ग्रसित सास, ननद आदि स्त्री के पारिवारिक शोषण के संबंध में महत्वपूर्ण भूमिका निभाती चली आ रही है। दहेज के लिए, धन वसूलने के सभी तरह के तरकीबों को आजमाने में, आत्महत्या के लिए मजबूर करने में भी सास, ननद आदि महत्वपूर्ण भूमिका निभाते हुए जो वास्तव में दोषी है उस पुरुष से ध्यान हटाने कर काम ही कर रही है। फिर भी एकल परिवार ने इतना तो मदद किया कि स्त्री को कुछ हद तक समाज के करीब लाने और थोड़ी स्वतंत्रता मयस्सर हो सके।

फ्यूडल साझा परिवार के जैसा ही पूँजीवादी व्यवसथा की एकल परिवार है। घर के कामकाज स्त्री के लिए अनिवार्य होते हुए पहले जैसे दबाव और निगरानी के अभाव में

थोड़ा-बहुत स्वच्छंद एवं आत्मनिर्णय के लिए यहाँ मौका मिला। इस प्रकार इस व्यवसथा में स्त्रियों ने कुछ हद तक स्वेच्छा का वातावरण पाया। फ्यूडल व्यवस्था में पुरुष आधिपत्य के कारण समाज में भी स्त्रियों एवं पुरुषों का श्रम विभाजन का निर्णय होने के बाद कुछ काम औरतों के लिए कुछ मर्दों के लिए निर्णय हो गया था। किंतु एकल परिवार के संदर्भ में इन नियमों में थोड़ा ढीलापन लक्षित होता है। क्योंकि एकल परिवार पुरुषों को इन भेदों का अतिक्रमण करने का अवसर और आवश्यकता भी प्रस्तुत करती है। इसलिए व्यक्ति परिवार या एकल परिवार की स्त्री की दशा फ्यूडल व्यवस्था के पूँजीवादी व्यवस्था का साझा परिवार से विकास क्रम के महत्वपूर्ण पड़ाव माना जा सकता है।

पूँजीवादी व्यवस्था की धारणा है कि व्यक्ति सामर्थ्य के आधार पर समाज की प्रगति निर्भर होती है। इस विचार के कारण पुरुषों की क्षमताओं के साथ स्त्रियों की क्षमताओं पर यथोचित ध्यान देना आवश्यक समझा गया। स्त्री क्षमताओं की समाजगत आवश्यकताओं को दृष्टि में रखकर स्त्री के सहज - सिद्ध अधिकारों पर विचार किया गया था। तदनुरूप स्त्री प्रगति के पक्षधर पुरुषों ने और स्वयं स्त्रियों ने स्त्री अधिकारों के लिए जो संघर्ष किया, उसके परिणामस्वरूप स्त्रियों को शिक्षा, व्यवसाय एवं राजनीतिक अधिकार (मताधिकार आदि) प्राप्त हुए। इन अधिकारों से स्त्री-पुरुष के बीच असमानता मिट नहीं सकी और एक तरह से पितृसत्तात्मक परिधि में ही इन अधिकारों को लागू करने के कारण इन असमानताओं का दायरा बढ़ाने में ही सहायक हुआ।

शिक्षा के समान अधिकार की बात करें तो ऊपर से ऐसा लगता है कि अधिकार सभी के लिए समान है। किंतु पूँजीवादी व्यवस्था में सभी वर्गों को शिक्षा समान अवसर नहीं मिलते। समाज के पिछड़े वर्ग की स्त्रियाँ पुरुषों के साथ हमेशा शिक्षा से दूर ही रही हैं। जिन वर्गों में शिक्षा के अवसर कुछ हद तक हैं तो भी उन अवसरों को लड़की के लिए न होकर लड़कों के लिए उपयोग करना देखा जा सकता है। अगर इन अवसरों को लड़कियों के लिए उपयोग करते हैं तो भी शिक्षा पर विशेष ध्यान नहीं दिया जाता है। क्योंकि लड़की के लिए शिक्षा से ज्यादा महत्व विवाह की रहती है। इसलिए विवाह के लिए शिक्षा या 'विवाह तक शिक्षा' का चलन देखा जा सकता है। इसलिए खर्चीली एवं गाँव से बाहर की शिक्षा की बात सोची ही नहीं जाती। यह भी भरोसा नहीं रहता कि विवाह के बाद शिक्षा का क्रम चलेगा भी नहीं। विवाह के बाद पितृसत्तात्मक परिवार से ससुराल जाने के बाद पितृस्थान में जो सास-ससुर हैं और पति है उनकी कृपा के आधार पर इसका निर्णय होगा कि लड़की आगे पढ़ेगी या नहीं। इन सभी रुकावटों को पार कर उच्च शिक्षा पाने वाली लड़कियों की संख्या

बहु कम है। पूँजीवादी व्यवस्था सामाजिक प्रगति को दृष्टि में रखकर स्त्री शिक्षा में प्रोत्साहन देने के बावजूद यथार्थ में स्त्री प्रगति में पितृसत्तात्मक संस्कृति ही निर्णायक भूमिका निभा रही है। पितृसत्तात्मक संस्कृति के अनुसार स्त्री की शिक्षा भी पुरुष जीवन सुखमय बनाने के लिए ही है। इसलिए स्त्रियों की शिक्षा के केंद्र में गृहकार्य ही रहना चाहिए ताकि इस दिशा में अधिक से अधिक दक्षता हासिल कर सकें। पूरे भारत होम साइंस कॉलेजों की स्थापना इस बात का प्रमाण है कि स्त्री शिक्षा की योजनाओं में भी हमारी सोच नहीं बदली।

पूँजीवादी अर्थ - व्यवस्था के विकास के दौर में गृहकार्य संबंधी शिक्षा के स्थान पर सांकेतिक एवं वाणिज्य क्षेत्रों में भी स्त्रियाँ उच्च शिक्षा प्राप्त कर रही है। किंतु यहाँ स्त्रियों को इन्हीं विभागों में जाने के लिए प्रोत्साहित किया जाता है जहाँ उनका स्त्रीत्व एवं गृहकार्य आदि में कहीं अड़चन न पैदा हो। निर्णायक सभी आधिकारिक स्थानों में पुरुषों को ही स्थान मिलना इस बात का संकेत है कि यहाँ भी पितृसत्तात्मक विचारधारा ही प्रबल रहती है। इस प्रकार उत्पादक एवं वाणिज्य क्षेत्रों में काम कर समाज की प्रगति के सहभागी होने के बावजूद स्त्री के प्रति विवक्षा के भाव में कोई परिवर्तन नहीं है। स्त्रियाँ उच्च शिक्षा प्राप्त करने के बावजूद उनसे संबंधित निर्णयों अधिकार पुरुष के हाथ में रहता है। प्रायः पति यह निर्णय करता है कि उच्च शिक्षा प्राप्त स्त्रियाँ नौकरी करें या न करें, करें तो किस प्रकार की नौकरी करें? कहाँ तक काम में भागीदारी लें? आदि। इसलिए उसकी सुख-सुविधा में खलल नहीं पड़े- यह सोच कर ही वहाँ तक उसको सामाजिक क्षेत्र में भाग लेने की अनुमति देता है। पितृसत्तात्मक व्यवस्था का यह आग्रह होता है कि अपने घर के कामकाज में किसी प्रकार की बाधा न डालते हुए स्त्री अपने नौकरी के कामकाज में भाग ले और आर्थिक रूप से पति की सहायता करें। इस प्रकार की सोच के कारण स्त्रियों का काम वैकल्पिक या secondary महत्व का है और पितृसत्तात्मक व्यवस्था यहाँ तक कामया हो गयी कि अपने काम का सही मूल्यांकन स्वयं करने में असमर्थ होकर स्त्रियों का भी इसी प्रकार सोचना स्वभाव बन गया है। इस प्रकार की स्थितियों में स्त्रियाँ भी अपनी पदोन्नति तक स्वीकार करने की स्थिति में नहीं रहती। उच्च पदों पर जाते-जाते उत्तरदायित्वों के कारण दफ्तरों में अधिक समय गुजारने की जरूरत पड़ सकती है। ऐसे में चरित्र पर भी संदेह करने की स्थितियों का भी सामना करना पड़ता है। इस प्रकार के सामाजिक नेपथ्य के कारण स्त्रियाँ ऊँचे पदों को प्राप्त करने में संकोच करती है। पितृसत्तात्मक व्यवस्था के निर्देशानुसार स्त्री के लिए कर्तव्य है। कुटुंब का निर्वाह उसकी रक्षा। इस प्रकार की सोच स्त्री की प्रगति में अवरोध उत्पन्न करती है। इतना ही नहीं इतनी सीमाओं में और अनेक प्रकार की बंदिशों में नौकरी करनेवाली स्त्रियों को अपनी कमाई पर भी अधिकार नहीं होता। बुर्जुवा समाज की यह धारणा है कि सामाजिक उत्पादन

के क्षेत्र में पुरुषों के साथ स्त्रियों के काम करने के कारण स्त्री पुरुष के बीच असमानता धीरे-धीरे कम हो जाएगी। किंतु वास्तव इस प्रकार का परिणाम असंभव प्रतीत हो रहा है। पुरुषसत्तात्मक व्यवस्था के अनुसार स्त्री भी किसी वस्तु के समान पुरुष संबंधी वस्तु है। इसलिए जिस प्रकार उसकी वस्तु पर पुरुष का अधिकार स्वयं सिद्ध है उसी प्रकार स्त्री पर, स्त्री संबंधी उत्पादन और कमाई, यह भी उसी का अधिकार है। इस प्रकार स्त्री की कमाई पर पुरुष के नियंत्रण का चलन है। मनुस्मृति के अनुसार भी स्त्री जिसकी पत्नी के रूप में है उसी व्यक्ति को स्त्री की कमाई पर अधिकार होता है। स्मृतियों का हवाला देते हुए मनु ने भी कहा है कि स्त्री कितना भी कमाये वह धनहीन ही रहेगी। पूँजीवादी व्यवस्था भी मनुस्मृति के मार्ग में ही चल रहा है और इस समाज में भी स्त्री अपनी कमाई कहाँ किस हद तक खर्च करें इसका अंतिम नियंत्रण पति का ही होता है। इस प्रकार समकालीन समाज में भी यह नहीं कह सकते हैं कि स्त्रयाँ आर्थिक क्षेत्र में पूर्ण रूप से स्वतंत्र है। ऊपर से उस पर टीका टिप्पणी भी की जाती है कि नौकरी पेशा स्त्री घर की तरफ ठीक से नहीं ध्यान देती है और घरेलू कामकाज के दबाव के कारण नौकरी सुचारू रूप से नहीं कर सकती। इस प्रकार दोनों क्षेत्रों में काम के बोझ से दबी स्त्री पर दोनों पक्ष असंतुष्ट रहकर छींटाकशी करते हैं। इस प्रकार के दुहरे काम से और दोनों तरफ घर और बाहर के शारीरिक एवं मानसिक दबाव के कारण निरंतर संघर्ष करती है। समाज पति, परिवार आदि के लगातार नियंत्रण में काम कर रही स्त्री को अगर कोई स्वतंत्र प्राणी समझता है तो वह उसी प्रकार की स्वतंत्रता है जो किसी खूँटे से बंधी गाय की होती है जो रस्सी की लंबाई की परिधि में ही घूमने के लिए स्वतंत्र होती है।

आज भी पितृसत्तात्मक व्यवस्था से परिचालित समाजों में स्त्री को पुरुष से कमतर, दोयम दर्जे का मानकर ही उसके साथ सलूक किया जाता है। तीसरे विश्व के देशों में अनेक परिवार अब भी स्त्री की आमदनी पर जीते हैं। किंतु वे उस प्रकार नहीं जाने जाते हैं। स्त्री की आमदनी को संलग्न आमदनी के रूप में देख कर उसके योगदान को आंकने से बच रहा है और स्त्री की कमाई प्रमुख कमाई के रूप में नहीं माना जा रहा है।

इस वजह से पितृसत्तामक व्यवस्था के समाजों की स्त्री को पुरुष के समान स्थान न देने के कारण उसके श्रम का भी दोहन हो रहा है। स्त्रियों के लिए कम वेतन के स्थान पर कानूनन उनको मिलनेवाले हक जैसे- समान वेतन, समान सुविधाएँ एवं नौकरी के अवसर आदि पर इस असमानता का प्रभाव देखा जा सकता है। घर के काम काज जैसे ही बाहर के काम काज में लिंग निबद्धता ने अपना स्थान बनाया। कुछ नौकरियाँ स्त्रियों के लिए होने के साथ कुछ नौकरियों में स्त्रियों के प्रवेश पर ही मनाही है। प्रायः स्त्रियों की नौकरियाँ ऐसी होती

हैं जिसमें कम वेतन, कम अधिकार, कम ओहदा, सृजनात्मकता के अभाव आदि कारणों से उबावू होती है।

अव्यवस्थित कार्य क्षेत्रों में काम में स्त्री-पुरुषों की विवक्षा स्पष्ट परिलक्षित होती है। सामाजिक क्षेत्र के साथ-साथ आर्थिक क्षेत्र में भी वेतन - निर्णय में भी यह विवक्षा इस बात का प्रमाण है। अव्यवस्थित क्षेत्रों में काम प्रायः भौतिक श्रम ही होता है। यह अनादिकाल से मानते आ रहे हैं कि पुरुषों की तुलना में 'अबला' ठहर नहीं सकती। पूँजीवादी व्यवस्था पितृसत्तात्मक संस्कृति का भरपूर फायदा उठाती है। पूँजीवादी व्यवस्था श्रमिक वर्ग के कुटुंब चलाने के लिए आवश्यक श्रम के अनुरूप मजूरी नहीं देती और उनके परिवार की स्त्रियाँ श्रम करने के लिए मजबूर होती हैं। पुरुषों के श्रम का फल का स्वामी बनकर, स्त्रियों को पुरुषों की तुलना में कम वेतन देकर स्त्री-पुरुष- दोनों का शोषण करती है। इसके अलावा स्त्री वर्ग का लैंगिक शोषण भी होता है।

पितृसत्तात्मक व्यवस्था में स्त्री को 'लैंगिक वस्तु' के रूप में देखने का प्रचलन प्रारंभ से ही है। समाज में तरह-तरह के नियमों एवं पद्धतियों से स्त्री को अधीन कर नियंत्रण करने का स्वभाव लक्षित होता है। पहले स्त्री की लैंगिकता पुनरुत्पादक यंत्र के समान बनकर पितृसत्तात्मक समाज के अस्तित्व के लिए सहायक सिद्ध हुई। पूँजीवादी समाज में स्त्री को वाणिज्य व्यापार के प्रयोजनों के लिए उपयोग किया जाने लगा। स्त्री का शरीर श्रम, मेधा का श्रम ही नहीं स्त्री के शारीरिक सौंदर्य को ग्राहक फांसने के लिए उपयोग किया जाने लगा। व्यापार वाणिज्य के इश्तहारों के लिए शारीरिक सौंदर्य भी वस्तु बन गया। दृश्य, श्रव्य आदि माध्यमों में इसका प्रचार-प्रसार हो रहा है। पूँजीवादी समाज ने स्त्री के शरीर श्रम को ही वस्तु नहीं बनाया, अपितु इस श्र को मूल्यहीन बनाने में भी योगदान दिया है। टी.वी. आदि प्रचार माध्यमों में स्त्री के प्रेम से ज्यादा महत्व के स्थान पर स्त्री के श्रम को नहीं देकर साबुन को महत्व दे रहे हैं। वैसे ही कपड़े धोना जैसे श्रम साध्य है उसका पूरा श्रेय साबुन को देकर स्त्री श्रम को न्यून बनाने का काम समकालीन बाजारवादी संस्कृति का योगदान है।

स्त्री पुरुषों के बीच की असमानताएँ आज भी जैसे के वैसे हैं। पूँजीवादी समाजों में विकास के क्रम में घर की चारदीवारी से बाहर आकर स्त्री पुरुष के साथ सामाजिक उत्पादन के क्षेत्रों में भागीदारी के बावजूद यह असमानता समाप्त नहीं हुई। ऊपर से समाज और परिवार, परिवार और समाज में आदान-प्रदान के अन्योन्याश्रित हो गयी। परिणाम स्वरूप स्त्री पर नियंत्रण पितृसत्तात्मक व्यवस्था में विकराल रूप में समाने आया। घर और बाहर स्त्री सम्मान सहित जीवन यापन करने के लिए आदोलन हुए उसमें पुरुष के समान नागरिक

अधिकार एवं राजनीतिक अधिकारों के लिए, संघर्ष एवं आंदोलन हुए थे। फ्रांस का आंदोलन इस बात का उदाहरण है। जायदाद पर उत्तराधिकार, तलाक का अधिकार और मतदान का अधिकार पाकर राष्ट्र निर्माण में सक्रिय भागीदारी के बाद भी स्त्री की दशा में कोई बदलाव नहीं आ सका। कानून के अधिकार मिलने के बाद भी उनको आचरण योग्य बनाने में समाज की मुहर की जरूरत होती है। स्त्री जीवन के विरोधाभास स्पष्ट से स्पष्टतर होते जा रहे हैं। इन विरोधाभासों के मूल में स्थित स्त्री पुरुष असमानता ही है। इन असमानताओं के विरुद्ध पितृसत्तामक व्यवस्था के विरुद्ध आंदोलन प्रारंभ हो गये। स्त्री पुरुष संबंधों में बढ रहे विरोध के कारण स्त्री मुक्ति के आंदोलनों के स्वरूप-स्वभाव बदल रहे हैं।

# II. द्वितीय खंड

## 2. आधुनिक काल – पृष्ठभूमि

साहित्य के इतिहास की सीमारेखा खींचकर एक काल-खंड से दूसरे काल खंड को अलग करना मुश्किल होता है। इतिहास में किसी बड़ी घटना, बड़ा युद्ध या बड़े शासक के आधार पर कालखंडों को पृथक किया जाता है। किंतु साहित्येतिहास में इस प्रकार कोई प्रत्यक्ष ठोस साक्ष्य सीमांकन के लिए उपलब्ध नहीं होता है। किसी कालखंड की शुरुआत कहाँ से है, वैज्ञानिक रूप से नहीं बताया जा सकता। एक कालखंड दूसरे काल-खंड से अपने प्रवृत्तिगत विशेषता के कारण अलग होता है। यह विशेषता उसमें इसलिए आती है कि वह अपने पूर्व कालखंड से बदलाव के कारण अलग स्पष्ट दिखायी देता है। किंतु साहित्य में बदलाव की प्रक्रिया लंबे समय से चलती रहती है। यह परिवर्तन का स्पष्ट रूप जब साहित्य में व्यक्त आर्थिक-सांस्कृतिक स्थितियों, कला की विविध विधाओं में भाषा के विभिन्न रूपों में परिलक्षित होने लगता है, तब हम उस कालखंड को पूर्व कालखंड से अलग करते हैं। साहित्य के इतिहास का काल सीमांकन लचीला एवं कभी-कभी पेचीदा भी हो जाता है। संयोग की बात है कि भारतीय भाषाओं के आधुनिक काल के बारे में ज्यादा मतभेद नहीं है। क्योंकि समूचे भारत में आधुनिक काल का प्रारंभिक साहित्य सुधारवादी चेतना, राष्ट्रीय चेतना, स्वतंत्रता आंदोलन की प्रारंभिक दशा, सामंतवादी संस्कृति का विरोध, बोलचाल की भाषा को साहित्यिक भाषा के रूप में स्वीकृति, निम्न वर्ग एवं स्त्री समुदाय के प्रति विशेष सरोकार आदि प्रवृत्तियों के साथ अपने पूर्ववर्ती युग से बिलकुल अलग धरातल परिलक्षित होता है।

हिंदी साहित्य में आधुनिक काल का आरंभ युग प्रवर्तक भारतेंदु हरिश्चंद्र से माना गया। क्योंकि भारतेंदु आधुनिक युगबोध एवं सामाजिक चेतना के साहित्यकार थे। उनका जन्म सन् 1850 में हुआ। परिवर्तन के स्पष्ट लक्षण 19 वं शती के उत्तरार्द्ध में दिखायी पड़ने लगे और एक सशक्त साहित्यकार ने उस युग में जन्म लिया। इसलिए कुछ इतिहास लेखकों ने इसी वर्ष को अर्थात् 1850 को ही आधुनिक हिंदी साहित्य के आरंभ का वर्ष मान लिया। कुछ आलोचकों के अनुसार इस वर्ष की स्वयं कोई विशेष भूमिका साहित्य इतिहास के परिवर्तन की किसी भी दिशा में नहीं है। उनके अनुसार काल विभाजन की सीमा रेखा " दो भिन्न प्रवृत्तियों को स्पष्ट करनेवाली तथा उस अलगाव के लिए स्वयं भी कुछ-कुछ उत्तरदायी होनी चाहिए।" यदि सन् 1857 को आधुनिक काल का प्रारंभिक बिंदु मान लिया जाए तो उपर्युक्त दोनों शर्तें पूरी हो जाएँ। सन् 1857 को प्रथम स्वतंत्रता संग्राम का काल समय निर्धारक माना जाता है। उस में सामंतवादी शक्तियों और पूँजीवादी ताकतों की टकराहट थी और सामंतवादी शक्तियाँ ढीली पड़ गयीं। संपूर्ण देश के प्रबुद्ध वर्ग ने सोचना आरंभ किया। इस प्रबुद्ध वर्ग को तैयार करने का श्रेय कुछ उन पूँजीवादी शक्तियों का भी है। ब्रिटिश शासन ने भारत में अपने पैर जमाते-जमाते, जाने-अनजाने प्रभूत मात्रा में एक बुद्धिजीवी वर्ग को (जो बाद में मध्यवर्ग कहा जाता रहा) भी तैयार कर दिया। भारत में आधुनिकीकरण की अपनी जो संकल्पनाएँ थीं, उनको रेखाकित किया जाने लगा। 1865 के दर्मियान जो भारतेंदु के समकालीन अन्य भारतीय साहित्यकारों की भी साहित्य-रचना का प्रारंभिक काल था, आधुनिक काल का आरंभ मान सकते हैं।

'आधुनिक' से तात्पर्य है - अपनी पूर्ववर्ती मध्यकाल के चिंतन एवं चिंताओं से भिन्नता के साथ नयी विचारधारा, नया भावबोध, नये सरोकार आदि। मध्यकालीन रूढ़िवादिता, परंपरावादिता के कारण जड़ एवं एकरसता की प्रतिक्रिया में उत्पन्न गत्यात्मकता को भी साहित्य एवं कलाओं के माध्यम से समझा जा सकता है। मध्ययुगीन साहित्य की विषय वस्तु, शैली- शिल्प एवं भाषा अलंकृत होकर एकरस हो गये थे। आधुनिक काल में रूढ़ियों के बंधन टूट गये एवं जीवन की धारा जो विविध स्रोतों में फूट रही थी, वह जन-जन के सुख-दुख से, साहित्य में पहली बार एकरूप हुआ।

आधुनिक काल की और एक पहचान है-लौकिक दृष्टिकोण। साहित्य अलौकिक आवरण हटा कर मनुष्य मात्र के दुख-दर्द को उसी रूप में अनुभव कर रहा था। अलौकिकता के प्रति मुग्धता की अभिव्यक्ति के स्थान पर अपने परिवेश के प्रति अधिक जागरूक हुआ। राज दरबारों से निकलकर साहित्य का आम आदमी के बारे में सोचने की ऐतिहासिक प्रक्रिया

ही आधुनिकता की विशेषता है। आधुनिक चिंतन एवं विचारधारा के परिणामस्वरूप अनेक दार्शनिक चिंतक एवं धार्मिक व्याख्याताओं का आविर्भाव हुआ जिन्होंने धर्म और दर्शन को मानव को केंद्र में रखकर व्याख्या की जो कई दृष्टियों में इहलौकिक थी। सुधारवादी चेतना, परिष्कार की कामना एवं गौरवमय अतीत का पुनराख्यान इन सभी में चिंतकों ने नवीन जीवन दृष्टि का प्रतिपादन किया। धर्म, दर्शन, राजनीति एवं जीवन में मानवमूल्यों का जयघोष किया। उस व्यापक मानवतावादी दृष्टि में दलित एवं नारी के साथ विश्व मानव को अग्रपंक्ति का अधिकारी बनाया।

## आधुनिक काल: साहित्य एवं उसके अनुभाग

हिंदी साहित्य में आचार्य रामचंद्र शुक्ल का जो उपविभाजन है, ध्यानदेने योग्य है। शुक्ल ने आधुनिक साहित्य को दो खंडों में विभाजित किया - (1) गद्य खंड, (2) काव्य खंड |

गद्य खंड में गद्य पर विवेचन करते हुए आचार्य शुक्ल ने दो प्रकरणों में बाँटा पहले प्रकरण में ब्रजभाषा गद्य एवं खड़ी बोली गद्य का विवेचन किया। दूसरे प्रकरण में उसके आविर्भाव के बारे में बताते हुए विश्लेषण किया। दूसरे प्रकरण में ही प्रथम उत्थान, द्वितीय उत्थान एवं तृतीय उत्थान के रूप में विभाजन करते हुए विवेचन किया।

काव्य खंड में भी दो प्रकरण हैं (1) पुरानी काव्यधारा, (2) नयी काव्यधारा।

साहित्य के अन्य इतिहासकारों ने आधुनिक काल का भी विभाजन किया। अधिकांश पर शुक्ल जी का ही प्रभाव है। यह निर्विवाद सत्य है कि सभी इतिहासकारों ने छायावाद युग को लगभग उसी समय माना। छायावाद युग को केंद्र बिंदु मानकर, छायावाद युग के पूर्ववर्ती काव्य को और परवर्ती काव्य की प्रवृत्तियों को पहचानकर अलग करें तो उपविभाजन में सुविधा हो सकती है। छायावाद की पूर्ववर्ती काव्य चेतना के दो बिंदु हैं-(1) नवजागरण, (2) सुधार। यह ऐतिहासिक तथ्य है कि उस काल में भारत भर में अनेक चिंतकों ने समाज में जागृति लाने के लिए धर्म एवं दर्शन की पुनर्व्याख्या की। जन समुदाय को रूढ़ियों से एवं अंधविश्वासों से मुक्त करने की चेष्टा की और उसमें उनको सफलता भी मिली। देश के प्रत्येक प्रांत में ऐसे महानुभावों का जन्म हुआ जिससे समूचे भारत में वैचारिक क्रांति की धारा बहने लगी। इसका सीधा प्रभाव साहित्य पर पड़ा। मध्ययुगीन मानसिकता एवं विचारधारा में ऐसा अद्भुत परिवर्तन उपस्थित हुआ कि रूढ़ियों, अंधविश्वासों एवं रीति रिवाजों के संदर्भ में नयी सोच के साथ एक वर्ग ही खड़ा हुआ जो शिक्षित मध्य वर्ग था। इस बात को भी स्वीकार करना ही पड़ेगा कि इस वैचारिक क्रांति का प्रभाव शहरों के शिक्षित वर्ग पर ही अधिक था।

फिर भी इस वर्ग ने समाज में परिवर्तन की दिशा में तन-मन-धन से समर्पित भाव से, निष्ठा से एवं सामाजिक सरोकार से काम किया जो कि आधुनिक काल के इतिहास में रेखांकित है। चिंतन एवं समाज में इसके प्रचार-प्रसार दोनों क्षेत्रों में इनका योगदान भविष्य निर्माण का पथ-प्रदर्शक रहा। राजा राममोहन राय आदि चिंतक और लेखक भी थे। महान चिंतकों के विचारों से और कार्यों से प्रभावित होकर जो साहित्य रचा गया वह जागरण-चैतन्य, पुनर्जागरण आदि अनेक नामों से अभिहित किया जाता है। इस साहित्य को आधुनिक साहित्य का प्रथम चरण कहना अधिक उपयुक्त होगा। इसे आजकल समीक्षा के क्षेत्र में 'नवजागरण काल' कहा जाता है। परवर्ती समय में जागरण के साथ सुधार की प्रवृत्ति तीव्र हुई। वैचारिक बदलाव के कारण समाज के जिस रूप की आशा करते हैं, उसका साहित्य में प्रतिफलन होने लगा। इसको 'जागरण-सुधार काल' की संज्ञा दी गयी| हिंदी साहित्य में 'छायावाद काल' सन् 1918 से 1936 तक माना गया है। कई भारतीय भाषाओं के साहित्य में इस प्रवृत्ति को कमोबेश उसी काल में देखा जा सकता है। तेलुगु साहित्य में भी 1920-40 के दर्मियान इसी प्रकार की कविता लिखी गयी थी। 1936 में प्रगतिशील लेखक संघ की स्थापना और मार्क्सवाद के भारत में प्रचार-प्रसार के कारण साहित्य में विशेष परिवर्तन दिखाई देता है। प्रगतिवाद एवं मार्क्सवादी रचनाओं की प्रवृत्ति है। 1950-55 के बीच तक प्रगति धर्मी एवं प्रयोगधर्मी आंदोलनों का प्रभाव साहित्य पर देखा जा सकता है। यहाँ से साहित्य में अनेक प्रवृत्तियाँ एक साथ प्रस्फुटित हुईं जिसे 'नवलेखन काल' कहा जा सकता है। इसमें तेलुगु एवं हिंदी कविता में स्त्री लेखन एवं दलित लेखन पूरे जोर के साथ उभर कर आये थे और तेलुगु में और एक मैनारिटी कविता की प्रवृत्ति भी स्थान बनाने लगी।

प्रत्येक परिवर्तन के पीछे कुछ महत्वपूर्ण कारण होते हैं। पाश्चात्य संस्कृति, सभ्यता एवं साहित्य के साथ समाज के बुनियादी ढाँचे को बदलनेवाले आर्थिक कारण प्रभावशाली होते हैं। आधुनिक काल के पूरे साहित्य पर 1857 के सिपाही, विद्रोह में जिसे प्रथम स्वतंत्रता आंदोलन माना गया है, विद्रोह का संगठित रूप उत्तर प्रदेश, बिहार और मध्य भारत में दिखाई दिया। राजस्थान, पंजाब, मध्य प्रदेश एवं दक्षिण भारत में छुटपुट विद्रोही घटनाएँ घटती रहीं। विद्रोह को दबाने में अंग्रेज़ों ने बड़ी नृशंसता का परिचय दिया। यद्यपि विद्रोह सफल नहीं हो पाया, तो भी उससे कंपनी के उस शतवर्षी काले शासन का अंत अवश्य हो गया जिसकी नींव 1757 में प्लासी युद्ध में षडयंत्रकारी और भ्रष्ट गवर्नर क्लाइव ने डाली थी और उसके स्थान पर भारत का शासन सूत्र ब्रिटिश पार्लमेंट ने अपने हाथ में ले लिया। नवंबर 1858 ईस्वी को महारानी विक्टोरिया ने एक घोषणा पत्र जारी किया जिसमें भारतीयों को

उनके धर्म तथा संस्कृति की रक्षा का आश्वासन दिया गया और देशी नरेशों को पुरानी संधियों और अधिकारों की रक्षा का वचन दिया गया। धर्म, जाति या रंगभेद दूर कर योग्यता के आधार पर नौकरियाँ देने का भी आश्वासन दिया गया। महारानी की इस घोषणा से भारतीय शासन तंत्र में विशेष अंतर नहीं हुआ।[1] अंग्रेज़ शासन को जो ब्रिटिश साम्राट का प्रतिनिध होता था, गर्वनर जनरल के स्थान पर वाइसराय कहा जाने लगा। दीवानी अदालतें खर्चीली हो गयी। पुलिस की ज्यादतियाँ बढ़ गयीं एवं घूसखोरी का बोलबाला हो गया। लगान के बोझ से किसानों की दुर्गति हो रही थी। धीरे-धीरे प्रेस की स्वाधीनता, सभाएँ करने का अधिकार, म्युनिसिपल स्वराज्य एवं विश्वविद्यालय संबंधी विशेष अधिकारों को भी ब्रिटिश सरकार समाप्त करने लगी। ऐसे में किसी क्रांतिकारी विस्फोट की संभावना थी।" सर विलियम का मत था कि ऐसी परिस्थिति में लार्ड लिटन के समय में कोई क्रांतिकारी विस्फोट होने ही वाला था कि हूम को ठीक मौके पर सूझी और उन्होंने 'भारतीय राष्ट्रीय महासभा' की स्थापना की। उन्होंने 1 मार्च 1883 ई. को कलकत्ता विश्वविद्यालय के स्नातकों के नाम एक पत्र लिखा जिसमें भले, निःस्वार्थ और आत्म संयमी नैतिक साहस रखनेवाले ऐसे पचास व्यक्तियों की मांग की गयी जो इस महासभा की स्थापना में सहायक हो सकें। कांग्रेस की स्थापना के पूर्व 1852 ई. कलकत्ते में ब्रिटिश ऐसोसिएशन की स्थापना की गयी थी जो लगभग पचास वर्ष तक क्रियाशील रहा। वह मुख्यतः जमींदारों के हित का ही ध्यान रखता था। सन् 1876 में सुरेंद्रनाथ बेनर्जी ने इण्डियन ऐसोसिएशन को जन्म दिया। इंडियन ऐसोसिएशन की कई स्थानों में शाखाएँ खुल गयीं थी।" प्रेस एक्ट के विरोध में जनमत-संग्रह के लिए श्री सुरेंद्रनाथ बेनर्जी ने बंबई और मद्रास प्रांतों की यात्रा की बंगाल में 'बंगभंग' के विरोध में देशी भाषा आंदोलन के साथ कांग्रेस के आंदोलन कारी संस्था का रूप धारण किया जिसका मुख्य कारण कर्जन की शासन की नीतियाँ थीं। "लार्ड कर्जन ने सन् 1900 में लिखा था कि कांग्रेस का पतन हो रहा है और इंग्लैंड लौटने के पूर्व मैं उसका अंतिम संस्कार देखना चाहूँगा।"[2] कांग्रेस के पतन की जो बात कर्जन कर रहे थे वास्तव में वह कांग्रेस के सशक्त संस्था बनने की प्रक्रिया थी, जो निश्चित रूप से ब्रिटिश शासन एवं उसकी नीतियों का तीव्र विरोध कर रही थी। कर्जन ने कभी यह सोचा ही नहीं था कि एक दिन यही संस्था उनको इस देश छोड़ने पर मजबूर करेगी और स्वतंत्र भारत के स्वप्न को साकार करेगी। ये

---

[1] विनय मोहन शर्मा-हिंदी साहित्य का बृहद इतिहास, 8 वाँ भाग, प्रथम खंड- पृ. 8-9, सं. कमलापति त्रिपाठी

[2] विनय मोहन शर्मा-हिंदी साहित्य का बृहद इतिहास, 8 वाँ भाग, प्रथम खंड- पृ. 8-9, सं. कमलापति त्रिपाठी

सभी कारण चरितार्थ होते हैं। इसलिए आधुनिक काल के साहित्य को प्रभावित कर परिवर्तन उपस्थित करनेवाली उन परिस्थितियों का विवेचन करेंगे।

**परिस्थितियाँ**

हिंदी साहित्य के आधुनिक काल को 1857 से मानें या 1862 से, पर भारत की आधुनिक बनने की प्रक्रिया करीब एक शताब्दी पूर्व 1757 में ही हो गयी जब ईस्ट इंडिया कंपनी ने नवाब सिराजुद्दौला को प्लासी युद्ध में हराया और धीरे-धीरे संपूर्ण बंगाल पर अंगरेजों का अधिकार हो गया था। 1764 में बक्सर के युद्ध में मुगल साम्राट शाहआलम पराजित हो गया। अंग्रेज़ों ने धीरे-धीरे मराठे और सिख को भी हराया। 1856 ई. में अवध भी ब्रिटिश शासन के अंतर्गत हो गया। अंग्रेज़ों के शासन में इस विजय के कारण जो निरंकुशता बढ़ी उसकी प्रतिक्रिया होना लाजिमी था। अंग्रेज़ों की नीतियों से असंतुष्ट देशी राजाओं ने एकजुट होकर 1857 ई. में सक्रिय विद्रोह किया। इस संघर्ष का परिणाम यह हुआ कि ईस्ट इंडिया कंपनी समाप्त कर दी गई। देश ब्रिटिश शासन के अंतर्गत एक उपनिवेश बन गया। ब्रिटिश शासन ने शिक्षा के क्षेत्र में, आर्थिक क्षेत्र में नयी नीतियों के साथ प्रशासनिक व्यवस्था में काफी फेर बदल की। बदली हुई परिस्थितियों में देश की जनता के लिए नया सोचने एवं करने की जरूरत महसूस की जाने लगी। साहित्य में भी परिवर्तन दिखायी देने लगा। ब्रजभाषा में मध्ययुगीन काव्य चेतना व्यक्त होती रही। किंतु खड़ी बोली साहित्य की भाषा बनी क्योंकि युग 'की नयी चेतना के लिए एक नयी भाषा की जरूरत थी। पहली बार साहित्य जन समुदाय के दुख-सुख के साथ जुड़ा।

पराधीनता के जंजीरों में जकड़े भारतीय अपनी अस्मिता की खोज में लगे थे। देश की संपदा का दोहन हो रहा था। रिपन (सन् 1880-84) शासन ने भारत की जनता का भरपूर शोषण किया। अंग्रेज़ शासन की प्रतिनिधियों ने दमनकारी नीति के विविध प्रयोग करते रहे। उचित शिक्षा के अभाव में एवं शिक्षा संसाधनों के अभाव में देश की जनता क्षुब्ध थी। कठोर शासन व्यवस्था और दमनकारी नीतियों के कारण प्रजा त्रस्त थी। इस कठोर शासन के विरोध में हरदयाल, अरविंद, रास बिहारी बोस, शचीन्द्रनाथ, भगतसिंह, चंद्रशेखर आजाद, सुखदेव और राजगुरु जैसे क्रांतिकारी युवक अपने देश के लिए जान हथेली पर रखकर विद्रोह कर रहे थे। सन् 1919 के जलियाँवाला बाग हत्याकाण्ड की राजनीतिक बर्बरता ज्वलंत उदाहरण था जिसके कारण संपूर्ण भारत देश में विरोध में प्रदर्शन हुए और जनता के क्रोध की अग्नि ज्वालाएँ भभक उठीं। देश की प्रजा अंग्रेज़ों की दुहरी नीति को समझ गयी थी। "अंग्रेज़ों ने छापेखाने, रेल, तार, डाकखाने आदि की सुविधाएँ दीं थीं पर उद्योग धंधों को नष्ट कर हमारी

शक्ति को भी हर लिया था। यों उस समय राजभक्ति और देशभक्ति दोनों की प्रधानता थी। भारतेंदु ने 'अंग्रेज़ राज सुख-साज सजे, सब भारी पै धन विदेश चलि जात इहै अति सव्वारी' में इसी द्वंद्व की अवस्था को व्यक्त किया है। परंतु यह सौभाग्य की बात है कि अंग्रेज़ों के गुप्त शोषण ने भारतीयों को चिरकालीन मोह निद्रा से जगाया ही अधिक था। अंग्रेज़ी सभ्यता और संस्कृति का जो तीव्र प्रभाव भारतीय सभ्यता और संस्कृति पर पड़ा तो अपनी रक्षा के लिए भारतीय कटिबद्ध हो गये। समाज ही किसी राष्ट्र की आधारशिला होती है.

# 3. भारतीय नवजागरण - ऐतिहासिक विश्लेषण

मानव सदा प्रगतिकामी रहा है। उसकी मेधा ने निरंतर शोध किया। मानव जीवन के आदिम सभ्यता-संस्कृति, जीवन-शैली, उसकी निरंतर गति, समन्वय के आधार पर निरंतर विकास लक्षित होते हैं। इस प्रगति का कारण है - मानव का निरंतर उन्नति का प्रयास और बेहतर जिंदगी का अनवरत शोध। किसी भी समाज की व्यवस्था उस काल खंड की आवश्यकताओं के अनुरूप होती है। इसलिए समाज एवं सामाजिक व्यवस्था सदा एक जैसा नहीं रहते हैं। समाज निरंतर गतिशील होता है। इस गति के कारण उत्पन्न परिवर्तन मानव जीवन स्रोत को प्रगति पथ पर अग्रसर करता है तो कभी उसकी गति अत्यन्त धीमी भी हो सकती है। इससे समाज में एक प्रकार की स्तब्धता व्याप्त होती है। यह स्तब्धता नये विचारों के झंझावात से ही दूर हो सकेगा। जैसे मूसलधार वर्षा के साथ सड़ा-गला पानी बह जाता है, स्वच्छ जल बहता है उसी प्रकार नयी चेतना के साथ समाज में पुनः गतिशीलता परिलक्षित होती है। इस नयी चेतना के जागृत होने के साथ समाज में जो परिवर्तन का 19 वीं शताब्दी का काल खंड है उसे हम 'नवजागरण काल' या 'पुनरुत्थान-काल' के रूप में जानते हैं। इस प्रकार का नामकरण आधुनिक युग में कुछ विशेष काल के लिए हर प्रांत के समाज में, प्रत्येक भारतीय भाषा के साहित्य में संपन्न हुआ। किंतु प्राचीन एवं मध्य युग में भी उस समय की आर्थिक, राजनीतिक, सामाजिक एवं सांस्कृतिक प्रभावों एवं जरूरतों के कारण समाज में परिवर्तन उपस्थित हुआ था। किंतु इन आंदोलनों को इतिहास ने रेखांकित भी किया। भारतीय दर्शन एवं भक्ति पद्धतियों में, सामाजिक जीवन में परिवर्तन के इन स्वरों ने आंदोलन का रूप लिया और रूढ़ सामाजिक जीवन को झकझोर कर रख दिया। अनेक इतिहासकार मानते हैं कि भक्ति आंदोलन (जो प्राय: हर भारतीय भाषा के साहित्य में है) अपने तरह का एक नव जन जागरण था और एक सांस्कृतिक आंदोलन भी था। यह जागरण विभिन्न

चिंतकों, कवियों एवं आचार्यों की सामाजिक स्पृहा एवं साधारण जनसमुदाय के प्रति लगाव के कारण हुआ।

## तेलुगु प्रदेशों में सामाजिक चेतना और भक्ति आंदोलन

### सामाजिक एवं राजनीतिक परिस्थितियाँ

मध्ययुग के शैव कवियों ने तेलुगु साहित्य में सांस्कृतिक पुनरुद्धार के लिए महत्वपूर्ण कार्य किया। तेलुगु में राजाओं के दरबारी कवियों ने ग्रंथों का प्रणयन किया। इन विद्वान-कवियों का साहित्य का प्रयोजन वर्णाश्रम धर्म की रक्षा ही था और इसी के लिए उन्होंने पुराण एवं काव्य ग्रंथों की रचना की। इनकी रचना-प्रक्रिया एवं वैचारिकता-दोनों पर संस्कृत साहित्य का गहरा प्रभाव देखा जा सकता है। (डॉ. रामलिंगम्-भारतीय पुनरुज्जीवनम्-1)

भारत में दर्शन के क्षेत्र में वैचारिक आंदोलन का प्रारंभ चार्वाकों से ही हो जाता है। बौद्ध एवं जैन धर्म भी सामाजिक परिणामों के फलस्वरूप अपने अस्तित्व के अवसान की कगार पर थे। इस मोड़ पर आदि शंकराचार्य का आगमन भारतीय दार्शनिक आकाश पर प्रकाशमान नक्षत्र की तरह हुआ। 7 वीं, 8 वीं शताब्दी में आदि शंकराचार्य का अद्वैत सिद्धांत एक आंदोलन के समान चारों तरफ व्याप्त हो गया था। सामाजिक परिस्थितियाँ अनुरूप थीं। इस आंदोलन ने हिंदू धर्म की रक्षा का उत्तरदायित्व को बखूबी निभाया। उस समय राजनीतिक, सामाजिक परिस्थितियों की भूमिका के कारण संस्कृत के 'महाभारत' को नन्नया ने तेलुगु में राजराजनरेंद्र की प्रेरणा से राजमहेंद्री में रचना प्रारंभ की। 8 वीं 13 वीं ई. के मध्यकाल में तेलुगु प्रांत निरंतर युद्धों की विभीषिका झेलता रहा। पूर्व चालुक्यों एवं राष्ट्रकूटों के बीच लगातार युद्ध होते रहे। विष्णुवर्द्धन (चतुर्थ) का पुत्र विजयादित्य (द्वितीय) (806-846) ने बारह साल तक 108 युद्ध किये। भीषण नरसंहार हुआ। इसी कारण उस राजा ने 108 शिवालयों को बनवाया। इसीलिए इस युग में वैदिक धर्म की पुनः प्रतिष्ठा के साथ वेद-विधाओं का वैभव संस्कृत भाषा की प्रधानता, वर्ण व्यवस्था, कर्मकाण्ड, मंदिरों का निर्माण, पूजा-आराधना के आयोजन, देवदासी प्रथा इस युग के प्रमुख लक्षण थे।

वेद एवं शास्त्रों के अध्ययन एवं अध्यापन में जीवन यापन करने ब्राह्मणों ने राज दरबारों का आश्रय लिया। पुरोहितों, सेनापतियों एवं मंत्रियों के रूप में राज दरबार के महत्वपूर्ण पदों में ब्राह्मणों ने काम किया। इसलिए मध्य युग में वैदिक धर्म का प्रचार-प्रसार रहा।

इस युग में भारत के उत्तर दक्षिण भागों में राज्य विस्तार के लिए दोनों भागों के राज्य विस्तार के लिए प्रयत्न किया। उत्तर भारत अनेक राज्यों में विभक्त हो गया। दक्षिण में अधिक

भू भाग पर चोल राजाओं का राज्य सशक्त था। उत्तर से ब्राह्मण एवं व्यापारियों का बड़ा वर्ग दक्कन प्रांत में आये। मध्य युग के प्रारंभ तक आंध्र में भी फ्यूडल व्यवस्था का रूप स्पष्ट होने लगा। कुछ इतिहासकारों के विचार में फ्यूडल व्यवस्था जो गुप्त काल में प्रारंभ होकर मध्य युग तक भारत में स्थिर हो गयी और यूरप 5-11 ई. शती में स्थिर हो गयी। दोनों फ्यूडल व्यवस्था में समानता है। किंतु उत्पादन के संसाधनों में, उत्पादन के अनेक संदर्भों में जो प्रगति यूरप में हुई वह भारत देश में नहीं हुई। यहाँ की ग्रामीण व्यवस्था इसका कारण है। ग्रामों में प्रारंभ में वर्ण व्यवस्था और उत्पादन, वितरण की जो व्यवस्था थी कालांतर में अनेक परिवर्तन होते हु जाति व्यवस्था में रूपांतरित हो गयी। धर्म संबंधी अधिकार एवं उत्तरदायित्व भी जाति के अनुसार बदल गये। (आचार्य केतवरपु रामकोटि शास्त्री)

भारत में यह सामाजिक व्यवस्था अंग्रेजों के आगमन तक इसी प्रकार चलती रही। यूरोप में भी धार्मिक संस्थाओं पर आधारित सामाजिक व्यवस्था ही चलती रही। फिर भी वहाँ समय-समय पर अवरोध उत्पन्न हुए। इन अवरोधों के कारण समाज के निर्माण में कुछ मौलिक परिवर्तन उपस्थित हुए। इस प्रकार के परिणाम भारत में परिलक्षित नहीं होते। कारण है - यहाँ यूरोप के समान धर्म के प्रति आस्था अनास्था, विश्वास एवं विज्ञान के बीच संघर्ष नहीं हुआ। भारत में जन आंदोलन के नहीं होने के कारण हेतुवाद, तार्किकता, नास्तिकता, वैज्ञानिकता के अभाव में कोई विशेष परिवर्तन उपस्थित नहीं हुआ। शासन का धिक्कार करने की किसी को शक्ति नहीं थी।

सामाजिक व्यवस्था के विपरीत कोई आचरण करने की हिम्मत करता भी है तो समाज उसका बहिष्कार कर देता था। यह मानसिक यंत्रणा यूरोप की शारीरिक हिंसा से ज्यादा तकलीफदेह है। क्योंकि शारीरिक हिंसा के द्वारा मनुष्य के प्राण चले जायेंगे किंतु समाज से बहिष्कृत व्यक्ति के कष्टों का कोई अंत नहीं। सामाजिक बहिष्कार का तात्पर्य है- उस व्यक्ति को उस ग्राम में आश्रय नहीं मिलेगा। अगर कोई व्यक्ति उसका आदर करेगा, आश्रय देगा तो उसे भी उसी प्रकार सामाजिक बहिष्कार की सजा दी जायेगी। उस समय के समाज में प्रचलित इस भयंकर सजा के कारण ही कुछ हद तक तार्किकता, भौतिकवाद के प्रसार में कठिनाई होती थी।

इस व्यवस्था के कारण उच्च वर्ग को ही समाज में महत्व मिला। संस्कृति, साहित्य एवं कला के विभिन्न रूपों में उच्च वर्गों का ही जीवन प्रतिफलित हुआ। राजाओं के दरबार, सामंतों एवं धनिकों के ठाट-बाट के अंग रूप में साहित्य, संगीत एवं अन्य कलाओं को आश्रय मिला। प्रायः उनकी जीवन शैली के समान साहित्य एवं कलाएँ भी अभिजात्य वर्ग

का ही प्रतिनिधित्व करते थे। राजाओं एवं आश्रयदाताओं का मनोरंजन करना इनका चरम उद्देश्य था। अपवाद के रूप में कहीं अन्य वर्ग के लोगोंbकी कथा वर्ण्य विषय होता था। 'काल पूर्णोदय' (पिंगलि सूरन्ना) इस प्रकार के ग्रंथों का अपवाद है।

राजाश्रय के प्रति तिरस्कार का भाव समस्त भाषाओं के भक्तिकाव्य की विशेषता है। इन कवियों की दृष्टि में मानव सब समान हैं। अमीर-गरीब सब समान हैं। इसलिए भक्त कवि यह स्वीकार नहीं करते हैं कि राजा देवताओं का प्रतिनिध होता है। इसलिए सगुण भक्त कवि या निर्गुण संत कवि, सभी ने राजाश्रय के बाहर सामान्य जीवन व्यतीत किया। इन कवियों ने सामान्य मानव की चिंता की।

भक्त कवि सामान्य जन समुदाय से संबंध रखते हैं। जीवन यापन के लिए वे अपने-अपने पेशे से जुड़े रहे थे। सामंती व्यवस्था से उत्पन्न यातनाओं को सहते भी रहे थे। इसलिए इनके काव्य में साधारण जन-जीवन प्रतिबिंबित होता था। उन्होंने भक्ति के द्वारा समस्त मानव समाज को एक सूत्र में पिरोने की आकांक्षा के साथ जाति भेद को मिटाने की भरपूर चेष्टा की। सूर के समान पोतना ने भी स्वतंत्र रहकर 'श्रीमद् भागवत' तेलुगु में अनुसृजन किया। कबीर, रैदास, मीरा आदि ने राजाश्रय को धिक्कारा। तेलुगु। में अन्नमाचार्य, वेमना एवं वीरब्रह्मम् जैसे संत कवियों ने भी इस प्रकार भक्ति काव्य का प्रणयन किया।

संत कवियों ने समाज में व्याप्त बाह्याडंबर, रीति रिवाज, अंध विश्वास, रूढ़ियाँ आदि की निंदा की। भक्ति के लिए व्रत, उपवास, तीर्थाटन आदि की निरर्थकता व्यक्त करते हुए सच्ची उपासना की व्याख्या की। इन कवियों ने मानव-मानव में प्रेम, सदाचार, चरित्र आदि के मूल्यों का प्रचार किया। कर्मकाण्ड का विरोध किया।

संपूर्ण भक्ति आंदोलन में स्त्री जनोद्धार का अस्त्र भी भक्ति ही था। भक्ति के मार्ग पर अग्रसर होने के लिए जाति एवं लिंग की विवक्षा को दूर किया। अन्यथा स्त्रियों के प्रति भक्त कवियों का विचार भी परंपरागत ही था। स्त्रियों के प्रति दृष्टिकोण में सामान्य जन-जीवन या भक्ति के मार्ग में भी कोई विशेष अंतर नहीं। यह अलग बात है कि अपने पूरे विद्रोह के साथ भक्त कवयित्रियों ने समाज से संघर्ष किया। उनकी इच्छा के अनुरूप उस मार्ग पर जो उन्होंने ही चुना, बिना समाज की परवाह किये, आगे बढ़ गयी। मीरा हो या मोल्ल- दोनों इस स्थिति के साक्षी हैं। इसलिए भक्ति आंदोलन ने समाज में नयी जागृति तो लायी, परंपरागत रीति-रिवाज, पाखंड, अंधविश्वास, अवतारवाद आदि सामाजिक, दार्शनिक संदर्भों में नवजागरण की लहर दौड़ी किंतु स्त्री जागरण के कोई चिह्न दिखायी नहीं देते।

## संधि युग

18 और 19 वीं शताब्दी के बीच भारत देश में अंग्रेज़ों के कारण उनकी सभ्यता एवं संस्कृति के प्रभाव से मध्ययुग से आधुनिक युग के आविर्भाव के लिए अनेक सामाजिक परिवर्तन दिखाई देते हैं। एक तरह से इन्हीं लक्षणों से मध्ययुग से अलग एक प्रकार की विशेष सामाजिक जीवन परिलक्षित हुआ जो 'आधुनिक' कहलाने लगा। एक व्यवस्था से दूसरी व्यवस्था में समाज अपना स्वरूप स्वभाव के परिवर्तनों के साथ पुराने और नये का मिला जुला रूप दिखाई देता है तो इतिहासकार उसे 'संधि युग' कहते हैं। संधि युग में सामाजिक स्थितियों की बुनियाद में नवजागरण का भवन निर्माण के क्रम में जो क्रिया कलाप है उन पर विचार करेंगे।

यह समय भारत देश के समृद्ध समाज में एक तरफ धनी वर्ग विलास में डूब रहा है तो दूसरी तरफ सामान्य जनता निपट गरीबी में अपना जीवन यापन कर रही थी। जागीरदार, जमींदार, पटेल, पटवारी आदि अपना अधिकार समझकर किसानों का और गरीब मजदूर वर्ग का शोषण कर रहे थे। उस समय की वर्ण व्यवस्था, धार्मिक पाखंड के साथ आर्थिक असमानता देश की जनता को पीड़ित कर रही थी। बाल विवाह, विधवाओं की असहाय अवस्था, सती प्रथा आदि दुराचार समाज में व्याप्त थे। इन दुराचारों ने समाज को अव्यवस्थित कर दिया। इन दुराचारों को दूर करने के लिए कुछ महानुभावों ने प्रयत्न किया किंतु राजा राममोहन राय के समाज सुधार में आगमन तक कोई विशेष परिवर्तन नहीं दिखायी देता है। स्त्री शिक्षा के क्षेत्र में भी कुछ मिशनरियों के अलावा किसी ने ज्यादा पहल नहीं की। वेश्या - समस्या अपने विकराल रूप में थी। इन स्त्रियों को तरह-तरह के नामों से समाज में शोषण किया जाता था। जमीनदारी व्यवस्था में पुरुषों के भोग-विलास के लिए अंतः पुरों में सब तरह की चाकरी के लिए वेश्याओं को 'रखैल' बनाकर रखा जाता था। इन की दशा गुलामों से बदतर थी। इन की शादी ब्याह का सवाल ही नहीं। रिश्ते नाते की परवाह किये बगैर ही कोई भी अंतःपुर का पुरुष या मेहमान इन को भोग सकता था। उसको इंकार करने का कोई अधिकार नहीं। फ्यूडल व्यवस्था में स्त्रियों की अवनति की यह चरम दशा है। इस प्रकार के अंतःपुर तक सीमित वेश्याओं के अलावा समाज में भी सभी वर्गों के भोग-विलास के लिए वेश्याओं की वीथियाँ प्रसिद्ध थीं। इस प्रकार वेश्या समस्या व्याप्त होकर उच्चवर्ग एवं मध्यवर्ग की सामाजिक एवं आर्थिक दशा विपरीत परिणामों का कारण बनीं। इस समाज में 'देवदासी प्रथा' भी प्रचलित थी। कुछ स्त्रियों का किसी देवता के साथ विवाह करके उनको वारांगना के रूप में उनका शोषण किया जाता था। इस प्रकार की बुरी प्रथाओं के कारण 19 वीं

शताब्दी के अंत में 'Antie Natch' आंदोलन प्रारंभ हुआ। 'देवदासी कानून' को लाकर इसको रोकने की आवश्यकता उत्पन्न हुई।[3]

विशाल भारत देश में ब्रिटिश शासन के कारण आर्थिक व्यवस्था में परिवर्तन हुआ और ब्रिटिश सरकार के उद्योग धंधों का आधार बना। उत्पादन बेचने के लिए भारत एक महत्वपूर्ण बाजार के रूप में भी उनके काम आया। भारत की परंपरागत अर्थव्यवस्था चकनाचूर हो गयी। ध्यान देने की बात यह है कि अंग्रेज़ भी भारतीय जन- जीवन का अंतर्भाग कभी नहीं बने। देश की संपदा को लूटने वाले विदेशी ही बनकर रहे। इस नयी व्यवस्था के कारण भारत की पारिवारिक व्यवस्था संयुक्त परिवार के मानव संबंध, हस्तकलाएँ आदि पर सीधा प्रहार हुआ। इस नयी सामाजिक व्यवस्था के अनुकूल अर्थ व्यवस्था की संरचना अंग्रेज़ों ने नहीं की। ब्रिटिश शासन ने अपनी सुविधा के लिए जमींदारी वर्ग, किसानों का सेटिलमेंट आदि में कर वसूली के नये कानून लाकर भारत की अर्थ व्यवस्था को पंगु बनाकर रख दिया। अपने उद्योग धंधों के लिए आवश्यक कच्चा माल तैयार करनेवाले देश के रूप में इसका विकास किया। जमींदारों को भी अपनी कुटिल नीति से पनपने नहीं दिया। इसलिए क्या जमींदार, क्या किसान सभी ब्रिटिश शोषण की आँच से सुलगते रहे थे। इसलिए पूरे देश में एक प्रकार की अराजकता का वातावरण था। इस प्रकार की अराजकता और घूसखोरी की चर्चा बंगाल के संदर्भ क्लैब ने भी की। यह पूरे देश पर भी लागू हो सकता था।

यह निर्विवाद सत्य है कि ब्रिटिश शासन ने विकास के जो भी कार्यक्रम किये उन सभी के पीछे उनका अपना प्रयोजन एवं अपने प्रशासन की सुविधा ही रही। 19 वीं शताब्दी के पूर्व ही अंग्रेज़ी को भारत के स्कूलों के पाठ्यक्रम में अनिवार्य बनाना, रेल और सड़क आदि यातायात के साधन एवं डाक-तार आदि संचार माध्यमों की सुविधा आदि सभी में उनकी प्रछन्न स्वार्थ प्रवृत्ति ही काम कर रही थी। किंतु इसे स्वीकार करना पड़ेगा कि परवर्ती समय भारत के वैचारिक आंदोलन के मूल में और नवजागरण के मार्ग को प्रशस्त करने में अंग्रेजी शिक्षा का महत्वपूर्ण योगदान रहा। प्रसिद्ध इतिहासकार के.एम.फणिक्कर के विचार में भारत भर में अंग्रेज़ी शिक्षा को लागू नहीं किया होता तो आधुनिक युग का नव जागरण प्रांतीय भाषा के अनुरूप प्रत्येक राज्य में अपने ढंग से सामाजिक बदलाव लाता था। अंग्रेज़ी पठन-पाठन के कारण समूचे भारत में विचारों का आदान-प्रदान संभव हो सका। इसी कारण नव जागरण के मुद्दे प्रांतीय परिस्थितियों के अनुरूप न होकर कुछ भिन्न होते हुए भी उनमें

---

[3] आरुद्र समग्र आंध्र साहित्यम् - 11 वाँ भाग प्रारंभ पृष्ठ)

भारत की एकता एवं दृष्टिकोण लक्षित होता है। भारतीयता लाने का एक कारण अंग्रेज़ी का प्रचार-प्रसार भी था।

ब्रिटिश सरकार ने अपने शासन के पहले चरण में प्रशासन में, न्याय व्यवस्था में, उद्योगों के उत्पादन के क्षेत्र में खेती बाड़ी के प्रचलित पद्धतियों में, व्यापार आदि क्षेत्रों में कोई क्रांतिकारी परिवर्तन तो नहीं लाये। किंतु ब्रिटिश सरकार की प्रशासनिक व्यवस्था का प्रभाव यह हुआ कि साम्राज्यवादी शक्तियों के विरोध में एक सशक्त आंदोलन का आविर्भाव हुआ। समस्त भारत की जनता एक सशक जाति के रूप में एकीकृत होने के लिए आवश्यक परिस्थितियों का निर्माण हुआ।

ब्रिटिश शासन के इस कालखंड में देशी जनता अनेक प्रकार के विद्रोही आंदोलनों का निर्वाह कर रही थी। उनमें प्रमुख हैं- (1) आदिवासी आंदोलन (2) नागरिक आंदोलन (3) किसानों का आंदोलन। ये सभी आंदोलन सिपाही आंदोलन या विद्रोह से पहले ही हुए जिसे प्रथम स्वतंत्रता आंदोलन के रूप माना जाता है। किंतु ये सभी आंदोलन विफल हुए। इन आंदोलनों के विफल होने के कई कारण हैं। इन आंदोलनों में आधुनिक विचारधारा का आधार नहीं होता। पूरे देश में व्याप्त राजनीतिक क्रियाकलापों का ज्ञान सामान्य जनता को नहीं होता था। समाज के प्रति नया दृष्टिकोण, नये आदर्श इन के प्रचार-प्रसार के व्यवस्थित पार्टियों का आधार नहीं था। ये सभी इन आंदोलनों की असफलता के कारण थे। फिर भी इन आंदोलनों के फलस्वरूप ही ब्रिटिश सरकार के प्रशासन में कुछ परिवर्तन हुआ। कठोर शोषण थोड़ा ढीला हुआ। उदारवादी दृष्टिकोण का सूत्रपात हुआ। इसी उदार नीति के परिणामस्वरूप विश्वविद्यालयों की स्थापना, खेती बाड़ी के लिए जल संसाधनों के लिए बांधों का निर्माण आदि के द्वारा देश की प्रगति के बारे में सोचना शुरू किया।

लगभग ब्रिटिश सरकार के अधीन भारत देश के जो प्रांत हैं, उनकी यही दशा थी। किंतु तेलुगु प्रदेश में कुछ भिन्नता है। यहाँ आंध्र एवं रायलसीमा के प्रांत ब्रिटिश शासन के अंतर्गत थे। केवल तेलंगाणा प्रांत निजाम के शासन में था। इन कारणों से इन दोनों बड़े प्रांतों में आर्थिक, सामाजिक, राजनीतिक रूपरेखा एवं स्वभाव में भिन्नता स्पष्ट परिलक्षित होती है। नव जागरण के संदर्भ में भी यह भिन्नता देखी जा सकती है।

आंध्र प्रांत में प्राकृतिक रूप से ही मिट्टी अधिक उपजाऊ एवं गोदावरी और कृष्णा जैसी नित्य स्रोतस्विनी नदियों के कारण विशेष विकास हुआ। सर आर्थर कॉटन के नेतृत्व में गोदावरी बाँध परियोजना 1852 में और कृष्णा नदी बाँध परियोजना 1855 तक पूरे हो गये। इन दोनों नदी प्रांतों में जल संसाधनों के विस्तार के कारण धन धान्य की समृद्धि ही

नहीं, व्यापार का भी विस्तार हुआ। इन दोनों बड़ी नदियों पर पुलों को बांधने के कारण रेल, यातायात की सुविधा हुई। गोदावरी नदी पर पुल बनाकर रेल यातायात के लिए मार्ग निर्माण 1883 तक पूरा हो गया। इस रेल मार्ग के कारण व्यापार- वाणिज्य का तो विस्तार हुआ ही, साथ ही साधारण जनता की यात्राओं को भी सस्ता एवं सुविधाजनक बनाया। यह मार्ग मद्रास जो प्रेसिडेंसी की राजधानी थी, उस तक विस्तृत था जिसका नाम था ईस्ट कोस्ट रेलवे (East coast Railway)

उन्नीसवीं शताब्दी के उत्तरार्द्ध तक आंध्र प्रांत शिक्षा के क्षेत्र में भी महत्वपूर्ण विकास हुआ। गोदावरी जिले के सेवानिवृत्त तत्कालीन तहसीलदार एस नादमुनि के अनुसार-"गाँवों में पाठशालाओं की संख्या इतनी बढ़ गयी, जहाँ पूरे जिले को एक डिप्टी इंस्पेक्टर से काम चल जाता था वहाँ अब चार डिप्टी इंस्पेक्टर और एक असिस्टेंट इन्स्पेक्टर है। इनके अलावा हर एक तालुके में एक इन्स्पेक्टर स्कूल मास्टर है। इस प्रांत को रेल मार्ग द्वारा मदरास से जोड़ने का लार्ड कन्नमरा के प्रस्ताव से यहाँ के संसाधन और अधिक बढ़ेंगे। ब्रिटिश सरकार का रेलवे का निर्माण उनके वाणिज्य की सुविधा के लिए थी क्योंकि गोदावरी मंडल रत्नगर्भा के रूप में थी और उसे लूटने की पूरी योजना थी। यहाँ शिक्षा के प्रचार-प्रसार के पीछे यहाँ उनके प्रशासन में कचहरियों में, रेवन्यू शाखा में ( Revenue Dept.) पुलिस में शिक्षित लोगों की जरूरत थी, उन को जुटाना था और यहाँ की जनता अपने विकास के लिए शिक्षित होना चाहती थी। ब्रिटिश सरकार का कोई भी विचार हो किंतु परवर्ती काल चाहे नवजागरण में सुधारवादी चेतना हो या स्वतंत्रता आंदोलन हो, हर आंदोलन में इस प्रांत ने सक्रिय भागीदारी के साथ ब्रिटिश शासन को धिक्कारने में भी कोई संकोच नहीं किया। इस प्रकार यहाँ की जनता को वैचारिक रूप से आंदोलित करने का कारण, निश्चित रूप से उनका सुशिक्षित होना ही था। इस प्रांत को इन आंदोलनों से सशक्त नेतृत्व मिला।

एक तरह पुरानी अर्थ व्यवस्था समाप्त हो गयी। ब्रिटिश सरकार की इस वाणिज्य नीति के कारण बाद में भारत की बड़ी दयनीय दशा हो गयी थी। किंतु ब्रिटि शासन के वाणिज्य विस्तार के लिए किये गये प्रयत्नों का लाभ यह हुआ कि उनकी इसी आर्थिक व्यवसथा के कारण समूचे भारत की जनता एक ही सूत्र में आ गयी। कृषि प्रधान भारत का सामाजिक ढाँचे में भूमि सुधारों के कारण महत्वपूर्ण परिणाम यह हुआ कि भारत सामंती अर्थ व्यवस्था जो परिवर्तन की दिशा पर है, वह पूर्ण रूप से पूँजीवादी अर्थ व्यवस्था में रूपांतरित हो गया।

"Consequent on all this, there developed symptoms of a structural imbalance in the Indian Society as a whole during the 19th century.

These events, along with the spread of Education, groth of towns, a modern legal system, political Unity, belles communications and the rise of new profesional (Middle) classes led to the much desired social mobility and social change. However, there did not take place the total break up of the old economic structure and the full emergence of the capatalist system, and social change stopped midway, leaving the country seme feudal and semi-capatalist, with strong lies between moribund feudalism and emergent capatalism, both subordinated to an over powerful colonialism. (V. Ramakrishna, Social reformes in Andhra-p.36)

भारत जैसे बड़े देश में इस नयी पूँजीवादी अर्थव्यवस्था का व्यापक प्रभाव नहीं पड़ा। कुछ प्रदेश पुरानी सामंती अर्थ व्यवस्था के प्रभाव में रहने के कारण पूरे भारत में आधा फ्यूडल अर्थ व्यवस्था और आघा पूँजीवादी अर्थ व्यवस्था काम कर रही थी। यह सत्य है कि दोनों ही शक्तिशाली उपनिवेशवादी ताकतों के सामने उनके आधिपत्य को स्वीकार करने को मजबूर थे।

# 4. नवजागरण की वैचारिक पृष्ठभूमि

नवजागरण का संबंध किसी भी समाज के बौद्धिक एवं सामाजिक विकास से है। किसी व्यक्ति, जाति, राष्ट्र की वे सब बातें, जो आचार-विचार, कला-साहित्य और सभ्यता के क्षेत्र में बौद्धिक विकास को जन्म देती है, नवजागरण के द्योतक हैं। समाज को शुद्ध करना, संस्कृत करना, सुधारना, यह सब नवजागरण के ही लक्षण हैं। शुद्ध, सुघड़, परिष्कृत, पवित्र समाज का निर्माण नवजागरण के द्वारा होता है। किसी भी जाति या समाज के चिंतन-मनन, आचार-विचार, रहन-सहन, बोली-भाषा, वेश-भूषा, कला- कौशल आदि सभी बातों में समावेश हुए पुराने जर्जर विषयों को तिरस्कृत करना नवजागरण का ही लक्षण है।

मानव समाज में नवीन चेतना से पुराने मूल्यों का परिमार्जन और परिष्कार के साथ शिष्ट एवं मानवीय भावों से निहित नवीन भावों का समावेश होता है। पुराने विचारों, रूढ़ियों, सामाजिक नियमों का संस्करण कर उनमें नवीनता लाना जिससे समाज में बहुत समय से चली आ रही कुरीतियों का अंत हो वह 'नवजागरण' है, अर्थात् नवजागरण का उद्देश्य है दर्शन, विज्ञान और संस्कृति आदि जीवन के क्षेत्रों में आधुनिक सुचिंतन और वैज्ञानिक दृष्टि अपनाना। यह पुरातन और आधुनिकता का संघर्ष है। भारत ही एक ऐसा अनोखा देश है जहाँ विचार, संस्कृति एवं धर्म का जीवन में समन्वय होता है।

नवजागरण जैसे ऐतिहासिक तथ्य को जन्म देने में मध्यवर्ग की भूमिका अत्यन्त महत्वपूर्ण सिद्ध हुई। इस मध्य वर्ग के परिवेश से आनेवाले अनेक बुद्धिजीवियों ने समाज और साहित्य दोनों में सुधार और परिष्कार का कार्य किया। इस समय का साहित्यकार कथ्य, रूप, आकार और भाषा के सुधार और परिष्कार में संलग्न रहा है। इसीलिए इसे जागरण - सुधार काल भी कहते हैं। यह काल दो विरोधी ताकतों के टकराहटों का काल था-

सामंतवादी और पूँजीवादी। अंग्रेज़ों के शासन में भारतीय घोर संकट का सामना कर रहे थे। भारतीय समाज अपनी चिरकालीन मोह निद्रा से उठकर नवजागरण की ओर अग्रसर हुआ। इसीलिए अनेक विद्वान इसको 'पुनर्जागरण-काल' भी कहते हैं।

**नवजागरण की परिभाषाएँ**

नवजागरण शब्द की परिभाषा आचार्यों ने विद्वानों ने विभिन्न रूपों से दी है। नवजागरण की परिभाषाएँ, उसके उद्देश्य, प्रवृत्ति एवं प्रयोजन को भी स्पष्ट करते हैं। प्रत्येक परिभाषा में नवजागरण की भावना परिलक्षित है। नवजागरण शब्द की निश्चित परिभाषा नहीं है। लेकिन प्रत्येक परिभाषा से नवजागरण के विभिन्न पहलू स्पष्ट होते हैं। नवजागरण की भारतीय और पाश्चात्य परिभाषाएँ इस प्रकार हैं।

**पारचात्य परिभाषाएँ**

डिस्कवरी ऑफ लिटररी टैम्स में - "In literature, the period was notable for a revival of interest in humanities and a rediscovery of classical work of Greek and Roman origin. The renaissance of individuals pronged era that included rigorous new trends in art, science, religion, and politics also the renaissance unhered in the growth of cities of commerce, as well as increased travel throughout Europe and resolute and determined coonization in new world. Intellectually and socially the period witnessed increased emphasis."

एन्साइक्लोपीडिया अमेरिका (भाग-23) में रिनैसों का शाब्दिक अर्थ है- 'पुनर्जन्म' (Rebirth) | इसको लेटिन में 'Renasor' इटालियन में 'Rinescimento' कहते हैं।

ऑक्सफोर्ड शब्दकोश (IX Edition) के अनुसार - "The great revival of art and letter under the influence of classical models which began in Italy in the 14th Century and continued during the 15th and 16th, also the period during which this movement was in progress."

वेब्स्टर शब्दकोश (IV Edition) के अनुसार - "Any period characterized by enthusiastic and vigorous activity along literary, artistic or other lines. Strictly such a period when distinguished by a revival of interest in the part or a return to old masters for inspiration.

## भारतीय परिभाषाएँ

हिंदी साहित्य कोश (भाग-2, पृ. 369) में "नवजागरण युग वस्तुतः सन्यासवाद के प्रति उपभोगवाद के विद्रोह का युग था। " पं. जवाहरलाल नेहरू ने 'ग्लिंप्सस ऑफ वर्ल्ड हिस्टरी' में रिनैसाँ को इस तरह परिभाषित किया - "रिनैसाँ असल में विद्या का पुनर्जन्म था, जिसमें कलाः विज्ञान, साहित्य और यूरोपीय भाषाओं की तरक्की हुई।[4]"

डॉ. लक्ष्मीसागर वार्ष्णेय ने इसको 'नवोत्थान' कहा।[5] डॉ. रामधारी सिंह दिनकर ने इसे 'पुनरुत्थान'[6] कहा। 'नवजागरण' शब्द अधिक प्रचलित है। इस शब्द का प्रयोग सबसे पहले डॉ. रामविलास शर्मा ने अपने पुस्तक 'महावीर प्रसाद द्विवेदी और हिंदी नवजागरण' (1977 ई) में किया। श्रीमती रोमीला थॉपर के अनुसार- "Renaissance should mean a flowering of creativity and innovation in all spheres of life in the arts and sciences, technology and humanities, in a perceptible movement towards an increasingly joyous mode of living for all."[7]

## नवजागरण काल में जन-मानस की भावभूमि

नवजागरण काल में धर्म की अपेक्षा दर्शन का महत्व अधिक था। जनता मानववाद और धर्मनिरपेक्षता का पथ प्रशस्त करने में लगी हुई थी। बीसवीं शताब्दी में भारत में उद्भूत वैचारिक क्रांति ने पारंपरिक भारतीय समाज को बहुत कुछ बदल दिया। इस समाज में स्त्री और पुरुष दोनों एक दूसरे के पूरक बनकर उभरे। पुराने जमाने की स्त्री, जो मूक जीव के समान, घर की चार दीवारी में अपने जीवन का अमूल्य समय व्यर्थ ही बसर कर रही थी, एक नवीन स्फूर्ति से ओत-प्रोत होकर, भारतीय स्वतंत्रता संग्राम में कूद पड़ी।

नवजागरण कालीन भारतीय साहित्य में प्रधान रूप से नारी जीवन के विभिन्न सामाजिक पक्षों का चित्रण है। इस अवधि के साहित्य का अध्ययन करने पर हमें नारी जीवन के चित्रण में परिलक्षित भारतीयता का भाव छिपाये नहीं छिपता। भारतीय स्त्री हर स्तर पर पीड़ित, दलित एवं बंधनग्रस्त थी। स्त्रियों पर अपना स्वामित्व जमाने की अनुचित इच्छा।

---

[4] ग्लिंप्सस ऑफ वर्ल्ड हिस्टरी, ले. पं. जवाहरलाल नेहरू- पृ. 153

[5] आधुनिक हिंदी साहित्य, ले. लक्ष्मीनारायण वार्ष्णेय - पृ. 3

[6] संस्कृति के चार अधयय, डॉ. रामधारी सिंह दिनकर- पृ.443

[7] Towards Indian Renaissance ले. रोमीला थॉपर (Lecture published by NAC ADD, 1986)

पुरुषों के व्यवहार में प्रायः स्वाभाविक रूप से निहित थी। विदेशी सभ्यता एवं संस्कृति का हमारे देश पर गहरा प्रभाव पड़ा। ब्रिटिशों की गुलामी में रहकर हमारे देश को पाश्चात्य ज्ञान - विज्ञान का परिचय प्राप्त हुआ। परंतु भारतीय नर-नारी के पारिवारिक संबंधों एवं दाम्पत्य जीवन पर इसका प्रभाव कम ही रहा। जीवन के प्रत्येक क्षेत्र में स्त्री का सहयोग होने पर भी स्थिति ज्यों की त्यों ही थी। अनपढ़, भोली-भाली भारतीय गृहिणी आज पढ़-लिखकर आधुनिक ज्ञान - विज्ञान हासिल कर स्वाभिमानी एवं आत्मनिर्भर हो गयी है। किंतु, कहीं पर उसमें भारतीय संस्कृति की मूलभूत सादगी, पति परायणता, सेवाव्रत, वात्सल्य भाव, चारित्रिक पवित्रता एवं उच्च आदर्श निष्ठा दृष्टिगोचर है। माता, पत्नी, पुत्री, बहन आदि स्त्री के विभिन्न सामाजिक रूपों में हमें यह भाव प्रकट रूप में दिखाई पड़ते हैं। सहनशीलता, त्यागशीलता एवं हर पल सेवा भाव से आलोड़ित भारतीय स्त्री का स्वाभाविक रूप नवजागरण कालीन साहित्य का मूल विषय रहा। इसी को केंद्रित करके तत्कालीन साहित्यकारों ने रचना की।

मनुष्य के अंदर नवीन चेतना के विकास के लिए अनुकूल जीवन की परिस्थितियाँ और मानव मन के प्रसार की अनुकूलता आवश्यक है। मानव जीवन किसी आर्थिक, सामाजिक, धार्मिक सिद्धांत में प्रतिबद्ध न होने पर उसमें स्वच्छंदता आती है। तब उसमें नवजागरण के लिए अनुकूल वातावरण बनता है। नवजागरण का प्रमुख भाव है परंपरागत नियमों का परिष्कार और स्वच्छंदता के प्रति आग्रह | स्वच्छंदता से हमारा अभिप्राय है सामजिक रूढ़ियों के प्रति विद्रोह, भावों में उन्मुक्तता, नैसर्गिक विचार और संस्कार| घर से बाहर आकर नवजागरण कालीन भारतीय स्त्री ने अपने अधिकारों को जाना-पहचाना। उसमें स्वावलंबन आया। "स्वतंत्रता एक व्यक्तिगत अधिकार है- " स्त्री इस भावना को अनुभव कर रही थी।

मनुष्य स्वयं को परिस्थितियों के अनुकूल बनाता है। मनुष्य की संवेदना, विवेक उसे अच्छे-बुरे की पहचान कराती है। जैसे-जैसे परिस्थितियाँ बदलती हैं, उसकी संवेदना और जीवन-दर्शन भी बदलता है। नवजागरण का एक प्रमुख कारण है- प्रकृति की नई परिकल्पना।

विज्ञान की प्रगति से मनुष्य में आत्म-विश्वास जगा कि उसकी बुद्धि सब प्रश्नों का उत्तर दे सकती है। अनुसंधान और परीक्षण की परंपरा विज्ञान की मुख्य पद्धति है। भौतिक और जैविक विज्ञान का विकास वैज्ञानिक चिंतन का द्योतक है। आत्म चेतना (Self-conscious) होना आधुनिकता का प्रतीक है। नवजागरण काल का जन-मानस भी इस भाव से अलग नहीं था।

## मानव मूल्यों में परिवर्तन

स्वच्छंदता के प्रति आग्रह ने बीसवीं शताब्दी के भारतीयों में नये विमर्श से उत्पन्न मानव मूल्यों का प्रस्फुटन हुआ। संपूर्ण संसार परंपरागत रीति-रिवाजों, अधिकार एवं निरंकुशता के साथ जुड़ी मान्यताओं का विरोध कर पराधीनता के जंजीरों को खोलने के लिए कटिबद्ध हुआ।

व्यक्तिवाद के कारण आत्मगौरव, आत्म निर्भरता आदि भावों के प्रति आग्रह बढ़ा। व्यक्ति स्वातंत्र्य के लिए अथक परिश्रम होने लगा। व्यक्तिवाद के विकास के साथ ही व्यक्ति सामाजिक जीवन और धार्मिक रूढ़ियों का तिरस्कार करते हुए बाह्याडंबरों से मुक्त 'होकर अपना कल्याण स्वयं करने की क्षमता का विकास करने के लिए तत्पर हुआ। धार्मिक कट्टरता का निराकरण, उदात्त और उन्नत भावों का उन्नयन हुआ।

स्वतंत्रता, समानता और भाईचारे की भावना के विकास ने समाज को एक उन्नत दिशा प्रदान की। इन उदारवादी मूल्यों का प्रतिफलन सामाजिक नवोत्थान के लिए महत्वपूर्ण साबित हुआ। मानव जीवन की समस्याओं को स्वतंत्र और उदात्त बुद्धि के साथ देखना 'उदारवाद' है। उदारवादी व्यक्ति मानव मात्र की व्यक्तिगत स्वतंत्रता पर बल देता है। वह स्वतंत्रताहीन जीवन को तुच्छ एवं त्याज्य मानकर अन्याय का प्रतिरोध करता है। मुक्ति पाने के लिए अथक प्रयास करता है। स्वाधीन व्यक्ति अपने मन पसंद व्यवसाय को चुनकर जीवन निर्वाह करता है। वह अपने विचारों को प्रकट कर समाज में बदलाव लाने के लिए सदा इच्छुक रहता है। उदारवाद मानव जीवन के उन्नत भावों के लिए यथार्थ से, दुःख से, पीड़ा से एवं निराशा से संघर्ष करने की प्रेरणा देता है। मनुष्य के विश्व बंधुत्व एवं मानवता के करुणात्मक एवं व्यापक धरातल पर पहुँचा देता है।

मानवतावाद का विकास मध्ययुगीन विचारधाराओं व मान्यताओं के विरुद्ध, काल्पनिक देवताओं की किसी दिव्य सत्ता के विरुद्ध, मानव और उसके जीवन को ही महान् सिद्ध करने के प्रयत्न से आरंभ हुआ। पृथ्वी पर मानव ही सब कुछ है। मनुष्य वस्तु जगत की अंतिम एवं श्रेष्ठ है। मानवतावाद का केंद्रीय भाव मानव सेवा ही है। इस पृथ्वी पर मनुष्य से बढ़कर कोई नहीं है। मानवतावाद हर्ष, सौन्दर्य और जीवन के अनेक ऊँचे मानदंड स्थापित करते हुए केवल मानव मूल्यों को महत्व देता है।

भौतिकवाद आधुनिक भारत में प्रवेश करने लगा। भारतीय आध्यात्मिक चिंतन की दिशा ने वैज्ञानिक विकास के आगे घुटने टेक दिये। मनुष्य अपने बुद्धि-बल से सुख-समृद्धि

के सारे उपकरण आविष्कृत कर, भौतिकवादी बन गया। वह लौकिक, सामाजिक जीवन पर बल देने लगा।

नवजागरण काल में प्रजातंत्र की भावना का विकास हुआ। स्वतंत्रता, भाईचारा, समता जैसे मूल्यों को अपनाकर राजनीतिक और सामाजिक व्यवस्था को संगठित किया जाने लगा। ब्रिटिश साम्राज्यवाद के प्रतिरोध में भारतीयों का संघर्ष भौतिक रहा। गरीबी, भूखमरी, बदहाली, बेरोजगारी और शोषण के खिलाफ आवाज़ जो उठी वह भारतीयों की थी। किसानों, दस्तकारों, कारीगरों की दुर्दशा के कारण समाज में अदम्य आक्रोश था। अकाल, टैक्स एवं कल कारखानों के विस्तार के प्रति विरोध प्रतिध्वनित कर रहा था। मानवतावादी सिद्धांतों का प्रतिपादन कर समाजवाद को प्रोत्साहित करनेवाला युग था। भावी जनतंत्र एवं गणतंत्र की सूचना का युग था।

## भारतीय नवजागरण पर पारचात्य प्रभाव

भारतीयों पर अंग्रेज़ों का गहरा प्रभाव पड़ा। रीतिकाल में इस्लामी धर्म और संस्कृति से काफ़ी हद तक प्रभावित भारतीय राजनीतिक जीवन, हिंदू-मुस्लिम संघर्ष से पतनोन्मुख हो चला। इसका प्रभाव वास्तु कला, साहित्य, संगीत, रस्म-रिवाज और पर्व- त्योहारों पर पड़ा। सूफी धर्म का भारतीय आध्यात्मिक चिंतन और भक्ति भावना र गहरा प्रभाव पड़ा।

भारतीय हिंदू अपने संस्कृति के संरक्षण करने में सदैव प्रयत्नशील रहे। राजपूत, मराठा, सिक्ख, जाट आदि ने हिंदू संस्कृति के रक्षा के लिए भरसक प्रयत्न किये। आधुनिक काल में पाश्चात्यों ने भारतीय जीवन को काफी हद तक प्रभावित किया। अंग्रेज़ों ने आध्यात्मिक भारतीय संस्कृति को भौतिक रूप में ढाला। जहाँ भारतीय संस्कृति आदर्शोन्मुख और आध्यात्मिक है, वही पाश्चात्य संस्कृति यथार्थोन्मुख और भौतिक है।

ईसाई धर्म के दार्शनिक चिंतन का प्रभाव भी भारतीय चिंतन पर पड़ा। पाश्चात्य संस्कृति ने मुख्य रूप से लौकिक सामाजिक जीवन को संस्कृत बनाने पर बल दिया। पाश्चात्य देशों में अरस्तु के गणतंत्रात्मक विचारों को लेकर लंबी संवैधानिक परंपरा रही थी। राजनीतिक व्यवस्था से सामाजिक जीवन की गतिविधियाँ भी बदलती गई।

भारत के सामाजिक जीवन पर ईसाई कैथलिक अधिकार जमा कर बैठ गये। इसी का विरोध करते-करते प्रोटेस्टेंट धर्म का विकास हो गया। ज्ञान-विज्ञान की उन्नति और औद्योगिक क्रांति ने भौतिक संस्कृति को पुष्ट किया। धर्म का स्थान पारचात्य चिंतन और

संस्कृति ने ले लिया। भारत के लोग अंग्रेज़ी भाषा का ज्ञान हासिल करने के लिए भौतिकवादी और चेतनशील हो गये। वे यथार्थोन्मुख जीवन की ओर अग्रसर हुए।

प्रजातंत्र की भावना का विकास हुआ जिसने व्यक्तिवादी दृष्टिकोण का विकास किया। व्यक्ति को अपने भावों विचारों को व्यक्त करने की स्वतंत्रता मिली। समता और मानववादी दृष्टिकोण का विकास हुआ। भारतीय भी इन मूल्यों को मानने लगे कि समस्त सृष्टि में ईश्वरीय शक्ति का निवास है। सामाजिक जीवन में व्यवस्थापरक चिंतन में भी परिवर्तन हुआ। पाश्चात्य संस्कृति में व्यक्ति केंद्र बिंदु है। भारतीय संस्कृति में परिवार केंद्र बिंदु है। पाश्चात्य संस्कृति के प्रभाव से भारतीय भी व्यक्तिवाद हो गये।

हिंदी साहित्य में राष्ट्रीय नवजागरण को लेकर कुछ वैचारिक- सांस्कृतिक आंदोलनों और प्रवृत्तियों का विकास हुआ | हिंदी में पुनर्जागरण का आंदोलन बंगाल और आंध्र की तुलना में इतना कमज़ोर रहा कि यहाँ का सामाजिक- सांस्कृतिक उन्नति उस तरह से न हो सका जिससे कि स्त्रियाँ सांप्रदायिक भावों को मिटाकर, अपने अधिकारों के प्रति सचेत हो जाए। तिलक जैसे नेता ने आर्य समाज और ब्रह्म समाज के सामाजिक-धार्मिक सुधारों की तीखी आलोचना करते हुए कहा कि देश की भलाई इनसे नहीं हो सकती। उन्होंने भी अपने प्रयत्नों से धर्म को समाज से जोड़ने की कोशिश की।

नवजागरण का युग हमारे लिए इतिहास के शोध की चीज़ हो गई है। विदेशी शासन में भारतीय समाज को जिन शक्तियों ने संगठित किया, हमारी अर्थ व्यवस्था, राजनीति, समाज और संस्कृति को जिस दिशा से बढ़ाया, उन सब ने मिलकर हमारे चारों ओर की भौतिक सभ्यता और सामाजिक- सांस्कृतिक परिवेश को काफी हद तक बदल दिया। भारतेंदु युगीन भाषा हमारे जड़ों की भाषा थी जिसमें भारतीय अस्मिता के निशान हैं जिसे हमने नवजागरण काल में उपलब्ध करने का प्रयास किया।

पारचात्य शिक्षा ने हिंदओं को आशंकित कर दिया। भारतीय समझने लगे यदि धर्म निरपेक्षता का बोध होता रहा तो भारत से हिंदू धर्म मिट जायेगा। इस संदर्भ में सुरेंद्रनाथ बेनर्जी लिखते हैं कि - "Our fathers, the first fruits of English education were violently Pro-British. They could see no flaw in the civilization or the culture of the West. They were charmed by its novelty and its strangeness. The enfranchisement of the individual, the substitution of the right of private judgement in place of traditional authority exaltation of duty over custom, all came with the force and suddenness of revelation to an oriental people who knew no more binding obligation than the mandate of immorrial usage and venerable tradition. Everything English was good-even the drinking of brandy was a virtue; everything not English was to be viewed with suspition."[8]

लेक्चर्स इन इंडिया में केशवचंद्र सेन लिखते हैं- "Politically and intellectually England is our Master. We have been brought up in the school of English thought and have been inoculated with Western ideas and sentiments." [9]

तेलुगु वाङ्मय को एक नई मोड देने वाले श्री सी. पी. ब्रॉउन लिखते हैं- "To revive the literature of a language was an arduous task for one man and be a foreigner." [10]I think Telugu will no longer be considered the most difficult language in India." [11]

"I have done what I could to awaken the Telugus to advantages of printing and after more than twenty years exhortation they are following my leading."[12]

भारत के विकास के लिए अनेक मध्यवर्गीय बुद्धिजीवी अंग्रेजी को महत्व देते हैं। आधुनिक भारत के जनक राजा राम मोहन राय गवर्नर जनरल लार्ड आम्हर्स्ट के नाम अपने लेख में (11.12.1823) लिखते हैं- "I beg your Lordship will be pleased to compare the state of science and literature in Europe before the time of Lord Bacon with the progress of knowledge since he wrote. If it had been intended to keep the British nation in ignorance of real knowledge, the Baconians philosophy would not have been allowed to displace the system of the schoolmen ... In thesame way the Sanskrit system of

---

[8] तेलुगु साहित्यमु पै इंग्लीशु प्रभावमु, ले. कोत्तपल्लि वीरभद्र राव- पृ. 234, 235 ('A Nation in Making' by Sri Surendranath Banerjee, 1925, p. 308) से उद्धृत

[9] तेलुगु साहित्यमु पै इंग्लीशु प्रभावमु, ले. कोत्तपल्लि वीरभद्र राव- पृ. 236 (Life of Madhusudan Dutt by Yogindranath Basu, Calcutta, 1905 p. 251) से उद्धृत

[10] सी.पी. ब्राउन, ले. कोत्तपल्लि वीरभद्र राव- पृ. 15

[11] 'तेलुगु साहित्यमु पै इंग्लीशु प्रभावमु, ले. कोत्तपल्लि वीरभद्र राव- पृ. 124

[12] 'तेलुगु साहित्यमु पै इंग्लीशु प्रभावमु. ले. कोत्तपल्लि वीरभद्र राव- पृ. 128

education would be the best calculated to keep this country in darkness, if such had been the policy of the British legislature."[13]

भारतीय नवजागरण में सिपाही विद्रोह का महत्वपूर्ण योगदान रहा- "The early years of the second half of the nineteenth century were a formative period of even greater importance, in which the tide of westernization set strongly on the shores of India. A mere recital of dates is sufficient to show the rapid succession of changes. In 1853 the first railway began running: in 1854 the first telegraph line was opened, and the modern postal system was installed. In 1857 the first Universities were established, and the mutiny broke out. Next year the Government of India was transferred from the East India Company to the crown. In 1861 the seeds of popular representation were sown by the institution of legislative councils."[14]

इस प्रकार सामाजिक वैचारिक एवं भौतिक रूप से भारतीय जन जीवन परिवर्तन के दौर से गुजर रहा था।

## नवजागरण के प्रेरक- तत्व

### ऐतिहासिक कारण

नवजागरण काल के भारत के इतिहास पर दृष्टिपात करेंगे तो ज्ञात होता है कि भारतीय नवजागरण के प्रेरक कारण तत्कालीन इतिहास में भी निहित है। सन् 1857 ई. में भारतीय अपना पहला स्वाधीनता संग्राम हार गए। ब्रिटिश सरकार ने ईस्ट इंडिया कंपनी के हाथ से लेकर भारत का शासकीय बागडोर अपने हाथ में ले लिया। जहाँ भारत के जमींदार, जागीर्दार, सुबेदार अधिकार और धन के लालच से ब्रिटिश शासकों के हाथों की कठपुतली बनकर रह गये। वहीं स्वतंत्रता के लिए लालायित अनेक देश- भक्त संघर्ष कर रहे थे। ब्रिटिशों के अधीन भारतीय ऐसे नियंत्रित जीवन जीने के लिए मजबूर थे कि वे नवजागरण की ओर

---

[13] तेलुगु साहित्यमु पै इंग्लीशु प्रभावमु. ले. कोत्तपल्लि वीरभद्र राव - पृ. 236 (English works of Raja Rammohan Roy (pamini edition), Ram Mohan Roy's letter of Lord Amherst, Governor- General, December 11th, 1823 (selections from educational records, p. 100) से उद्धृत

[14] 'तेलुगु साहित्यमु पै इंग्लीशु प्रभावमु, ले. कोत्तपल्लि वीरभद्र राव- पृ.237

अग्रसर हुए। यह बदलाव चार रूपों में प्रकट हुआ-

(अ) अंग्रेजों के प्रति घृणा

(आ) शिक्षित समुदाय का मोह भंग

(इ) राष्ट्रीय चेतना

(ई) इंडियन नेशनल कांग्रेस की स्थापना (सन् 1885 ई.)

सन् 1757 ई. में प्लासी के युद्ध में बंगाल के नवाब सिराजुद्दौला ईस्ट इंडिया कम्पनी से हार गए। इसके बाद राजाओं - नवाबों का आंतरिक कलह, किसानों और आदिवासियों का संघर्ष, कंपनी के भारतीय सैनिकों का संघर्ष, मैसूर, बिहार, बंगाल, महाराष्ट्र और वर्तमान आन्ध्र प्रदेश में कई बार विद्रोह हुए। सन् 1824 ई. में बर्मा का युद्ध भारतीय राजनीतिक व्यवस्था का उथल-पुथल करने में सहायक सिद्ध हुआ। सन् 1857 ई. का महाविद्रोह प्रथम संपूर्ण, सशक्त ऐतिहासिक संघर्ष था जिसने अंग्रेजों के शासन को जड़ से हिला दिया। यथा- सन् 1857 ई. की क्रान्ति कुछ इस प्रकार की घटना थी, उसने भारतीयों के राजनीतिक, सामाजिक, सांस्कृतिक तथा आर्थिक जीवन में ऐसा परिवर्तन आरंभ किया कि अनेक इतिहासकारों ने इसे नवयुग का जन्मदाता माना है।

किसी देश के राजनीतिक जीवन का नाम इतिहास है। किसी देश के प्राचीनतम युग तक की राष्ट्रीय घटनाओं का क्रमबद्ध विवरण इतिहास है। इतिहास वर्तमान को अतीत से जोड़ता है। इसके दो रूप हैं-

(अ) प्राचीन संस्कृति का पुनरुद्धार

(आ) लोक-संस्कृति के प्रति आकर्षण।

"सती चन्द्रावली" में औरंगजेब कालीन अत्याचारों का चित्रण है | चन्द्रावली मेहंदी के बाग में सखियों के साथ पत्र चयन करने जाती है। उपवन की रमणीयता पर मुग्ध सखियाँ के साथ झूला झूलने लगती है। उसी समय मुगल बादशाह के साथ वहाँ आकर स्त्रियों से छोडछाड करते हैं। मुगल शहजादा चंद्रावली का बलात्कार करना चाहता है। चंद्रावली विवश होकर चकमक पत्थर से अग्नि प्रज्जवलित कर भस्म हो जाती है। इस प्रकार सतीत्व धर्म रक्षा के लिए वह प्राणदान करती है।

भारतेन्दु युगीन नारी का आदर्श ही था कि हिन्दू नारी यवन द्वारा शरीर - स्पर्श को अधर्म मानती थीं। द्विवेदी युग तक इस मान्यता में परिवर्तन आने लगा। हिन्दू-यवन- मैत्री का स्वर सबसे ऊँचा रहा। द्विजेन्द्रलाल राय के अनूदित नाटक 'राणा प्रताप सिंह' में अकबर की

भाँजी दौलत उन्नीसा का प्रेम शक्ति सिंह के साथ दर्शाया गया। शक्ति सिंह को फाँसी का दंड सुनकर दौलत उन्नीसा कहती है- "मेहर! बहन! तू उन्हें बचा। उनकी रक्षा कर। तू जान ले बहन कि उन्हें अगर मौत की सजा हुई, तो मैं एक मिनट भी जिंदा न रहूँगी। मैं कसम खाकर कहती हूँ कि उन्हें प्राणदंड होने पर मैं जहर खाकर खुदकुशी कर लूँगी।" [15]

इस प्रकार भारत के सामाजिक जीवन में हिन्दू मुस्लिम सम्बन्धों में परिवर्तन देखा जा सकता है। हिन्दू-मुस्लिम जन-जीवन आपसी धार्मिक भेद-भाव को भूलकर भाई चारे के समाज में सांस्कृतिक आदान-प्रदान के द्वारा गंगा-जमुना संस्कृति को विकसित करने लगा।

ब्रिटिश शासन में भारतीयों और अंग्रेजों का शासक - शासित संबंध ही रहा। भारत के बुद्धिजीवी वर्ग ने भारत की पराधीनता, आर्थिक शोषण के पीछे छिपे राजनीतिक पहलुओं को समझाने का प्रयास शुरु किया। राजनीतिक दृष्टिकोण से पराधीनता की जंजीरों में जकड़ कर भारतीय स्वतंत्र अस्तित्व की खोज में लगे थे। सन् 1857 ई. के सिपाही विद्रोह का दमन करने के लिए ब्रिटिशों ने भारत पर जो जुल्म किये, उसने भारतीयों की आँखें खोल दी। तांत्या टोपे, नाना साहेब, बहादुर शाह ज़फर और झांसी की रानी ने देश को ब्रिटिश शासन से मुक्त करने का विफल प्रयास किया।

रिपॅन ने (सन् 1880 ई. ने सन् 1884 ई. तक) भारतकी जनता का भरपूर शोषण किया। ऐसे में सन् 1883 ई. में इलबर्ट बिल पास हुआ। सन् 1885 ई. में ग्लेड स्टोन मंत्रि मंडल ने पद त्याग दिया। उसके बाद क्रमशः इफरिन (1884 ई. - 1888 ई.) लैंसेडाउन (1888 ई. - 1893 ई.), एल्गिन (1893 ई.- 1898 ई.), कर्जन (1898 ई.- 1905 ई.) के शासन में भारतीयों का आर्थिक भार बढ़ा। सन् 1885 ई. में बर्मा हुआ। ब्रिटिश शासन ने हिन्दू-मुस्लिम वैमनस्य बढ़ाने का प्रयत्न किया। सफल हुए। सन् 1896 ई., 1897 ई., 1899 ई. 1900 ई. में लगातार अकाल पडा। प्लेग, हैजा जैसी महामारियाँ फैली।

उचित शिक्षा के अभाव में पुनरुद्धार का कार्यक्रम धीमा सा हो रहा था। शिक्षा साधनों का अभाव था। कढ़े शासन और दमनकारी नीति के परिणाम स्वरूप भारतीय त्रस्त थे। भारतीयों में फैली इसी असंतोष के फल स्वरूप सन् 1885 ई. में इंडियन नेशनल कांग्रेस की स्थापना हुई जिसका प्रमुख उद्देश्य था भारतीय नागरिक प्रशासकीय कार्यों में ब्रिटिश सरकार को सहयोग देना। ऐसे में बाल गंगाधर तिलक ने भारत को नया संदेश दिया कि - "स्वतंत्रता

[15] हिंदी साहित्य का बृहद इतिहास (एकादश भाग) - पृ. 18 (द्विजेंद्रलाल राय कृत राणा प्रताप सिंह के पृ.सं.95 से उद्धृत)

हमारा जन्म सिद्ध अधिकार है और हम इसे लेकर रहेंगे।"

ब्रिटिश साम्राज्य के शासन को बल प्रयोग द्वारा उखाड फॅकने का प्रयास करने वालों में हरदयाल, अरविंद घोष, रास बिहारी बोस, शचीन्द्र नाथ, भगत सिंह, चंद्रशेखर आजाद, सुखदेव और राजगुरु थे। सन् 1919 ई. का जलियावाला बाद हत्याकांड अंग्रेजों की राजनीतिक बर्बरता का जिंदा मिसाल है। सन् 1905 ई. में बंग-भंग हुआ। सन् 1814 ई. से 1819 ई. के दौरान प्रथम विश्व युद्ध में भारतीयों का सक्रिय सहयोग प्राप्त करके भी, अंग्रेज खुश नहीं हुए। सन् 1918 ई. में रौलेट एक्ट पास करके भारतीयों की आशाओं को उन्होंने ध्वस्त कर दिया।

"अंग्रेजों ने छापेखाने, रेल, तार, डाक खाने आदि की सविधाएँ दी थी पर हमारे उद्योग-धंधों को नष्ट कर हमारी शक्ति को भी हर लिया था। यों उस समय राज भक्ति और देश भक्ति दोनों की प्रधानता थी। भारतेंदु ने 'अंग्रेज़ राज सुख- साज सजे सब भारी, पै धन विदेश चलि जात इहै अति सव्वारी' में इसी द्वंद्व की अवस्था को व्यक्त किया है, परंतु यह सौभाग्य की बात है कि अंग्रेज़ों के गुप्त शोषण ने भारतीयों को चिरकालीन मोह निद्रा से जगाया ही अधिक था। अंग्रेज़ी सभ्यता और संस्कृति का जो तीव्र प्रभाव भारतीय सभ्यता और संस्कृति पर पड़ा तो अपनी रक्षा के लिए भारतीय कटिबद्ध हो गये। समाज ही किसी राष्ट्र की आधारशिला है। ... स्त्रियों के सम्मान का प्रश्न, गुरुकुलीन शिक्षा प्रणाली, स्वदेशी वस्तुओं का प्रयोग, मातृभाषा का उत्थान, देश की दुर्दशा और आर्थिक हीनता पर ग्लानि, जातीय एकता की भावना आदि को लेकर आर्य समाज ने मृतप्राय हिंदू जाति में प्राण फूँक दिये। एक प्रकार से आर्य समाज ने सामाजिक उत्थान के द्वारा अंग्रेज़ों के राजनीतिक शोषण का ही विरोध किया था। वह इस समय हमको अपनी कट्टरता या संकीर्णता के कारण पुनरुत्थानवादी या प्रतिक्रिया वादी लग सकता है पर उसकी मूल ध्वनि भारतीयता के सच्चे स्वरूप को सामने रखने की थी और गुलामी के शिकंजे में कसे देश के लिए उस समय इससे अधिक और कुछ हो ही नहीं सकता था।[16]

'सिपाही विद्रोह' के रूप में इतिहास में अभिहित यह विद्रोह दरअसल स्वतंत्रता का पहला संग्राम था। इसीलिए भारत के राजनीतिक पटल को इस घटना ने आमूल परिवर्तन कर दिया। सन् 1857 ई. के सिपाही विद्रोह के फलस्वरूप भारतवासी अंधकार से प्रकाश की ओर बढ़े। उनका अज्ञान तथा ब्रिटिश सरकार के प्रति उनका अंधविश्वास दूर हुआ।

[16] पद्म सिंह शर्मा 'कमलेश' उपन्यासकार प्रेमचंद- पृ. 22, 23

अपनी कूप मंडूकता को दूर करके विज्ञान की विभूतियों से लाभान्वित होने के लिए उद्यत हुए। इसीलिए तो भारतेंदु युगीन साहित्य भी मूलतः जनवादी है। वह भारतीय समाज के पुराने ढाँचे में सुधार चाहता था। वह केवल एकता, समानता और भाईचारे का भाव ही नहीं प्रकट करता बल्कि भारतीय राजनीतिक स्वाधीनता का आह्वान करनेवाला साहित्य भी है। 'भारत की दुर्दशा' पर इसीलिए चिंतित था।

"उन्नसवीं शताब्दी के उत्तरार्द्ध में हिंदी लेखकों और कवियों ने अपनी रचनाओं में नवभारत की राजनैतिक और आर्थिक महत्वाकांक्षाओं को प्रकट करके अपने चारों ओर के धर्म और समाज की पतित अवस्था पर क्षोभ प्रदर्शित करते हुए भविष्य के उन्नत और प्रशस्त जीवन की ओर इंगित किया है।" [17]

## धार्मिक कारण

धर्म किसी भी जाति की आत्मा होती है। ब्रिटिश शासन ने भारतीय जन मानस को अपने धर्म से अलग करने के अनेक आकर्षक उपाय ढूँढ़ना शुरू किया। बीसवीं शताब्दी के शुरुआत में परंपरागत हिंदू समाज बहुमुखी परिवर्तनशीलता की ओर बढ़ा। भारत में ब्रिटिश साम्राज्यवाद के फलस्वरूप गुलाम जीवन के प्रति विद्रोह का भाव उत्पन्न हुआ। ऐसे में भारत में ईसाई धर्म के प्रति भी लोगों के मन में वैविध्यपूर्ण भाव जागृत हुए। ईसाई मिशनरियों ने ईसाई धर्म के प्रचार करने के लिए हिंदी तथा विभिन्न भारतीय भाषाओं का प्रचार करने में योग दिया। उन्होंने अपने धार्मिक पुस्तकों का अनुवाद विभिन्न भारतीय भाषाओं में किया। उन्होंने ईसाई धर्म के प्रचारार्थ इन पुस्तकों का वितरण जनता में किया। साथ ही हिंदू धर्म की कट्टरता एवं धार्मिक परंपरावादिता की आलोचना के बहाने जन मानस में हिंदू धर्म के प्रति उपेक्षा भाव भी जागृत करने में ब्रिटिश सरकार सफल हो रही थी। अतः बुद्धिजीवियों ने सोचा कि पुनरुत्थान का अर्थ अतीत की किसी प्रवृत्ति विचार, मूल्य या परंपरा को पुनः स्थापित करना भी है। तभी, हमारे युग का नवजागरण भी वेदों की ओर लौटने की शिक्षा देता है। धार्मिक बुराइयों के विरुद्ध आवाज़ उठाई गयी। सन् 1857 ई. से 1860 ई. के दौरान तेलुगु बाइबिल प्रकाशित हुआ। इस बाइबिल का एक संशोधन सन् 1871 ई. में प्रकाशित हुआ। अ धर्म मनुष्य की आत्मा का विकास करता है, तो दूसरी ओर धर्म से रक्षा भी होती है। मनुष्य को सत्य का बोध होता है। ऐसा धर्म सारे संसार में प्रकाश फैलाता है। धर्म की भावना रूढ़िग्रस्त और व्यवस्थागत न होकर व्यापक है। धार्मिक साधना की भावभूमि

[17] आधुनिक हिंदी साहित्य, लक्ष्मी सागर वार्ष्णेय

सांस्कृतिक चेतना पर आश्रित है। शरीर और आत्मा की पवित्रता के बनाये रखने के लिए धर्म आवश्यक है। धर्म से ही मनुष्य में मानवता की भावना का विकास होता है। धर्म में आध्यात्मिकता के अलावा कर्तव्य निष्ठा, सेवाभाव और साधना मार्ग भी निहित है।

सृष्टि या मनुष्य के जीवन के संबंध में मनुष्य के बौद्धिक चिंतन को दर्शन कहते हैं। दर्शन के अनेक पहलू हैं जैसे चाणक्य के विचार, वैज्ञानिक चिंतन आदि। अस्तु, यह बात अनिवार्य नहीं है कि दर्शन मूल रूप से आध्यात्मिक हो। नवजागरण के कारण वस्तुवादी या भौतिकवादी दर्शन का विकास हुआ।

भारत में धर्म के ही एक अंग के रूप में दर्शन का अध्ययन होता है। विदेशी धर्म के प्रभाव से जनता में हिंदू धर्म के प्रति उदासीनता पनपी। इससे लोग हिंदू धर्म के प्रति सचेत हुए और यह धार्मिक नवजागरण का कारण बना। लोग हिंदू धर्म का प्रचार करने लगे। पृथ्वी पर ऐसा कोई धर्म नहीं है जो हिंदू धर्म के समान उच्च स्वर में मानवता के गौरव का संदेश देता है। गरीबों, स्त्रियों और दलित जनता का पक्षधर हो। हिदू धर्म, छुआछूत के कारण जाति भेद के कारण दोष पूर्ण हो गया है। इसीलिए हज़ारों दलित ईसाई बनने की ओर उत्सुक हुए। बंगाल में जहाँ जमींदार अधिक हैं वहाँ के मुसलमान और हिंदू किसान गरीबी से मुक्त होने के लिए ईसाई बने। राष्ट्रीय संगठन शक्ति के अभाव में दुर्बलता, हृदयहीनता, घृणा की भावना पनपी। यह हिंदू धर्म के विघटन का कारक बनी। ऐसे में, सन् 1815 ई. में 'वेदांत सार' और सन् 1816 ई. में अन्य उपनिषदों का बंगला में अनुवाद किया गया।

"ईसाई धर्म का प्रचार रोकने के लए मत मतांतर संबंधी आंदोलन देश के पश्चिमी भागों में चल पड़े। पैगंबरी एकेश्वरवाद की ओर नवशिक्षित लोगों को खिंचते देख स्वामी दयानंद सरस्वती वैदिक एकेश्वरवाद लेकर खड़े हुए और वि.सं. 1920 से उन्होंने अनेक नगरों में घूम-घूमकर व्याख्यान देना आरंभ किया।"[18] भारतीय राजनीतिक जागरण में दादाबाई नौरोजी का नाम सर्वोपरि है। इनके बाद बालगंगाधर तिलक ने कहा कि स्वाधीनता हमारा जन्मसिद्ध अधिकार है और हम इसे लेकर रहेंगे। इन दोनों ने राजनीतिक आंदोलन को प्रशस्त करने के लिए हिंदू धर्म और गणेशोत्सव को अपना साधन बनाया।

हिंदू धर्म पर पाश्चात्य का प्रभाव अकथनीय है। यथा- "पाश्चात्य का प्रभाव सर्वप्रथम बंगाल में दिखा। अंग्रेज़ राज्य के साथ ईसाइ धर्म भी भारत में फैला। अपने धर्म का प्रचार करने वाले ईसाई मिशनरियों ने ईर्ष्या-द्वेष के कारण हिंदू धर्म का विरोध किया। उन्होंने हिंदू

[18] हिंदी साहित्य का इतिहास, ले. आचार्य रामचंद्र शुक्ल- पृ. 3

धर्म के प्रेरक बहुदेवता भक्ति, मूर्ति पूजा, वर्ण-व्यवस्था जैसे मूलभूत सूत्रों की उपेक्षा और कड़ी आलोचना की जिससे भारतीयों में अपने धर्म के प्रति अविश्वास उत्पन्न हुआ।"[19]

ऐसे में सुशिक्षित भारतीय बुद्धिजीवि एकेश्वरवाद, प्रार्थना-गोष्ठी आदि में विश्वास कर ईसाई धर्म की ओर प्रभावित हुए। मदिरा माँस का सेवन करने लगे। वे प्राचीन भारतीय संस्कृति को हेय समझने लगे। "माइकिल मदुसूदन दत्त ने वाल्मीकि रामायण पर जो विचार व्यक्त किया वह तत्कालीन विद्वानों के धर्म के प्रति दृष्टिकोण को स्पष्ट करता है। यथा-" श्री राम एवं उसके बंदरों के समूह से मुझे घृणा है। रावण प्रेमशील व्यक्ति है। [20]

ऐसे में राजाराम मोहन राय ने वेदों एवं उपनिषदों आदि प्राचीन हिंदू धार्मिक ग्रंथों का गहन अध्ययन कर, हिंदू धर्म के पुनरुद्धार हेतु कार्य किया। उन्होंने कहा कि हिंदू भी एकेश्वरोपासना करते हैं क्योंकि अद्वैतवाद के अनुसार एक ही सत्य को विद्वान विभिन्न रूपों में व्यक्त करते हैं। इस विशिष्ट हिंदू धर्म को 'ब्रह्म मत' की संज्ञा मिली।

ईसाई मिशनरियों ने धार्मिक प्रचार पर बल देते हुए विभिन्न प्रांतीय भारतीय भाषाओं में बाइबिल का अनुवाद किया। पर इसका प्रभाव आंध्र प्रदेश में कम रहा। यथा- "वीरेशलिंगम् पंतुलु जी द्वारा शुरू किया गया धार्मिक सुधार आंध्र देश में सुप्रतिष्ठित नहीं हुआ। सनातन हिंदू धर्म के समर्थक काशीभोट्ल ब्रह्मय्या शास्त्री प्रभृति ने, 'गोदावरी हिंदू समाजमु' के लोगों ने प्राचीन हिंदू धर्म एवं सभ्यता का मार्ग जनता में प्रशस्त किया।"[21] स्वामी दयानंद सरस्वती, रामकृष्ण परमहंस और विवेकानंद जैसे धार्मिक पुरुषों का प्रभाव आंध्र प्रदेश पर कम ही रहा। सच्चे दिल से ईसाई धर्म का प्रचार करनेवाले मिशनरी को अपने ही देश के लोगों का व्यसनग्रस्त होना रुकावट एवं क्लेष का कारण बना। पर तत्कालीन समाज

---

[19] आंध्रुल चरित्र संस्कृति- पृ. 404, 405, "पाश्चात्य नागरिकता प्रभावमु मोट्टमोदट वंग देशमुलो कनिपिंचेनु। आंग्लेय परिपालनतो पाटु क्रैस्तव मतमु कूड देशमुनंदु व्यापिंपचोच्चेनु। तन्मत प्रचारकुलैन मिशनरीलु अभिनिवेशमु तोनु असूयतोनु हिंदू मतमुनु भंजिंपदोरकोनिरि। हिंदुवुललो सर्व सामान्यमैन बहुदेवता भक्ति, विग्रहाराधनमु, वर्ण व्यवस्था मोदलगु मूल सूत्रमुलन्नियु मिशनरील याक्षेपणकुनु, विमर्शकुनु, गुरिचेयबडेनु। देशीयुलकु स्वीयमत धर्ममुलपै अविश्वासमु जनिंचेनु।"

[20] आंधुल चरित्र संस्कृति- पृ.405, श्री रामुडु अनि कोतिमूक यन्न नाकु एवगिंपु जनिंचुनु। रावणुडु प्रेमिपदगिन व्यक्ति।

[21] आंधुल चरित्र संस्कृति-पृ.411, वीरेशलिंगम् पंतुलु गारु आरंभिंचिन मत संस्कारमु तेलुगु देशमुलो सुप्रतिष्ठितमु कालेदु। सनातन मत वादुलैन काशीभोट्ल ब्रह्मय्य शास्त्री मुन्नगुवारु गोदावरी हिंदू- समाजमु-वारुनु प्राचीन हैंदव मत सभ्यतल प्राशस्त्यमुनु जनुलकु तेलिय चेप्पुचुंडिरि।

के जीवन स्तर को शासित करना उनके बस में नहीं था।"[22] भारतीय धार्मिक नवजागकरण में आर्य समाज का बहुत बड़ा योगदान रहा। स्वामी दयानंद सरस्वती ने आर्य समाज के द्वारा हिंदू धर्म का पुनरुद्धार किया। भारत देश की धार्मिक परिस्थितियाँ उस समय संतोषजनक नहीं थी। विदेशी धर्म इस्लाम के प्रभाव से हिंदू धर्म का ह्रास होने लगा। ऐसे में विभिन्न बुद्धिजीवी समाजों ने हिंदू धर्म की पवित्रता, अखंडता एवं महानता को उद्धाटित कर, हिंदुत्व की रक्षा की।

**सांस्कृतिक कारण**

संस्कृति से ही किसी राष्ट्र की अपनी पहचान बनती है। बहुभाषिक, बहुसांस्कृतिक भारत में अपनी मूलभूत सांस्कृतिक तत्व के कारण विलक्षण है। वैविध्यपूर्ण देश में साहित्यिक आदान-प्रदान का अपनाएक विशेष स्थान है। ऐसा देखा गया है कि भारत के हर राज्य में एक ही प्रकार की साहित्यिक भावना समय-समय पर प्रकट हुई। वह चाहे तेरहवीं शताब्दी का भक्ति आंदोलन हो या सोलहवीं शताब्दी का प्रबंध काव्य। उन्नीसवीं शती के उत्तरार्द्ध और बीसवीं शती के पूर्वार्द्ध तक हमारे देश के साहित्य में नवीन चेतना द्रष्टव्य है। इस वैचारिक क्रांति के कई कारण हो सकते हैं। किंतु भारत की भावात्मक एकता ही इसका प्रमुख कारण है। यह बात हमारे साहित्यकारों के विभिन्न कृतियों द्वारा पुष्ट होती है।

सामाजिक परिवर्तन का प्रभाव साहित्य पर पड़े बिना नहीं रहता। इसीलिए साहित्य को समाज का दर्पण भी कहा जाता है। मनुष्य की सामान्य प्रवृत्तियों को संस्कार कर उसे उन्नत पथ की ओर अग्रसर करना साहित्य का मुख्य उद्देश्य है। ऐसे सत् साहित्य की रचना करने वाले मानव समाज के पथ-प्रदर्शक बन जाते हैं। उस समय भारतीय समाज में जाति-पांत, छुआछूत, रंग-भेद अपनी जड़ें मजबूत कर चुके थे। हरिजनों की हालत करुणाजनक थीं। अशिक्षित जनता अंधविश्वासों के अधीन अपना ही अनर्थ कर रही थीं। ऐसे में अनेक समाज सुधारक साहित्यकार प्रकट हुए जिन्होंने सह पंक्ति भोजन, सर्व धर्म समानता और मानवतावादी दृष्टिकोण को प्रोत्साहित किया। विदेश जाने के लिए समुद्र को पार कर जानेवालों को समाज में बहिष्कृत किया जाता था। महिलाओं की हालत शूद्रों से भी बदतर थी। "पिता रक्षति कौमारे, भर्ता रक्षति यौवने, पुत्रस्तु स्थाविरे भावे, न स्त्री स्वतंत्यमर्हति।" -

[22] सी.पी. ब्राउन, ले. कोत्तपल्लि वीरभद्र राव - पृ. 14 "चित्तशुद्धितो क्रैस्तव मत प्रचारमु चेयुचुन्न मिशनरीलकुः तम देशीयुलु ऐन पाश्चात्युल विषयलंपट लगुट मत प्रचारमुनक अड्डुगा बाधगानुंडेनु। कानि, नाटि लौकिक जीवितमुनु शासिंचगल शक्ति वारिकि तक्कुवगा नुंडेनु। "

जैसे पुराने विचार स्त्रियों को बंधनों में जकड़कर उन्हें कूपमंडूकता की ओर धकेल रहे थे। बाल विवाह, अनमेल विवाह और वेश्यागमन जैसे दुराचारों से पीड़ित समाज में धार्मिक पाखंड की भी कमी नहीं थी। बालिकाओं के नख - शिख वर्णन साहित्य को बोझल और पतनशील बना रहे थे।

सांस्कृतिक चेतना का लक्ष्य मानवीय आध्यात्मिक चेतना का विकास करना है जिनमें मनुष्य भौतिक स्तर से ऊपर उठकर स्वयं को सांस्कृतिक जगत् में पहुँचाता है। संस्कृति का उद्देश्य है मनुष्य को सत्य की प्राप्ति हेतु अन्वेषण। भारतीय संस्कृति मिली- जुली संस्कृति है। जैसे कि कहा भी गया है कि काफिले आते गये, हिंदुस्तां बा गया। यथा-"भारतीय संस्कृति पर मुग्ध कुछ अंग्रेज़ी विद्वान संस्कृत भाषा की प्रशस्ति को दुनिया भर में फैलाना चाहते थे। प्रथम गवर्नर जनरल वारेन हेस्टिंग्स ने श्रीमद्भगवद्गीता को दुनिया भर में श्रेष्ठ वेदांत ग्रंथ माना। सर विलियम जोन्स पंडित (1789) ने कालिदास कृत 'शाकुन्तलम्' का अंग्रेजी अनुवाद करके भारतीय वाङ्मय सौरभ को यूरोप के विद्वानों से परिचित कराया।"[23]

अंग्रेज़ी राज्य में भारतीय संस्कृति का सहज विकास थम गया। धर्म को ही संस्कृति मानने लगे। उन्नीसवीं शती के सांस्कृतिक पुनरुत्थान का अर्थ भारतीय संस्कृति को विशुद्ध बनाना था जो मिली-जुली सांस्कृतिक भावना का विरोधी था। भारतीय संस्कृति विदेशी संस्कृति के प्रभाव से स्वयं को बचाना चाहती थी। दरअसल, हिंदी का छायावाद और तेलुगु की भाव कविता नवजागरण का ही आध्यात्मिक- सांस्कृतिक काव्य है।

परिवार समाज की इकाई है। समाज में ही परिवार का विकास होता है। संयुक्त परिवार में मनुष्य में अनेक सद्गुणों का विकास होता है। प्रतिकूल परिस्थितियों में एक दूसरे के साथ रहना, कर्तव्य परायणता, बड़ों का आदर करना, आज्ञा पालन करना आदि गुण व्यक्ति के सामाजिक विकास के लिए मुख्य हैं। भारतीय पारिवारिक जीवन में धर्म का स्थान अर्थ और काम के ऊपर है। जब जीवन के संबंध धर्म से अनुशासित थे तब भारतीय संस्कृति चेतन और शक्तिशाली था। किंतु, नवजागरण से धर्म का स्थान 'अर्थ' (धन) के समकक्ष हुआ। भारतीय समाज का आर्थिक स्तर इसका प्रमुख कारण बना। साहित्य की दृष्टि से - "भारतेंदु कालीन हिंदी मनीषी एक बिलकुल ही नया भवन खड़ा करने के स्थान पर उसी प्राचीन दृढ़

---

[23] आंध्रुल चरित्र-संस्कृति-पृ. 407, "भारतीय संस्कृति प्रियुलैन कोंदरु आंग्लेय विद्याधिकुलु संस्कृत भाषा प्राशस्त्यमुनु लोकमुनु चाटजोच्चिरि। मोदटि गवर्नर जनरल वारेन हेस्टिंग्स अंतवाडु भगवद्गीतनु लोकोत्तर वेदान्तग्रंथमुग गुर्तिंचेनु। सर विलियम जोन्स पंडितडु (1789) कालिदास कृत् शकुंतलनाटकमुनु आंग्लमुलोकि अनुवदिंचि भारतीय वाङ्मय सौरभमुनु यूरोपु खंड विद्या परिषत्तुलन्दु अंदचेसेनु।"

नीव र नये ज्ञान और अनुभव के प्रकाश में एक ऐसे भव्य प्रसाद का निर्माण करना चाहते थे जिसके साये में रहकर अपार भारतीय जनसमूह सुख और शांतिपूर्वक धर्म, अर्थ, काम, मोक्ष-जीवन के ये चारों फल प्राप्त कर सकता। ये युगधर्म में पोषित थे। उनकी वाणी में नवभारत का स्वर प्रतिध्वनित था। वे भारतीय संस्कृति के प्रधान अंग पुनर्जन्म के सिद्धांत से परिचित थे। उन्होंने अपने नवीनतम ज्ञान और अनुभव का संबल लेकर भारतीय मंगल क्रांति के लिए शंख ध्वनि की।" [24]

भारतीय संस्कृति की निरंतरता और महानता अकथनीय है। यथा- "भारत देश को यद्यपि ब्रिटिशों ने छल-बल प्रयोग से जीता, किंतु इस देश को डेढ़ सौ सालों तक शोषित करने के लिए उन्हें भाषा - संस्कृति का सहारा लेना पड़ा। इससे पता चलता है कि मनुष्य हृदय पर संस्कृति का कितना महान अधिकार है। अंग्रेज़ी सभ्यता से तात्पर्य यदि पाश्चात्य संस्कृति है, तो यह पूर्व - पश्चिम का संगम ही है। प्राचीन संस्कृति और नवीन संस्कृति का मेल है। भारतीय अपने संस्कृति को दुर्लभ एवं निस्सार समझ पाश्चात्य की ओर आकर्षित हुए। पश्चिमी लोगों ने सोचा कि अब भारतीय संस्कृति लुप्त हो जायेगी। किंतु वज्र तुल्य भारतीय संस्कृति आज भी पश्चिम को अपने महत्वपूर्ण वेदांत का संदेश दे रही है।"[25]

## शैक्षिक कारण

आधुनिक कल की पृष्ठभूमि का संक्षिप्त परिचय देते हुए, बाबू गुलाबराय ने लिखा है-

"अंग्रेज़ी राज्य के आने से लोगों का ध्यान जीवन की कठोर वास्तविकताओं की ओर गया। जीवन संग्राम बढ़ा और साथ ही जातीय जीवन की जागृति हुई। लोग अपनी सभ्यता को महतव देने लगे। हिंदू लोगों ने विदेशी धर्मों का मुकाबला करने के लिए अपने धर्म को बुद्धिवाद के आलोक में परिष्कृत करना आरंभ किया। ... ऐसे बुद्धिवाद और

---

[24] 'आधुनिक हिंदी साहित्य, ले. लक्ष्मी सागर वार्ष्णेय - पृ.96

[25] आधुनिक चरित्र संस्कृत - पृ.404, "भारत देशमुनु जैंचिनवि आंग्लेयुल तुपाकुलैननु, भारत देशमुनु वारिचेतुललो ओकटिन्नर शताब्दमु वरकैननु निल्पुकोनुटकु साधन भूतमैनदि वारि भाषा- संस्कृतुलनिमनमु ग्रहिंपवलेनु। ई अंशमुनु बट्टिये संस्कृतिकि मानव हृदयमुपै नेट्टि महत्तर विजय शक्ति गलदो विशदमगुनु। आंग्ल संस्कृति यन्नप्पुडु पाश्चात्य सभ्यत नंतयुनु विषयमुगा तीसिकोवलेनु। प्राक्पश्मिमुलकीनाडु भारत देशमुलो भेटी कलिगेनु। प्रतीचि संस्कृति मिरिमिलुगोल्पु गोप्पि वेलुगुतो प्राच्य संस्कृतिनि ताकेनु। प्राच्य नागरिकता मोदटि ताकुनकु वेरगुपडि ढीलुपडेनु। ई सभ्यत दुर्लभमु, निस्सारमु अनु भयमु पुर्व देशीयुल नावरिंचेनु। अदि इक एक्कुव कालमु जीविंघजालदनि पाश्चात्युलु मुरिसिरि। कानि प्राच्य संस्कृतिकि वज्र सन्निभमैन आत्म गलदनि, पंदोम्मिदव शताब्दमु सागिन कोलदिनि व्यक्तमय्येनु। इ शताब्दान्तमुनकु भारतीय संस्कृति पाश्चात्य नागरिकतकु आचार्य स्थानमलंकरिंचि तन वेदानत महात्य संदेशमुनु पश्चिम खंडमुलंदु विनिपिंच सागेन।

प्रतिद्वंद्वता के समय में जनता के भावों के प्रकाशन के लिए पद्य उपयुक्त माध्यम नहीं हो सकता था। अतः अंग्रेज़ी राज्य के साथ-साथ गद्य का युग आया। .... पद्य में ब्रज भाषा का साम्राज्य था, किंतु नवीन युग के आ जाने पर उसकी कोमलकांत पदावती जीवन की संघर्षमयी कठोर भूमि के लिए अनुकूल सिद्ध न हो सकी। ब्रज भाषा गद्य के उपयुक्त न ठहरी। अरबी फारसी भी व्यवहार योग्य भाषाएँ न थीं।[26] अतः खड़ी बोली हिंदी प्रदेश की गद्य की भाषा के रूप में विकसित हुई। भारत की अन्य प्रांतीय भाषाओं के समान तेलुगु में भी गद्य का विकास हुआ।

नवजागरण काल में शिक्षा के क्षेत्र में काफी सुधार हुए। ब्रिटिश शासन के फलस्वरूप देश में पाश्चात्य शिक्षा का प्रचार हुआ। भारत में उस समय मुसलमानों और हिंदुओं के लिए अपनी-अपनी शिक्षा - संस्थाएँ थीं। हिंदुओं के लिए पाठशालाओं एवं मठों की व्यवस्था थी तो मुलसमानों के लिए मदरसे थे। ईसाई मिशनरी विलियम एडम ने गवर्नर जनरल विलियम बेंटिक के समय में (सन् 1835 ई.) में देशी शिक्षा का सर्वेक्षण कार्य किया। तब पता चला कि आर्थिक विपन्नता के कारण जमीनदारों ने पाठशालाओं को चलाना बंद कर दिया। सन् 1872 ई. में हेवेल ने भारतीय शिक्षा की अवस्था पर टिप्पणी करते हुए लिखा कि ब्रिटिश सरकार के अधीन भारत में पहले तो शिक्षा की ओर कोई ध्यान नहीं दिया गया। जब ध्यान गया तो उसका तीव्रतम विरोध किया और अंत में जब वह प्रारंभ की गई, तो उसकी ऐसी पद्धति अपनाई गई जिसे सभी ने दोषपूर्ण माना।

## नवजागरण में बुद्धिजीवी वर्ग का योगदान

ईसाई मिशनरी का प्रमुख उद्देश्य था ईसाई धर्म का प्रचार करना। उन्होंने हिंदू धर्म को नीचा दिखाकर ईसाई धर्म को बढ़ावा दिया। चर्च के स्कूलों में पुस्तकें बालकों की धार्मिक भावना को प्रभातिव करने के अनुकूल थीं। भारत में पंद्रहवीं शताब्दी में पुर्तगालियों का प्रवेश हुआ। पुर्तगालियों ने अपना शासन नहीं स्थापित किया तो भी वहाँ की जनता को, ईसाई बनाने का प्रयत्न किया। दक्षिण भारत में कई स्थानों में इस तरह ईसाई लोग बढ़ गये। ईस्ट इंडिया कंपनी के माध्यम से भारत में अनेक प्रांतों में ईसाई धर्म का प्रचार मिशनरी के द्वारा होने लगा। भारत का दलित वर्ग छुआछूत एवं आर्थिक विपन्नता से मुक्ति पाने के लिए ईसाई धर्म की ओर आकर्षित हुआ। इस तरह ईसाई पादरियों ने भारत देश में धर्म का प्रचार

[26] साहित्यिक निबंध, राजनाथ शर्मा - पृ. 97, 98

करने के लिए सेवा और सहानुभूति का आसरा लिया। ईसाई मिशनरियों ने विभिन्न जगहों पर गिरिजाघर, अस्पताल और शिक्षा संस्थाओं को स्थापित कर ईसाई मत के साथ-साथ पाश्चात्य सभ्यता और संस्कृति का भी प्रचार किया।

अंग्रेज़ी भाषा के माध्यम से पादरियों ने ईसाई धर्म का प्रचार किया। अस्तु, भारतीय अंग्रेज़ी भाषा को स्वीकार करने लगे। इससे भारतीय संस्कारों के प्रति हीनता की भावना उभर कर सामने आई। भारतीय अपने देश को पिछड़ा हुआ समझने लगे। उन्हें अपने अतीत और वर्तमान संस्कृति से वितृष्णा जागृत हुई। इससे स्वयं को मुक्त करने के लिए वे यूरोपीय सभ्यता के रंग में रंगने लगे। अंग्रेज़ी भाषा सीखने वाले शिक्षित भारतीय राष्ट्रीयता की भावना से ओत-प्रोत हो गये। यह मध्यवर्गीय बुद्धिजीवी वर्ग विदेशी दासता से अपने देश को, मुक्त करने के उपाय सोचने लगे। उन्हीं में से कुछ ने भारत में समाज सुधार का आंदोलन चलाकर परिष्कृत समाज के निर्माण की ओर प्रयास किया।

नवजागरण से उत्पन्न विचार - स्वातंत्र्य के प्रभाव से हमारे देश में एक नये युग को स्वर देनेवाले भारतीय नागरिक समाज मध्यवर्ग विकसित हुआ। राजा राममोहन राय, रामकृष्ण परमहंस, विवेकानंद, स्वामी दयानंद सरस्वती, केशव चंद सेन, ईश्वर चंद्र विद्यासागर, ऐनीबेसेंट, महादेव गोविंद रानाडे, ज्योतिबा फुले, देवेंद्र नाथ ठाकुर जैसे महान बुद्धिजीवियों का उदय इसी मध्य वर्ग में हुआ।

भारतीयों के धार्मिक, सामाजिक, सांस्कृतिक, राजनीतिक परिवेश में सुधार लाने का कार्य इन मध्यवर्गीय बुद्धिजीवियों ने ही किया। भारत में चारों ओर समाज- सुधार के आंदोलन चले। पूर्व में ब्रह्म समाज, पश्चिम में प्रार्थना समाज और मध्य देश में आर्य समाज के आंदोलन इसके बेहतरीन उदाहरण हैं। हिंदी क्षेत्र में आर्य समाज की अस्मिता का बोलबाला रहा। इन सारे समाजों में स्त्रियों के सम्मान का प्रश्न सबसे महत्वपूर्ण रहा।

गुरुकुलीन शिक्षा प्रणाली, स्वदेशी वस्तुओं का प्रयोग, मातृ भाषा का उत्थान, देश की दुर्दशा और आर्थिक हीनता पर ग्लानि, जातीय एकता की भावना को लेकर आर्य समाज ने मृतप्राय हिंदू जाति में प्राण फूँक दिये। तेलुगु क्षेत्र में ब्रह्म-समाज का बोलबाला रहा। कंदुकूरि, चिलकमर्ति, गुरजाड आदि पर ब्रह्म समाज एवं उसके संस्थापक के विचारों का विपुल प्रभाव पड़ा। इनके अलावा कुछ अन्य महान् व्यक्तियों का उदय भी आंध्र देश में हुआ।

कोमर्राजु लक्ष्मण राव (1874 ई.-1923 ई.) का जन्म पेनुगंचिप्रोलु में हुआ। इन्होंने संस्कृत, हिंदी और मराठी भाषाओं में प्रवीणता हासिल की। विभिन्न मराठी पत्रिकाओं का संपादन करनेवाले लक्ष्मण राव ने 'विज्ञान सर्वस्वम्' के तीन भाग प्रकाशित किए।

रघुपति वेंकटरत्नं नायुडु (1861 ई- 1939 ई.) का जन्म भी मछलीपट्टणम में एक शिक्षाशास्त्री, समाज सुधारक के रूप में हुआ। वे आधुनिक आंध्र के निर्माता हैं। बाल-विवाह निषेध, वेश्या प्रथा विरोध, मद्यपान निषेध, धूम्रपान निषेध एवं दलित जनोद्धार जैसे महान् कार्यों में इन्होंने अपना जीवन व्यतीत किया।

काशीनाथुनि नागेश्वर राव (1876 ई. - 1938 ई.) का जन्म चेलकुरू में हुआ। इनका नाम 'अमृतांजनम्' और 'आंध्र पत्रिका' से जुड़ा है। इन्होने राजनीति एवं व्यापार में कीर्ति अर्जित की। इन्हें 'देशोद्धार' की बिरुदु हासिल हुई।

मूटनूरु कृष्णा राव (1879 ई. 1945 ई.) का जन्म मछलीपट्टणम में हुआ। वे एक मेधावी एवं ख्याति प्राप्त संपादक हैं, जिन्होंने 'कृष्णा पत्रिका' का संपादन किया। इस पत्रिका को 'मेन्छेस्टेर गार्डियन ऑफ आंध्र' की संज्ञा प्राप्त थी। इस पत्रिका को श्री मूटनूरु कृष्णा राव ने स्वतंत्रता संग्राम का माध्यम बनाया। साहित्यिक चर्चाओं का दरबार बनाया।

भारतीय शिक्षित समुदाय में भारतीयता और राष्ट्रीयता की भावना जागृत कर, अंग्रेज़ों की गुलामी से मुक्ति पाने के उपाय कर, समाज-सुधार के आंदोलन चलाये गए जिससे जनता में यूरोपीय सभ्यता के प्रति तिरस्कार की भावना को जागृत हुई। ऐसे बुद्धिजीवी वर्ग में अलीगढ़ आंदोलन के प्रणेता सर सैय्यद अहमद खाँ (1817 ई.-1898 ई. तक) भी शामिल हैं जिन्होंने भारतीय मुसलमानों में आधुनिकता का बोध कराया। ईस्ट इंडिया कंपनी के न्यायिका सेवा में कार्यरत सर सैय्यद अहमद खाँ स्वामी भक्त थे। उन्होंने 1975 ई. में 'एंग्लो ओरियंटल कॉलेज' की स्थापना की जिसमें पाश्चात्य विषय तथा विज्ञान की शिक्षा दी जाती थी। यही कॉलेज आगे चलकर सन् 1920 ई. में अलीगढ़ मुस्लिम विश्वविद्यालय बन गया। इसी को केंद्र बनाकर सैय्यद अहमद खाँ ने अलीगढ़ आंदोलन चलाया।

सन् 1905 ई. में 'भारत सेवक समाज' की स्थापना करनेवाले गोपाल कृष्ण गोखले ने हिंदू-मुस्लिम एकता पर बल दिया। इसके अतिरिक्त नारी शिक्षा के लिए भी इन्होंने महत्वपूर्ण कार्य किया। सन् 1908 ई. में देवधर ने पूना में 'सेवासदन' की स्थापना की जिसमें महिलाओं, अनाथों तथा पीड़ितों की अनेक प्रकार से सहायता की एवं स्त्रियों को नर्स तथा डॉक्टरी की शिक्षा देकर उनके गौरव को बढ़ाया। भारत सेवक समाज के ही एक और सदस्य

श्री एम. एन. जोशी ने 1911 ई. में सामाजिक सेवा समिति की स्थापना औद्योगिक क्षेत्र बंबई में की। इस समिति ने श्रमिक वर्ग के सामाजिक एवं आर्थिक समस्याओं पर ध्यान दिया।

उसी तरह महात्मा गाँधी जी ने राजनीतिक समस्याओं के साथ-साथ हिंदू- मुस्लिम एकता, अछूतोद्धार और स्त्री जनोद्धार पर बल दिया। उन्होंने स्त्री-पुरुष समनता पर बल देते हुए विधवा पुनर्विवाह का समर्थन दृढ़ शब्दों में किया। सन् 1921 ई. की जनगणना के आधार पर पंद्रह वर्ष से कम उम्र वाली विधवाओं की संख्या तीन लाख इक्कीस हज़ार छहत्तर थी। महात्मा गाँधी ने पर्दा प्रथा का विरोध किया और रूढ़िवादी दृष्टिकोण का तिरस्कार करते हुए कहा कि पुरुष को नारी की नियंता बनने का कोई अधिकार नहीं है।

**पत्रकारिता का विकास और नवजागरण**

साहित्य को सर्वसुलभ एवं जनप्रिय बनाने में मुद्रण कला के विकास का बहुत बड़ा हाथ रहा। गद्य के विभिन्न आयाम ( समाचार पत्र, उपन्यास, कहानी, अभिलेख आदि) प्रेस के कारण खूब विकसित हुए। मुद्रणालय साहित्य - सर्जना के लिए एक हथियार सिद्ध हुआ। आचार्य हजारी प्रसाद द्विवेदी के अनुसार - "इस प्रकार प्रेस ने साहित्य के प्रचार में, उसकी अभिवृद्धि में और उसकी नई-नई शाखाओं के उत्पन्न करने में सहायता नहीं दी, बल्कि उसकी दृष्टि में समूल परिवर्तन में भी योग दिया | स के साथ ही पाश्चात्य विद्वानों ने भी इस साल के साहित्य को बहुत प्रभावित किया। इतिहास और पुरातत्व के शोध में, प्राचीन भारतीय साहित्य और धर्म के वैज्ञानिक अध्ययन में और कई पुरानी भारतीय भाषाओं के वैज्ञानिक विवेचन में यूरोपीय पंडितों बहुत ही महत्वपूर्ण कार्य किया। इसने आगे चलकर प्रत्यक्ष रूप में हिंदी साहित्य का उपकार किया।"[27]

भारतीय समाज में नवोदित सांस्कृतिक चेतना एवं एकता की प्रतीक हिंदी थी। इस नवीन चेतना का प्रतिबिंब ही तत्कालीन हिंदी पत्रिकाएँ हरिश्चंद्र चंद्रिका, ब्राह्मण, सार सुधानिधि, प्रदीप आदि पत्रिकाओं में है। निबंध-कला का विकास हुआ। पं. बालकृष्ण भट्ट, पं.प्रताप नारायण मिश्र और बालमुकुंद गुप्त की बृहद् यी को हम नवजागरण काल के प्रसिद्ध निबंध लेखक मान सकते हैं। तेलुगु में पानुगंटि लक्ष्मी नरसिंहा राव इस कला में निपुण थे।

इसी तरह पं. माधव प्रसाद मिश्र, चंद्रधर शर्मा और अध्यापक सरदार पूर्ण सिंह द्विवेदी युगीन प्रसिद्ध हिंदी निबंधकार हैं। पं. बालकृष्ण भट्ट ने कहा है कि यदि हरिश्चंद्र हिंदी के जन्मदाता हैं, तो प्रतापनारायण मिश्र इसके पोषक हैं। सन् 1883 ई. में प्रताप नारायण मिश्र

[27] साहित्यिक निबंध, राजनाथ शर्मा- पृ. 94

ने 'ब्राह्मण' नामक पत्रिका निकाली। 'हिंदुस्तान' (सन् 1883 ई.) नामक पत्रिका के वे सहकारी संपादक भी रहे। इनके कई लेख जेसे 'बाल विवाह विषयक एक चीज़', 'सहवास बिल अवश्य पास होगा', 'बाल विवाह' इन पत्रिकाओं में छपते रहे। वे इस बात को मानते थे कि देश की दुर्गति का कारण बाल विवाह है जो गुड़िया-गुड्डे क खेल समझा जा रहा है।

दिनांक: 30.10.1883 को अजमेर में स्वामी दयानंद सरस्वती परमपद को प्राप्त हुए तो 'ब्राह्मण' में 'हाय बड़ा अनर्थ हुआ' नामक कविता छपी। भारतेंदु हरिश्चंद्र के निधन (6.1.1885) पर मिश्र जी ने 'ब्राह्मण' में 'शोकाश्रु' नामक लेख लिखा। 'ब्राह्मण' पत्रिका स्त्री जनोद्धार कार्यों के लिए प्रसिद्ध है। बाल विवाह से संबंधित कानून 19.3.1891 को पास हुआ। इस प्रस्ताव का मसविदा 1890 ई. में प्रकाशित हुआ। इसके अनुसार बाल विवाह का विरोध नहीं हुआ किंतु 12 वर्ष से कम आयु की स्त्री के साथ वैवाहिक जीवन न बिताने की बात है | हिंदी में पत्रकारिता के मौलिक सिद्धांतों की रक्षा करनेवालों में मिश्र जी का नाम चिरस्मरणीय रहेगा।

हिंदी पत्रकारिता में भारतेंदु को विशिष्ट स्थान है। उन्होंने हिंदी पत्रकारिता का विकास 'कवि वचन सुधा' (मासिक, पाक्षिक, साप्ताहिक) 1868 ई. काशी द्वारा किया। इसके अतिरिक्त स्त्रियों के लिए 'बाला बोधिनी' नामक मासिक 1874 ई. में 'हरिश्चंद्र मैगजीन' नामक पत्रिका 1873 ई. में निकाली। 'हिंदी प्रदीप', 1877 ई. में इलाहाबाद से निकाला गया।

पं. महावीर प्रसाद द्विवेदी ने 'सरस्वती' नामक एक सुविख्यात मासिक पत्रिका का संपादन किया, जो काशी से निकाला गया। 'स्त्री दर्पण' पत्रिका की संपादिका रामेश्वरी नेहरू थी। उसी तरह कल्पलता, कृष्णा पत्रिका, आंध्र पत्रिका तेलुगु भाषा की प्रमुख साहित्यिक पत्रिकाएँ थीं। वैजयंती नामक पत्रिका का आविष्कार 1897 ई. में पी.अनंताचार्युलु और उनके पुत्र श्रीनिवासाचारी ने किया। 1903 ई. में राजा मंत्रिप्रेगड़ भुजंग राव ने 'गृहलक्ष्मी' पत्रिका का आविष्कार किया।

तेलुगु पत्रकारिता के क्षेत्र में स्त्रियों का योगदान उल्लेखनीय है। पुलमुर्ति नरसमांबा ने 'सावित्री' (1904) पत्रिका को काकिनाडा से चलाया। कोटिकलापुडि सीतम्मा, कल्लेपल्लि वेंकट रमणम्मा, मोसलिकंटि रामाबायम्मा (1902 ई. में स्थापित हिंदु सुंदरी नामक पत्रिका चलाया), भंडारु अछमांब, काकानी वेंकट नरसम्मा, तल्लेपल्लि वेंकट रमणम्मा, बुर्रा सूरमांबा, के. लक्षमांबा, दौलताबाद हनुमायम्मा आदि स्त्री लेखिकाओं ने इस युग में महत्वपूर्ण योगदान दिया।

हिंदी में डॉ. एनीबेसेंट, स्वर्ण कुमारी देवी, भगिनी निवेदिता, सरला देवी चौधरी, शिवरानी देवी, सुभद्राकुमारी चौहान, रामेश्वरी नेहरू आदि स्त्री लेखिकाएँ प्रमुख हुई।

हिंदी में स्त्री जागरण में योग देनेवाली पत्रिकाएँ इस प्रकार से हैं-

1. मुरादाबाद से 'अबला हितकारक' (1903 ई.)
2. देहरादून से 'महिला हितकारक' (1911 ई.)
3. मेरठ से 'भारत महिला' (1913 ई.)
4. मैनपुरी से 'भारत नारी हितकारी'
5. कानपुर से 'स्त्री शिक्षा'
6. प्रयाग से 'कन्या मनोरंजन' और 'कन्या सर्वस्व'
7. बनारस से 'आर्य महिला'
8. स्त्री दर्पण

इन पत्रिकाओं ने मुख्यतः विधवा विवाह समर्थन का कार्य किया जिससे कि स्त्रियों को असमय वैधव्य कष्ट का निवारण, व्यभिचार दोष और भ्रूण हत्या के पाप का परिहार और स्त्री को समाज में गौरवपूर्ण स्थान दिलाने में सहायक सिद्ध हो सकता है।

सन् 1877 ई. में हिंदी निबंध साहित्य का जन्म हुआ। इसी के साथ भाषा में मार्मिक, सरल और संयत ढंग से भाव व्यक्त करने की क्षमता आई। सुधारवादी आंदोलन के प्रथम संचालक और भारतीय नवजागरण के उन्नायक राजा राममोहन राय ने आधुनिक भारत के निर्माण हेतु अंग्रेजी शिक्षा के प्रचार पर बल दिया। आधुनिक एक चिह्न है-वैज्ञानिक दृष्टिकोण। वैज्ञानिक दृष्टिकोण ही पूर्व और पश्चिम का सांस्कृतिक सेतु है। नवजागरण का प्रथम अनुभव बंगाल में हुआ। आधुनिक चेतना के कारण पश्चिमी जगत् को अधिक से अधिक जानने की उत्सुकता द्रष्टव्य है।

भारत में अंग्रेज़ी शिक्षा का उदय राममोहन राय ने दिसंबर, 1823 ई. में लार्ड अमहर्स्ट के नाम पत्र लिखा जिसमें अंग्रेजी शिक्षा के प्रचार के लिए अनुरोध किया। 20.1.1817 को 'हिंदू कॉलेज' की स्थापना हुई। बर्तानिया सरकार भारतीय समाचार पत्रों के प्रति शंकालु थीं ओर सब मामूली कारणों से उन पर घातक चोट करने के लिए उद्यत रहती थीं।

क्रिरचयन मिशनरी द्वारा संचालित पत्रों को सरकारी प्रोत्साहन था। अनेक ईसाई-पत्र हिंदी-तेलुगु प्रदेशों में प्रकाशित होकर सार्वजनिक स्थलों पर मुफ्त में बाँटे जाते। इनका उद्देश्य

था ईसाई धर्म का प्रचार। इस सांप्रदायिक उपक्रम को रोकने के लिए राजा राममोहन राय ने 'ब्रह्मौनिकल मैगजीन' का प्रकाशन किया।

बाल विवाह निषेध आंदोलन का उल्लेख ईश्वरचंद्र विद्यासागर की वैशिष्ट्य चर्चा के प्रसंग में किया गया है। 'भारत मित्र' (रविवार, 2.6.1878) की संपादकीय टिप्पणी की अंतिम पंक्तियाँ इस प्रकार हैं- "बाल्य विवाह के कुसंस्कार में आबद्ध होने के कारण समाज की बहुत हानि होती है। यह देख के भी हम लोग वह त्याग नहीं करते। सांसारिक, अत्यन्त अहितकर विषय एक, यदि सामंजस्य मनुष्यों के द्वारा संशोधित न हो सके तब दयालु गवर्नमेंट के निकट साहाय्य प्रार्थना करना उचित है परंतु धर्म संक्रांत विषय में ऐसा करना उचित नहीं है। करने से अनेक व्यक्तियों के मन में कष्ट होता है। तथापि देखिये जब गवर्नमेंट ने 'सतीदाह' निषेध का नियम प्रचिलत किया था। उस समय में भी बहुतेरे लोग दुखी हुए थे। परंतु अब वह नियम का उपकार देख के संतुष्ट चित्त से पालन करते हैं। इसी प्रकार कोई-कोई अत्यन्त प्रयोजनीय विषय में गवर्नमेंट हस्तक्षेप करे, तो किसी प्रकार की हानि नहीं हो सकती। पर हम लोगों को ऐसी दयाशील, प्रजा हितैषी नीति परायण गवर्नमेंट को अंतःकरण से धन्यवाद देना चाहिए, जो हम लोगों के उपकार के लिए हम लोगों के विद्या पढ़ने और उन्नति के प्रतिबंधक बाल्य विवाह को समाज उसे विदूरित करने के लिए ऐसा चल कर और सब आदमियों को एकता होकर इस नियम के शीघ्र ही प्रज्जवलित हो जाने की पोषकता करनी चाहिए।"[28]

भारतीयता के प्रति विशेष आग्रही पत्र 'सार सुधानिधि' में 'सामाजिक दशा और परिवर्तन प्रियता' नामक संपादकीय लेख छपा जिसके अनुसार- "प्रथम चाल-चलन आदि ऊपरी बातें जो बहुत दिनों से बिगड़ी हैं और जो बातें समाज में पहले नहीं थीं, अब नवीन प्रवेश हुई है, यह कैसी है, इनका विचार करना चाहिए। परंतु हम देखते हैं तो इस प्रकार का विचार कोई नहीं करता है। जिस समाज को देखो उसी में मद्य पानादिक, विगर्हित चाल यूरोपीय चलन का प्रवेश होता जाता है, परंतु जो लोग समाज संस्कार को पीट रहे हैं, वे इन विगर्हित रीतियों की ओर नहीं देखते कि विष घुल रहा है। इसका क्या परिणाम होगा। इसकी चिंता नहीं करके आजकल जिसको देखो वही स्त्री शिक्षा, बाल्य विवाह निषेध, विधवा विवाह प्रवर्तन और स्त्री स्वाधीनता दान यहीं चार, विषयों के संस्कार में प्रवृत्त हैं। ...।" [29]

[28] हिंदी पत्रकारिता, ले. कृष्ण बिहारी मिश्र - पृ. 144

[29] राजा राममोहन राय (1772 ई. - 1833 ई. तक )

'सार सुधानिधि' भाग - 2, अंक-28 की संपादकीय टिप्पणी का शीर्षक है- 'रमणी रमा का स्वाधीन परिणय।' महाराष्ट्र के ब्राह्मण कुल में उत्पन्न रमाबाई एक विदुषी महिला थीं। वे पंडित थीं और अपनी वाक्शक्ति से उन्होंने पूरे देश में अपना प्रभाव जमा लिया था। वे बाल विधवा थीं। उनकी प्रगतिशील और मेधाशक्ति से उस युग के प्रचण्ड बुद्धिवादी दयानंद सरस्वती भी प्रभावित थे और उन्हें वैदिक अर्थात् आर्य धर्म में दीक्षित करने को उत्सुक थे, किंतु पंडिता रमादेवी का झुकाव पश्चिमी आधुनिकता की ओर था। महाराष्ट्र की इस ब्राह्मण कन्या को ईसाई धर्म में अधिक रुचि थी। देश-विदेश की लंबी यात्रा समाप्त कर रमाबाई ने 'शारदा सदन' नाम की एक संस्था स्थापित की थी जिसका विज्ञप्त उद्देश्य था नारी-उद्धार अर्थात् स्त्री-शिक्षा और स्त्री स्वाधीनता के प्रति इस संस्था का विशेष आग्रह था। प्रच्छन्न रूप से रमाबाई इस संस्था के माध्यम से ईसाई धर्म का प्रचार करना चाहती थीं। रमाबाई ने बंगाल के बिहारीदास नामक शूद्र से विवाह कर लिया था।"[30]

शारदा सदन उन्होंने बालिकाओं की शिक्षा के लिए खोला था। किंतु उनके उग्र विचारों और आचरणों के कारण बहुत से लोग उनके खिलाफ हो गये। रानाडे और आगरकर मानते थे कि हिंदू शारदा सदन में पढ़े। इसमें कोई दोष नहीं है।

## नवजागरण काल के प्रमुख चिंतक

### राजा राममोहन राय (1772 ई. से 1883 ई. तक)

राजा राममोहन राय आधुनिक भारत के जनक हैं। इस सजग समाज सुधारक, विशद विचारक, प्रशस्त शिक्षावेत्ता और ज्ञानी पुरुष का जन्म बंगाल के हुगली जिले में हुआ। उन्होंने पटना में फारसी और अरबी भाषाओं का अध्ययन किया। उन्होंने कुरान और फारसी कविताओं का बंगला अनुवाद किया। 'जबर्दस्त मौलवी' के रूप में प्रसिद्ध राम राम मोहन राय ने अफलातुन, अरस्तु, प्लेटिनस आदि अरबी वैज्ञानिकों और दार्शनिकों का पहले अरबी और फिर ग्रीक में अध्ययन किया। बनारस जाकर इन्होंने संस्कृत का ज्ञान हासिल किया। सन् 1802 ई. में मुर्शिदाबाद में उन्होंने अपनी पहली पुस्तक 'तहफत-उल-मुआहिद्दिन' की रचना की।

सन् 1809 ई. से 1814 ई. तक में इन्होंने वैष्णव, तांत्रिक, बुद्ध और जैन साहित्य का गहन अध्ययन किया। ईसाई धर्म की मौलिक रचनाओं को पढ़ने के लिए इन्होंने कलकत्ता में रहकर लेटिन हिब्रू और ग्रीक भाषा का ज्ञान अर्जित किया। सन् 1815 ई. में जोन्स, कैरी,

[30] 'राजा राममोहन राय (1772 ई. - 1833 ई. तक)

कोलब्रुक जैसे साथियों के साथ मिलकर उन्होंने 'आत्म्य सभा' का आविष्कार किया। यहीं से उन्होंने हिंदू समाज के कुरिवाजों के विरुद्ध अभियान चलाया। सन् 1816 ई. में 'वेदांत सार' की रचना करनेवाले श्री राजा राममोहन राय ने धार्मिक दुष्प्रचार के विरोध में कतिपय लेखों को भी प्रकाशित किया। इनमें 'द प्रासेप्ट्स ऑफ जीसस', 'अपील टू द क्रिश्चियन पब्लिक', 'द आइडियल ह्यूमेनिटि ऑफ जिसस' और' संवाद कौमुदी' भी शामिल हैं।

मूर्ति पूजा का विरोध करनेवाले राजा राममोहन राय ने उपनिषदों की नवीन व्याख्या की। उन्होंने समानता, मानवतावादी, धार्मिक, बौद्धिक विश्व के निर्माण के लिए कार्य किये। समाज में भाईचारे की भावना के विकास पर बल दिया। समाज में वैचारिक क्रांति के विकास हेतु कार्यरत राजा राममोहन राय का सितंबर सन् 1833 ई. में ब्रिस्टल में आकस्मिक निधन हुआ।

हिंदू धर्म को आधुनिकता प्रदान करनेवाले सर्वप्रथम व्यक्ति राममोहन राय ही थे। राजा राममोहन राय ने पत्र-पत्रिकाओं में कालमों के माध्यम से अतीत के अवशेषों, जातिप्रथा, मूर्तिपूजा, पशुबलि इत्यादि के विरुद्ध निर्भय संघर्ष चलाया। उन्होंने विश्व को मानवतावाद और बंधुत्व का संदेश दिया। इनके द्वारा संपादित 'संवाद कौमुदी' (सन् 1821 ई.) नामक पत्रिका अंग्रेज़ी, फारसी, हिंदी तथा बंगला भाषाओं में प्रकाशित होती थी। उन्होंने सन् 1822 ई. में 'मिदातुल अखबर' नामक फारसी पत्रिका को प्रकाशित किया।

सन् 1821 ई. से 1824 ई. तक 'संवाद कौमुदी' के माध्यम से उन्होंने अनेक वैज्ञानिक लेख प्रकाशित किये जिनमें 'शून्य में गूँज', 'चुंबक के गुण', 'मछलियों का आचरण', 'बैलून की कहानी' आदि हैं। सन् 1823 ई. में उन्होंने प्रेस एक्ट के विरुद्ध आंदोलन चलाया। उन्होंने बंगला व्याकरण, भूगोल, नक्षत्र विद्या, बीज गणित जैसी पुस्तकें लिखकर, विराम, अर्धविराम आदि का प्रयोग करके बंगला भाषा को आधुनिक बनाया।

राजा राममोहन राय ने खगोल शास्त्र, भूगोल शास्त्र, रसायन शास्त्र, वनस्पति विज्ञान, शरीर रचना विज्ञान तथा क्रिया विज्ञान को प्रकृति देवता के सजीव वेद और शास्त्र माना जैसे दर्शन, न्याय विज्ञान और नीति विज्ञान आत्मा की देवता के वेद और शास्त्र हैं। वे 1830 ई. के फ्राँसीसी क्रांति से बहुत प्रभावित हुए। राजा राममोहन राय ने स्वाधीनता, समानता तथा बंधुत्व के आदर्श को अपना आदर्श बनाया। सन् 1821 ई. में स्पेन में लोकतांत्रिक सरकार की स्थापना हुई। विभिन्न देशों (जैसे आयरलैंड) के स्वतंत्रता उद्यमों में उनकी गहरी रुचि थी। वे एशिया के राष्ट्रों को स्वाधीन देखना चाहते थे। समाज में व्याप्त अंधविश्वास और धार्मिक कट्टरता पर उन्होंने कड़े शब्दों से प्रहार किया। राजा राममोहन राय ने सोलह वर्ष की

अवस्था में मूर्ति पूजा के विरुद्ध जो बंगला पुस्तिका लिखी वह पहली गद्य रचना थी। उन्होंने 1815 ई. में 'वेदांत सार' और 1816 ई. में अन्य उपनिषदों का भी बंगला में अनुवाद किया।

सन् 1828 ई. में ब्रह्म समाज की स्थापना की और सती प्रथा उन्मूलन के लिए सफल प्रयास किए। सन् 1829 ई. में सरकार ने 'सती प्रथा' पर कानूनी तौर से रोक लगाया। उन्होंने विधवा पुनर्विवाह और अंत: जातीय विवाह का समर्थन किया। सन् 1833 ई. में उनके निधन के पश्चात् महर्षि देवेंद्रनाथ ठाकुर, केशवचंद सेन तथा स्वामी विवेकानंद ने इस आंदोलन को नेतृत्व प्रदान किया। राजा राममोहन राय भारतीयों की आर्थिक सुधार के लिए भी प्रयासरत रहे।

**महर्षि देवेंद्रनाथ ठाकुर (1817 ई. से 1905 ई. तक)**

राजा राममोहन राय के बाद महर्षि देवेंद्रनाथ ठाकुर ने ब्रह्म समाज का नेतृत्व किया। महर्षि देवेंद्र नाथ ठाकुर का जन्म सन् 1817 ई. को कलकत्ता शहर में हुआ। देवेंद्रनाथ ठाकुर ने राजा राममोहन राय से संबद्ध अंग्लो- हिंदी स्कूल और हिंदी कालिज में शिक्षा प्राप्त किया। वहाँ पर इस्लाम से प्रभावित होकर और उपनिषदों का अध्ययन कर उन्होंने एकनिष्ठ भक्ति पर जोर दिया। अक्षय कुमार दत्त जैसे साहित्य वेत्ताओं के संपर्क में रहकर देवेंद्रनाथ ठाकुर ने दार्शनिक और धार्मिक अध्ययन हेतु 'तत्वबोधिनी सभा' की स्थापना की। सन् 1843 ई. में अपने बीस अन्य सहयोगियों के साथ वे 'ब्रह्म समाज' में जा मिले।

सन् 1845 ई. में महर्षि देवेंद्रनाथ ठाकुर ने हिंदुओं को ईसाई धर्म ग्रहण करने के विरुद्ध चलाये जानेवाले अभियान में भाग लिया। फिर ब्रह्म समाज से ही 'तत्वबोधिनी पत्रिका' को प्रकाशित किया। श्री ईश्वरचंद्र विद्यासागर और श्री राजेंद्रलाल मिश्र ने इस पत्रिका के द्वारा अनेक लेख प्रकाशित किये। फिर तत्वबोधिनी पाठशाला की स्थापना हुई। परंपरावादी हिंदू समाज और ईसाई मिशनरियों ने ब्रह्म समाज के कार्य कलापों का भरसक विरोध किया।

महर्षि देवेंद्रनाथ ठाकुर द्वारा दिये गये भाषण 'ब्रह्म धर्म व्याख्यान' के नाम से प्रकाशित हुए। सन् 1856 ई. में वे हिमालय की यात्रा करने गये। वहाँ से कलकत्ता लौटने पर वे अत्यन्त पवित्र आध्यात्मिक विचारों से प्रभावित होकर सन्यासी का जीवन व्यतीत करने लगे। सन् 1905 ई. में उनको परमपद प्राप्त हुआ। राजा राममोहन राय के बाद दिशाहीन 'ब्रह्म समाज' को पुनः अनुप्राणित करने का श्रेय रवींद्रनाथ ठाकुर के पिता देवेंद्रनाथ ठाकुर को ही है। देवेंद्रनाथ ठाकुर की मनोवृत्ति धार्मिक चिंतन की ओर थी। वे धीरे-धीरे सुधार लाने पर विश्वास करते थे।

## केशवचन्दसेन (1838 ई. - 1884 ई.)

महर्षि देवेंद्रनाथ ठाकुर के बाद उनके प्रभाव के द्वारा नवीन क्रांति में भाग लेनेवाले श्री केशवचंद्र सेन ने ब्रह्म समाज का कार्य भार संभाला। श्री केशवचंद्र सेन दूरदर्शी बुद्धिजीवी थे। ब्रह्म समाज के वे ऐसे नेतृत्वकार थे जिन्होंने सर्वप्रथम नारी- उत्थान पर बल दिया। उन्होंने इतिहास की नवीन व्याख्या की। उन्होंने अपने नवीन आधुनिक विचारों को बंगला गद्य में व्यक्त करने की कोशिश की। "देवेंद्रनाथ ठाकुर ने केशवचंद सेन के बारे में कहा था कि वे जो सोचते हैं, वही करते हैं, जो कहते हैं, उसे कर सकते हैं और जो करते हैं उसका दूसरों द्वारा अनुकरण करवा सकते हैं।"

श्री केशवचंद सेन का जन्म कलकत्ता में हुग्लि नदी के किनारे बसे एक गाँव में हुआ। श्री केशवचंद सेन ने हिंदू कालिज में शिक्षा प्राप्त की। उन्होंने इमर्सन तथा कार्लायल जैसे पश्चिमी दार्शनिकों द्वारा रचित साहित्य का अध्ययन किया। इसी दौरान उन्होंने 'संगत सभा' की स्थापना की। सन् 1815 ई. में वे ब्रह्म समाज के संयुक्त सचिव नियुक्त हुए। सन् 1816 ई. में 'द इंदियन मिर्रर' नामक पत्रिका को प्रकाशित किया। उसी वर्ष उन्होंने 'धर्म तत्व' नामक पत्रिका का आविष्कार किया जो धर्म और दर्शन से संबद्ध था। सन् 1869 ई. में ब्रह्म समाज के पुराने और नई पीढ़ी में वैचारिक टकराव के कारण विभाजन हुआ। केशवचंद सेन ने 'ब्रह्म-समाज ऑफ इंडिया' का नेतृत्व किया जो 'आदि ब्रह्म समाज से अलग था। सन् 1870 ई. में केशवचंद सेन इंग्लैंड के दौरे पर गये जहाँ पर उनकी मुलाकात ग्लेडस्टोन, डिज़ाइलि, मैक्समूलर, कॉर्डिनल, न्यूमैन, मार्टिन, मिल तथा क्वीन विक्टोरिया से हुई।

श्री केशवचंद सेन ने अपने जीवन के अंतिम पंद्रह वर्ष मित्रों से दूर रहकर, व्यक्तिगत मतभेदों से ग्रस्त विवादपूर्ण ढंग से व्यतीत किया। सन् 1867 ई. में श्री केशवचंद सेन के प्रयास से 'साधारण समाज' को प्रार्थना समाज का रूप मिला। प्रार्थना समाज मूल रूप से धार्मिक न होकर सामाजिक संस्था रही जिसका मुख्य सिद्धांत था कि मनुष्य की सेवा करना ही ईश्वर के प्रति सच्चा प्रेम है। प्रार्थना समाज के प्रमुख उद्देश्य इस प्रकार हैं।

जातिवाद तथा अस्पृश्यता का विरोध, मूर्तिपूजा का विरोध करनेवाले प्रार्थना समाज ने बाल-विवाह का विरोध कर विधवा-पुनर्विवाह को प्रोत्साहित किया। दलित जनोद्धार एवं अछूतों की दशा को सुधारने के प्रयास किये। अनाथ-लूले लंगडे, अंधे- बहरे आदि असहाय जनता की सहायता के कार्य किये। नारी शिक्षा का प्रसार किया। इन लोकमंगलकारी कार्यों को सफलीकृत करने हेतु इस समाज ने अनेक अनाथालयों, विधवा-आश्रमों और 'दलितोद्धार' मिशन स्थापित किए। उन्होंने जन सेवा को ही जनार्दन सेवा माना।

प्रार्थना समाज में प्रमुख योगदान देनेवालों में श्री गोपाल हरि देशमुख (1823 ई. से 1892 ई. तक) और ज्योतिबा फुले भी शामिल हैं। श्री गोपाल हरि देशमुख को 'लोकहितवादी' की संज्ञा दी जाती है। श्री ज्योतिबा फुले एक महान आत्मा थे। वे दोनों 'सुखकारी धर्म' के पक्षधर थे। ब्रह्म समाज और प्रार्थना समाज के कार्यकलापों का विरोध करनेवालों में लोकमान्य बालगंगाधर तिलक (1856 ई. से 1920 ई. तक) शामिल हैं। वे आस्तिकवादी थे। उन्होंने 'केसरी' नामक मराठी पत्रिका का संपादन किया। भक्तिमार्ग के बजाय कर्म मार्ग पर बल देनेवाले श्री तिलक महान् स्वाधीनता सेनानी थे।

**महादेव गोविंद रानाडे एवं अन्य प्रमुख सदस्य**

प्रार्थना समाज के अग्रगण्य नेता महादेव गोविंद रानाडे का जन्म 1847 ई. में हुआ। बंबई के एल्फिन्स्टोन कालिज में शिक्षा ग्रहण कर श्री रानाडे बंबई के मुख्य न्यायालय में जज के रूप में काम करने लगे। यहाँ उन्होंने अपनी कुशलता, कार्यक्ष और न्यायप्रियता के कारण अपार ख्याति अर्जित की। उनहोंने अलेक्जैंडर ग्राँट से प्रभावित होकर पश्चिमी विज्ञान और दर्शन का अध्ययन किया। इसी दौरान उन्हें 'न्यायमूर्ति' की संज्ञा हासिल हुई। 'फिलासफी ऑफ थीइज्म' पर इन्होंने जो भाषण दिये वे सुप्रसिद्ध हैं। श्री आर. जी. भंडारकर महादेव गोविंद रानाडे के मुख्य अनुयायी थे।

अंग्रेज़ी में 'इंद्रप्रकाश' नामक पत्रिका का संपादन करनेवाले श्री रानाडे सन् 1870 ई. में प्रार्थना समाज के सदस्य बने। फिर इससे अलग होकर वे 'सार्वजनिक सभा' के सदस्य तथा कार्यकर्ता बने। इस सभा की स्थापना सन् 1870 ई. में वासुदेव जोशी ने की थी। सन् 1878 ई. में ही इस संस्था से 'सामाजिक सभा' नाम से एक पत्रिका निकाली। इसी पत्रिका के माध्यम से श्री रानाडे ने अपने राजनैतिक, धार्मिक, सामाजिक और आर्थिक विचारों को व्यक्त किया। उन्हें अर्थ शास्त्र का पिता कहा जाता है। महाराष्ट्र में उन दिनों 'विधवा विवाह संघ' के तत्वावधान में समाज-सुधार के कार्य हुए। श्री रानाडे इसके सदस्य बने और 'इंद्रप्रकाश' पत्रिका के माध्यम से 'विधवा विवाह' के पक्ष में आंदोलन चलाने लगे।

**ज्योतिबा फुले**

ज्योतिबा फुले, नारायण गुरु शूद्र कुल में जन्म लेनेवाले प्रथम समाज सुधारक थे। ज्योतिबा फुले की पत्नी सावित्री बाई फुले ने स्त्री शिक्षा एवं विशेषकर शूद्र स्त्री शिक्षा के लिए प्रयास किया। जनवरी 1846 ई. में पूना में उन्होंने लड़कियों के लिए एक स्कूल खोला। इस स्कूल की प्रथम छात्रा और प्रथम अध्यापिका स्वयं ज्योतिबा फुले की पत्नी थीं। एक और स्कूल पुना में ही दिनांक 15.5.1848 को हरिजन बस्ती में खोला गया। दिनांक

3.7.1851 को एक और विद्यालय प्रमुख समाज सुधारक विष्णु शास्त्री चिपलूणकर के मकान में खोला गया। ऐसे, दिनांक 23.9.1873 को 'सत्य शोधक समाज' की स्थापना हुई। वासुदेव फड़के (ज्योतिबा के सहायक) ने विधवा विवाह प्रोत्साहन हेतु कार्य किये। उन्होंने गर्भवती विधवाओं के लिए विधवा आश्रम. स्थापित किये। भंडारकर और पांडुरंग ने पूना में 1883 ई. से 1884 ई तक के आसपास स्त्रियों के लिए एक हाई स्कूल की स्थापना हुई।

श्री रानाडे के बाद केशव कर्वे (1858 ई. से 1962 ई. तक) ने स्त्री शिक्षा के कार्य किये। उस समय लड़यों को पढ़ाना कितना कठिन था, यह बात हरिमाऊ आप्टे के उपन्यासों और 'तरुणी शिक्षण' जैसी नाटिकाओं से स्पष्ट होता है। विधवा विवाह हेतु अक्तूबर, 1853 ई. में पूना के कुछ उत्साही समाज सेवियों ने एक सभा आयोजि की जिसमें पाँच सौ के लगभग व्यक्ति सम्मिलित हुए। इस आंदोलन को चलाने में पंडित विष्णु शास्त्री का प्रमुख योगदान रहा। उन्होंने सन् 1841 ई. में 'पुनर्विवाह प्रकरण' नामक एक पुस्तिका प्रकाशित की। इन्हें महाराष्ट्र का विद्यासागर कहा जाता है।

श्री गोपाल हरदेश मुख ने विधवा विवाह समर्थन में कुछ निबंध लिखे जो 'प्रभाकर' नामक पत्रिका में प्रकाशित हुए। सन् 1857 ई. में पांडुरंग ने संस्कृत में 'पुनर्विवाह चे समर्थन' नामक पुस्तक लिखा। सन् 1865 ई. में बंबई में 'पुनर्विवाहोत्तेजक मंडल' की स्थापना हुई। इसमें लोकहितवादी रानाडे, मारोबा कान्होबा का पूरा योगदान रहा। पंडित विष्णु शास्त्री ने विद्यासागर कृत 'विधवा विवाह' नामक रचना का मराठी अनुवाद किया। उन्होंने स्वयं एक विधवा से विवाह किया। पहले मारोबा कान्होबा एक विधवा से विवाह कर चुके थे।

बाल गंगाधर तिलक ने सन् 1885 ई. में बंबई में समाज सुधार के साथ-साथ राजनीतिक सुधार का कार्यक्रम भी चलाया। दादाबाई नौरोजी, फिरोजशाह मेहता, महादेव गोविंद रानाडे, गोपाल कृष्ण गोखले प्रमुख राजनेता थे। कांग्रेस का इतिहास लिखनेवाले पट्टाभि सीतारामय्या के अनुसार बाल गंगाधर तिलक राष्ट्र के निर्माण को प्रमुख समझते थे।

**स्वामी दयानंद सरस्वी (1824 ई. से 1883 ई. तक)**

स्वामी दयानंद सरस्वती का जन्म 1824 ई. में हुआ। आर्य समाज के संस्थापक स्वामी दयानंद सरस्वती ने वेदों की नवीन व्याख्या की। उन्होंने दिनांक 10.4.1875 को बंबई में आर्य समाज की स्थापना की। धार्मिक परिचर्चा हेतु उन्होंने 1877 ई. में दिल्ली में एक अधिवेशन का आयोजन किया जिसमें केशवचंद सेन और सर सय्यद अहमद खान ने भाग लिया। स्वामी दयानंद सरस्वती को हिंदू धर्म का क्ष कह सकते हैं। इनकी पुस्तक 'सत्यार्थ प्रकाश' सुप्रसिद्ध है। स्वामी दयानंद सरस्वती ने अहिंदुओं को हिंदू धर्म ग्रहण करने के लिए

प्रोत्साहित किया। इसी दौरान आर्य समाज की एक शाखा का आविर्भाव लाहौर में हुआ। स्वामी दयानंद सरस्वती ने विधवा गृहों और अनाथ शरणालयों के निर्माण का कार्य किया। संस्कृत वेद पाठशालाओं की स्थापना की। सन् 1883 ई. में इस महान विभूति का निधन हो गया।

सन् 1973 ई. में वे बंगाल गये और देवेंद्रनाथ ठाकुर, केशवचंद सेन विद्यासागर के संपर्क में आये। केशवचंद सेन ने उन्हें दो सुझाव दिये। एक गेरुवां वस्त्र धारण करना और हिंदी भषा का प्रयोग करना। स्वामी दयानंद सरस्वती के अनुसार संस्कार पंक्ति बंगाल की तरफ उनका मानसिक आकर्षण स्वाभाविक ही था। राजा राममोहन राय का मूर्तिपूजा विरोधी आंदोलन (1787), ईसाई धर्म विरोधी आंदालन (1820), सती दाह आंदोलन (1829), जन साधारण के बीच आर्य धर्म प्रचार के लिए देवेंद्रनाथ ठाकुर के तत्वबोधिनी का संस्थापक और स्त्री शिक्षा के लिए विद्यालय स्थापनादि कार्य और देवेंद्रनाथ ठाकुर के द्वारा ऋग्वेद का बंगानुवाद प्रकाशन (1847 ) आदि सर्वतोन्मुखी संस्कारादि के कारण बंगाल के प्रति उनके भीतर आकर्षण पैदा हो गया था।

स्वामी दयानंद सरस्वती का हिंदी नवजागरण में अप्रत्यक्ष योगदान रहा। इनका कार्य क्षेत्र मुख्यतः हिंदी क्षेत्र ही रहा। 22 वर्ष में गृह त्याग कर, जन-जागृति करते हुए, मूर्तिपूजा का भरसक विरोध किया। अपने विचारों के प्रचार-प्रसार हेतु सन् 1875 ई. में बंबई में आर्य समाज की स्थापना की। धर्म के क्षेत्र में उन्हों ने अवतारवाद, पितृ-तर्पण, फल-ज्योतिष्य, हस्त रेखा विज्ञान, सूर्य ग्रहण के समय भोजन, जल ग्रहण न करने की बात का विरोध किया (समर्थन नहीं किया)। जाति प्रथा का तिरस्कार किया। पर वर्ण व्यवस्था में उनका विश्वास था। छुआछूत में उनका विश्वास नहीं था। उनके अनुसार स्त्रियों और शूद्रों को भी वेदोपनिषद पढ़ने का अधिकार था।

स्त्रियों को व्याकरण, धर्म, वैद्य, गणित, शिल्प विद्या सीखने के आकांक्षी थे। 'सत्यार्थ प्रकाश' में उन्होंने ब्राह्मणों के पाखंड की बड़ी आलोचना की। स्वामी जी बाल विवाह का विरोध करते थे। विवाह के लिए सोलह वर्ष से चौबिसवें वर्ष तक कन्या और पच्चीसवें वर्ष से लेकर अड़तालीसवें वर्ष तक पुरुष की आयु का निर्धारण किया। बाल्यावस्था में विवाह से जितनी हानि पुरुष की होती है उससे कहीं अधिक हानि स्त्री को होती है। वर-वधू, दोनों की सहमति से हुए विवाह को वह उत्तम विवाह मानते थे। विधवा विवाह के समर्थक थे। स्त्री-पुरुष समान अधिकार के पक्षपाती दयानंद सरस्वती। के अनुसार-"जब पुरुषों को पुनर्विवाह की आज्ञा है, तो स्त्रियो को दूसरे विवाह से क्यों रोका जाय?" कहा जाता है कि

उन्होंने सन् 1857 ई. की क्रांति में सक्रिय भाग लिया। वे मानते थे कि पत्नी की मृत्यु के उपरांत पुरुष दूसरा विवाह कर सकता है। किंतु, एक पत्नी के जवित रहते वह दूसरा विवाह नहीं कर सकता।

## श्रीमती ऐनिबेसेन्ट

अपनी अद्भुत संगठन शक्ति एवं वाक्पटुता के कारण श्रीमती ऐनीबेसेन्ट एक सक्रिय तथा प्रभावशाली थियोसाफिस्त बनीं। इन्हें भारत से विशेष लगाव था। सन् 1893 ई. में वे भारत आई। उन्होंने हिंदू धर्म को स्वीकार कर भारत को अपना मातृभूमि

स्वीकार किया। सन् 1907 ई. में थियोसाफिकल सोसाइटी की अध्यक्ष बनी। भारतीय सांस्कृतिक पुनरुत्थान और सामाजिक नवजागरण में थियोसिफिकल सोसाइटी का जो दक्षिण में योगदान रहा उसका श्रेय श्रीमती ऐनीबेसेन्ट को ही है। उन्होंने सनातन हिंदुत्व के पुनरुत्थान के लिए भगीरथ प्रयत्न किया और भारतीयों का आत्म विश्वास बढ़ाया। डॉ.रामधारी सिंह दिनकर के अनुसार - "श्रीमती ऐनिबेसेन्ट ने भारत में रहकर तो हिंदुओं को जगाया ही, वे यूरोप, अमेरिका और आस्ट्रेलिया जाकर वहाँ के लोग को भी हिंदू धर्म की गरिमा का दर्शन कराती थीं और उनके इन प्रयत्नों से भारत के विषय में बाहरवालों की उत्सुकता एवं एक प्रकार की अस्पष्ट भक्ति बढ़ाती जा रही थीं।"[31] उन्नीसवीं शताब्दी के अतिम चरण एवं बीसवीं शताब्दी के प्रथम चरण की तेलुगु भाषा की कई पत्रिकाएँ महिलाओं द्वारा चलायी गयी थीं। उन पत्रिकाओं में ऐनीबेसेन्ट के भाषणों व लेखों के तेलुगु अनुवाद प्रकाशित होती थीं। इसमें कोई अत्युक्ति नहीं होगी कि तेलुगु भाषी महिला जगत् ऐनिबेसेन्ट के विचारों से अधिक प्रभावित था।

## ईश्वरचंद्र विद्यासागर (1820 ई. से 1891 ई. तक) और उनकी सुधारवादी चेतना

विद्यासागर विधवा पुनर्विवाह हेतु प्रयत्न किया जिसके फलस्वरूप 1856 ई. में विधवा पुनर्विवाह कानून बना। कड़े शब्दों में बहु-विवाह का विरोध कर, बहु-विवाह - रोकथाम हेतु प्रयास करनेवाले श्री ईश्वरचंद्र विद्यासागर बंगला गद्य के जनक माने जाते हैं। इन्होंने आजीवन स्त्री शिक्षा के लिए प्रयास किया। सन् 1854 ई. में 'तत्वबोधिनी' पत्रिका के एक अंक में विधवा पुनर्विवाह का प्रस्ताव रखा। इसका समर्थन संपादन अक्षय कुमार दत्त ने किया। इसी संदर्भ में जनवरी, 1855 ई. में एक पुस्तिका प्रकाशित हुई जिसमें उन्होंने पराशर

[31] संस्कृति के चार अध्याय, डॉ. रामधारी सिंह दिनकर

संहिता तथा दूसरे प्राचीन ग्रंथों क अध्ययन करके निष्कर्ष निकाला कि विधवा विवाह शास्त्र सम्मत है। अक्तूबर, 1855 ई. में एक दूसरी पुस्तिका इसी प्रकार के विचारों का समर्थन करती है।

दिनांक 4.10.1855 को विधवा पुनर्विवाह को कानूनी रूप दिलाने के लिए 987 व्यक्तियों के हस्ताक्षर कराके उन्होंने एक पत्रिका भारत सरकार को भेजी। इस आंदोलन को उन्होंने अखिल भारतीय रूप प्रदान किया। परिणामस्वरूप पूना, त्रिचूर, सिकंदराबाद, धारवाड, बंबई, सूरत, अहमदाबाद तथा बंगाल के ही अनेक भागों के लोगों ने इस प्रकार की याचिकाएँ भेजी। दिनांक 2.3.1856 को ऐसी ही एक याचिका में सिकंदराबाद के ब्राह्मण पंडितों ने लिखा कि हिंदू विधवाओं के विवाह को कानूनी करार देने के संबंध में बंगाल के कुछ हिंदुओं ने जो याचिका दायर की है, उससे हम पूरी तरह से सहमत हैं और उसका समर्थन करते हैं। बंगाल में कई लोगों ने लगभग बीस याचिकाएँ भेजी जिनमें कम से कम पचास हजार लोगों के हस्ताक्षर थे। अंत में दिनांक 26.7.1856 को विधवा पुनर्विवाह विधेयक पारित हो गया। इस कानून के अंतर्गत पहला विवाह 7.10.1856 को हुआ। उनके पुत्र ने भी एक विधवा से विवाह किया। स्त्री शिक्षा के लिए उन्होंने नवंबर, 1857 ई. और मई, 1858 ई. के बीच लड़कियों के लिए पैंतीस स्कूल खोले, जिनमें कुछ तेरह सौ छात्राएँ पढ़ती थीं। शिक्षा शास्त्रज्ञ, मातृभाषा के प्रबल समर्थक श्री ईश्वरचंद्र विद्यासागर ने पाठ्य पुस्तकें भी तैयार किए जिनका बोल- बाला सौ सालों से अधिक समय तक रहा। रवींद्रनाथ टेगोर के अनुसार उनकी सबसे बड़ी उपलब्धि बंगला भाषा थी। वे बंगला गद्य के मौलिक कलाकार थे। विद्यासागर के द्वारा लिखित बालपोथियों द्वारा वर्ण परिचय सिखाया जाता था। इनकी पुस्तकों का हिंदी अनुवाद पं. प्रतापनारायण मिश्र ने किया। वे बंगला गद्य के निर्माता रहे।

# 5. नवजागरण और स्त्री- जनोद्धार

भारतीय समाज में नवजागरण का बहुआयामी रूप में सामने आया। भारत जैसे बुहभाषिक, बहुसांस्कृतिक एवं बहुजातीय राष्ट्र में कोई आंदोलन एक रूप नहीं हो सकता। किंतु इतना निश्चित है कि नवजागरण के फलस्वरूप प्रादुर्भूत सुधारवादी चेतना अपने-अपने प्रांतीय परिस्थितियों के अनुरूप अपना आकार ग्रहण करने लगी। "अनेक जातियों वाले भारत वर्ष में नवजागरण का एक ही रूप कभी संभव न था। यही वजह है कि बांगला नवजागरण भारतीय नवजागरण का एक प्रमुख रूप होते हु भी एक मात्र रूप नहीं है। इस देश का नवजागरण बहुवचनात्मक है। इस देश में एक नहीं, कई नवजागरण है जिनको एक ही तराजू पर तौलकर किसी को श्रेष्ठ और किसी को हीन घोषित नहीं किया जा सकता।" (भूमिका, सामाजिक क्रांति के दस्तावेज-शंभुनाथ) तत्कालीन भरतीय समाजों में नया चिंतन रूप ले रहा था। आंध्र प्रांत में भी, स्त्री-शिक्षा, स्त्री जीवन की दुरवस्था एवं हरिजनों की अस्पृश्यता एवं अशिक्षा, धर्म परिवर्तन आदि पर गहरी चिंता कुलबुला रही थी। निश्चित रूप से बंगाल के नवजागरण का सीधा- सीधा प्रभाव तुरंत आंध्र- प्रांत के बुद्धिजीवी पर पड़ा। इतना अधिक न भी मानें तो हिंदी भाषी समाज पर भी इसका प्रभाव देखा जा सकता है। इसलिए दोनों प्रदेशों के बुद्धिजीवी वर्ग ने स्त्रियों एवं अस्पृश्यों की समस्याओं को Address करने की तत्परता दिखायी। यहाँ यह भी मानना पड़ेगा जिस प्रकार यह सुधारवादी चेतना आंध्र में एक आंदोलन के रूप में उभर कर आयी उस प्रकार की तीव्रता हिंदी प्रांत में लक्षित नहीं होती। इसके अपने-अपने सामाजिक कारण हैं। दोनों प्रांतों के समाज सुधारकों ने यह प्रयत्न किया कि नवजागरण कालीन स्त्री जनोद्धार संबंधी समस्याएँ, जिनके निदान के द्वारा स्त्री समुदाय को सामाजिक क्रूरताओं को सामना करने से मुक्ति मिले। हम स्त्री संबंधी विषयों की ही चर्चा करेंगे क्योंकि हमारी चर्चा का विषय स्त्री विमर्श है।

सुधारवादी चेतना की बात करते हुए यहाँ हिंदी एवं तेलुगु प्रांतों में उसकी तीव्रता की चर्चा करना जरूरी है। दोनों प्रांतों के साहित्य में समाज में व्याप्त स्त्रियों के दूभर जीवन का चित्रण मिलता है। किंतु समस्याओं के प्रति गंभीर एवं विषद विश्लेषण स्त्री के पक्ष में तेलुगु साहित्य में ही मिलता है। उस समय हिंदी साहित्य में गुरजाडा अप्पाराव एवं चलम् जैसे साहित्यकार नहीं मिलते हैं। वीरेशलिंगम् ने स्त्री शिक्षा एवं विधवा पुनर्विवाह के विचारों का प्रचार ही नहीं किया इन दोनों सुधारों की जिम्मेदारी अपने कंधों पर ली। तन-मन-धन इनमें लगा दी। कोर्ट कचहरी की खाक छानी। रघुपति वेंकट रत्नं नायडु ने अस्पृश्यता निवारण का पाठ ही नहीं पढ़ाया, चार अनाथ लड़कियों को संतान वत् पालन-पोषण किया। वेश्या समस्या के संदर्भ में सहृदयता के साथ उनके विवाहों का प्रस्ताव रखा और कुछ विवाह करवाये।

**नवजागरण कालीन समाज में स्त्री-जीवन की समस्याएँ**

**बाल-विवाह**

बाल विवाह को हम वृद्ध विवाह की संज्ञा भी दे सकते हैं। बालिकाओं का विवाह उम्र के अंतर की चिंता न करते हुए वृद्ध पुरुषों के साथ करना तत्कालीन समाज का प्रचलन था। इससे पुरुषाधिपत्य समाज में स्त्री की असहाय अवस्था का होता है। वह समाज ऐसा था जहाँ स्त्री का जीवन विवाह से पूर्व पिता की छत्रछाया में गुजरता था। कन्याशुल्कम् की प्रथा से पीड़ित उस समाज में अक्सर पिता अपनी कम उम्र की कन्याओं को धन के लालच में वृद्ध एवं रोगी पुरुषों को बेच डालते थे।

मुसलमानों के शासनकाल में पुरुष सुंदर लड़कियों को पकड़कर ले जाते थे और उनसे निकाह कर लेते थे। इस अत्याचार को रोकने के लिए कोई नहीं था। इसी डर से हिंदू कन्याओं के माता-पिता लड़की की शादी बाल्यावस्था में ही कर देते थे। जवान लड़की की जिम्मेदारी से माता-पिता घबराते थे। ऐसे में बाल विवाह का प्रचलन हुआ। रजस्वला कन्या के बहक जाने के डर से भी माता-पिता बाल्य विवाह करने के लिए तत्पर रहते थे।

धार्मिक विश्वास का भी इस प्रथा के प्रचलन में महत्वपूर्ण स्थान है। चूँकि माँ- बाप सोचते थे कि वैसे भी लड़की पराया धन है। इसलिए उसका विवाह कम उम्र में ही कर देते थे। छोटी आयु में माँ बन जाती थीं। इससे उसके स्वास्थ्य को नुकसान होता था। वह असमय बुढ़ापे एवं मृत्यु की शिकार हो जाती थीं। कई स्त्रियाँ आजीवन रोगग्रस्त होती थीं। प्रसूति गृह में कुछ स्त्रियों की मृत्यु हो जाती थीं। दूसरी ओर, बाल विवाह से जन्म दर में बढ़ोत्तरी का भी डर था। परिवार में भरण-पोषण की जिम्मेदारी वहन करना बड़ा कठिन होता था। इस प्रथा

का एक अन्य परिणाम था बाल विधवाओं की संख्या में वृद्धि। इस भयंकर प्रथा को रोकने के लिए कई प्रयास हुए। यथा-"... आज कई वर्षों से राजपुताना में समाज संस्कार की एक सभा नियत हुआ है। इसके जन्मदाता वाल्टर साहब हैं। इसका नाम राजपूत हितकारिणी सभा है। थोड़ी उम्र में पुत्र और कन्या का ब्याह तथा श्राद्ध आदि कार्यों में अंधाधुंध खर्च को रोकना ही इस सभा का मुख्य उद्देश्य है। . सभा बाल्य विवाह मिटाने के प्रयत्न में है। सभा के प्रयत्न से ये 5662 विवाहों में 1942 दूल्हों की अवस्था 20 वर्ष की थी और 117 दुल्हनों की अवस्था 16 वर्ष की थी।"[32]

ईश्वर चंद्र विद्यासागर ने बाल-विवाहों का घोर विरोध किया। बाल्यावस्था में लड़कियों का अनमेल विवाह करने के कारण ये अकाल वैधव्य को प्राप्त कर रही थी। बाल्य विवाह के कारण उसे शिक्षा प्राप्त करने के सारे अवसर समाप्त हो जाते थे। अगर वह किसी प्रलोभन में आकर पतिता हो जाती है तो वेश्या जीवन जीने के लिए मजबूर हो जाती है। इसलिए उन्होंने समाज को समझाया कि "बाल्यावस्था में विवाह कर देना अत्यन्त निष्ठुर एवं नृशंस कर्म है। अतएव हम लोग विनम्रता के साथ स्वदेशी भद्र सज्जनों से निवेदन करते हैं कि सभी एक मत होकर सचेष्ट हो, ताकि इस बाल्य- परिणय रूपी कुप्रथाका अंत हो।[33] विवेकानंद ने बाल विवाहों के दुष्परिणामों से लड़कियों को बचाने के लिए बाल-विवाहों के निषेध के पक्ष में विचार व्यक्त किये थे। उन्होंने स्पष्ट शब्दों में कहा था- "बाल-विवाह होने से बहुत सी स्त्रियाँ अल्पायु में ही संतान प्रसव करके मर जाती है। ... माता-पिता का शरीर संपूर्ण रूप से सबल न होने से सबल और निरोग संतान कैसे उत्पन्न हो सकती है। पठन-पाठन कराकर अधिक उम्र होने पर कुमारिकाओं का विवाह करने से उनकी जो संतान होगी उसके द्वारा देश का कल्याण होगा। तुम्हारे यहाँ घर-घर में जो इतनी विधवाएँ हैं, इसका कारण बाल- विवाह ही तो है। बाल विवाह रोकने से विधवाओं की संख्या भी कम हो जाएगी।“ [34] बालकृष्ण भट्ट एवं भारतेंदु हरिश्चंद्र ने भी बाल-विवाह के विरोध में अपने विचार व्यक्त किये। अनेक महानुभावों के प्रयत्नों से 'शारदा एक्ट' के द्वारा बाल विवाह के निषेध का कानून बना। 'शारदा एक्ट' के इतने वर्षों बाद भी आज भी यहाँ वहाँ ग्रामीण आंचलों में बाल विवाह होते ही हैं। जब तक समाज के सोच में परिवर्तन उपस्थित नहीं होगा परिवर्तन होना कठिन कार्य है।

---

[32] भारत जीवन (दैनिक) 17.8.1896

[33] ईश्वर चंद्र विद्यासागर (1820-1891) सामाजिक क्रांति के दस्तावेज, वाणी प्रकाशन, दिल्ली

[34] विवेकानंद 1863-1902) सा.क्रा.द.पृ.

आंध्र प्रांत में श्री वीरेशलिंगम, चिलकमर्ति लक्ष्मी नरसिंहम्, गुरजाडा अप्पाराव आदि चिंतकों ने बाल-विवाह का विरोध किया। गुरजाडा अप्पाराव ने अपने साहित्य में पूर्णम्मा (खण्डकाव्य), कन्याशुल्कम् नाटक में बाल विवाह समस्या को प्रतिपाद्य के रूप में लेकर सशक्त रचनाएँ की थी। तत्कालीन अनेक पत्र पत्रिकाओं में लेखों का प्रकाशन होता था। अनेक लेखिकाओं ने भी तेलुगु जनाना, हिंदी सुंदरी, सावित्री, गृह लक्ष्मी आदि स्त्रियों की पत्रिकाओं में भी इन विषयों पर लगातार लेख लिखे और छापते रहे। इस प्रकार सारे भारत देश में बाल विवाह के विरोध में नवजागरण कालीन बुद्धिजीवियों ने अपने विचारों से भारतीय समाज को प्रभावित किया।

'स्त्री शिक्षा' नामक लेख में श्रीमती उमा नेहरू के विचार द्रष्टव्य है- "प्रारंभिक शिक्षा के अतिरिक्त स्त्रियों को अन्य प्रकार की शिक्षा देने के लिए यह स्पष्ट ही उचित है कि बाल्यावस्था में उनका विवाह होना बंद कर दिया जाय। जिन लड़कियों का 7 और 8 और 10.11 और 12 वर्ष में विवाह होगा उन्हें शिक्षा कैसे दी जा सकती है। 13 और 14 वर्ष की उम्र में वे माताएँ बन गई। लड़कियाँ - लड़के पैदा करने लगीं। इस दशा में शिक्षा की चर्चा करने से क्या लाभ है। जो लोग और स्त्रियाँ बुरी रीति रस्मों से अंधी हो गई है और अभ्यास के मोह जाल में फँस गई है, वे ऐसे विवाह से जो बुराइयों और अत्याचार होते हैं उन्हें नहीं देख सकतीं। इन निस्सहाय कन्याओं को इनके पिता मन चाहे गुलामों के समान देखते हैं।"[35]

बाल विवाह के प्रचलन की रोकथाम के लिए ब्रिटिश सरकार ने कई कानून बनाये। सन् 1929 ई. के 'शारदा एक्ट' के द्वारा लड़कों के लिए 18 वर्ष और लड़कियों के लिए 14 वर्ष विवाह की आयु निर्धारित हुआ। भारत सरकार ने 1954 ई. में इसका संशोधन कर लड़कों के लिए 21 वर्ष और लड़कियों के लिए 18 वर्ष का विशेष विवाह अधिनियम निश्चित किया। बाल-विवाह संबंधी कई लेख हिंदी और तेलुगु के तत्कालीन पत्र-पत्रिकाओं में छपते रहे।

## अनमेल विवाह

तत्कालीन समाज में व्याप्त अभिशापों में अनमेल विवाह भी एक है। स्त्री के जीवन को कलंकित, नीरस और दुःखद बनाने में अनमेल विवाह का बहुत बड़ा था। अनमेल विवाह के कारण वैवाहिक संबंध सुखद एवं सौहार्दपूर्ण नहीं होता था। छोटी आयु की कन्या का विवाह किसी वृद्ध के साथ तय हो जाता था। उसी तरह कम उम्र के लड़के का विवाह बड़ी

[35] स्त्री दर्पण, जुलाई, 1915

कन्या के साथ कर दिया जाता था। किसी पढ़ी-लिखी युवती का विवाह गँवार युवक से हो जाता तो किसी पढ़े-लिखे लड़के का विवाह अनपढ़ लड़की से हो जाता था। ऐसे अनमेल विवाहों से पति-पत्नी में पारस्परिक प्रेम का लोप हो जाता था। कभी-कभी ऐसे विवाह अवैध संबंधों के पनपने के कारण सामाजिक समस्या का रूप धारण कर लेते थे।

अनमेल विवाह समाज में विधवा समस्या, व्यभिचार, अवैध संबंध, जैसे अनेक समस्याओं का कारण बनता है। लंपट पुरुष के हाथ पीड़ित स्त्री की मनोवेदना अकथनीय होती थी। वृद्ध व्यक्ति अक्सर अपनी पहली पत्नी की मृत्यु के उपरांत दूसरा विवाह एक बालिका से करते थे तो 'दोहाजू विवाह' या अनमेल विवाह कहलाता था। नवजागरण काल में अनमेल विवाह का खूब प्रचलन था। वे वृद्ध जन दूसरा विवाह इस उद्देश्य से करते थे कि बाल-बच्चे की देखभाल में सहायता मिले और अपनी काम वासना को तृप्त करें। तेलुगु साहित्यकार गुरजाडा अप्पाराव एवं चलम् ने इस प्रकार के विवाहों के कारण बालिकाओं की दुरवस्था का यथार्थ चित्रण किया है। मानसिक रूप से क्षुब्ध मन उस बालिका की स्थिति का भी चित्रण किया। किंतु कोई विधवा व अपने हम उम्र महिला से विवाह करने के बजाय एक विधुर का अल्पायु लड़की से पुनर्विवाह निंदनीय विषय था जिससे उसकी काम वासना का पता चलता है। दूसरी ओर अक्सर गरीब माँ-बाप दहेज न दे पाने की परिस्थिति में लड़कियों का विवाह बूढ़ों से कर देते थे। भारत के कुछ प्रांतों में तो लड़कियों को पैसों की खातिर बेच दिया जाता था।

असफल अमल विवाह से स्त्रियों को अक्सर आर्थिक संकट का सामना करना पड़ता था। निराश्रित, वयस्क विधवाएँ, जीवन बिताने में असमर्थ होकर, पतिता हो जाती थीं। पिता अपने पुत्री के विवाह की उपेक्षा। कर, किसी अन्य स्त्री के साथ विवाह करते थे। व्यभिचार करते थे। इनका प्रभाव अशिक्षित स्त्री पर बहुत होता था। आधी- अधूरी जिंदगी व्यतीत करने से पस्त होकर कन्याएँ वेश्या बन जाती थीं।

## बहुविवाह

पुरुष एक पत्नी के रहते, दाम्पत्य सुख भोगते हुए जब अन्य स्त्री अथव स्त्रियों के साथ विवाह करते हैं तो बहु विवाह कहलाता है। भारत में सदियों से बहु विवाह का प्रचलन चला आ रहा है। इससे स्त्री में असुरक्षा की भावना पनपती है। संतानहीन स्त्रियाँ भय के कारण आत्महत्या कर लेती थी। इस प्रथा के कारण 'सौतिया डाह' जैसे भाव पनपते हैं।

समाज में व्याप्त बहु-विवाह की प्रथा को समाप्त करने के लिए उससे उत्पन्न बुराइयों को चिंतकों ने अनेक प्रकार से समझाने का प्रयत्न किया। किंतु ईश्वर चंद्र

विद्यासागर ने अनुभव किया कि प्रशासन के भेदभाव की दृष्टि के चलते इस प्रथा को अंत करना मुश्किल है " बहु विवाह के प्रचलन से जहाँ स्त्रियाँ अत्यन्त उत्पीड़ित हो रही है, वहीं समाज में तरह-तरह की बुराइयाँ फैल रही हैं। शासकीय भेदभाव की वजह से इन उत्पीड़ितों के कष्टों एवं बुराइयों के मिटने की तनिक संभावना नहीं है।"[36]

बहु विवाह के संदर्भ में अपने विचार व्यक्त करते हुए बंकिम चंद्र ने लिखा था- "पुरुष जनों को बहु विवाह का अधिकार है, इस संबंध में अधिकार लिखने की आवश्यकता नहीं है। अब बंग वासी हिंदू-गण विशेष रूप से यह समझ गये हैं कि यह अधिकार नीति विरुद्ध है। सहज ही समझा जा सकता है कि इस प्रसंग में स्त्रियों के अधिकारों के अधिकारों में वृद्धि करके समाज सुधारकों का उद्देश्य साम्य स्थापित करने का नहीं हो सकता। पुरुषों के अधिकारों में कटौती करना ही उद्देश्य है, कारण मनुष्य जाति में किसी का भी बहु विवाह नीति संगत नहीं हो सकता।"[37]

इसी समस्या को केंद्र बिंदु बनाकर तेलुगु में कंदकूरि वीरेशलिंगम् पंतुलु ने 'बहु भर्यात्वमु' नामक प्रहसन लिखा। राजा-महाराजाओं में बहु विवाह का प्रचलन अधिक होता था। अक्सर लंपट पुरुष अपने पुत्र के योग्य वधू के साथ विवाह कर लेते थे। अनमेल विवाह इसका एक और रूप भी है। तेलुगु में 'विषाद सारंगधर' नाटक का मूलभूत आधार बहु विवाह की प्रथा ही है। नाटककार धर्मवरम् कृष्णमाचार्युलु बहु विवाह को समाज के लिए अपायकारी बताया है। भारत के अनेक महानुभावों के प्रयासों के फलस्वरूप सरकार ने बहु विवाह का निषेध किया।

## कन्याशुल्कम् की प्रथा

नवजागरण कालीन भारतीय समाज कन्याशुल्कम् की प्रथा से इस कदर पीड़ित था कि बालिका को एक बहुमूल्य वस्तु और धन कमाने का साधन या माध्यम बना दिया गया। वीरेशलिंगम् पंतुलु जी कृत 'कन्याशुल्कम् ' प्रहसन (गुरजाडा अप्पाराव से पूर्व) इस समस्या के भयंकर एवं विकराल रूप से हमारा परिचय कराता है। इस नाटक में रामशास्त्री कामावधानुलु से कहता है- " पहली बार विवाह करने वाले वर के जैसा हूँ। अब तुम्हें

[36] ईश्वरचंद्र विद्यासागर, सा. क्रा. द. पृ.

[37] बंकिम चंद्र सा. क्रा.द.पृ.

कन्यादान करने की देरी है। जेल गया तो क्या ... सारा धन मेरे पास है।[38]"

तत्कालीन समाज में कन्या को बेचना और खरीदना नैतिक कार्य ही समझा जाता था।"मैं ने ब्राह्मण धर्म की हानि नहीं की।"[39] बल्कि रजस्वला होने से पहले यदि कन्या का विवाह न किया तो समाज से बहिष्कृत किया जाता था। रामशास्त्री कहता है- "तुम्हारा बहिष्कार क्यों हुआ? कन्या बेचने के कारण या फिर अपनी तीसरी कन्या के रजस्वला होने पर भी विवाह किये बिना घर में रखने के कारण?"[40] अक्सर बालिका की उम्र जितनी कम होती थी उसका दाम उतना ही मिलता था। अक्सर गर्भस्थ शिशुओं क भी विवाह कर दिया जाता था। विजय नगर में महाराजा आनंद गजपति राजु ने विशाखपट्टणम में होनेवाले कन्याशुल्क विवाहों की सूची तीन सालों के लिए बनवाई। कुल मिलाकर 1034, अर्थात् एक साल में 344, इनमें 99 वधुओं की उम्र पाँच वर्ष एवं 44 वधुओं की उम्र 4 वर्ष एवं 36 वधुओं की उम्र 3 वर्ष, 6 वधुओं की उम्र 2 वर्ष, वधुओं की एक वर्ष की आयु में विवाह संपन्न हुए। इस वर्ष वधुओं की बिक्री पर 350 से 400 रुपये तक है। दो जगहों पर गर्भस्थ शिशु के लिए बयाना लिया गया ऐसा पाया गया है।"[41] आनंद गजपति राजा की प्रेरणा से गुरजाडा अप्पाराव ने 'कन्याशुल्कम्' नामक नाटक की रचना की जो तेलुगु साहित्य में एक कालजयी रचना सिद्ध हुई।

अनेक समाज सुधारकों ने इस प्रथा को घृणित एवं नरमांस विक्रय के समान कहकर तिरस्कार किया।

## दहेज प्रथा

'वरदक्षिणा' के रूप में यह दहेज प्रथा भारत में आरंभ से ही चली आ रही है। इसे 'वर मूल्य' भी कहते हैं। 'वर शुल्क' भी कहते हैं। दरअसल विवाह के पूर्व लड़की के साथ माता-पिता 'वर' को जो धन राशि एवं अन्य वस्तुओं को देते हैं उसे दहेज कहते हैं।

---

[38] कन्याशुल्कम (प्रहसनमुलुः नालगव संपुटम), वीरेशलिंगम पंतुलु- पृ. 258, मनुगुंडुपु पेंडल कोड्डुकुवले उन्नानु, इखनी पिल्लनीयडमे अवशिष्टमु, जैलुलो पडिते पड्डानु कानि... सोम्मता नेने

दक्किंचुकोन्नानु

[39] कन्याशुल्कम (प्रहसनमुलुः नालगव संपुटमु), वीरेशलिंगम पंतुलु- पृ. 258

[40] नेनु ब्राह्मणीकानिकि हानिवच्चे कार्यं येमी चेय्यलेदु

[41] कन्याशुल्कम, (प्रहसनमुलुः नालगव संपुटमु), वीरेशलिंगम पंतुलु- पृ. 259, निन्नु वेलिवेसिंदियें दुकु? पिल्ललनु अम्मिनंदुका? नी मूडो चिन्नदानि रजस्वल अइंदाका पेल्लि चेय्यकुंडा उंचिनन्दुका?

प्राचीन समाज में यह प्रथा इतना कठोर एवं भयंकर रूप में नहीं था। माता- पिता कन्यादान करते समय अपनी योग्यता एवं स्वेच्छा के अनुसार वर को उपहार के रूप में कुछ संपत्ति देते थे। लेकिन आज के समाज में यह विवाह का एक आवश्यक अंग बन गया है। वर-पक्ष के स्वार्थ के कारण 'कन्या-पक्ष' को बहुत कष्ट उठाकर दहेज जुटाना पड़ता है। कुलीन विवाह (माता-पिता द्वारा तय किये गए विवाह जिसमें वर-वधू की सम्मति नहीं ली जाती), बेकारी तथा गरीबी के कारण इस प्रथा को काफी प्रोत्साहन मिला। मई, जून, 1906 ई. के 'अबला हितकारक' मासिक में 'दहेज वाले चेतो' नामक संपादकीय लेख में दहेज प्रथा के बारे में तत्कालीन समाज के विचारों पर प्रकाश डाला-"बहुत से ब्राह्मणों में खासकर कन्याकुब्जों में दहेज़ की प्रथा ऐसी बुरी है कि जिसके कारण बेचारी लड़कियों को पच्चीस-पच्चीस वर्ष की आयु पर्यंत पति के लिए .... विवाह का आनंद भोगने... लड़की चाहे कुछ भी करे, कुल को चाहे कलंकित भले ही करे, परंतु बिना दहेज के उसका विवाह कदापि न करेंगे।"

अक्सर दहेज न दे पाने के कारण लड़कियाँ लोक-लाज से बचने के लिए आत्महत्या कर लेती थीं। दहेज न लाने पर लड़कियों को ससुराल में गौरव न मिलता। उन्हें घर से निकाल दिया जाता। ऐसी लड़कियाँ अक्सर वेश्यावृत्ति अपनाकर अपना जीवन-निर्वाह करती थीं। मार्च 1914 ई. की 'लक्ष्मी' में संपादक लाला भगवान दीन जी ने अपने संपादकीय लेख में लिखा- "बड़े खेद की बात है कि उस प्रांत में (बंगाल) भी अत्यन्त निंदनीय और धर्म विरुद्ध 'दहेज प्रथा' का कुछ ठीक प्रबंध अब तक नहीं हो सका।"

आज के समाज में दहेज प्रथा ने विकराल रूप धारण कर लिया है। आज शायद ही कोई विवाह ऐसा होता है, जिसमें दहेज की माँग नहीं होती है। दहेज जैसे सामाजिक अभिशाप का हल आज तक नहीं मिल सका और दहेज की समस्या ने स्त्री को ही असहाय बना दिया।

## वेश्या समस्या और उसके कारण

जीवन की हर अवस्था में तरह-तरह की वासनाओं का प्राबल्य रहता है। युक्त वयस्क कन्याओं का अक्सर प्रेम और आकर्षण का शिकार होना सहज है। देखा जाय तो वेश्यावृत्ति समाज के पापों का ही फल है। इस समस्या के विभिन्न कारण निम्न प्रकार से हैं-

अ) **पुरुष की लंपटता** तत्कालीन समाज में पुरुष स्त्री को मन बहलाने की वस्तु मात्र समझता था। घर में सर्व गुण संपन्न गृहिणी के होते हुए भी वह घर से बाहर अपनी सुख-पूर्ति के साधन खोजता था। माँस मदिरा का सेवन कर पुरुष परायी स्त्री के पास जीवन का

आनंद तलाश करता था। वेश्या सहवास तत्कालीन पुरुष समाज की लंपटता का एक सशक्त प्रमाण था। पुरुष के लिए वेश्या सहवास गर्व की बात थी। तत्कालीन समाज में पुरुष समुदाय 'परतिय गमन' को अपना अधिकार समझते थे। प्रायः हर आदमी अवैध संबंध कायम कर अपनी पत्नी का मन व्यथित करता था।

आ) **स्त्री की काम वासना** - बाल-विवाह एवं अनमेल विवाह के असफल होने पर युवा स्त्रियाँ बिलकुल अकेली एवं तिरस्कृत हो जाती थीं। समाज उन्हें कुत्सित नज़र से देखता था। ऐसी स्त्रियाँ प्रेम के अभाव के करण दुखी और त्रस्त होकर शारीरिक एवं मानसिक आवश्यकताओं की पूत्रि के लिए पर पुरुष के साथ संबंध कायम कर पतिता बन जाती थीं।

इ) **स्त्री शिक्षा का अभाव** - तत्कालीन स्त्री निरक्षर होने के कारण स्वावलंबी नहीं थी। वह हर जरूरत के लिए पुरुष पर आश्रित थी। अज्ञानता स्त्रियों को अपने अधिकारों की रक्षा करने में अक्षम बना रहा था। पर्दे की आढ़ में छिपी भारतीय स्त्री जब निराश्रित, निर्धन और अकेली होती तो अपना संपूर्ण जीवन वेश्या बनकर व्यतीत करने के लिए मजबूर थी।

ई) **गरीबी**-गरीबी के कारण पिता दहेज नहीं दे पाते थे, उनकी कन्याएँ अविवाहित ही रहती थीं। मायके में अदम्य एवं कुंठित जीवन बसर करने से तंग आकर वे कन्याएँ बाज़ार में प्रवेश करती थीं। आश्रय के अभाव में आर्थिक भार से ग्रस्त स्त्रियाँ अक्सर वेश्यावृत्ति को अपना लेती थीं।

उ) **विधवा समस्या** - बाल विवाह समस्या के परिणामस्वरूप विधवाओं की संख्या भी आपत्तिजनक थीं। तत्कालीन समाज में विधवाएँ रहस्यात्मक ढंग से व्यभिचार करती थीं। लोक-लाज के कारण भ्रूण हत्या जैसे अवैध कार्य करती थीं। विधवाओं को सुंदर दिखने का अधिकार नहीं था। यथा-"... कहीं-कहीं उनकी बड़ी ही दुर्दशा होती है। उनका सिर मूँड़ दिया जाता है, घर से बाहर नहीं निकलने पाती। मंगल कार्यों में वे शामिल नहीं होने पाती, यहाँ तक कि उनका दर्शन अशुभ समझा जाता है।"[42]

11.3.1878 की कवि वचन सुधा में एक लेख छपा जिसमें - "गर्भ निरोध के सभी सुरक्षात्मक कदम उठाने के पश्चात् भी यदि कोई महिला गर्भवती हो जाती हो, तो वह गर्भपात

[42] 'कन्याशुल्कम (प्रसनमुलुःनालगव संपुटमु), वीरेशलिंगम पंतुलु- पृ. 260, नम्मुतारो लेदो कानि बि कडुपुलो उंडगाने बयाना पुच्चुकोवडम् कूडा रेंडु संदर्भाललो वेल्लेडुंदनि ई परिशीलनलो अन्न गुरजाड

करने का प्रयास करती। यदि गर्भपात में असफल हो जाती तो वह उस असंवैधानिक शिशु को भूखा मारकर मारने का प्रयास करती। यद्यपि सभी भारतीय पुनर्विवाह की आवश्यता को अनुभव कर रहे थे परंतु किसी में भी यह साहस नहीं हो रहा था कि इस कुप्रथा के विरुद्ध आवाज़ उठाएँ। अतः इसे समाप्त करने के लिए सरकार को आगे आकर विशेष कानून बनाना चाहिए

वेश्यावृत्ति जैसी सामाजिक बुराई मूलतः व्यावहारिक एवं स्वाभाविक है। यह स्त्री-पुरुष के मध्य लैंगिक संबंध और धन-प्रलोभन के कारण होता है। "21.3.1866 के 'लारेंस गजेट' में सरकार और समाज का ध्यान उन स्त्रियों की ओर आकर्षित किया, जो मेरठ शहर में भले आदमियों को तंग करती थी।"[43]

पं. बनारसीदास चतुर्वेदी के नाम पत्र (11/1929) में प्रेमचंद लिखते हैं- "बहुत से लोग केवल इसलिए वेश्याओं से बचे रहते हैं कि उन्हें उस कूचे की रीति-नीति नहीं मालूम। अगर कोई वेश्यागामियों को लज्जित करने के इरादे से ही क्यों न हो, उस रीति का रहस्य खोल दें, तो उन लोगों की झिझक दूर हो जायेगी और वे खुले खेलेंगे।"[44]

(ऊ) **मातृत्वहीन स्त्रियों की समस्या**- 'माता' शब्द अत्यन्त गौरवनीय और गरिमामय व्यक्तित्व का परिचय है। माता बनकर स्त्री में प्रेम, वात्सल्य, त्याग एवं स्नेह जैसे भावों का विकास होता है। स्वाभाविक रूप से अबला स्त्री भी सबला बन जाती है। भीरू स्त्री भी शूरवीर जैसी बनती है। निर्मल प्रेम, सहनशीलता, दृढ़ चित्त एवं बुद्धि- विवेक का परिपूर्ण विकास स्त्रियों में होता है। स्त्रियाँ इस अवस्था को प्राप्त करने के लिए विवाह करती हैं। कुछ स्त्रियाँ, जिन्हें संतान योग नहीं होता, विभिन्न तरीके अपनाती है। व्रत-उपवास करती है ताकि उन्हें संतान प्राप्त हो। अक्सर कुसंगति में पड़ जाती हैं। कुछ बांझ स्त्रियों को घर से निकाल दिया जाता है। ये भी पतिता बन जाती हैं।

## धर्मभीरू स्त्रियों की समस्या

वीरेशलिंगम् पंतुलु जी ने अपने समय के समाज में स्थित अंध विश्वास, मूर्ख धार्मिक आडंबर एवं स्त्रियों की दुर्दशा से दुखी होकर सुधार लाने की कोशिश की। आर्य समाज ने विधवा पुनर्विवाह को मान्य संस्कार बनाने में काफी कार्य किया। भारतेंदु युगीन समाज में

[43] पूना का अनाथ बालिकाश्रम, ले. पं. महावीर प्रसाद द्विवेदी, जो 4/1903 के सरस्वती में छपा

[44] रिपोर्ट ऑन नेटिव न्यूज पेपर्स, एन. डब्ल्यू. पी. एंड पंजाब 1866 ई.पृ.21, 22

धर्मभीरू, विवेकहीन और अज्ञानी के रूप में प्रकट स्त्री अपना हित-अहित समझने में असमर्थ थीं। ऐसे में पंतिलु जी ने भूत प्रेतों के प्रति जन सामान्य में निहित विश्वास के प्रति अपनी आवाज़ उठाई। स्त्रियों में यह सर्वसाधारण बात थी।

किसी को कोई रोग होता था तो वैद्य को बुलाने के बजाय किसी मांत्रिक या ज्येतिषी को बुलाया जाता था। स्त्रियाँ इनमें खूब विश्वास करती थीं। स्त्री समाज की इस अज्ञान रूपी अंधकार को दूर कर मूर्खता को विवेक में बदलने के लिए उन्होंने स्त्रियों की शिक्षा पर जोर दिया। इसके लिए स्त्रियों के लिए विशेष पुस्तकों की रचना एवं पत्रिकाओं को चलाया। स्त्रियों के कोमल हृदय को प्रभावित करने के लिए उन्होंने शास्त्र, नीति, धर्म एवं समाज के विषयों का ध्यान रखा।

संतानहीन स्त्रियाँ अक्सर व्रत-उपवास करतीं। पंडित, पुरोहित, पाखंडी धर्म के चेताओं के पास जाकर संतान के लिए प्रार्थना कर उनकी काम वासना के शिकार होकर पतिता बन जाती थीं। जब घर वालों को इसके बारे में पता चलता, वे उस स्त्री को घर से निकाल देते थे। ऐसी स्त्रियाँ अक्सर वेश्याएँ बनकर समाज को और भी कुत्सित बनाती। उनका धर्म धरा का धरा रह जाता था।

## सुधारवादी चेतना और स्त्री जनोद्धार

1) **स्त्रियों के लिए वैधव्य का अभिशाप** नवजागरण कालीन भारतीय समाज में स्त्रियों की बड़ी दुर्दशा थी। पति की मृत्यु के बाद उन स्त्रियों को जलाने की एक क्रूर प्रथा थी जिसे 'सती-प्रथा' कहते हैं। यह बंगाल, युक्त प्रांत, राजस्थान आदि स्थानों में विशेष प्रचलन में था। राजा राममोहन राय ने इस प्रथा को समाप्त करने का आंदोलन ही चलाया। "सती प्रथा दुख का ही एक तरह से तमाशा है, जो तमाशा बीनों को अंततः अंधविश्वासों और पुराहितों के नानाविध कर्म कांडों के शरणागत होने के लिए बाध्य करता है। धर्म के ये तथा कथित ठेकेदार इन बेचारी विधवाओं को स्वर्ग में स्थान और करोड़ों वर्ष की काल्पनिक खुशी का झांसा देकर इस अमानवीय कृत्य के लिए उत्प्रेरित करते हैं।"[45] इस प्रकार के आत्मदाह से जो स्त्रियाँ बच जाती हैं उनका वैधव्य जीवन उस आत्मदाह से भी कष्टकर ही रहा। विधवाओं की इस दुख भरी जिंदगी से दुखी डेरोजियो ने लिखा था - "उन्हें (विधवाओं को) उतने से ज्यादा भोजन कभी नहीं दिया जाता, जिससे महज उनका जीवन रक्षण हो सके। उन्हें नंगी धरती पर सोना पड़ता है और परिवार के कनिष्ठतम व्यक्ति का रुतबा भी उनसे ऊपर का होता

[45] हेनरी लुइस विवियन हेरोजियो (1809-1831) सामाजिक क्रांति के दस्तावेज -पृ.

है। यह सब उनके दुखों की चंद झलकियाँ मात्र हैं। कतिपय परोपकारी लोगों की राय के अनुसार सती न होकर विधवा जीवन जीने वाली औरतों के जीवन स्तर में सुधार लाने का आश्वासन देना होगा, अन्यथा सती प्रथा की समाप्ति के उपरांत उन्हें जो जीवन मिलेगा वह नारकीय और निरुत्साही होगा।"[46]

स्त्रियों के इस कष्टमय वैधव्य जीवन के कारण उनके जीवन में आनेवाली अनेक कठिनाइयों की चर्चा करते हुए ईश्वरचंद्र विद्यासागर ने लिखा था- "विधवा अज्ञान अवस्था के कारण कभी-कभी अपने सतीत्व-धर्म को विस्मृत कर विपथगामिनी हो सकती है एवं लोकोपवाद के भय से भ्रूण हत्या प्रभृति अति गर्हित पाप कार्यों के संपादन में भी प्रवृत्त हो सकती है। इसलिए ईश्वरचंद्र विधवाओं के पुनर्विवाह के हिमायती रहे। "सभी सजग व्यक्ति यह मानेंगे कि दुर्भाग्यवश जो स्त्रियाँ छोटी उम्र में विधवा हो जाती है, उनका पूरा जीवन असहाय यंत्रणा में बीतता है तथा विधवा विवाह की प्रथा प्रचलित न रहने के कारण भ्रष्टाचार, भ्रूण हत्या का पाप उत्तरोत्तर बढ़ता जा रहा है।"[47]

ईश्वरचंद्र के विचरों से प्रभावित होकर भारत के सारे प्रांतों के सुधारकों ने विधवा विवाह के हिमायती होकर विधवा विवाह करवाये। समाज के विरोध के बावजूद उन्होंने अपने कार्यक्रमों को नहीं छोड़ा। श्री कंदुकूरि वीरेशलिंगम् को 'दक्षिण के विद्यासागर' कहा जाता है। अपनी पूरी संपत्ति को विधवा शरणालयों और विधवा विवाहों में लुटा दिया था। विधवा विवाह करनेवाले नवयुवकों के परिवारों का भरण- पोषण की जिम्मेदारी भी उठायी।

### विधवा पुनर्विवाह की समस्या

तत्कालीन समाज में स्त्री का पुनर्विवाह हेय माना जाता था। सामाजिक परिष्कार के कार्य में लगे बुद्धिजीवियों ने स्त्री पुनर्विवाह को एक अच्छा कार्य बताया और उसे प्रोत्साहन दिया। पुरुष समाज में जहाँ बहु विवाह का प्रचलन था, वहाँ स्त्रियों को सिर्फ एक बार विवाह करने की मान्यता थी। विधवाओं को पुनर्विवाह करने का अधिकार नहीं था। सो, वे गुप्त रूप से पुरुष के साथ संबंध जोड़ लेती थीं। अवैध गर्भ धारण कर युवा विधवाएँ अधोगति (पतन) की ओर जाती थीं। यथा-

"विधवा रिस रोक रो रही है
लाखों कुल कानि खो रही है।
जारों के गर्भ धारती है,

---

[46] हेनरी लुइस विवेचन डेरोजियो- सामाजिक क्रांति के दस्तावेज-पृ.

[47] 'ईश्वरचंद्र विद्यासागर सामाजिक क्रांति के दस्तावेज- पृ.

जनती है और मारती है।"[48]

"वे चल बसे अयानी छोड़ आये जो बन माँग जोड़
कोपकाम को सह्यो न जाए चित्त चंचल पे रह्यो न जाय
जरो सुहाग पिया के संग तरसत रहे अछूत अंग
तब ही तें अबलों बचैन में दुख भोगत हूँ दिन रैन
जेठ और देवर की जाय जागे सुख-सेजन पै सोय
मैं उनके रति-चिह्न निहार रोदत रहूँ मसोसामार।"[49]

इसी संदर्भ में महादेवी जी का लेख 'विधवाओं की हालत' मई, 1911 ई. के 'स्त्री दर्पण' में छपा। इंद्रनारायण द्विवेदी कृत 'विधवा वृद्धि - मिमांसा' भी उल्लेखनीय है जो मई, 1911 ई. के 'स्त्री-दर्पण' में छपा।

विधवाओं की इस दुर्दशा को समाप्त करने का एक उचित उपाय विधवा- पुनर्विवाह है। विधवा पुनर्विवाह के समर्थकों में पं. ईश्वरचंद्र विद्यासागर अग्रणी है। ".. विधवा विवाह की पुस्तक का प्रथम संस्करण निकलते ही एक सप्ताह के बीच 2000 पुस्तकें बिक गई। यह देख उत्साहित हो विद्यासागर जी ने दूसरी बार 3000 छपवाई | वह भी शीघ्र ही बिक गई। कहते हैं तृतीय वृत्ति की 10,000 पुस्तकें छपीं। ... स्वयं विद्यासागर महोदय ने अपने पुत्र नारायण चंदू बंद्योपाध्याय का विवाह भी एक विधवा कन्या के साथ कराया तथा सैकड़ों भद्र लोगों के लड़कों के विधवा कन्याओं के साथ विवाह कराये।" [50]

अस्तु, वैधव्य कष्ट-निवारण, व्यभिचार दोष निवारण और भ्रूणहत्या के निवारण हेतु विधवा विवाह एक अच्छा उपाय सिद्ध हुआ। स्वामी दयानंद सरस्वती ने भी सनातन दृष्टि से विधवा पुनर्विवाह को सहमति दीं। दिनांक: 25.7.1856 को सरकार ने विधवा विवाह को वैध घोषित किया। ऐसे में आंध्र प्रदेश में श्री कंदुकूरि वीरेशलिंगम् पंतुलु जी ने पुलीस की सहायता से 11.12.1881 को एक विधवा विवाह संपन्न कराकर साहस का परिच दिया।

अगस्त, 1902 ई. की 'अबला हितकारक' मासिक में 'विधवा कन्याओं के वास्ते लड़कों की आवश्यकता' शीर्षक से एक विज्ञापन आया। इसी अंक में एक दूसरा विज्ञापन

[48] प्रेमचंद का अप्राप्य साहित्य (खंड दो ) - पृ. 48

[49] 'हमारा अधःपतन, शंकर सर्वस्व - पृ. 268

[50] 'विधवा विवाह, ले. पं. ईश्वरचंद्र विद्यासागर, हिंदी अनुवादकः जयदेव विद्यालंकार

'लड़कों के वास्ते विधवा कन्याओं की जरूरत' छपा। यह तत्कालीन समाज में नारी चेतना का बेहतरीन मिसाल है। स्त्री दर्पण, मई, जून, 1919 ई. के संपादकीय में रामेश्वरी नेहरू ने लिखा- " जो विधवाएँ देवी पद पर सुशोभित रहकर निष्काम धर्म की मूर्तिमति देवी बनी हैं, वे हमारी और सारे संसार की पूजनीया हैं। पर प्रश्न है उन बेचारियों का, जो लालसा दमन नहीं कर सकती और विवाह के लिए तरसती हैं। वे बालाएँ भी हैं और युवतियाँ भी हैं, तो दूसरी के लिए क्यों नहीं देते ? "विधवा जीवन में पवित्रता की तारीफ करते हुए रामेश्वरी नेहरू ने लिखा कि कुछ विधवाएँ भी ऐसी हैं जो अपना सारा जीवन निष्काम व्रत में अर्पण कर पवित्र दैवीय जीवन काटने के लिए सब प्रकार से मंसूबा पक्का कर बैठी हैं और भगवत् कृपा से असार संसार की तुच्छ लालसाओं से अविचलित रहकर भारत माता को धन्य कर रही हैं। स्त्री दर्पण में प्रकाशित प्रेमबिंदु (1917), आराधना (1919) जैसी कहानियाँ विधवा विवाह के प्रश्न पर स्त्री चेतना को प्रकट करती हैं। ये कहानियाँ विधवा जीवन के प्रति समाज के परंपरागत दृष्टिकोण के सूचक हैं।

विधवाओं की संख्या में निरंतर वृद्धि का एक कारण बाल विवाह प्रथा है, तो दूसरा कारण 'रंडुवा-विवाह' है। श्री मंगलानंद पुरी (कलकत्ता) इस संदर्भ में लिखते हैं-"बड़ा भारी कारण विधवाओं की संख्या के बढ़ते जाने का रंडुवा विवाह है। बूढ़ेतक भी... बालिकाओं के साथ पुनर्विवाह कर रहे हैं।[51]

## स्त्री-शिक्षा प्रसार की समस्या

राष्ट्र निर्माण स्त्री-पुरुष का समान योगदान होता है। भारत पर जब भी विदेशी आक्रमण हुए स्त्रियों ने पुरुषों को संपूर्ण सहयोग दिया। रानी लक्ष्मीबाई, बेगम हजरत महला, जमानी बेगम, देवी चौधरानी, चित्तूर की रानी चेन्नम्मा जैसी वीर महिलाओं ने अपनी राष्ट्रीय चेतना का परिचय दिया। भारत में स्त्री पुरुष प्रधान व्यवस्था के परिणामों से बाधित हुई। वह दलित वर्ग में गिनी जाने लगीं। भारत के सुधारवादी आंदोलन का प्रमुख उद्देश्य भी 'स्त्री जनोद्धार' ही रहा। सती प्रथा पर रोक (1829 ई.) और विधवा पुनर्विवाह को मान्यता (1856 ई.) स्त्रियों पर होने वाले सामाजिक अन्याय से मुक्ति दिलाने की दिशा में महत्वपूर्ण कदम थे। किंतु स्त्री जनोद्धार की सबसे महत्वपूर्ण आवश्यकता स्त्री शिक्षा थी।

[51] विधवा विवाह, लेख, स्त्री दर्पन, जनवरी, 1911 ई.

ईश्वरचंद्र विद्यासागर के विचार में परिवार में स्त्रियाँ अगर शिक्षित होती तो संतान को भी सुशिक्षित कर सकती। "अगर इस देश में नारी शिक्षा की प्रथा प्रचलि रहती तो हमारे देश के बालक-बालिका भी माँ के सान्निध्य से सदुपयोग पाकर अल्पायु में ही विद्यालाभ प्राप्त करते अतएव आधुनिक सभ्य, सुशिक्षित व्यक्तियों से हम लोग अनुरोध करते हैं कि वे नारी जाति की शिक्षा के विषय में जिस प्रकार से उद्यमी होते हैं, उसी प्रकार से बाल-विवाह की प्रथा का उच्छेद करने के लिए भी सचेष्ट हों, नहीं तो वे अपने अभीष्ट की प्राप्ति कभी नहीं कर सकते।"[52] क्योंकि बालिकाओं का विवाह अगर 7-8 साल की अल्पायु में हो जाता तो वे शिक्षा प्राप्त नहीं कर सकते। ईश्वरचंद्र विद्यासागर निरंतर बालिका विद्यालयों की स्थापना के पक्षधर रहे। उनके विचार में स्त्री समाज की शिक्षा के लिए नारी शिक्षकों का होना भी आवश्यक है। क्योंकि अनेक परंपरावादी परिवार बालिकाओं को सुशिक्षित कर सकते हैं।

बंकिमचंद्र ने भी स्त्री शिक्षा का पुरजोर समर्थन किया। उनके विचार में लड़कियों को भी लड़कों के समान शिक्षा मिलनी चाहिए। परिवार में बेटा-बेटी में यह अंतर क्यों? "सभी यह स्वीकार करने लगे हैं कि कन्याओं को कुछ पढ़ना-लिखना अच्छा है। लेकिन, अभी भी किसी को प्राय: यह ख्याल नहीं आता कि पुरुषों की तरह ही स्त्रियाँ भी नानाविध साहित्य गणित, विज्ञान, दर्शन आदि क्यों नहीं सीख सकती। जो लोग पुत्र को एम.ए. की परीक्षा उत्तीर्ण न करते देख कर, विषपान कर लेना चाहते हैं, वही कन्या के कथा माला समाप्त करने पर ही प्रसन्न हो जाते हैं।"[53] बंकिम बाबा ने स्त्रियों की बहुत सारी समस्याओं को सुलझाने के लिए, निदान के लिए स्त्री-शिक्षा ही कारगार उपाय है। "उनकी समस्याएँ बहुत सी हैं और गंभीर हैं, पर उनमें एक भी ऐसी नहीं है, जो जादू भरे शब्द 'शिक्षा' से हल न की जा सकती हो। पर वास्तविक शिक्षा की तो अभी हम लोगों में कल्पना भी नहीं की जा सकती है।"[54] भारतीय शिक्षा प्रणाली इस देश की परंपरा के अनुरूप वैज्ञानिक ढंग की शिक्षा की व्यवस्था करने वाली हो। उनका मत है-सर्व साधारण और स्त्रियों में शिक्षा का प्रसार हुए बिना उन्नति का कोई उपाय नहीं है।" (उपरिवत्) दयानंद सरस्वती ने वेदों का प्रमाण देकर स्त्री - शिक्षा की महत्ता का प्रतिपादन किया। उन्होंने कहा था कि स्त्री शिक्षा के विरोध और निषेध पुरुष की और समाज की मूर्खता है। उसका पढ़ना, पढ़ाना व्यर्थ कहता है और जो स्त्रियों को पढ़ने

---

[52] ईश्वरचंद्र विद्यासागर (1820-1891) सामाजिक क्रांति के दस्तावेज- पृ.

[53] बंकिमचंद्र सामाजिक क्रांति के दस्तावेज- पृ.

[54] विवेकानंद (1863-1902) सामाजिक क्रांति के दस्तावेज- पृ.

का निषेध करते हों वह तुम्हारी मूर्खता, स्वार्थता और निर्बुद्धिता का प्रभाव है।"[55] बालकृष्ण भट्ट ने अपने समय के समाज में शिक्षित लड़कियों की, शिक्षा पाने वाले लड़कियों की संख्या को लेकर चिंतित थे। स्त्री-शिक्षा के तत्कालीन आंकड़े थे- "इस पश्चिमोत्तर प्रदेश में पढ़ी-लिखी स्त्रियाँ दो सौ में है, और स्कूल जानेवाली बालिकाओं की संख्या तो आठ सौ में एक पायी जाती है।"[56] उन्होंने स्त्री शिक्षा के प्रचार-प्रसार के लिए निरंतर प्रयत्नशील रहे। महावीर प्रसाद द्विवेदी स्त्रियों की शिक्षा के हिमायती थे। उन्होंने सीता आदि चरित्रों के आधार पर बताया कि प्राचीन काल की स्त्रियाँ शिक्षित थी। परंपरा की दुहाई देकर स्त्रियों को अपढ़ रखकर भारतीय समाज के आधे समुदाय के साथ अन्याय कर रहे थे, उनके लिए उनहोंने कहा- "जो लोग यह कहते हैं कि पुराने जमाने में यहाँ स्त्रियाँ न पढ़ती थीं अथवा उन्हें पढ़ने की मनाही थी, वे या तो इतिहास से अभिज्ञता नहीं रखते थे या जान बूझकर लोगों को धोखा देते हैं। समाज की दृष्टि में ऐसे लोग दंडनीय हैं। क्योंकि स्त्रियों को निरक्षर रखने का उपदेश देना, समाज का अपकार और अपराध करना है - समाज की उन्नति में बाधा डालना है।"[57]

प्रख्यात शिक्षा शास्त्री ईश्वरचंद्र विद्यासागर ने स्त्री शिक्षा के लिए अथक प्रयास किये। उन्नीसवी शती के मध्य में महिला महाविद्यालय की स्थापना कलकत्ता में हुई | फिर भी सामाजिक रूढ़िवाद के कारण स्त्री शिक्षा में विकास की गति बहुत धीमी रही। विदेशी महिला सुश्री ब्लावट्स्की ने नारी जागरण का कार्य थियोसॉफिकल सोसाइटी द्वारा किया। स्वामी विवेकानंद की शिष्या माग्रिट नोबेल (भगिनी निवेदिता) ने बंगाल को अपना कार्यक्षेत्र बनाया और भारतीय स्त्री शिक्षा हेतु कार्य किये। यह शिक्षा विदेशी दासता के विरुद्ध जागरण की शिक्षा थी। तत्पश्चात् श्रीमती ऐनीबेसेंट ने 'होमरूल लीग' की स्थापना की। सन् 1917 ई. में उन्होंने भारतीय राष्ट्रीय कांग्रेस के अध्यक्ष पद को संभाला। उन्होंने स्त्रियों के मताधिकार प्रस्ताव पास कराया। गाँधी जी की अनुयायी मैंडलीन स्लेड (मीराबेन) ने भारतीय स्त्री में नई चेतना जागृत किया। मग्रिट कजिन्स ने सन् 1917 ई. में 'इंडियन विमेंस एसोसिएशन' की स्थापना की। महिलाओं में सन् 1917 ई. में श्रीमती सरोजिनी नायडू के नेतृत्व में महिलाओं के मताधिकार की माँग की। विभिन्न समाज सुधार आंदोलनों के प्रभाव से, अथक प्रयासों

[55] दयानंद सरस्वती, (1824-1883) सामाजिक क्रांति के दस्तावेज-पृ.336

[56] बालकृष्ण भट्ट (1844-1915) सामाजिक क्रांति के दस्तावेज- पृ. 351

[57] 'महावीर प्रसाद द्विवेदी (1864-1938) सामाजिक क्रांति के दस्तावेज- पृ.413

से सन् 1929 ई. में बाल-विवाह निषेध अधिनियम पास हुआ। इस कानून में स्त्री-शिक्षा के विकास के अवसरों में वृद्धि की।

भारतीय नारी का संघर्ष पुरुषों के विरुद्ध नहीं अपितु उस वातावरण और व्यवस्था के विरुद्ध है जो उनकी प्रगति का अवरोधक है। अंग्रेज़ी प्रशासकों ने भी स्त्री शिक्षा के विकास में अनेक प्रयास किये। स्त्री शिक्षा का कार्य बहुत दुरूह था। एक भारतीय मिशनरी के अनुसार- "To attempt female education in the country was as hopeless as to try to scale a wall five hundred yards high."[58] ' अर्थात् स्त्री शिक्षा के लिए इस देश में प्रयास करना व्यर्थ ही था, जैसे कोई पाँच सौ फुट की दीवार मापना।

परदे की प्रथा के कारण अंग्रेज़ों ने पुरुष शिक्षकों के स्थान पर स्त्री शिक्षकों की व्यवस्था की। उन्होंने देवदासी प्रथा पर रोक लगायी। स्त्री शिक्षिकाएँ आसानी से स्त्रियों के बीच जा सकते थे। उनसे ठीक से संपर्क बनाकर उनमें नई स्फूर्ति ला रहे थे। अंध विश्वास और धार्मिक पाखंड से ग्रस्त स्त्री समाज को सती प्रथा, बाल विवाह इत्यादि दुराचारों से मुक्त करने के लिए अंग्रेज़ी सरकार ने सफल प्रयास किया। हिंदू विधवाएँ जो समाज का कलंक समझी जाती थी उन्हें मान दिलाया कन्याओं को जन्म लेने पर ही मंदिरों को दान दिया जाता था। वे देवदासी जीवन व्यतीत करती थीं। इस पर भी सरकार ने रोक लगाया।

ब्रिटिश शासन काल में स्त्री शिक्षा के लिए सराहनीय प्रयास करनेवालों में ईसाई मिशनरियों का बहुत बड़ा हाथ रहा। किंतु रूढ़िवादी हिंदू इनकी गतिविधियों को संदेह की दृष्टि से देखते थे। इसलिए स्त्री-शिक्षा के प्रसार में खास प्रगति नहीं हुई। नवजागरण कालीन सुधारकों ने स्त्री-शिक्षा के प्रसार के लिए अनेक बालिका विद्यालयों की स्थापना की और पढ़ने के लिए प्रोत्साहित किया।

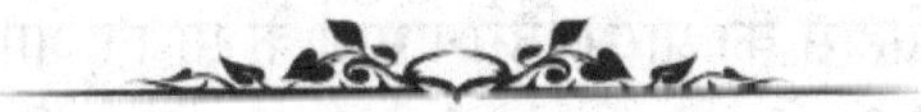

[58] हिंदी भाषा औ साहित्य, पाश्चात्यों का योगदान (सन् 1803 ई. से 1885 ई. तक) (विशेषकर अंग्रेज़ी का योग), ले. श्रीमती शकुंतला रानी गुप्ता- पृ. 152

# III. तृतीय खंड

## 6.नवजागरण और तेलुगु भाषी प्रदेश (मद्रास प्रेसिडेंसी के संदर्भ में)

आधुनिकता से तात्पर्य केवल समय वाचक नहीं होता। समाज में गतिशील समय के साथ सामाजिक जीवन के विभिन्न क्षेत्रों में नवीनता के साथ जीवन को नये रूप में पाना ही आधुनिकता है। इस प्रकार नवजीवन संपन्न समय को 'आधुनिक युग' का नाम दिया गया है। 14 ई. से 16 ई. के मध्यकाल में इस प्रकार का परिणाम सब से पहले यूरोपीय देशों में परिलक्षित होता है। मानवतावादी चेतना, सुधारवादी दृष्टि, धार्मिक प्रवृत्तियों का विश्लेषण, वाणिज्य के लिए नये केंद्रों की खोज, भौगोलिक रूप से नये प्रांतों के शोध की कोशिश- इन सभी क्रिया-कलापों के कारण सामाजिक जन जीवन में जो वैचारिक परिवर्तन लक्षित हुए, उसके आधार पर यूरोपीय देशों के स्वरूप- स्वभाव, मध्ययुगीन समाज से पृथक् आधुनिकता से संचालित हुए।

यूरोपीय देशों के समान भारत में सामाजिक एवं आर्थिक व्यवस्था में गंभीर परिणाम नहीं दिखाई देते हैं। ब्रिटिश शासन की साम्राज्यवादी चरित्र के कारण, यहाँ स्थानीय सभी वर्गों के विकास के इतिहास का प्रारंभ विरोधाभास के साथ हुआ। यहाँ की अर्थव्यवस्था फ्यूडल व्यवस्था एवं पूँजीवादी व्यवस्था के बीच झूलती रही। इसलिए यूरोप जीवन के सभी क्षेत्रों में जो पर्यवसान आधुनिकता के नाम से हुआ वह भारत में सांस्कृतिक एवं समाज सुधार के क्षेत्रों में जितना हुआ, अर्थ व्यवस्था, राजनीति के क्षेत्रों में नहीं हो सका।

यूरोपीय देशों के समान आधुनिक जीवन शैली को भारत में भी लाने की कोशिश सर्वप्रथम ब्रिटिश शासकों ने ही किया। पाश्चात्य शासकों ने भारत को प्रगतिशील आधुनिक

संसार में भागीदार बनाने के लिए विज्ञान एवं मानवतावादी चेतना के ज्ञान से संपन्न करना चाहा। इसलिए कुछ इतिहासकारों के विचार में भारत में सुधारवादी चिंतन का श्रेय ब्रिटिश शासन को ही है। बाद में राजाराम, मोहनराय, ईश्वरचंद्र विद्यासागर, कंदुकूरि वीरेशलिंगम जैसे मेधावी, बुद्धिजीवियों ने देश को प्रगतिशील मार्ग पर ले जाने का महान् कार्य किया। उन्होंने सोचा- देश की प्रगति के लिए अवरोध बने समाज में व्याप्त वर्ण व्यवस्था, अंध विश्वास, स्त्रियों से संबंधित स्त्री अशिक्षा, बाल्य विवाह, सती प्रथा, बाल विधवाओं की दुर्दशा, वेश्याओं की समस्या आदि को भारतीय समाज से दूर करना है। इसके लिए उन्होंने अनुभव किया कि आधुनिक शिक्षा के कारण ही समाज में व्यप्त यह अज्ञान दूर होगा। इसलिए इन चिंतकों ने देश की जनता को सुशिक्षित करने के लिए एक सुदृढ़ शिक्षा प्रणाली की आवश्यकता को महसूस किया। विलियम बेंटिक, मेकाले जैसे ब्रिटिश शासकों की आधुनिक शिक्ष प्रणाली देश भर में लागू करने के लिए प्रेरित किया। प्रांतीय भाषाओं में शिक्षा प्रणाली का विरोध कर उन्होंने अंग्रेज़ी शिक्षा के पक्ष में अपनी सम्मति प्रकट की। इन चिंतकों के विचार उस समय के राजनीतिक, सामाजिक नेपथ्य में अंग्रेजी शिक्षा के अभाव में प्रगति असंभव थी। देश भर में अंग्रेज़ी शिक्षा के कारण प्रांतों में आपसी विचार विनिमय संभव हो सका। नवजागरण के आंदोलनों के बीज पूरे देश में व्याप्त हो गये। नयी शिक्षा प्रणाली भी यूँ ही लागू नहीं हो गयी। देश की प्रगति को ध्यान में रखकर विचारकों के संगठनों ने हर प्रांत में आंदोलन किया, तभी नयी शिक्षा प्रणाली लागू हो सकी। इस बुद्धिजीवी वर्ग ने सुधारवादी आंदोलनों के अंतर्गत ही समानता एवं मानवतावादी चेतना का प्रचार-प्रसार का बीड़ा उठाया। इन्हीं प्रवृत्तियों के कारण भारत के स्वतंत्रता आंदोलन की आधार शिला एवं पृष्ठभूमि के रूप में सुधारवादी आंदोलनों को देखा जाने लगा। इन वैचारिक आंदोलनों ने देश की जनता को एकसूत्र में बाँधने का काम किया।

18-19 वीं शती में वैज्ञानिक प्रगति के कारण क्रांतिकारी परिवर्तन उपस्थित हुए। समूचे विश्व में नयी विचारधारा लक्षित होने लगी। सामाजिक, राजीनीति एवं शासन की व्यवस्था गत 19 वीं एवं 20 वीं शताब्दी के प्रारंभ में परिलक्षित होने लगे। यूरोप के वैचारिक आंदोलनों का प्रभाव अन्य देशों के आंदोलनों पर देखा जा सकता है। तर्कबुद्धि, मानवतावाद के साथ मनव की प्रतिभा पर विश्वास इस काल की विशेषता है। उस समय की विचारधारा थी- हर मनुष्य अपने आप में संपूर्ण होता है। अंधविश्वास के विरोध में इनकी स्थापना है- तर्क के आधार पर परख कर जो आचरण योग्य है वही सत्य है। भारत में उस समय का शिक्षित समुदाय जो अंग्रेज़ी के अध्ययन के कारण विश्व भर के ज्ञान-विज्ञान से परिचित हो

सका था, उस समय यूरोपीय नवजागरण के कारण यूरोप में आये सामाजिक एवं वैज्ञानिक प्रगति को गंभीरता से अध्ययन करना आरंभ किया। बेकन, ओल्टेर, रूसो, कांट आदि यूरोपीय चिंतकों, शेली, वर्डसवर्थ आदि रचनाकारों की नयी सामाजिक एवं साहित्यिक चेतना का प्रभाव नव शिक्षित बुद्धिजीवी वर्ग पर पड़ा। उन्होंने अपने देश के लिए सोचना आरंभ किया। नव समाज के निर्माण के स्वप्न देखने लगे। इस चिंतन की पृष्ठभूमि में बाद में नये आंदोलन हुए। इस प्रकार की जो नयी चेतना समाज में परिवर्तन ला रही थी, जिसके फलस्वरूप साधारण जनता में एक नयी जागृति की लहर दौड़ गयी। इसी को नवजागरण या पुनर्जागरण या पुनरुत्थान के नाम से अभिहित किया जाने लगा।

## सुधारवादी आंदोलन

युग निर्माता राजा राममोहन राय नवजागरण आंदोलन के अग्रगामी नायक थे। पूरे विश्व में सामान्य जनता के पक्ष में जो राजनीतिक परिवर्तन उपस्थित हुए, उन सभी का राजा राममोहन राय ने समर्थन किया-स्पेयिन, पोर्चुगल आदि सरकारों का बनना, फ्रेंच संघर्ष को साधुवाद दिया। पाश्चात्य संस्कृति की जो अच्छाइयाँ थीं उदारता के साथ उनका स्वागत किया। आपकी विशेषता है - जीवन के संदर्भ में मानवतावादी दृष्टि अपनाना। निरंतर सामाजिक परिवर्तन एवं विकास के लिए क्रियाशील राजा राममोहन राय युगप्रवर्तक चिंतक के रूप में नवजागरण की रूपरेखा बनाने में सफल हुए।

राजनीतिक रूप से पराधीन भारतीय समाज अंधविश्वास एवं सामाजिक दुराचारों से भी दुर्दशाग्रस्त था। उस समय भारत में उच्च वर्ण विशेषकर ब्राह्मणों का वर्चस्व था। बंगाल में ब्राह्मणों की एक विशिष्ट शाखा 'कुलीन' विशेष आदर एवं सम्मान का पात्र था। किंतु इन वर्गों में बहुपत्नीत्व के साथ अत्यन्त कारुणिक सती प्रथा रिवाज था। इस प्रकार के अमानवीय दुराचारों के विरोध में राजा राममोहन राय ने आंदोलन किया और सफल हुए। सती प्रथा के विरोध में बिल पास कराने में सफल हुए। स्त्रियों के अधिकारों के लिए उन्होंने संघर्ष किया। युगों से पराधीन स्त्री जीवन सुधार के लिए जमीन जायदाद में हक के लिए स्त्रियों के पक्ष में दलील पेश किये। उन्होंने स्त्री-शिक्षा को प्रोत्साहन दिया। परदा प्रथा का विरोध किया। उन्होंने इस प्रचलित धारणा का खंडन किया कि स्त्रियाँ पुरुषों से हीन होती हैं। भारत के विकास के लिए आधुनिक शिक्षा प्रणाली को आवश्यक समझा और उसको लागू कराने के लिए कोशिश की। उनके विचार थे - आधुनिक वैज्ञानिक शिक्षा से समाज में व्याप्त अंधविश्वास एवं सामाजिक दुराचारों का अंत होगा। भारतीय एवं पाश्चात्य सस्कृतियों के जीवन मूल्यों

को आत्मसात किया। विभिन्न जातियों एवं विभिन्न देशों में आपसी विचारों के आदान-प्रदान के समर्थक थे। संकुचित राष्ट्रवाद से अलग उदार विश्वमानववाद के वैतालिक थे। उस युग के समस्त चिंतकों एवं साहित्यकारों में भी इसी प्रकार की भावना देखी जा सकती है।

सामाजिक सुधार के अनेक आंदोलन इस काल में हुए। समाज में व्याप्त दुराचारों को जो अपनी चरम सीमा में पूरे समाज में व्याप्त थे, उनको दूर करने का बीड़ा उठाया। इस प्रकार के आंदोलन समाज में मौलिक परिवर्तन लाने में सफल होते हैं। इस प्रकार परिवर्तन के उद्देश्य से सामाजिक दुराचारों के विरोध में गतिशील होकर, इन को दूर करने को एक व्यष्टि के रूप में काम करते-करते वह व्यक्ति एक बड़े समूह को प्रभावित करता है तो वह कार्यक्रम आंदोलन का रूप लेता है। इस प्रकार एक समुदाय को प्रभावित करने की नेतृत्व क्षमता राजा राममोहन राय की विशेषता थी। पूरा भारतीय समाज उनके विचारों से प्रभावित हुआ था। सुधारवादी चिंतन से प्रभावित समाज सुधारकों ने अपने प्रांत की आवश्यकता के अनुरूप सुधार के कार्यक्रमों की रूपरेखा बनायी।

नवजागरण का महत्वपूर्ण तत्व है - सुधारवादी चिंतन। जीवन के विभिन्न क्षेत्रों में व्याप्त बुराइयों को पहचानना एवं उनको दूर करने के प्रयत्न की चेतना ही नव जागरण की चेतना है। मानव की जो चेतना निष्क्रिय नहीं हुई थी, उसमें जागृति आयी, वह जागरण उस मानव समुदाय की पूर्व की स्थिति से अलग थी, इसीलिए इस नयी चेतना को 'नवजागरण' की संज्ञा दी गयी। जीवन के विभिन्न क्षेत्रों में इस नव जागृति से प्रेरित सुधारों का कार्यक्रम बना। (1) सती प्रथा का विरोध, (2) बाल्य विवाह का विरोध, (3) वर्ण-भेद का विरोध, (4) विधवा विवाह को प्रोत्साहन, (5) स्त्री शिक्षा - स्त्री स्वतंत्रता, (6) वेश्यावृत्ति का उन्मूलन, (7) कन्याशुल्मक एवं दहेज प्रथा का विरोध, ( 8 ) अस्पृश्यता का उन्मूलन, ( 9 ) मद्यपान का निषेध, (10) स्त्री पुरुष संबंध, (11) प्रचलित विवाह व्यवस्था की कमियाँ।

नव जागरण के सुधारवादी आंदोलनों में धार्मिक सुधार भी महत्वपूर्ण माना गया। सुधारवादी चिंतकों ने अनुभव किया कि जब तक समाज में धर्म के संबंध में सुधार नहीं होगा तब तक समाज का पूरा सुधार संभव नहीं। अनेक सामाजिक रूढ़ियाँ, अंधविश्वास धर्म से जुड़े हुए हैं। इसलिए उन लोगों ने प्राचीन काल से परंपरा के रूप प्रचलित रीति-रिवाजों को अंधविश्वासों को तार्किक दृष्टि से विश्लेषित कर समाज को प्रभावित करने का काम किया। धार्मिक सुधार के अंतर्गत निम्नलिखित विषयों को लिया गया। (1) मूर्ति पूजा, (2) मठाधीशों के आधिपत्य का तिरस्कार, (3) धार्मिक ग्रंथों का शास्त्रीय अनुशीलन, (4) मानवतावादी दृष्टि का विकास।

तेलुगु साहित्य नवजागरण के प्रारंभिक दशा के कवियों ने इन अंशों की अभिव्यक्ति अपने साहित्य में की। कंदुकूरि वीरेशलिंगम, गुरजाडा अप्पाराव दोनों इस समय महान् साहित्यकार थे जिन्होंने नवजागरण की चेतना को तेलुगु प्रांत में प्रचार किया। दोनों ही केवल साहित्यकार नहीं थे, तत्कालीन समाज में अपने गतिशील व्यक्तित्व के कारण अनेकों को प्रभावित कर सकनेवाले कार्यकर्ता थे। वीरेशलिंगम सामाजिक बुराइयों के उन्मूलन के लिए कार्य करनेवाले ऐतिहासिक पुरुष के रूप में उभरकर सामने आये। वे व्यक्ति न होकर एक संस्था थे। इनके परवर्ती साहित्यकारों ने समाज सुधार संबंधी हर अंश को लेकर साहित्य की रचना की। समाज में व्याप्त अंधविश्वास एवं रीति रिवाज के प्रति एक तार्किक दृष्टि देने के विषय में उस समाज के साहित्यकारों को अत्यन्त सफलता मिली। उस समय के साहित्यकार कोरे साहित्यकार नहीं थे, वे सब समाज सुधार संबंधी कार्यों से प्रत्यक्ष जुड़े हुए थे। इसीलिए सामाजिक चेतना के साथ एक वैचारिक आंदोलन के बीज बोकर पल्लवित एवं विकसित करने का श्रेय इन रचनाकारों को जाता है

समाज सुधार आंदोलन का नाम लेते ही तेलुगु प्रांत में वीरेशलिंगम का नाम ही सर्वप्रथम स्मरण किया जाता है। उनका जीवन, साहित्य एवं समाज सुधार आंदोलन- तीनों का त्रिवेणी संगम है। समाज सुधार आंदोलन उनके जीवन का 'प्राणतत्व' कहा जा सकता है। किसी भी साहित्यकार की महानता की कसौटी है उसकी सामाजिक स्पृहा एवं साहित्य का प्रयोजन। वीरेशलिंगम की रचना प्रक्रिया में उनकी हर रचना में सामाजिक चेतना की अभिव्यक्ति मिलती है। बंगाल के ब्रह्म समाज की सुधारवादी चेतना एवं सामाजिक आंदोलन से प्रभावित होकर तेलुगु प्रांत में सामाजिक, सांस्कृतिक एवं धार्मिक क्षेत्रों में नव जागरण की चेतना से अनुप्राणित होकर, प्रांतीय भाषा में इन आंदोलनों द्वारा जागृत करने का श्रेय वीरेशलिंगम को है।

नवजागरण के दो समाजसुधारक राजा राममोहन राय एवं ईश्वरचंद्र विद्यासागर की विचारधाराओं से प्रेरणा ग्रहण कर अपने समाज सुधार संबंधी विचारों को साकार करने के लिए निरंतर प्रयत्न किया। तेलुगु प्रांत को अपने विचारों एवं कार्यों से प्रभावित कर आधुनिक युग की वैचारिकता, बौद्धिकता एवं मानवतावादी विचारों को समाज में फैलाने का महत्वपूर्ण कार्य किया। युगों से शास्त्र पुराण, इतिहास एवं कर्म सिद्धांत के द्वारा समाज पर शासन करनेवाले ब्राह्मण परिवारों की (जिसमें उन्होंने स्वयं जन्म लिया था), विमूढ़ता की सड़ी-गली रीति रिवाजों के उन्मूलन के लिए उन्होंने सुधारवादी दृष्टि से प्ररित होकर जीवन भर अथक परिश्रम किया। अप्रैल 16 तारीख 1848 ई. में वीरेशलिंगम का जन्म राजमहेंद्री में

एक संपन्न ब्राह्मण परिवार में हुआ। जीवन के प्रारंभिक चरण में उनमें वैदिक पंरपरागत आचार-विचारों में आस्था थी। किंतु समाज के गहन अध्ययन के कारण उनके विचारों में परिवर्तन हुआ। समाज- सुधार के क्षेत्र में वीरेशलिंगम के जन्म एवं आगमन से पूर्व ही तेलुगु प्रांत में राजा राममोहन राय के विचारों का प्रभाव शुरू हो गया था। बंगाल के सुधारवादी आंदोलनों से प्रभावित तेलुगु प्रांत में सामाजिक चेतना दिखाई देती है। तेलुगु में मुद्रणयंत्र आ गया था। सी.पी. ब्राउन जैसे पाश्चात्य महानुभावों ने तेलुगु भाषा और साहित्य में काम किया था। तेलुगु में कुछ पत्रिकाओं का प्रकाशन भी शुरू हो गया था। ईसाई मिशनरियों ने विद्यालयों की स्थापना की थी जिससे शिक्षा का प्रचार- प्रसार हो सका था।

तेलुगु प्रांत में इससे पहले पाठशालाओं में इतिहास, शास्त्र एवं विज्ञान की पढ़ाई नहीं होती थी। परंपरागत रीति रिवाजों के आचरण में उनकी पूरी आस्था थी। गुल वीरास्वामी आदि सुधारवादी चिंतकों ने वैयक्तिक रूप से उनका विरोध किया था। उन्होंने सामाजिक व्यवस्था में अंधविश्वास, रीति रिवाजों का विरोध करते हुए समाज को जागृत करने का काम किया। 1830 में मद्रास में 'हिंदू साहित्य संघ' की स्थापना की गयी। एनगुल वीरास्वामी इसके संस्थापक सदस्य थे। इस संस्था में सभी वर्णों के लोगों का प्रवेश था। स्त्री शिक्षा, विधवा विवाह और अछूतोद्धार-आदि कार्यक्रम करना इसका उद्देश्य था। वीरेशलिंगम से पूर्व कुछ श्रीलिंगम् लक्ष्माजी पंतुलु एवं परवस्तु वेंकटरंगाचारी ने स्त्री शिक्षा एवं विधवा विवाह के समर्थन में समाज को जागृत करने का काम किया।

विजयगरम् में 1864 में बालिका पाठशाला की स्थापना हुई। इसके उद्घाटन समारोह में श्रीलिंगम लक्ष्माजी पंतुलु ने अपने भाषण में कहा- "पूरे भारत देश में काशी को छोड़कर और कहीं इस प्रकार की पाठशाला बालिकाओं के लिए स्थापित करने का कोई प्रयत्न नहीं हुआ। उन्होंने आशा प्रकट की कि इस प्रकार के सुधार के आंदोलनों से स्त्री पुनर्विवाह जैसे सुधार समाज में होने की संभावना है।" (Madras Journal of Education-1869 July-262-266)

यह ध्यान देने की बात है कि 1795 ई. से ही दक्षिण भारत में लंदन मिशनरी सोसायटी ने शिक्षा के क्षेत्र में काम करना प्रारंभ कर दिया था। मद्रास में 1787 ई. में ही एक 'फिमेल आरफन असैलम' नामक बालिकाओं की पाठशाला में उसकी स्थापना के समय में ही 108 बालकाएँ थीं। तेलुगु प्रांत में 1805 में विशाखापट्टणम में 1822 में कड़पा में अपनी शाखाएँ खोलीं और विशाखपट्टणम एवं मछलीपट्टणम में बालिकाओं के लिए पाठशालाओं का स्थापना की। रेवरेंड सी. एफ. हेयर ने गुंटूर प्रतिपाड, नल्ला में बालिकाओं के लिए

पाठशालाएँ खोलीं। इस प्रकार ईसाई मिशनरियों ने स्त्री शिक्षा के क्षेत्र में सराहनीय कार्य किया। ईसाई धर्म का प्रचार उनका प्रमुख उद्देश्य होते हुए भी, तत्कालीन समाज में उपेक्षित पिछड़ी जाति एवं स्त्री जन को शिक्षा का अवसर देना भी उनका उद्देश्य था। स्त्रियों को परंपरा के अंध कूप से निकाल कर ज्ञान के प्रकाश के क्षेत्र में लाने का कार्य किया।

वीरेशलिंगम से कुछ समय पहले ही तेलुगु प्रांत में उत्पन्न सामाजिक स्पृहा के कारण स्त्री शिक्षा का प्रोत्साहन प्रारंभ हो गया। समाज-सुधारकों ने यह साबित कर दिया कि सती प्रथा वेद- काल में नहीं थी। विधवा विवाह को समर्थन मिलने लगा। वीरेशलिंगम ने सोचा कि सामान्य जनता को इस ज्ञान को सुलभ कराना है तो देसी भाषाओं में रचना की आवश्यकता है। वीरेशलिंगम ने इस ओर ध्यान दिया। उस समय तक जो सामाजिक चेतना थी उसको आंदोलन का रूप मिला और उस आंदोलन के नेता थे-वीरेशलिंगम। तेलुगु प्रांत के सामाजिक एवं सांस्कृतिक एवं साहित्यिक नवजागरण के सूत्रधार बने। वीरेशलिंगम के इन सुधारवादी कार्यक्रमों से प्रभावित होकर लोगों ने उनको 'दक्षिण के विद्यासागर' के रूप में माना।

1850-1900 के बीच तेलुगु प्रांतों में एवं मद्रास में स्त्री शिक्षा को लेकर पक्ष एवं विपक्ष में चर्चा हो रही थी। कक्कोण्ड वेंकटरत्नम् जी मद्रास प्रेसिडेंसी कॉलेज में कार्यरत थे। स्त्री शिक्षा के विरोधी थे। उन्होंने 'आंध्र संजीवनी' नामक पत्रिका की स्थापना की और पच्चीस साल तक चलाया। वे प्रायः स्त्री शिक्षा के विरोध में लेख लिखा करते थे। 'पुरुषार्थ प्रदायिनी' नामक पत्रिका में वीरेशलिंगम के लेख, जो स्त्री शिक्षा के पक्ष में और समर्थन में प्रमाणों के साथ छपते थे। स्त्री शिक्षा के प्रति वीरेशलिंगम की अपनी एक तार्किक दृष्टि थी। उस काल में स्त्रियों की दशा बड़ी दयनीय होती थी। "शिक्षा से दूर घर की चारदीवारी में बंदी बनकर संसार को नहीं देखते हुए, संसार के बारे में न जानते हुए, अंधविश्वासों में आकण्ठ मग्न, रीति रिवाजों से शोषित अपने समाज की महिलाएँ - शर्म की बात है कि गुलामों से इन की दशा किसी भी प्रकार से अच्छी नहीं है। "

(आर. वेंकट सुब्बाराव-'Deprived of all education, confined within the four- walls of the home, seeing little of the wrold and knowing little of it, immersed in superstition and opposed by customs, our women-to our shame be it said-are not better than slaves.' (V. Ramakrishna, Social reforms in Andhra-p.89)

ईसाई मिशनरियों के साथ तेलुगु प्रांतों में समाज के अभिजात्य वर्गों ने स्त्री शिक्षा के लिए प्रोत्साहन दिया। अप्रैल 1867 में विशाखपट्टणम में श्रीमती जानकी अम्मा ने लड़कियों के लिए पाठशाला स्थापित की। इस स्कूल में अंग्रेज़ी पढ़ाने का भी प्रावधान था। 1868 में पिठापुर राजा ने काकिनाडा में लड़कियों के लिए एक पाठशाला की स्थापना की। स्त्री शिक्षा के लिए मेरी कार्पेंटर का योगदान महत्वपूर्ण है। उनके प्रयत्नों से मदरास में बालिकाओं के लिए पाठशालाएँ खोली गयीं। उन्होंने अनुभव किया कि सुचारू रूप से अध्यापन के लिए प्रशिक्षण की आवश्यकता होती है। महिलाओं के लिए शिक्षक प्रशिक्षण विद्यालय 1870 में मदरास में प्रारंभ किया गया था। इस प्रकार स्त्री शिक्षा की प्रारंभिक दशा में ही इसके विरोध में वेंकटरत्नम् जैसे परंपरावादी व्यक्तियों ने आवाज़ उठायी। वीरेशलिंगम ने इन विरोधों का सामना करते हुए स्त्री शिक्षा का अपना अभियान चलाया और 1874 धवलेश्वरम् (गोदावरी जिला) में बालिकाओं के लिए एक पाठशाला खोली। वीरेशलिंगम ने अपनी पत्रिका 'विवेक वर्द्धनी' के माध्यम से स्त्री शिक्षा के लिए आंदोलन, जो स्त्रियों के लिए अंग्रेज़ी शिक्षा की भी वकालत करते रहे चलाया। मछलीपट्टणम विशाखपट्टणम एवं बल्लारी में कुछ संस्थाओं के स्त्री शिक्षा के समर्थन में अभियान चलाया। दासु श्रीरामुलु (1846-1908) (मछलीपट्टणम) स्त्री शिक्षा के प्रबल समर्थक थे। उन्होंने प्रचलित परंपरा के विरुद्ध वीरेशलिंगम के बालिका विद्यालय के समान आंध्र प्रांत में भी एक स्कूल खोलने की अपील की। उन्होंने अपने विचारों के अनुरूप, बालिकाओं के लिए 1881 में एक विद्यालय राजमहेंद्री में खोलने में सफल हुए।

वीरेशलिंगम ने स्त्रियों के लिए 'सती हितबोधिनी' पत्रिका चलायी। महिलाओं के लिए स्वास्थ्य एवं शिशु-पालन जैसे विषयों की वैज्ञानिक जानकारी इस पत्रिका में दी जाती थी। उस समय महिलाओं के लिए प्रारंभ की गयी जिनमें प्रमुख है- हिंदू सुंदरी, जनाना, तेलुगु जनाना, चिंतामणि, सावित्री आदि। इन पत्रिकाओं में, इनके समकालीन पत्रिकाओं में स्त्री शिक्षा, बाल विवाह, हस्तकलाएँ आदि से संबंधित लेख प्रचुर मात्रा में प्रकाशित होते थे। लक्ष्मी वरदमाम्बा की और एम. वेंकय्या की महिला कला बोधिनी 'स्त्री धर्म बोधिनी' और 'स्त्री विद्या पंचरत्न विषयमु', पट्टाभिराम शर्मा की 'स्त्री विद्यासार संग्रहमु', बालकृष्णमूर्ति की 'बालिका हितबोधिनी' और आर. वेंकटशिवुडु की छोटी पुस्तक 'Elements of Domestic economy' आदि महत्वपूर्ण प्रकाशित पुस्तकें थीं। वीरेशलिंगम ने स्वयं महिलाओं के स्वास्थ्य समस्याओं संबंधी विषयों पर 'देहारोग्य धर्म बोधिनी' (1889) सामान्य व्यवहार के लिए 'पत्नीहित सूचनी ' (1896) में प्रकाशित किया। (देखिए-वी. रामकृष्ण, सोशल रिफार्मस् इन आंध्र-पृ.95-96)

इस प्रकार व्यक्तिगत, संस्थागत एवं ब्रिटिश सरकार तीनों के प्रयत्नों से स्त्री शिक्षा के क्षेत्र में प्रगति देखी जा सकती थी। सुशिक्षित स्त्रियों की प्रगतिशील विचारधारा के कारण स्त्रियों ने गुंटूर में 'स्त्री समाजम्' नामक संस्था की स्थापना की। इस संस्था ने स्वयं 1908 में बालिकाओं के लिए एक पाठशाला की स्थापना की। नवजागृत स्त्री चेतना के फलस्वरूप शिक्षित महिलाओं ने स्त्री शिक्षा का प्रचार किया। व्याख्यानों एवं समावेशों का आयोजन एवं शैक्षिक और सांस्कृतिक कार्यक्रमों के आयोजनों के साथ स्त्रियाँ नयी चेतना से स्त्री सशक्तीकरण की दिशा में अग्रसर होने लगी।

स्त्री शिक्षा की तत्कालीन स्थिति पर विचार करने के लिए 1889 में प्रांतीय सुधार समिति ने विजयवाड़ा में एक सभा का आयोजन किया। उस सभा में प्रस्ताव पारित हुआ कि स्त्री शिक्षा की प्रगति के लिए सरकार कारगर उपाय करे। इस प्रस्ताव को सरकार के पास भेजा गया। एदगंडि नामक एक गाँव में 1904 में 'आर्यबाला समाजम्' की एक छोटे से पुस्तकालय में स्थापना हुई। महीने में प्रायः तीन समावेश होते थे। अक्तूबर 1905 में गुंटूर में महिलाओं का बड़ा अधिवेशन हुआ था जिसमें स्त्रियों की शिक्षा एवं विवाह संबंधी अनेक बिल पास कर सरकार के पास भेजे गये। कुमुदूवल्ली में 'वीरेशलिंगम् कवि क्लब', 'हिंदू बालिका शिक्षा समिति' (The Hindu girls education society) बल्लारी में, गुंटूर में 'स्त्री सनातन धर्म मंडली' आदि अनेक संस्थाएँ स्त्री विषयक अनेक समस्याओं पर चर्चा कर रही थी। इस प्रकार तेलुगु प्रांत में ना जागृति की एक लहर देखी जा सकती है।

1902 में भंडारु अच्चमाम्बा और रत्नमाम्बा के नेतृत्व में 'वृंदावनपुर स्त्री समाजम्' की स्थापना हुई। इस समिति के चालीस सदस्य थे, महीने में दो बार इस समिति की बैठक होती थी। मछलीपट्टणम की अन्य महिलाएँ जो इस संस्था की सदस्या नहीं थी-बड़ी संख्या में इन बैठकों में भाग लेती थी। इस संस्था ने बड़ी संख्या में पुस्तकों का संग्रह किया और पुस्तकालय को चलाया। पुस्तकें, समाचार-पत्र एवं पत्र- पत्रिकाओं को महिलाओं के घर पर पहुँचाने के लिए भी इस समाज ने प्रबंध किया था। (कृष्णा पत्रिका - अक्तूबर 10, 1905)

1907 में स्त्री शिक्षा के प्रचार-प्रसार के लिए विशेष रूप से 'स्त्री विद्याभिवर्द्धिनी समाजम्' कृष्णा-गोदावरी प्रांतों के लिए स्थापित की गयी। स्त्रियों में शिक्षा को प्रोत्साहित करने के लिए यह संस्था निबंध प्रतियोगिताओं का आयोजन कर विजेताओं को स्वर्ण पदक देकर सम्मानित करती थी।

1905 में 'भारती समाजम्' की स्थापना 15 सदस्यों के साथ हुई। इस संस्था में प्रांतीय समस्याओं के साथ स्त्री शिक्षा का विकास, बाल्य विवाह के दुष्परिणामों पर विचार किया

जाता था। स्त्रियों के लिए हस्तकलाओं को सिखाने का प्रबंध भी किया गया था। 1910 में बुद्धवरपु वरलक्ष्मम्मा की अध्यक्षता में उसका पाँचवाँ वार्षिकोत्सव मनाया गया था। नगरवासियों ने एक बैठक में स्त्रियों की उच्च शिक्षा के लिए विद्यालय खोलने की सरकार से अपील की। जिलाधिकारी ने इस अपील को अपनी अनुशंसा के साथ ब्रिटिश सरकार को भेजा।

1909 में अनंतपुर में 'शारदा मंदिरम्' नामक संस्था का प्रारंभ किया गया जिसमें हर सप्ताह स्त्रियों की समस्याओं को लेकर चर्चा होती थी। इन्हीं दिनों पहला आंध्र महिला समारोह 1910 को गुंटूर में संपन्न हुआ था जिसमें पूरे मद्रास प्रेसिडेंसी के तेलुगु प्रांतों में से प्रतिभागियों ने भाग लिया। लक्ष्मी नरसमांबा ने इस समारोह की अध्यक्षता की थी। स्त्री शिक्षा पर जोर दिया गया था और सरकार से अपील की कि सामान्य पाठ्यक्रम के साथ Vocational Education को भी स्थान देकर प्रत्येक जिला में कम से कम एक स्कूल की स्थापना करें। इस समारोह के बाद स्त्रियों में एक नयी चेतना का विकास हुआ। स्त्रियों की समस्याओं पर उनके लेख पत्रिकाओं में प्रकाशित होने लगे। महिलाओं की इस प्रत्येक प्रात में व्याप्त सामाजिक स्पृहा के कारण सामाजिक एवं शैक्षिक क्षेत्र में पिछड़ी स्त्रियों में से महत्वपूर्ण लेखिकाओं का जन्म हुआ। यह योगदान अविस्मरणीय है। अच्चमाम्बा ने 1901 में अबला सच्चरित्र रत्नमाला (Lives of noble women) लिखा। स्त्री समाज में जागृति लाने के लिए 1903 में पूरे आंध्र में पर्यटन किया। हर प्रदेश में अपने भाषणों से स्त्रियों में स्फूर्ति लायी। उन्होंने अनेक अनाथ स्त्रियों को आश्रय दिया। के. सीतम्मा (1872-1934) बुहुमुखी प्रतिभा संपन्न महिला थीं। उन्होंने जनाना स्कूल में अध्यापन किया। राजमहेंद्री प्रार्थना समाज की संस्थापक सदस्या थी। वीरेशलिंगम के विचारों से प्रभावित थी और उन्होंने वीरेशलिंगम की जीवनी लिखी। लक्ष्मी नरसमांबा ने 'महिला कला बोधिनी' की रचना की। प्रारंभ में छात्र संगठन से प्रारंभ हुआ और परवर्ती काल में स्त्री शिक्षा आदि साथ पत्रकारिता के क्षेत्र में भी आपका योगदान महत्वपूर्ण है।

स्त्री समाजों का स्त्री जागरण में बड़ा महत्वपूर्ण योगदान रहा। स्त्री शिक्षा के महत्व के साथ-साथ, प्राचीन भारत में महिलाओं की स्थिति, पारिवारिक अर्थ व्यवस्था, शिशु-पालन, स्वास्थ्य संबंधी सामान्य ज्ञान, समाज में व्याप्त अंधविश्वास का विरोध आदि के संबंध में इन स्त्री समाजों ने भाषणों का आयोजन किया। बड़ी संख्या में स्त्रियाँ इन समारोहों में भाग लेती थी। कुल मिलाकर तेलुगु प्रांत की महिला को पुराने विचारों को, परंपरागत आचार-विचार को दूर फेंक कर नये समाज की स्थापना करने की योग्यता संपन्न करने में इन स्त्री समाजों ने

विशेष भूमिका निभायी। तेलुगु प्रांत की पत्र-पत्रिकाओं ने भी स्त्री समुदाय के विकास में महत्वपूर्ण योगदान दिया।

'There are three or four Telugu Journals edited and published by Telugu ladies themselves. In all Chief centres in the Northern circars there are found Ladies Associations, where women gather in large numbers, have lectures, Kalekshepams, Music parties etc. Sometimes social matters are also discussed. In some places women have been able to establish their own schools for girls, where in addition to ordinary education Music, sewing etc. are tought. Ladies conferences are organized where lectures on Female Education, women in ancient India, domestic economy, home sanitation etc., were given by ladies themselves... The telugu women has developed a passion for lectures, social gatherings, and street processions... Now that she is more ready to throw aside the old ideas practices and treditions, society is sure to powerfully change in the no distant furture.' (The position of Telugu Women, The Hindu, 25th April 1911)

रामधारी सिंह दिनकर ने भारत में नव जागरण के कारणों पर अपने विचार प्रकट करते हुए लिखा था- "भारत यूरोप के साथ आनेवाले धर्म से नहीं डरा बल्कि भय उसे यूरोप के विज्ञान को देखकर हुआ, उसकी बुद्धिवादिता, साहस और कर्मठता से हुआ। अतएव, भारत में जो नवोत्थान का जो आंदोलन उठा उसका लक्ष्य अपने धर्म, अपनी परंपरा और अपने विश्वासों का त्याग नहीं, प्रत्युत् यूरोप की विशिष्टताओं के साथ उनका सामंजस्य बिठाना था।" (संस्कृति के चार अध्याय- पृ.523)

भारतीय नवजागरण के पुरोधा राजा राममोहन राय एक समर्पित समाज सुधारक ही नहीं अपितु एक कुशल राजनीतिज्ञ भी थे। वे पहले भारतीय थे जो पश्चिमी ज्ञान और 'टेक्निक' से परिचित थे। अपनी दूरदर्शिता एवं सूझबूझ से उन्होंने समाज को जो दिशा-निर्देश एवं नेतृत्व दिया उससे भारत अपने प्राचीन संस्कृति एवं गौरव के साथ अधुनातन वैज्ञानिक सोच से समन्वित होकर भविष्य का पथ प्रदर्शक रहा।

राजा राममोहन राय ने अपने आदर्शों एवं उद्देश्यों की पूर्ति के लिए 1828 कलकत्ता में 'ब्रह्म सभा' जो बाद में 'ब्रह्म समाज' कहलाने लगा, की स्थापना की। ब्रह्म समाज ने भारतीय

जीवन पद्धति को नयी अथवत्ता, नयी रूपरेखा, नयी ऊर्जा एवं नयी सामाजिक चेतना देकर महत्वपूर्ण भूमिका का निर्वाह किया। ब्रह्म समाज धर्म और सामाजिक सुधारों की कार्यशाला थी। युगों से चली आ रही बाल विवाह, बहुविवाह, सती प्रथा और स्त्री का अस्मिताहीन सामाजिक स्थिति संबंधी कुरीतियों के विरुद्ध संघर्ष का शंखनाद राममोहन राय ही करते हैं। राममोहन राय इस मायने में हमारे नव जागरण के पितृपुरुष ठहरते हैं कि वे 1829 ई. में बने उस कानून के प्रथम सूत्रधार थे जिसके अनुसार सती होना कानूनन अपराध घोषित हुआ। विधवा विवाह के समर्थक राममोहन राय भारत में स्त्री-पुरुष समानता संबंधी नवचेतना के प्रमुख विचारक थे। वे कट्टर राष्ट्रवादी थे।

(विमला आचार्य-भारतीय पुनर्जागरण के सामाजिक प्रभाव-पृ.84-85)

# 7. वीरेशलिंगम्-पूर्व आंध्र प्रांत की सामाजिक परिस्थितियाँ

18 वीं शती के अंतिम दशकों में आंध्र प्रांत में ब्रिटिश शासन का वर्चस्व बढ़ा। मैसूर के महाराजा एवं निजाम से हुए समझौतों के कारण मद्रास प्रेसिडेंसी का विस्तार हुआ। राबर्ट क्लाइव जो उस समय बंगाल के गवर्नर था, उसने मुगल शासक शाह आलम से एक फरमान जारी कराने में सफल हुआ। उस फरमान के अनुसार गंजाम, विशाखपट्टणम, गोदावरी एवं कृष्णा जिले ब्रिटिश शासन के अधीन हो गये।[59] दक्कन सूबेदार ने अनिच्छा से 1766 में उस ट्रीटी (Treaty) को मान लिया। मैसूर के महाराजा को युद्ध में ब्रिटिश के हाथों पराजित होने के बाद प्राप्त बेल्लारी, कर्नूल, कड़पा और अनंतपुर जिलों को भी निजाम ने लार्ड वेलसली के समय 1800 में ब्रिटिश शासन को सौंप दिया। ब्रिटिश शासन ने वेलसली के समय में ही (1801) कर्नाटक से नेल्लूर और चित्तूर को भी अपने अधीन लाने में सफलता प्राप्त की।[60] इस प्रकार मद्रास प्रेसिडेंसी का शासन पूरे आंध्र प्रांत में 19 वीं शती के प्रारंभ में ही आ गया।

वेमना और वीरब्रह्मेंद्र योगी जो वीरब्रहमं के नाम से प्रसिद्ध हैं- दोनों ने अपनी सुधारवादी चेतना से समाज को प्रभावित किया। दोनों ने लोक व्यवहार की भाषा को अपनी अभिव्यक्ति का माध्यम बनाया। धार्मिक बाह्याडंबर और जाति प्रथा का दोनों ने घोर विरोध किया। किंतु इन दोनों ने भी स्त्री के प्रति, स्त्री की दशा के प्रति कोई विशेष ध्यान नहीं दिया। धार्मिक एवं आध्यात्मिकता के आधार पर सामाजिक संदर्भ में 'माया' के रूप में ही माना। शताब्दियों से जकड़ी सामाजिक बंधनों में समाज में स्त्रियों की स्थिति गुलामों के जैसे थी। स्वतंत्रता का अभाव, बाल विवाह, बहु पत्नीत्व, वैधव्य एवं सबसे प्रमुख अशिक्षा से स्त्री-

---

[59] V.Rama Krishna, Social Reforms in Andhra-p.1

[60] V.Rama Krishna, Social Reforms in Andhra-p.2

समाज घोर अंधकार में घर की चारदीवारी में बंद, विशाल संसार के ज्ञान से अनभिज्ञ, अंधविश्वासों, अनावश्यक रीति-रिवाजों में आकण्ठ मग्न थी। इस पृष्ठभूमि में आधुनिक युग के प्रवर्तक श्री वीरेशलिंगम का आंध्र के साहित्य एवं समाज में आगमन हुआ। यह एक नया युग का प्रभात माना जाता है। उनकी सुधारवादी विचारधारा को समाज में व्यप्त करने के लिए उन्होंने अपनी बहुमुखी प्रतिभा का परिचय दिया। व्यवस्था, आध्यात्मिक क्षेत्र में ब्रह्म समाज का प्रचार- प्रसार, वेश्या-समस्या, स्त्रीशिक्षा आदि कई मुद्दे थे। धवलेश्वरम् में 1874 में आंग्लो वर्नाक्युलर स्कूल में प्रधानाध्यापक काम करते समय उन्होंने एक संस्था की स्थापना की। समान विचारवाले सदस्यों से सर्वप्रथम उन्होंने स्त्री शिक्षा के विषय में विस्तार से चर्चाएँ की। फलस्वरूप 1874 में ही धवलेश्वरम् में बालिका विद्यालय की स्थापना की गयी। स्त्री शिक्षा के विषय में राय बनाने में वीरेशलिंगम के Compaign का महत्व निर्विवाद है। बाद में राजमहेंद्री ने 8 सितंबर 1878 को सुधारवादी विचारधारा के विस्तृत प्रचार के लिए समाज सुधार समिति (संघ संस्कार समाजम्) (Social reform Association) की स्थापना की। इसमें अन्य मुद्दों के साथ स्त्री समस्याओं - स्त्री शिक्षा, कन्याशुल्कम्, बाल विवाह, विधवा विवाह आदि सुधारवादी विचारधाराओं ने आंदोलन का रूप लिया।

वीरेशलिंगम से पहले मद्रास प्रेसिडेंसी के क्षेत्र में शिक्षित समुदाय में सुधारवादी चेतना जागृत हो चुकी थी। इनमें प्रमुख हैं एनगुल वीरस्वामी (1780-1836) जो एक ब्राह्मण परिवार से थे और मदरास में सदर सुप्रीम कोर्ट में दुबाशी के रूप में कार्यरत थे। उन्होंने अपने यात्रा - संस्मरण 'काशीयात्रा चरित्र' में अपने विचारों को विस्तार से व्यक्त किया। उन्होंने मंदिरों में प्रचलित पूजा के बाह्य विधि विधान निराकरण करते हुए भगवान के प्रति व्यक्तिगत उपासना को महत्वपूर्ण बताया। उनके अनुसार वर्ण व्यवस्था मनुष्य के द्वारा बनायी गयी, और वर्णों में भेद कार्य - व्यापार की सुविधा के लिए है और वर्ण व्यवस्था का तिरस्कार करना चाहिए। उनके अनुसार अस्पृश्यता का कोई आधार स्मृति ग्रंथों में नहीं है। किंतु उन्होंने बड़ी संख्या में पिछड़ी जातियों के ईसाई धर्म में परिवर्तन का कारण सवर्ण हिंदुओं की पिछड़ी जातियों के प्रति अपमानजनक व्यवहार को माना। उन्होंने सती प्रथा का विरोध किया और एक ही ईश्वर में विश्वास व्यक्त किया। वीरास्वामी राजा राम मोहन राय के समकालीन थे। किंतु यह पता नहीं कि उनकी सुधारवादी प्रवृत्ति के संपर्क में आये या नहीं "VeeraSwami, it should be noted, was contemparary of Raja Ram Mohan Rai, we do not have evidence whether or not he was in touch with the Bengal reforms

Trends. (D.V. Siva Rao )[61] वीरास्वामी ने अंग्रेज़ी के प्रचार-प्रसार के साथ राजनीतिक चेतना के व्यापक प्रसार के लिए हिंदू लिटररी सोसाइटी (Hindu Literary Society 1830 के आसपास) के द्वारा विशेष प्रयत्न किया। इस संस्था के आप संस्थापक सदस्य थे। इसमें भिन्न-भिन्न जातियों के लोगों को सदस्य के रूप में लिया। इस संस्था ने स्त्री विद्या, विधवा पुनर्विवाह, अछूतोद्धार से संबंधित कार्यक्रमों में क्रियाशील रही।

सदर सुप्रीम कोर्ट के दुबाशी एवं वीरास्वामी के संबंधी श्री वेन्नेलकंटि सुब्बाराव (1784-1839 ) समाज सुधार के विचारों से प्रभावित व्यक्ति थे। उन्होंने School back society के, मद्रास के सदस्य के रूप में ब्रिटिश सरकार के सामने अंग्रेज़ शिक्षा-पद्धति की कमियों को प्रस्तुत करते हुए अंग्रेज़ी शिक्षा के सुधार के लिए अनेक कारगर उपायों की सिफारिश की। राजमहेंद्री के सामिनेनि मुत्तुनरसिंह नायुडू जो जिला मुंसिफ थे अपनी पुस्तक 'हितसूचनी' में विवाह एवं स्त्री शिक्षा के संबंध में समाज में व्याप्त सामाजिक असमानताओं की ओर ध्यान आकृष्ट किया। उनके विचार में स्त्रियों के लिए उनकी समस्याओं के समाधान के लिए एक प्रकार के ज्ञान की आवश्यकता है। उन्होंने देशी भाषाओं में ज्ञान - विज्ञान की उपलब्धता की वकालत की। समाज में व्याप्त अंध विश्वासों का विरोध किया। विवाह के संदर्भ में पढ़नेवाले मंत्रों के आधार पर उन्होंने प्रमाणित किया कि वर एवं वधू का प्राचीन काल में विवाह योग्य आ में ही विवाह संपन्न होते थे। कन्याशुल्मक जैसे दुराचार के कारण ही वैधव्य एवं भ्रूण हत्या आदि अनाचार समाज में व्याप्त हो गये। 'स्त्री कलाकल्लोलिनी' 1875-76 और एक पुस्तक है जिसमें स्त्री शिक्षा एवं स्त्री की अशिक्षा एवं अज्ञान के दुष्परिणामों पर विचार किया गया। इसके रचनाकार हैं - जिय्यर सूरि जो बैंगलूर के सैनिक बालिका विद्यालय (Army girls school) में तेलुगु के अध्यापक थे। स्त्री नीति, स्त्री विद्यामणि और स्त्री मानमु-इन तीन भागों में उन्होंने स्त्री समस्याओं पर विचार किया। उनकी जीवनी के अनुसार जिय्यर सूरि 1876 में वीरेशलिंगम से मिले। ( प्रसिद्ध समाज सुधारक भाष्याचार्युलु, श्रीमान परवस्तु जिय्यर सूरि गारि जीवितम, बैंगलूर, 1935) विवाह संबंधी सुधारों के लिए श्री वेदांताचारी जो विशाखपट्टणम में स्कूलों के डिप्टी इंस्पेक्टर थे, उन्होंने ब्रिटिश सरकार, मद्रास को एक विज्ञापन दिया। उन्होंने बताया कि हिंदू विवाह किस प्रकार असंबद्ध थे और उनके दयनीय परिणाम थे। बाल विवाह होते थे और वधू तुलना में वर की उम्र बहुत ज्यादा होती थी। इन अनमेल विवाहों में कन्याशुल्मक देकर वर पक्ष वधू को

[61] V.Rama Krishna, Social Reforms in Andhra-p.57

खरीदता था। इस प्रकार बहुत ज्यादा वृद्ध पुरुषों के साथ बालिकाओं का विवाह होता था। उन्होंने सुझाव दिया कि वधू का वय कम से कम नौ वर्ष एवं वर का सोलह वर्ष होना चाहिए। विवाह से पहले वर-वधू की सम्मति को जरूरी माना है। इस आशय की एक प्रश्नावली को भी विज्ञापन के साथ प्रस्तुत किया ताकि विद्वानों एवं सभी प्रांतों के सुधी शिक्षित जन समुदाय के विचार जान सकें। इस प्रकार कुछ महानुभावों ने 19 वीं शताब्दी के उत्तर भाग में आंध्र समाज में सुधारवादी चिंतन एवं कार्यक्रम प्रारंभ किया और वीरेशलिंगम के आगमन के बाद उनके नेतृत्व में इसने आंदोलन का रूप लिया। तन-मन-प्राण से वीरेशलिंगम इसमें जुट गये।

## सामाजिक परिस्थिति

### ब्रह्म समाज का आविर्भाव

भारतीय समाज पर पाश्चात्य संस्कृति का प्रभाव था और ईसाई धर्म के प्रचार- प्रसार के लिए प्रत्यक्ष और परोक्ष रूप से ईस्ट इंडिया कंपनी, उसके बाद ब्रिटिश शासन ने अपना योगदान दिया। हालांकि ये धर्म प्रचारक पादरी लोग विभिन्न धार्मिक संस्थाओं से ही जुड़े होते थे किंतु प्रशासन का धीरे-धीरे पूरा-पूरा सहयोग इनको प्राप्त होता था। धर्म प्रचार के 'लंदन मिशनरी सोसाइटी' ही नहीं अमेरिका एवं स्काटलैंड द्वारा भी धार्मिक संस्थाएँ स्थापित की गयी। "Endowed with a sound organisation and considerable resources, they opened a number of schools, seminars and printing presses in various places in South India.j Also, simultaneausly, they started a powerful agitation against the ristrictions imposed by the company upon their activities in India. Subsequently, the charter Act of 1813 relaxed the rule of non- entry of the missionaries into India. With this, the above missions started their activities in full swing in the Telugu districts... The fact of the matter was that educational activity was an appendage to their evangelicism programme. Charless Grant, the highesPriest of Evangelecism expressed the same view in no certain terms when he remarked that Indian Society was in a deprived condition due to ignorance and want of proper religion. Therefore, Indians should be educated first and then converted to Christianity." इन धार्मिक संस्थाओं के अनुसार ईसाई धर्म के प्रसार एवं विस्तार से भारत में अंग्रेज़ शासन की स्थिति मजबूत रहेगी क्योंकि धर्म-परिवर्तन के बाद वह व्यक्ति अपनी सुरक्षा एवं भलाई के लिए ब्रिटिश शासन के

प्रति वफादार होगा। "The missionaries affirmed that the spread of Christianity would ultimately strengthen British position in India since every convert, in his own interest and security, would be loyal to the British. (V. Ramakrishna, Social reform in Andhra-p.50-51.) इस प्रकार ईसाई धार्मिक संस्थाओं के प्रचार-प्रसार के प्रभावोत्पादक कार्यक्रमों के फलस्वरूप भारत की निर्धन और संसाधनहीन लोग ही नहीं संपन्न घरानों के लोग भी ईसाई धर्म की ओर आकर्षित होकर धर्म परिवर्तन करने लगे थे। बंगाल में इस प्रकार के धर्म परिवर्तन बड़ी संख्या में हुए थे। आंध्र में भी यही स्थिति थी। इसका सबसे बड़ा कारण वह सामाजिक संरचना है जिसमें बाह्याडंबर, अंधविश्वास, धर्म के नाम पर ढोंग का बोलबाला था। इसलिए आधुनिकता के समर्थक बहुसंख्यक शिक्षितों ने यह अनुभव किया कि पराधीनता में भी हमें अपनी प्राचीन संस्कृति, भारतीय आध्यात्मिक दृष्टि को सुरक्षित रखना चाहिए। हिंदू धर्म को आधुनिक वैज्ञानिक भाषा के साथ व्याख्यायित करें और नयी अर्थवत्ता प्रदान करें। राजा राममोहन राय से और ब्रह्म समाज से वीरेशलिंगम इतने प्रभावित हुए कि 1906 में उन्होंने यज्ञोपवीत का विसर्जन कर, वर्ण भेद को त्यागकर विधिवत् ब्रह्म समाज की दीक्षा ली। केशवचंद्र सेन ने ब्रह्म-धर्म के प्रचार के लिए दूर दूर तक यात्राएँ की। उनकी प्रेरणा से मद्रास में 'वेद समाज' की स्थापना हुई। केशवचंद्र सेन के भाषणों के प्रभाव से ब्रह्म समाज के प्रति उनमें निष्ठा की भावना जागृत हुई। 1907 में शिवनाथ शास्त्री के साथ कलकत्ता की यात्रा की। वहाँ के ब्रह्मसमाज के कार्यकर्ताओं ने वीरेशलिंगम जी का भव्य स्वागत किया। श्री वीरेशलिंगम ने ब्रह्म समाज के प्रचार-प्रसार से आंध्र समाज में धर्म के प्रति वैज्ञानिक सोच का विकास किया। इनके अनुचर एवं तेलुगु के प्रसिद्ध साहित्यकार श्री चिलकमर्ति लक्ष्मी नरसिंहम ब्रह्म समाज की विचारधारा से प्रभावित थे। उन्होंने भी इसके प्रचार-प्रसार में अपना योगदान दिया। काकिनाडा के पी. आर. कालेज के प्रिंसिपल श्री रघुपति वेंकटरत्नं नायुडू ब्रह्म समाज के प्रबल समर्थक थे। उनके व्याख्यानों से प्रभावित उस कालेज के अनेक छात्र ब्रह्म समाज में दीक्षित हुए। रघुपति ब्रह्म-समाज की उपासना पद्धति से अत्यन्त प्रभावित थे और स्वयं उपासक थे। अनेक महानुभावों पर राजा राममोहन राय का प्रभाव परिलक्षित होता है। इन सभी साहित्यकार महानुभावों ने आंध्र में समाज सुधार का कार्य किया। विधवा विवाह, बाल विवाह विरोध, अनमेल विवाह का विरोध आदि स्त्री- समस्याओं को लेकर सुधारवादी चिंतन का प्रचार-प्रसार अपने व्याख्यानों से हीं नहीं अपनी रचनाओं द्वारा भी किया और समाज को प्रभावित किया। समाज में वैचारिक परिवर्तन लाने के लिए सुधारवादी

आंदोलनों में ये अगुआ बनकर चलते थे। इन कार्यक्रमों के कारण उनके वैयक्तिक जीवन में अनेक उथल-पुथल आये, समाज के विरोध को सहना पड़ा, फिर भी अंत तक अपने सुधारवादी विचारों से विचलित नहीं हुए।

उपनिषदों को प्रमाण मानकर उन्होंने हिंदू धर्म की वैज्ञानिकता प्रतिपादित की। उन्होंने हिंदू धर्म के अंतर्गत एक नयी विचारधारा एवं वैज्ञानिक सोच से समन्वित 'ब्रह्म समाज' की स्थापना 1828 में किया। उन्होंने अपनी गंभीर स्थापनाओं के साथ 'सती प्रथा' का विरोध किया। स्त्रियों के प्रति सामाजिक दुराचारों को दूर करने का बीड़ा उठाया। सार्वजनिक जीवन में एवं वैयक्तिक संदर्भ में भी इस सिद्धांत के कायल रहे। स्त्री समस्याओं के प्रति भारतीय समाज को जागृत करने का महत्वपूर्ण काम किया। मध्ययुगीन संतों के समान राजा राममोहन राय ने भी तीर्थाटन, मूर्ति पूजा, अवतारवाद एवं धार्मिक बाह्याडंबरों का विरोध किया। संस्कृत, अरबी, फारसी एवं अंग्रेज़ी के प्रकाण्ड पंडित थे। हिंदू, ईसाई एवं इस्लाम धर्म का उन्होंने गंभीर अध्ययन किया। राममोहन राय के बाद महर्षि देवेंद्रनाथ ठाकुर ने ब्रह्म समाज के प्रसार में विशेष काम किया। उन्होंने हिंदू धर्म की रूढ़िवादिता से पृथक कर उसे यूरप के नवीन ईसाई धर्म के साथ प्रतिष्ठित करना चाहते थे। इस प्रकार हिंदू धर्म को सरल, सहज एवं आचरण योग्य बनाकर युवा पीढ़ी को हिंदू धर्म की मूलभूत विचारधारा का प्रचार-प्रसार करना चाहते थे। क्योंकि उनके सामने हिंदू धर्म की वैज्ञानिक व्याख्या के साथ हिंदू समाज को धर्म परिवर्तन से रोकना भी था। मद्रास प्रेसिडेंसी के अंतर्गत आंध्र प्रांत की भी कमोबेश यही स्थिति थी। ईसाई मिशनरियों का धर्म प्रचार जोर-शोर से हो रहा था। आर्थिक प्रलोभनों के चलते गरीब जनता तो धर्मांतरण की ओर बढ़ रही थी, किंतु कुछ संपन्न समाज भी अग्रसर हो रहे थे। इसलिए वीरेशलिंगम ने ब्रह्म-समाज की विचारधारा से प्रभावित होकर उसके प्रचार के लिए अपनी मित्र मंडली के साथ जुट गये थे।

**आर्य समाज**

सन् 1867 में दयानंद सरस्वतती ने बंबई में आर्य समाज की स्थापना की। उन्होंने आर्य समाज के वेदों को आधार माना। वे संस्कृत के प्रकाण्ड विद्वान, अतिशय मेधा संपन्न वक्ता थे। उनके विचारों की स्पष्टता एवं दृढ़ता अनुपम है। उनके अनुसार वेद अपौरुषेय है और वैदिक धर्म ही सत्य एवं सार्वभौम है। सामाजिक एवं नैतिक मूल्यों को देखते हुए आर्य समाज ने एक आचाय संहिता बनायी। इसमें स्त्री पुरुष का भेदभाव, मनुष्य- मनुष्य में जाति भेद के लिए कोई जगह नहीं है। दयानंद सरस्वती मानव जीवन की पुरोगति के लिए विज्ञान को आवश्यक मानते थे। पंजाब, गुजरात, उत्तर प्रदेश में आर्य समाज की विचारधारा का

अत्यन्त प्रभाव था। आर्य समाज ने राष्ट्रीय, सांस्कृतिक विचारधारा के प्रसार में महत्वपूर्ण भूमिका निभायी। दक्षिणी अपेक्षा उत्तर भारत पर इसका प्रभाव अधिक था। ब्रिटिश शासन ने आर्य समाज के प्रचार के विरुद्ध अनेक प्रकार के प्रयत्न किये किंतु सफल नहीं हो सका। आर्य समाज अस्पृश्यता के विरुद्ध अभियान उसके प्रगतिशील होने का परिचय देता है तो दूसरी ओर वेदों को अपौरुषेय बनाकर तर्क के लिए कोई गुंजाइश नहीं रखता। एक ओर मानवीय समानता का पक्षधर है तो दूसरी ओर मुसमानों के प्रति इसका पृथकतावादी दृष्टि

उत्तर भारत मुगल कालीन शासन व्यवस्था आदि के कारण धार्मिक पुनरुत्थान की जहाँ जरूरत थी, धार्मिक कलहों से जो प्रजा त्रस्त थी वहाँ इस हिंदू धर्म की इन नयी व्याख्याओं ने प्राण फूँक दिये। वेदों को आधार मानने के कारण अवतारवाद घटाटोप, धर्म के बाह्याडंबरों से निजात मिली। अस्पृश्यता के विरोध में होने के कारण हिंदू समाज में जातिगत वैमनस्य को दूर कर एक सूत्र में पिरोने में समय हुआ। ...

"स्त्रियों के सम्मान का प्रश्न, गुरुकुलीन शिक्षा प्रणाली स्वदेशी वस्तुओं का प्रयोग, मातृभाषा का उत्थान, देश की दुर्दशा और आर्थिक हीनता पर ग्लानि, जातीय एकता की भावना आदि को लेकर आर्य समाज ने मृतप्राय हिंदू जाति में प्राण फूँक दिये। एक प्रकार से आर्य समाज ने सामाजिक उत्थान के द्वारा अंग्रेज़ों के राजनीतिक शोषण का ही विरोध किया था। वह इस समय हमको अपनी कट्टरता या संकीर्णता के कारण पुनरुत्थानवादी या प्रतिक्रियावादी लग सकता है पर उसकी मूल ध्वनि भारतीयता के सच्चे स्वरूप को सामने रखने की थी और गुलामी के शिकंजे में कसे देश के लिए उस समय इससे अधिक और कुछ हो ही नहीं सकता था।"[62]

आर्य समाज तत्कालीन समस्याओं पर कई महत्वपूर्ण समस्याओं को address किया। आर्य समाज के अनुसार जाति का आधार जन्म न होकर गुण, धर्म एवं स्वभाव होना चाहिए। प्रत्येक मनुष्य अपने श्रम एवं योग्यता के बल पर उच्च जाति प्राप्त करें। अस्पृश्यता के विरोध में कार्य किया। स्त्रियों के जागरण के लिए आर्य समाज ने स्त्री शिक्षा का प्रचार किया। समाज में व्याप्त बाल विवाह प्रथा का निराकरण किया। ऊँच- नीच के भेदभाव को दूर करने का प्रयास किया। समाज सुधार से भी अधिक धार्मिक पुनरुत्थान के लिए अधिक ध्यान दिया। यह संस्था आज तक जीवित है क्योंकि हिंदुत्व के पुनरुद्धार के लिए अनवरत प्रयास किया। समूचे उत्तर भारत को प्रभावित करनेवाले आर्य समाज का दक्षिण भारत पर विशेष प्रभाव नहीं देखा गया।

---

[62] पद्मसिंह शर्मा कमलेश-प्रेमचंद से पूर्व उपन्यास साहित्य

## थियोसाफिकल सोसाइटी

1875 में न्यूयार्क में मदाम ब्लावस्तू और ओल्कार्ट ने थियोसॉफिकल सोसाइटी की स्थापना की। इस सोसाइटी का वैचारिक आधार भारतीय धार्मिक परंपरा पर आधारित था। सोसाइटी के संस्थापक सन् 1879 में भारत आये और मद्रास के अडयार में इस्न की शारक खोल दी थी। इस संस्था की इंग्लैंड की शाखा में कार्यरत श्रीमती एनीबीसेंट सन् 1893 में भारत आयीं और सोसाइटी के कार्यकलाप में जुट गयीं। इस सोसाइटी के विकास के लिए समर्पित हो गयी। उनकी असाधारण वक्तृत्व शक्ति एवं गतिशील व्यक्तित्व के कारण शिक्षित भारतीयों को इस संस्था की तरफ आकर्षित करने में सफल हुई। श्रीमतती बीसेंट ने समूचे भारत देश का दौरा किया। अपने अद्भुत व्यक्तित्व, ओजस्वी भाषणों से हिंदू धर्म की आध्यात्मिकता के पखा में विशेष जन समुदाय को खड़ा किया। थियासॉफ़ी में अपने आदर्शों को साकार करने के लिए अनेक शिक्षा-संस्थाएँ खोलीं। बनारस का सेंट्रल हिंदू कॉलेज इसका उदाहरण है। इस संस्था ने उत्तर भारत के साथ-साथ दक्षिण भारत को भी विशेष रूप से प्रभावित किया। आंध्र में प्रत्येक शहर में थियासाफिकल सोसाइटी की शाखाएँ हैं, जिनमें कई आज भी सक्रिय हैं। सर्वधर्म समानता, बुद्धि विकास, कर्मवाद एवं मानवतावाद जैसे सार्वभौम मूल्यों के प्रचार के कारण यह संस्था चिरस्थायी रह गयी।

## **रामकृष्ण मिशन** (सन् 1863 ई. से 1902 तक)

स्वामी विवेकानंद ने सन् 1897 ई. में रामकृष्ण मिशन की स्थापना की। श्री रामकृष्ण परमहंस के दार्शनिक विचारों को विश्व में प्रचार करने हेतु रामकृष्ण मिशन की स्थापना हुई। आपने आध्यात्मिक अनुभवों से व्यक्त श्री रामकृष्ण परमहंस के आध्यात्मिक स्थापनाओं को अपनी स्मरण शक्ति के आधार पर श्री महेंद्र गुप्त ने 'रामकृष्ण कथामृत' की रचना की। 'द गॉस्पेल ऑफ श्री रामकृष्ण' के रूप में उसका अनुवाद हुआ है। श्री रामकृष्ण परमहंस के विचार में सभी धर्म एक ही ईश्वर की ओर ले जाते हैं। विश्वास अंधा होता है और अनुभव ही सत्य है। सत्य अनेक रूपों में प्रकट होता है। उत्तर भारत की तुलना में रामकृष्ण मिशन का प्रसार आंध्र में अधिक है। आज भी ये संस्थाएँ हर शहर में हैं और साधारण जन उपयोगी सेवा कार्य एवं आध्यात्मिक का प्रचार-प्रसार इनका कार्यक्षेत्र है।

## समाज में व्याप्त स्त्री समस्याएँ

भारतीय समाज की मूलभूत इकाई परिवार है। परिवार भारतीय सामाजिक व्यवस्था की एक महत्वपूर्ण पहलू है। परिवार का रूप और व्यवहार समाज को प्रभाव करता है। परिवार, मूलतः रक्त संबंध के आधार पर किसी एक वंश की इकाई है। माता-पिता परिवार

के संरक्षक हैं। भारतीय पारिवारिक जीवन प्रेम, स्नेह, वात्सल्य जैसे अभूतपूर्व माधुर्यपूर्ण अनुबंधों से जुड़ा है। इसके साथ माता-पिता, भाई-बहन, पति- पत्नी, दादा-दादी, नाना-नानी आदि अनेक संबंध जुड़े हैं। भारतीय परिवार भावात्मक संबंधों का विकास करते हैं। यह विकास ही मनुष्य के सामाजिक चेतना की प्रथम सीढ़ी है।

समाज व्यक्तियों का ही समूह है। यहाँ समान आशाओं, मान्यताओं और आदर्शों को माननेवाले लोगों का संगठन होता है। समाज देश - काल सापेक्ष है। कालक्रम में समाज का भी विकास और परिवर्तन होता रहता है। सामाजिक संस्कार का संबंध वर्गीय संस्कार से है। रहन-सहन, वेश-भूषा, खान-पान सामाजिक व्यवस्था के बहिर्मुखी जीवन को व्यक्त करते हैं। भारतीय समाज उस समय अनेक विषमताओं संग्रस्त था। हिंदू समाज में प्रचलित कुरीतियों में सती-प्रथा, शिशु हत्या, बाल-विवाह, अनमेल-विवाह, जाति-पांति या उच्च-नीच, वर्णभेद जैसी कुरीतियाँ थीं। इनमें से सती प्रथा अंतिम साँसें ले रही थी।

तत्कालीन समाज का सबसे बड़ा अभिशाप सती प्रथा पर लार्ड बेंटिंक ने रोक लगाई। इस प्रथा के अनुसार हिंदू विधवाएँ या तो स्वेच्छा से अपने पतियों के साथ जीते जी चिता पर चढ़ जाया करती थीं या ऐसे करने के लिए उन्हें बाध्य किया जाता था। यह एक अत्यन्त प्राचीन अमानवीय प्रथा थी जिसका प्रचार मुख्यतः बंगाल, राजपुताना तथा दक्षिण भारत की विजयनगर रियासत में था।

समाज में पुरुषाधिपत्य के कारण वैवाहिक समस्या ने विकराल रूप धारण कर लिया। समाज में बहु पत्नीत्व और बाल विवाह की प्रथाएँ भी बहुत प्रचलित थीं। राजा राममोहन राय ने बहु पत्नी विवाह तथा कुलीनता की बुराइयों के विरुद्ध अपनी आवा उठाई थी। केशवचंद्र सेन के प्रयत्नों से सन् 1872 ई. में देशी विवाह अधिनियम स्वीकृत हुआ जिसके अनुसार बाल विवाह की प्रथा बंद कर दी गई थी और बहु पत्नी विवाह को अपराध घोषित कर दिया गया था। इस अधिनियम के अनुसार विधवा विवाह तथा अंतर्जातीय विवाह को भी स्वीकृति प्रदान कर दी गई थी।

लार्ड विलियम बेंटिक ने सती प्रथा को अवैध घोषित किया। विधवाओं की दशा समाज में सबसे दयनीय थी। प्रेमधन लिखते हैं- "कोई हाथों की डही - डही चूरियायें कूँच-कूँच कर चूर करती, कोई काजल और महावर धोती और कोई कोई सुथरे रंगीन वस्त्र छीन उसे मैली मिट्टी से रंगी मैली-कुचैली धोती पहनाती और कोई सिर के बालों को खोल कर उनमें धूल भरती है और कहती कि तू! कोने में मुँह छिपाये बैठी रात- दिन रोया कर। और अपना मुँह किसी को मत दिखाया कर। कोई शुभ कार्य को प्रारंभ करता हो या किसी मंगल

कार्य को जाता हो उसे यह अपना अमंगल वेष भूलकर मत दिखा, तुलसी का पूजन और ठाकुर जी की सेवा किया कर, और यह माला लेकर राम- राम जपा कर।"[63]

तात्पर्य यह है कि समाज में विधवाओं के पुनर्विवाह की व्यवस्था हो। सन् 1856 में सरकार ने विधवा विवाह को वैध घोषित किया। भारतेंदु अपने देश की माटी की सौंधी-गंध से जुड़े थे। देश के जन-जीवन की पीड़ा की पहचान थी। उनमें और भी समस्याओं से जूझने की अथक शक्ति थी। उनकी शक्ति इतनी व्यापक थी कि राष्ट्रीय जागरण और सामाजिक जागरण पैदा करने के लिए तथा ब्रिटिश शासन से लोहा लेने के लिए उन्होंने एक नहीं अनेक क्षेत्रों में मंच स्थापित किए।

भ्रूण हत्या और शिशु हत्या का प्रकोप समाज में अधिक था। शिशु हत्या की प्रथा राजपूतों में विशेष प्रचलित थी। अनेक कारणों से प्रायः नवजात कन्याओं की हत्या कर दिया करते थे। सन् 1795 ई. में ही बंगाल कानून के अधीन शिशु हत्या को 'हत्या' घोषित कर दिया गया था। फिर भी यह प्रथा प्रचलित रही। कन्याओं को अफीम देकर या गला घोंटकर मार दिया जाता था और कभी-कभी माताओं को अपने शिशुओं को भूखा मारने पर विवश भी किया जाता था। इस कुप्रथा का अंत सरकार के प्रचार एवं दृढ़ कार्यवाहियों से हुआ।

बहुविवाह की प्रथा का एकमात्र उद्देश्य था नारी को संपत्ति के अधिकारों से वंचित करना। सबसे पहले राजा राममोहन राय ने ही कहा कि भारत में लड़की को माता-पिता की संपत्ति से चौथाई भाग दिया जाता है। विधवा को माता - पिता की संपत्ति पर पुत्र के बराबर अधिकार है। स्त्री जनोद्धार संबंध में यह उद्धरण महत्वपूर्ण है- "स्त्रियों को समाज में गौरवपूर्ण स्थान प्रदान करने, उन्हें घर के चहारदीवारी से बाहर निकालने के लिए, राममोहन राय ने विशेष कार्य किए। विधवाओं की दुस्थिति, दयनीयता को दूर करने के लिए विधवा पुनर्विवाह को प्रोत्साहित किया।" [64]

## शैक्षिक वातावरण

ईस्ट इंडिया कंपनी के बंगाल में प्रवेश से पहले भारत में पाठशालाओं एवं मदरसों में शिक्षा दी जाती थी। केवल बंगाल में ही उस समय 80 हज़ार शिक्षा संस्थाएँ काम कर रही थी। प्रत्येक हिंदू ग्राम में बच्चे पढ़-लिख सकते हैं, पर जहाँ हमने ग्राम प्रणाली समाप्त कर दी है, वहाँ ग्राम शालाएँ भी समाप्त हो गयीं। (लडलो ब्रिटिश रूल इन इंडिया-पृ.206) ग्राम

[63] प्रेमधन सर्वस्व (विधवा विपत्ति वर्ष द्वितीय भाग- पृ. 189

[64] आंधुल चरित्र - संस्कृति - पृ. 406

स्वयं समृद्ध होते थे और अपने ढंग से शिक्षा का प्रबंध करते थे। सन् 1835 में गवर्नर जनरल विलियम बेंटिक ने बंगाल-बिहार में देशी शिक्षा का सर्वेक्षण कराया तो एडम ने अपने प्रतिवेदन में बताया कि प्रायः प्रत्येक भारतीय गाँव में पाठशाला है। कालांतर में ब्रिटिश शासन के दौरान जमींदारों ने इन पाठशालाओं को बंद करने के बाद ग्रामवासियों ने इनको चलाने का संकल्प किया। किंतु कुछ समय बाद लगान बोझ से दबी ग्रामीण जनता का धनाभाव के कारण जीवन निर्वाह ही मुश्किल हो गया तो पाठशालाओं को कैसे चला पाती ? इस प्रकार भारत की शिक्षा की दशा दयनीय हो गयी। ब्रिटिश शासन ने कोई कारगर उपाय नहीं सोचा जब सोचा तो पक्षपात की दृष्टि से कार्य किया। 1781 में वारन हेस्टिंग्स ने मुस्लिम समाज के लड़कों के लिए 'कलकत्ता मदरसा' की स्थापना की। बनारस की 'हिंदू संस्कृत कालेज' के पाठ्य विषयों को लेकर राजा राममोहन राय ने असंतोष व्यक्त किया। उन्होंने इस आशय का पत्र कंपनी सरकार को लिखा। उनकी मांग थी कि गणित, रसायन शास्त्र, शरीर विज्ञान आदि ज्ञान - विज्ञान संबंधी उपयोगी विषयों की शिक्षा दें। उनकी यह भी मांग थी कि प्रयोगशालाओं एवं संयंत्रों के साथ यूरोप के सुशिक्षित विद्वान अध्यापकों द्वारा यहाँ शिक्षा देने की व्यवस्था करें।

अंग्रेज़ी और अन्य विषय जो नवयुवकों की प्रगति के लिए आवश्यक थे, उनकी शिक्षा के लिए राजा राममोहन राय की प्रेरणा से कुछ महानुभावों ने कलकत्ता स्कूल की स्थापना की। 1827 में बंबई प्रांत के धनी, जमींदार एवं प्रमुख व्यक्तियों ने चंदा इकट्ठा कर अंग्रेज़ी प्रोफेसरों को नियुक्त करने का निश्चय किया जो विज्ञान विषय के साथ अंग्रेज़ी भाषा साहित्य पढ़ा सकें। देश भर इस प्रकार जनता के अंग्रेज़ी सीखने की इच्छा को देखकर कंपनी सरकार ने 'कलकत्ता मदरसा' और बनारस के संस्कृत कालेज में अंग्रेज़ी पढ़ाने का इंतजाम कर दिया। इसी बीच कंपनी के द्वारा फोर्ट विलियम कालेज की कलकत्ते में स्थापना (1801 ई.) एक महत्वपूर्ण घटना है। फोर्ट विलियम कॉलेज के अध्यापकों को देशभाषा में पाठ्य पुस्तकें, कोश, व्याकरण आदि तैयार करने का काम भी सौंपा गया। भारतीय भाषाओं में गद्य लेखन की प्रेरणा और प्रोत्साहन देने का श्रेय इस कॉलेज को मिलता है। बनारस संस्कृत कॉलेज की स्थापना के बाद अंगरेज विद्वान, प्राच्य भाषा संस्कृत में विशेष रुचि लेने लगे।

पाश्चात्य शिक्षा के प्रभाव से भारतीय युवक अंग्रेज़ी भाषा और विज्ञान की ओर उन्मुख हुए। बनारस के 'संस्कृत कॉलेज' में अंग्रेजी पढ़ाने का प्रबंध हुआ। सन् 1835 ई. में एक कमेटी की नियुक्ति की गई जिसकी अध्यक्षता लार्ड मैकॉले ने किया। उन्होंने अंग्रेज़ी भाषा को शिक्षा का माध्यम बनाने की बात पर बल देते हुए कहा कि भले ही राजदंड हमसे छिन

जाय। सफलता हमारे शस्त्रों के लिए अस्थायी सिद्ध हो सकती है। किंतु कुछ विषय ऐसे हैं जिनके पश्चात् किसी प्रकार की विपरीत भावना की संभावना नहीं। यह ऐसा साम्राज्य है जिसमें नाश के सभी स्वाभाविक कारणों का अभाव है। यह शांतिपूर्ण युक्ति की बर्बरता पर विजय है। यह साम्राज्य हमारी कलाओं हमारे आचार का तथा साहित्य और कानूनों से नष्ट न होनेवाले राज्य हैं

दिनांक 7.3.1835 के दिन गवर्नर जनरल लार्ड विलियम बेंटिंक के सरकार ने यह प्रस्ताव स्वीकार किया। सन् 1884 ई. में सरकारी नौकरियाँ प्राप्त करने के लिए अंग्रेज़ी एवं विज्ञान की शिक्षा की जानकारी आवश्यक थी। इससे देशी भाषीय शिक्षा में लोगों की रुचि कम हुई। अंग्रेज़ी शिक्षा से भारतीय सभ्यता, संस्कृति तथा भाषा साहित्य में भारी परिवर्तन आया। युवक अंग्रेजी शिक्षा एवं यूरोपीय सभ्यता को महान समझने लगे। वे मानसिक दासता के शिकार हुए। सन् 1856 ई. ओर सन् 1858 ई. के बीच रूकीं, पूना, मद्रास तथा कलकत्ता में इंजीनियरिंग कॉलेज स्थापित हुए। फोर्ट विलियम कॉलेज की स्थापना से हिंदी शिक्षा को बड़ा प्रोत्साहन मिला। हिंदी भाषा पर सरकार का विशेष अनुग्रह था। सन् 1857 ई. में कलकत्ता, बाम्बे और मद्रास विश्वविद्यालयों की स्थापना हुई।

शिक्षा का पश्चिमीकरण एक तरह से शैक्षिक नवजागरण ही था। भारतीय शिक्षा मूलतः आध्यात्मिक और पारलौकिक थी। उस पर पाश्चात्य ज्ञान-विज्ञान का प्रभाव पड़ने के कारण वह भौतिक और इहलौकिक बन गया। शैक्षिक एवं धार्मिक कट्टरता के कारण स्वतंत्र व्यक्तित्व का विकास संभव नहीं था। फलस्वरूप, एक विवेक सम्मत

दृष्टिकोण का विकास संभव नहीं था। इसी कमी की पूर्ति के लिए आधुनिक शिक्षा पद्धति का जन्म हुआ। इसके समारंभ में सरकार, ईसाई मिशनरियों और व्यक्तिगत प्रयत्न अत्यन्त महत्वपूर्ण हैं। अलैक्जैंडर डफ ने तो स्त्री शिक्षा के प्रसार में महत्वपूर्ण योगदान दिया। श्री लक्ष्मीसागर वार्ष्णेय के अनुसार - "हिंदू जाति की नवजात चेतना के मूल में वैज्ञानिक साधन तथा नवशिक्षा, वे दो प्रधान कारण थे।" (आधुनिक हिंदी साहित्य, डॉ. लक्ष्मीसागर वार्ष्णेय - पृ. 82) खड़ी बोली गद्य की प्रतिष्ठा के साथ हिंदी साहित्य में आधुनिक गद्य युग का सूत्रपात हुआ। हिंदी भाषियों की मानसिक प्रवृत्ति बदली। इसीलिए -"उन्नीसवीं शती का उत्तरार्द्ध हिंदी नवोत्थान का काल है।" (आधुनिक हिंदी साहित्य, डॉ. लक्ष्मीसागर वार्ष्णेय-पृ.50

ईसाई मिशनरियों, डेविड हेअर ( 1816 ), स्टुअर्ट एल्फिंस्टन (1824), एलेक्जैंडर डफ (1830) और राजा राममोहन राय प्रभृति के व्यक्तिगत प्रयत्नों के फलस्वरूप अंग्रेज़ी

शिक्षा का प्रचार होने लगा। सन् 1833 ई. में मैकॉले की मिनिट्स के अनुसार अंग्रेज़ी शिक्षा का प्रचार हुआ। इसका मूल उद्देश्य भारतीयों को मानसिक रूप से ब्रिटिशों का गुलाम बनाना था। सन् 1835 ई. में इसी उद्देश्य की पूर्ति हेतु गवर्नमेंट का प्रस्ताव प्रकाशित हुआ। सन् 1844 ई. में हार्डिंज का घोषणा-पत्र प्रकाशि हुआ कि सरकारी नौकरियाँ अंग्रेजी पढ़े-लिखे लोगों को दी जाए। बैंटिक और मैकाले के बाद हार्डिज ने वर्न्याकुलर और अंग्रेजी शिक्षा प्रसार के संबंध में कार्य किये। सन् 1854 ई. में सर चार्ल्स वुड की शिक्षा योजना के अनुसार उच्च शिक्षा के साथ-साथ गाँव-गाँव में पाठशालाएँ खोलने की व्यवस्था की गई। गाँवों में प्राथमिक शिक्षा संबंधी संस्थाएँ और जिलों में हाई स्कूल खोले गये। देशी भाषाओं पर भी जोर दिया गया। उच्च शिक्षा के लिए अंग्रेजी माध्यम थीं। प्रारंभिक शिक्षा देशी भाषाओं में थीं। सन् 1857 ई. में कलकत्ता, मद्रास और बंबई विश्वविद्यालयों की स्थापना हुई। सन् 1882 ई. में पंजाब विश्वविद्यालय और सन् 1887 ई. में प्रयाग विश्वविद्यालय की स्थापना हुई। इससे भारत में पाश्चात्य विचारधारा का प्रचार हुआ।

## आंध्र का शैक्षिक वातावरण

19 वीं शताब्दी के प्रारंभ में प्रमुख रूप से आंध्र में 'पयल स्कूल सिस्टम' था। इसमें संस्कृत, गणित एवं तेलुगु पढ़ायी जाती थी। अध्यापक किसी पेड़ के नीचे या अपने घर के चबूतरे पर अपने छात्रों को पढ़ाया करते थे। इसके लिए छात्रों के अभिभावक अध्यापक को बहुत कम वेतदन दिया करते थे। इस प्रकार के स्कूल बहुत लंबे समय तक बिना किसी फेर बदल के इसी पद्धति से चलाये गये। वर्णों पर ध्यान दिये बगैर वर्णमाला के अक्षरों को गीत जैसा गाया करते थे। इस प्रकार की शिक्षा पद्धति जो अवैज्ञानिक एवं उबाऊ है, निजात पाने में काफी समय लगा। मद्रास प्रोविशनल कमेटी को वेन्नेलकंटि सुब्बाराव ने इन स्कूलों के सुधार के लिए अनेक सुझाव दिये। मद्रास प्रेसिडेंसी में शिक्षा की प्रगति में एक नया अध्याय गवर्नर लार्ड मुनों (1820-27) के कार्यकाल में प्रारंभ हुआ। गवर्नर मुगों ने देशी स्कूलों की स्थिति के बारे में प्रामाणिक स्रोतों से प्रांतों के कलेक्टरों से पूछताछ शुरू की। तत्कालीन बल्लारी के कलेक्टर ए.डी.कैंपबेल ने अपने रिपोर्ट में लिखा था कि देशी स्कूलों की दशा संतोषजनक नहीं है और उन्होंने इसका कारण देश की दरिद्रता को माना। उन्होंने आगे यह

भी लिखा था कि हर एक बालक तोते रटंत के समान बिना अर्थ जाने अनेक पंक्तियों को कंठस्थ करता है और पुनः बोलता है।[65]

थामस मर्नो की स्कूली शिक्षा में रुचि लेने के कारण बोर्ड आफ पब्लिक इन्स्पेक्शन बनी। कमेटी को अधिकार दिया गया कि हर जिले में दो प्रिंसिपल स्कूल, हर तालूके में एक इनफीरियर स्कूल खोले जाएँ और अध्यापकों को प्रशिक्षित करने का इंतजाम भी किया जाए। इस नयी शिक्षा नीति के दो प्रमुख उद्देश्य रहे थे- (1) निचले स्तर की प्रशासनिक सेवाओं के लिए लोगों को तैयार करना, ( 2 ) पाश्चात्य ज्ञान - विज्ञान का प्रचार करना। कंपनी सरकार के लिए बाबुओं को तैयार करने को प्राथमिकता दी गयी और ज्ञान का प्रसार कम ही हुआ। केवल 50000 रुपये ही मद्रास प्रेसिडेंसी के शिक्षा क्षेत्र में खर्च करने का निर्णय लिया गया। 1833-53 तक इस तरफ ज्यादा ध्यान दिया गया। फिर भी बंगाल और बंबई की तुलना में मद्रास प्रेसिडेंसी में इस दौरान शिक्षा के लिए बहुत कम रकम खर्च किया गया। "When compared to the other presidencies, this amount was very small. Not one-tenth of the annual sum advanced in the promotion of education in Bengal, and not one-fifth of that expanded in Bombay (with a seantien population) is appropriated in this presidency." (V. Rama Krishna, Social reforms in Andhra- p. 16, 17)

आंध्र के अनेक प्रांतों में Anglo-Varnecular schools की स्थापना के साथ 19 वीं शताब्दी के दूसरे चरण में शिक्षा का प्रसार अधिक हुआ। इसका श्रेय G. N.Taylor को जाता है जिनके प्रयत्नों से स्कूलों की स्थापना हुई। उत्तर सरकार जिलों के Taylor महोदय सब कलेक्टर एवं Revenue Commissioner थे। उन्होंने रेट स्कूल (Rate School) की स्थापना राजमहेंद्री सब डिवीजन में हुई। आपने 1852 में नरसपुर, पालकोल, पेनुगोंडा और आचंटा में स्थानीय लोगों के चंदा से स्कूलों को चलाया और सफलतापूर्वक चलाया। अन्य ग्रामों से भी ग्रामवासी जिनमें किसान अधिक थे, आगे आये आर्थिक सहयोग के साथ आये थे। उनके बच्चों को भी शिक्षित करने के उद्देश्य से कपंनी सरकार के सामने इनके प्रस्ताव

[65] A.D.Campbell, the collector of Bellary, mentioned in his report that the indigenous school- system was not in a flowrishing condition due to the gradual but general impovenishment of the country. He further stated that every school boy can repeat verbatism a vast number of verses the meaning of which he knows no more than the parrot that has been tought to utter certain words. (V.Ramakrishna, Social reforms in Andhra- p. 15)

को प्रस्तुत करते हुए उन्होंने पहली बार तेलुगु जनता की तरफदारी की। "While the Tamil population are provided with no less than 950 schools, there are but 30 in the entire Presidency of Madras, in which efficient Telugu instruction is imparted. (V.Ramakrishna, Social Reforms in Andhra-p.17) कंपनी सरकार ने टेलर (MR Taylor) प्रस्ताव को मंजूरी दी। कई स्कूलों की स्थापना हुई। इस प्रकार के स्कूल को Taylor System या राजमंत्री System के स्कूलों के रूप में जानने लगे। इसमें खास बात यह है कि इन स्कूलों के लिए किसानों ने चंदा दी थी। इन स्कूलों के कारण राजमहेंद्री प्रांत में शिक्षा का एक अच्छा वातावरण तैयार हुआ। यहाँ के शिक्षित अनेक युवकों के कारण गोदावरी जिला में सुधारवादी चेतना के प्रयास के लिए प्रश्रय मिला। खेती बाड़ी के कारण किसानों की स्थिति अच्छी थी, कंपनी सरकार ने भी यहाँ के जल संसाधनों की चिंता की। प्रारंभ में गोदावरी जिले में शिक्षा के प्रचार-प्रसार में किसानों के आर्थिक सहयोग का बड़ा महत्व था। यह भी ध्यान देने की बात है कि कंपनी सरकार के तत्कालीन प्रतिनिधियों की नीति एवं किसानों की आधुनिक शिक्षा के प्रति आसक्ति के कारण आंध्र प्रांत स्कूली शिक्षा के प्रचार-प्रसार में और स्कूलों की स्थापना में आश्चर्यजनक रूप से आगे बढ़ा। गोदाव नदी के कारण अत्यन्त उपजाऊ जमीन के मालिक इन किसानों के सहयोग से Taylor System rate school के कारण यहाँ शिक्षितों की संख्या अन्य प्रांतों से अधिक थी।

शिक्षा के क्षेत्र में ईसाई मिशनरियों ने 1836 से पहले ही आंध्र में अपना काम शुरू किया। किंतु 1836 में व्यवस्थित रूप से नेल्लूर में फ्री चर्च मिशन (Free church mission) ने स्कूल खोला। 1850 तक पूरे आंध्र प्रांत में ईसाई मिशनरियों ने अनेक स्कूलों की स्थापना की। भारतीय भाषाओं में मुद्रण का काम भी सर्वप्रथम इन्हीं के द्वारा हुआ। धर्म प्रचार मुख्य उद्देश्य होने के बावजूद शिक्षा के क्षेत्र में इनका योगदान महत्वपूर्ण है।

मद्रास प्रेसिडेंसी के अंतर्गत 1877 में तीन कालेजों की स्थापना की गयी, उनमें एक राजमहेंद्री में भी खोली गयी जिन्हें 1st grade कालेजों के रूप में बताया जाता है। यूँ तो 2nd grade college के रूप में राजमहेंद्री कालेज में एफ. ए. की पढ़ाई 1854 से ही प्रारंभ कर दी गयी थी। 1884 तक राजमहेंद्री, विजयनगरम्, विशाखपट्टणम, मछलीपट्टणम और काकिनाडा में कालेजों की स्थापना हो गयी। 1885 में अमेरिकन लूथरन मिशन ने गुंटूर में भी कालेज खोल दी। रायलसीमा उस समय उच्च शिक्षा केंद्र से वंचित था। नगरों में ही उच्च शिक्षा का प्रचार-प्रसार था, संसाधन थे इसलिए उच्च वर्ग एवं मध्य वर्ग के लोगों को ही

शिक्षा मिल सकी। ग्रामीण प्रांतों में प्राथमिक शिक्षा काही प्रसार था। यहाँ आश्चर्यजनक बात यह है कि प्राथमिक शिक्षा के क्षेत्र में शूद्र भी ब्राह्मण, वैश्य, क्षत्रियों के लगभग समान प्रतिशत में थे। इस प्रकार 19 वीं शताब्दी के उत्तरार्द्ध तक मद्रास प्रेसिडेंसी के आंध्र प्रांत (नगर एवं कस्बों में) अंग्रेज़ी एवं आधुनिक शिक्षा का बोलबाला रहा जो सुधारवादी चेतना एवं नवजागरण की चेतना को विकसित करने में सहायक हुआ।

# IV. चतुर्थ खंड

## 8. नवजागरणकालीन कविता में स्त्री-विमर्श

नवजागरण काल का भारतीय समाज ब्रिटिश साम्राज्यवाद की चुनौतियों का सामना कर रहा था। राजनीतिक स्वतंत्रता की चेतना के साथ भारतीय समाज को अपने धार्मिक बाह्याडंबर और रूढ़िवादिता के विरुद्ध सुधारवादी चेतना भी प्रबल होने लगी। सुधारवादी आंदोलन के स्तर पर अंग्रेज़ी या अनुवादों के माध्यम से ही सही, संवाद बढ़ता गया। बुद्धिजीवियों ने किसी प्रांत या समाज का स्वार्थ नहीं देखा। सभी की दृष्टि समूचे भारत पर थी। क्योंकि ये लोग मानते थे कि सभी का एक ही अतीत है और एक ही भविष्य है।

देश की आवश्यकता थी कि राजनीतिक स्वतंत्रता के साथ सामाजिक विरोधाभासों पर भी ध्यान दें। अतः साहित्यकारों ने समाज की ज्वलंत समस्याओं को अपने काव्य का प्रतिपाद्य बनाया। सामाजिक दुराचारों के कारण उत्पन्न विडंबनाओं का चित्रण किया। उस समय प्रचलित अशिक्षा, बाल-विवाह, बहु विवाह, अनमेल विवाह, दहेज प्रथा, कन्याशुल्क, वैधव्य जीवन की समस्या आदि पर साहित्यकारों ने काव्य- रचना की। इन प्रथाओं के कारण समाज में स्त्री - जीवन की दुर्भर परिस्थितियों का चित्रण हिंदी और तेलुगु काव्य में किया गया। दोनों भाषाओं के साहित्यकारों ने बोलचाल के समीप की भाषा को काव्य भाषा बनाया | हिंदी में कुछ ब्रजभाषा में लिखा गया था और तेलुगु में 'सरल ग्रांथिक भाषा' को प्रारंभिक रचनाकारों ने अपनाया। दहेज प्रथा के विरुद्ध 'ठहरौनी' कविता नंबर 1906 ई. 'सरस्वती' पत्रिका में छपी। महावीर प्रसाद द्विवेदी ने कान्याकुब्ज 'महासभा' के अधिवेशन में इस कविता का पाठ किया।

**"लड़के के विवाह में कहिए मोल तोल क्यों करते हो**
**इस काले कलंक को हा हा। क्यों अपने सिर धरते हो।**

**जिनके नहीं शक्ति देने की क्यों उनका धन हरते हो,**
**चढ़कर उच्च सुयश सीढ़ी पर क्यों इस भाँति उतरते हो।"**

द्विवेदी जी ने माना कि यह शास्त्र सम्मत नहीं है-

**" किस स्मृति में, किस गुह्य सूत्र में, किस पुराण में, बतलाओ,**
**है विधान इस मोल-तोल का, खोल क्यों न तुम दिखलाओ।"**

द्विवेदी जी ने दहेज प्रथा से पीड़ित कन्याओं के दुखमय जीवन का संवेदनात्मक वर्णन किया-

**"यह कुरीति कुल-कन्याओं का कोमल हृदय जलाती है,**
**मनस्ताप से उनके तन को तप्तागार बनाती है।**
**बीस वर्ष की होने पर भी अविवाहित रह जाती है,**
**मुँह से यद्यपि कुछ न कहती है, अति दुसह दुःख पाती है।"**

द्विवेदी जी इस कविता के अंत में जनता को प्रबोधित करते हैं कि वे तुरंत इस प्रथा को समाप्त करें।

**"भूल हुई सो हुई बंधु वर।**
**अब अवश्य संभलो तुम,**
**इस कलंक को अपने उज्ज्वल कुल से**
**झट धो डालो तुम**
**इससे इसे छोड़ दीजै**
**मान लीजिए मेरी बात,**
**अपने ही कुल की कन्याओं को**
**तड़पाओ मत दिन-रात।"**

मैथिली शरण गुप्त की 'भारत-भारती' 1912 ई. में प्रकाशित हुई। इस काव्य में भारतीयों के अतीत एवं वर्तमान की सामाजिक विषमता का चित्रण है। दहेज प्रथा के रूप में समाज में व्याप्त लोभ वृत्ति की निंदा की है और दहेज को 'पाप का धन' कहा-

**"क्या पाप का धन भी किसी का दूर करता कष्ट है।**
**उस प्राप्तकर्ता के सहित, वह शीघ्र होता नष्ट है।**
**आश्चर्य क्या है, जो दशा फिर हो हमारी भी वही,**
**पर लोभ में पड़ कर हमारी बुद्धि अब जाती रही।**

**भारत-भारती – 146**

गुप्त जी ने अनुभव किया कि दुर्भिक्ष जैसी प्राकृतिक विपदा का भी जितना प्रभाव स्त्री पर पड़ता है उतना और किसी पर नहीं-

**"गोबर उठाती, थोपती है, भोगती आयास वे।**
**कृषि करती लेती परों है, खोदती है पास ये।**
**गृहकार्य जितने और हैं करती वहीं संपन्न है,**
**तो भी कदाचित् हो कभी भर पेट पाती अन्न है।"**

**-भारत-भारती-101**

यहाँ राजा राममोहन राय का कथन स्मरण हो आता है- "परिवार के पुरुष सदस्यों को परितृप्त करने के बाद खाने को जो बच जाता है, स्त्रियों को उसी से संतुष्ट रहना पड़ता है, चाहे वह उनके लिए पर्याप्त हो या न हो।"(सामाजिक क्रांति के दस्तावेज)

अनमेल विवाह में निरंतर होती वृद्धि पर उन्होंने वेदना व्यक्त की क्योंकि विधवाओं की संख्या में वृद्धि का कारण भी यही है। इस प्रकार नारी - जवीन को दुखमय बनानेवाली यह सामाजिक प्रथा को हमें छोड़ देना चाहिए-

**"प्रति वर्ष विधवा वृन्द की संख्या निरंतर बढ़ती रही,**
**रोता कभी आकाश है, फटती कभी हिलकर मही।**
**हा, देख सकता कौन ऐसे दग्धकारी दाह को,**
**फिर भी नहीं हम छोड़ते हैं बाल्य वृद्ध विवाह को।**

**-भारत-भारती- 146**

परिवारों में स्त्रियों को मिथ्या दोषारोपण कर शारीरिक प्रताड़ना देने की सामाजिक बुराई का गुप्त जी ने विरोध किया। अज्ञान के कारण किसी स्त्री द्वारा गलती भी होती है तो उसे अज्ञान एवं अशिक्षा के अंधकार में रखने का दोष पुरुष समाज का है। इसलिए स्वयं दोषी होकर दूसरों को दंड देना अपराध है-

**"अत्यल्प भी अपराध पर डंडे उन्हें हम मारते।**
**पर हेतु उनकी मूर्खता का सोचते न विचारते।**
**हाय! दोषी तो स्वयं देते उन्हें हम दंड हैं,**
**आश्चर्य क्या फिर पा रहे जो दुःख आज अखंड है।**

**-भारत-भारती- 142**

## स्त्री-लेखन

19 वीं शती के उत्तरार्द्ध में राजघरानों की स्त्री - रचनाकारों ने भक्ति विषयक काव्य की रचना की। यही परंपरा बाद में भी चलती रही। क्योंकि महिला-लेखन साम्राज्यवाद के अंतर्गत एक सामंती व्यवस्था को ढो रही नारी की मनोदशा का प्रमाण है। किंतु उस समय के साधारण घरों की स्त्रियाँ हिंदी की नयी धारा की कविता कर रही थीं। किंतु साहित्येतिहास में इनकी चर्चा कभी भी नहीं है। शुक्ल जी के साहित्य के इतिहास में 'बुंदेल वाला' (लाला भगवान दीन की पत्नी) कविता का विशेष नामोल्लखे मिलता है। परवर्ती आलोचकों ने उनके बारे में लिखा है- "बुंदेल बाला जी की इन्हीं विशेषताओं के कारण साहित्य में हम अच्छा स्थान स्वीकार करते हैं। समाज में इन्हें वही स्थान दिया जा सकता है जो पुरुष कवि समाज में भूषण जैसे कवियों को दिया गया है।" (डॉ.रमा शंकर शुक्ल 'रसाल', स्त्री कवि कौमुदी की भूमिका - पृ.36) बुंदेल बाला की राष्ट्रीय भावना की अभिव्यक्ति की विशेषता है- पुत्र से संवाद कायम करते हुए भारत की वंदना की है। पुत्र को राष्ट्र गौरव का परिचय देते हुए उन्होंने सिद्ध किया कि स्त्री रचनाकार के रूप में उनकी वत्सल दृष्टि ही उनकी विशेषता है। मातृ हृदय की वात्सल्य भावना के साथ वीर रस का उद्बोधन करना इनकी विलक्षणता है।

1900-1925 के बीच कवयित्रियों का स्वर बदल गया था। कविता अब मध्य वर्ग से भी जुड़ने लगी और राष्ट्रीय स्वर उनका प्रधान स्वर है। श्रीमती राज रानी देवी की (सन् 1927-1970 ई.) ‘प्रमदा - प्रमोद' एवं 'सती संयुक्ता' - दो रचनाएँ मिलती हैं। 'सती संयुक्ता' ऐतिहासिक कथानक पर आधारित काव्य है जिसमें स्त्रियों को जागृत करने का प्रयत्न किया है। पहली बार किसी कवयित्री ने प्रत्यक्ष भाव से स्त्रियों का आहवान किया है। यहाँ नारी-जागरण और स्वदेश-जागरण पर्याय बनकर प्रस्तुत हुए हैं-

**"देवियों! क्या पतन अपना देखकर**
**नेत्र से आँसू निकलते हैं नहीं?**
**भाग्यहीना क्या स्वयं को देख कर**
**पाप से कलुषित हृदय जलते नहीं?**
**क्या न अब कुछ देश का अभिमान है?**
**खो गयी सुखमय सभी स्वाधीनता।**
**हो रहा कितना अधिक अपमान है?**
**समुद इसको कौन सकता है बता।**

संयोगिता की कथा से 'आत्म निर्भर' होने का यह संदर्भ कई दृष्टियों से सार्थक है-

**"बस तुम्हारे हेतु इस संसार में**
**पथ-प्रदर्शक अब न होना चाहिए।**
**सोच लो संसार के कांतार में**
**बद्ध होकर यदि जिये तो क्या जिये।**

'जागृति' काव्य संग्रह पर सेक्सेरिया पुरस्कार से सम्मानित तोरन देवी शुक्ल 'लली' (जन्म सन् 1896) राष्ट्रीय जागरण एवं नारी जागरण की चेतना से प्रभावित थी। "जिन दिनों हिंदी साहित्य का स्त्री - कवि समाज प्रगतिहीन होकर प्रायः स्तब्ध सा खड़ा था, उस समय आपने हिंदी साहित्य के रंगमंच को अपनी रचनाओं से सजाया। नवीन युग का स्त्री साहित्य आपकी ही कृतियों से आरंभ होता है। स्त्री-समाज को साहित्य का संदेश सुनानेवाली आप प्रथम आधुनिक महिला हैं। ... सरसता, सरलता और स्वाभाविकता आपके काव्य का सहज गुण है।" (हिंदी काव्य कीकोकिलाएँ-पृ. 101, सुमन राजे - हिंदी साहित्य का आधार इतिहास - पृ.247 से उद्धृत)

तोरन देवी ने नवजागरण काल में नारी जागरण के अभिमान को साहित्य में पर्याप्त अभिव्यक्ति दी है। स्त्री पराधीनता का प्रतीक 'पर्दा' में छटपटाते हुए नारी के मनोभावों के भावानुकूल उद्गार हैं-

**"कहो बंधु अब क्या कहते हो,**
**कब तक मुक्त करोगे?**
**इस घूँघट की कड़ियों से।**
**हम दुर्बल दीन मलिन हुई,**
**सुख, शांति, स्वास्थ्य, बलहीन हुई।**
**हा! परदे ही परदे में-**
**मिलती अंतिम घड़ियों से।" हिंदी काव्य की कोकिलाएँ - पृ. 86**

गोपाल देवी (सन् 1883) बुंदेल बाला की समकालीन है और काव्य रचना भी करती थी। उनकी विशेषता है कि काव्य क्षेत्र के साथ कर्म भूमि तक उनकी चेतना का प्रसार है। सुशिक्षित पति के सहयोग से आपने स्त्री-शिक्षा के क्षेत्र में काम किया। 'गृहलक्ष्मी'-मासिक पत्रिका का प्रकाशन कर देशानुराग के भाव का प्रसार किया। 1900 के आस-पास बाल कथाओं एवं पशुकथाओं के साहित्य के साथ बाल-साहित्य का प्रणयन किया।

सुभद्रा कुमारी चौहान एवं महादेवी वर्मा ने केवल तीन वर्षों के अंतराल में जन्म लिया। दोनों के व्यक्तित्व, सामाजिक कार्य एवं साहित्य रचना प्रखरता के कारण

साहित्येतिहासकारों को इनके योगदान को नकारना संभव नहीं हो सका। सुभद्रा कुमारी चौहान की कविताओं में प्रेम के विविध रूपों का सुधड चित्रण मिलता है। शुद्ध भौतिक प्रेम, माँ का वात्सल्य एवं देश के प्रति सर्वस्व उत्सर्ग करनेवाला प्रेम। उनकी कविता की राष्ट्रीयता की उनकी कविता की राष्ट्रीयता की बनावट की विशेषता के कारण साहित्य में वह चर्चित है। बिटिया के रोने के स्वर से, उनकी भंगिमा से उनके हृदय में अपार वात्सल्य उमड़ पड़ता है, और वह पति को उलाहना देना नहीं भूलती-

**"तुम कहते हो-"मुझको इसका रोना नहीं सुहाता है।"**
**मैं कहती हूँ-"इस रोने से अनुपम सुख छा जाता है।"**
**ये नन्हे से ओंठ और ये लंबी सी सिसकी देखो**
**यह छोटा सा गला और यह लंबी सी हिचकी देखो!**

महादेवी जी के काव्य की समीक्षा में कई बातें अनदेखी कर गये हैं। प्रायः उनको रहस्यवाद के महिमा मंडित लोक की कवयित्री मान कर उनकी "सामाजिक चेतना एवं आत्माभिव्यक्ति को अनदेखा किया गया है।" इस ऊहापोह का कारण तो यह भी है कि महादेवी जी की प्रारंभिक एवं कुछ बाद की रचनाएँ प्रकाशित ही नहीं हुई थीं। 'अग्निरेखा' महादेवी की मृत्यु के बाद प्रकाशित उनका अंतिम कविता-संग्रह है, जो सर्वथा एक नये काव्य लोक को उद्घाटित करता है। यह महज एक संयोग नहीं है कि दीपक जो महादेवी की रचनधर्मिता का लगभग 'प्रतीक चिह्न' माना गया है 'अग्निरेखा' में बदल गया है-(डॉ.सुमन राजे - हिंदी साहित्य का आधा इतिहास - पृ. 253-254)

महादेवी के काव्य में वेदना और करुणा भाव प्रमुख रहे। इस करुणा को निराशा से निसृत मान पर आलोचना की गयी है। यह सत्य है कि मनुष्य का अनुभूति - संसार अत्यन्त निगूढ़ होता है और निराशा का अनुभव प्रायः प्रत्येक मनुष्य कभी-न-कभी करता है। अपने चारों ओर व्याप्त निराशामय परिस्थितियों से महादेवी ने भी निराशा अनुभव की तो स्वाभाविक ही है। किंतु उनके काव्य में यह भाव कहीं भी व्यक्त नहीं हुआ। दुर्दमनीय साहस, अडिग विश्वास, अनंत धैर्य, उत्कट कर्मण्यता से भरी इन पंक्तियों को देखना चाहिए-

**"इन उताल तरंगों में**
**सह झंझा के आघात**
**जलना है रहस्य**
**बुझना नैसर्गिक बात। "**

जीवन की संघर्षमय परिस्थितियों से निराश होकर कोई हार जाता है, तो क्या आश्चर्य है, अगर संघर्ष का निरंतर सामना करते हुए आगे बढ़ता है तो आश्चर्य की बात है जैसे झंझा में तरंगों के आघातों को सहते हुए, बहते हुए कोई दीपक बुझ जाता है तो सहज परिणाम है, अगर जलता रहता है तो आश्चर्य की बात है। सार्थक कविता में अर्थ के अनेक आयाम खुलते हैं। स्त्री के संघर्षमय जीवन में साहस के साथ आगे बढ़ने की प्रेरणा भी इसी में से मिलता है। किंतु ऐसी कविताओं के बहुआया अर्थवत्ता पर ध्यान नहीं गया। एक कविता में दृढ़ संकल्प के साथ मार्ग संकटमय है तो भी आगे बढ़ते जाने का उद्बोध किया, यह उद्बोध मानव मात्र के लिए है, साथ ही तत्कालीन स्त्री-जीवन के लिए अधिक सार्थक है।

**"अन्य होंगे चरण हारे,**
**और है जो लौटते, दे शूल को संकल्प सारे**
**दुख व्रती निर्माण उन्माद,**
**यह अमरता नापते पद।**
**बाँध देंगे अंक संसृति से तिमिर में स्वर्ण-बेला**
**पंथ रहने दो अपरिचित, प्राण रहने दो अकेला।"**

कर्तव्य एवं कर्मठता ही नहीं, अपने पथ पर अडिग विश्वास भी है। नुपुर स्वन को तुच्छ नहीं समझना, उसमें दिशा रचने का अपूर्व सामर्थ्य है-

**"पथ बना, उठे जिस ओर चरण**
**दिशि रच जाता नुपुर- स्वन।"**

अदम्य साहस के साथ इस मार्ग पर चलते अगर मिट जाती तो भी उनको दुख नहीं क्योंकि वह मेघ के समान झर जाने के लिए चल रही है और जीवन के प्रश्नों को स्वयं मिटकर उत्तर देने का संकल्प कर चुकी है -

**"भीति क्या यदि मिट चली मैं**
**नभ से ज्वलित पग की निशानी**
**प्राण भू के हरी है, पर सजल मेरी कहानी,**
**प्रश्न जीवन के, स्वयं मिट, आज उत्तर कर चली मैं**
**मेघ सी घिर झर चली मैं।"**

काव्य में यथार्थ चित्रण एवं अभिधा का उतना महत्व नहीं। महादेवी के काव्य में सर्वत्र व्याप्त समकालीनता - बोध उनकी कवि की व्यंजना शक्ति में निहित है। यथार्थ कथन एवं गद्यशैली की भंगिमा देखना है तो महादेवी के गद्य को देखेंगे तो स्त्री - जीवन की विडंबना, दुख एवं समस्याओं का जैसा खुलकर वहाँ वर्णन है उस प्रकार अन्यत्र शायद ही मिलें।

## तेलुगु काव्य-स्त्री विमर्श

19 वीं शताब्दी के उत्तरार्द्ध में भारतीय समाज में धर्म के प्रति एक नया दृष्टिकोण, बाह्यांडबरों का विरोध, साथ ही समाज में व्याप्त रूढ़िवादी रीति रिवाजों का विरोध साहित्य में भी परिलक्षित होने लगा था। किंतु 20 वीं शताब्दी के प्रारंभ तक यह प्रवृत्ति अधिक प्रस्फुटित होने लगी थी। काव्य में स्त्री के प्रति एक नयी दृष्टि, उसकी समस्याकुल जीवन के प्रति एक सहानुभूति एवं स्त्री - पात्रों में एक नया व्यक्तित्व भरने का प्रयास दिखायी देता है।

आधुनिक तेलुगु कविता को नयी दिशा प्रदान करने का श्रेय श्री गुरजाडा अप्पाराव की है। वे एक युग प्रवर्तक कवि है। साहित्य के सामाजिक प्रयोजन में विश्वास रखनेवाले इस साहित्यकार ने नारी - प्रधान कविताओं की रचना की। स्त्री की समस्याओं के सूक्ष्म निरीक्षण के साथ स्त्री जीवन की विडंबनाओं को कविता में यथार्थ चित्रण किया।

'कासुलु' कविता में कवि के अनुसार स्त्रियों में व्याप्त अज्ञान के अंधकार को दूर कर उनके हृदय में प्रेम का आलोक भर देना भी पुरुष का ही कर्तव्य है। अगस्त 1910 ई. 'आंध्र भारती' में प्रकाशित कविता में पति के द्वारा पत्नी के प्रति प्रेम निवेदन का मर्मस्पर्शी चित्रण है। प्रेम का महत्व बताते हुए कहता है- "शारीरिक आकर्षण तो समय के साथ ढल जाएगा। वह प्रेम नहीं है प्रेम तो वह स्नेहमय मित्र है जिसमें न भ्रम है, न रहस्य। स्त्रियों-पुरुषों, दोनों को सुख देने का एक ही मार्ग है- प्रेम। प्रेम देने से प्रेम बढ़ता है। 'पति देवता है' यह बात पुरानी है, 'पति प्राण-मित्र है' - इस प्रकार दाम्पत्य संबंध में पति-पत्नी का आपस मित्रता के संबंध को आधार माना है-

**"मरुलु प्रेमनि मदि तलंचकु**
**मरुलु मरलुनु वयसु तोडने,**
**माय मर्ममु लेनि नेस्तमु,**
**मगुवलकु मगवारि कोक्करे, ब्र**
**तुकु सुखमुकु राजमार्गमु।**
**प्रेम निच्चिन प्रेम वच्चुनु**

**प्रेम निलिपिन, प्रेम निलुचुनु।"**

इस कविता में गुरजाड़ा ने दाम्पत्य-जीवन की एक नयी परिभाषा प्रस्तुत कर समाज के लिए दिशा-निर्देश किया। इसमें प्रेम का आधार मोह या आकर्षण न होकर मित्रता की भावना के महत्व को प्रतिपादित किया।

'पूर्णम्मा' अप्पाराव की अद्भुत लंबी गेयात्मक कविता, गीत काव्य या गीतिरूपक है। इसकी कथा का अंत शोक है जो हृदय को आकुल व्याकुल ही नहीं करता, हृदय को झकझोरता भी है। 'पूर्णम्मा' कवि की कविता - शक्ति और भाव - प्रवणता सहृदय को शोक सागर में डुबा देता है और विचारों की ऊर्जास्विता पाठक की बुद्धि को सोचने के लिए मजबूर करता है। समाज की वास्तविक जीवन की घटना है जिसमें 'कन्याशुल्कम' जैसे सामाजिक दुराचार के कारण एक सुकुमार किशोरी मृत्यु का वरण करती है। इस प्रकार की घटनाओं से समाज आँख मूँदकर इस दुराचार को बढ़ावा दे रहा था। गुरजाडा ने समाज में सुधार लाने हेतु ऐसी बालिकाओं को इस दुराचार से निजात दिलाने के लिए और समाज को प्रबुद्ध करने के उद्देश्य से इसकी रचना की।

पैसों की लालच में माँ-बाप ने न्याय-अन्याय का विवेक छोड़कर पूर्णम्मा का विवाह बूढ़े आदमी से कर देते हैं। वह दुखियारी लड़की दुर्गा माता के मंदिर में देवी के शरण में चली जाती है। अनमेल विवाह के परिणाम को दिखाकर 'कन्याशुल्कम्' जैसी प्रथा से धन कमानेवाले लोभी पिताओं की आँखें खोलने का प्रयत्न किया।

'कन्यका' गुरजाडा अप्पाराव की और एक महत्वपूर्ण कविता है। 1912 में इसकी रचना हुई। 'कन्यका' रेशमी साड़ी पहनकर, सज धज कर, हाथ में पूजा की सामग्री लेकर प्रसन्नता के साथ मंदिर में पूजा करने जा रही थी। राजा ने देखा और उस लड़की के सौंदर्य पर मोहित हुआ। अपने मित्रों को आज्ञा दी कि उसे पकड़कर ले आएँ। कन्या के पिता राजा से प्रार्थना करते हैं - आप तो राजा है, मेरी कन्या का वरण कीजिए और विवाह कीजिए। कुल देवता वीरभद्र के मंदिर में होम हो रहा था। कन्या पुरुषों को संबोधित करती है- "मेरी विनती सुनो! क्या मेरे कुल में ऐसा कोई नहीं है जा माँ-बहनों की रक्षा कर सके।" वह स्वयं अपनी रक्षा करने के लिए तैयार हो जाती है। वह कन्य राजा के सम्मुख चुनौती भरे शब्दों में कहती है- " दिन दहाडे राज मार्ग पर तुम ने मुझे पकड़ना चाहा। क्या तुम राजा हो? तुम तो मदांध, अहंकारी हो। तुम ने ऐसा दुष्कार्य किया कि भगवान चुप नहीं है। कुल के बड़े लोग खड़े हैं। तुम ने जिस अग्नि को साक्षी मानकर जबर्दस्ती मुझे अपनाना चाहा, मैं उसी में जा रही हूँ। पकड़ सको तो पकड़ो।" "ऐसा कहकर होम की अग्नि में कूद पड़ी। जहाँ वह कूद

पड़ी वहाँ चुंबी भवन खड़ा हो गया। कवि कहता है- कन्या और राजा की गाथा यश और अपयश के साथ चिरकाल तक अमर रही।

राजाओं की निरंकुशता सामंती व्यवस्था में प्रबल थी और गुरजाडा ने रेखांकित किया कि इस तरह के निरंकुश राजाओं से अपने को बचाने का एक ही उपाय कन्यका के पास था- आत्मदाह। तब भी वह उसकी विजय ही है।

'स्नेहलता' रायप्रोलु सुब्बाराव का काव्य है। समाज में व्याप्त दहेज प्रथा जैसे दुराचार के कारण लड़कियों की दुरवस्था एवं प्राण त्याग तक की स्थितियों का चित्रण कर कवि ने विरोध व्यक्त किया। स्नेहलता ब्राह्मण परिवार की कन्या है। स्नेहलता काव्य की नायिका है। दहेज न दे पाने की पिता की असमर्थता के कारण उसका विवाह समय पर नहीं हो सका। अपने पिता को लोक निंदा से बचाने के लिए आत्माहुति कर लेती है। आत्महत्या से पहले वह एक पत्र लिखती है, जिसमें वह समाज से प्रश्न करती है-क्या युवक कन्या से विवाह करेंगे या कन्या पिता द्वारा दिये जानेवाले दहेज रूपी दिव्य अप्सरा स्त्री से विवाह करेंगे, क्या इन आर्य जनों से कोई नहीं पूछ सकता ?" इस प्रकार सुब्बाराव ने तत्कालीन समाज में व्याप्त दहेज प्रथा के दुष्परिणामों का चित्रण किया। पढ़ी-लिखी लड़कियों में दहेज के प्रति एक प्रकार का विरोध और उपेक्षा भाव दिखायी देता था। यहाँ भी प्राण त्याग के अलावा कोई मार्ग नहीं सूझता। दहेज की प्रथा आज भी अपनी उसी प्रमुखता के साथ है।

'ललिता' कविता भी सुब्बाराव जी की है। इस कविता में कवि ने स्वच्छंद प्रेम का चित्रण किया। इस कविता की नायिका ललिता सत्यवर्द्धन नामक व्यक्ति से प्रेम करती है। माता-पिता द्वारा तय किये गये विवाह का विरोध कर ललिता पुरुष वेश में सत्यवर्द्धन की खोज में निकल पड़ती है। कवि ने इस कविता में प्रेम विवाह का चित्रण किया है। इस प्रकार कवि बताना चाहता है कि बदली हुई सामाजिक परिस्थितियों में युवक-युवतियाँ आपस में मिलने के अधिक अवसर मिल रहे हैं। ऐसे में किसी युवक-युवती में आपसी प्यार बढ़ता है तो उन्हें विवाह करने का साहस होना चाहिए। इस प्रकार अपने जीवन के महत्वपूर्ण निर्णय स्वयं लेने में समर्थ होना चाहिए।

'तृण-कंकण' रायप्रोलु सुब्बाराव की महत्वपूर्ण रचना है। इस खंड काव्य में अशरीरी प्रेम का प्रतिपादन किया है। नायक का अपनी बाल्यसखी के प्रति प्रेम - निवेदन और विवाहित नायिका का प्रेमी को पर-पुरुष मानकर प्रेम का तिरस्कार करना इस कविता का इतिवृत्त है। पूरी कविता प्रेम की उदात्त भावना से प्रेरित है। अंत में प्रेमी अपनी प्रेमिका को प्रेम के प्रतीक के रूप में 'तृण-कंकण' भेंट के रूप में समर्पित करता है। यहाँ प्रेमी के रूप में

उदात्त नायक की कल्पना की गयी है। प्रेमी नायक में स्वार्थ, लोभ एवं ईर्ष्या जैसी भावनाएँ न होकर एक उदात्त प्रेम भावना का चित्रण किया गया है। आज के युग में जहाँ प्रेमिका को हासिल न कर पाने पर उसको मौत के घाट उतारना या बदसूरत कर देना आदि प्रेम के विकृत रूप दिखाई दे रहे हैं, ऐसी कविताओं का प्रचार-प्रसार होना चाहिए।

'कष्ट कमला': कविता के शीर्षक से ही पता चलता है कि नायिका कमला का जीवन कष्टमय है। सुब्बाराव जी ने इस कविता के माध्यम से प्रस्तुत किया कि व्यसनी पुरुष के साथ जीवन कितना कष्टमय होता है। कभी-कभी यह गलत चुनाव भी स्वयं का हो सकता है। दुःखमय जीवन का मर्मस्पर्शी चित्रण इस कविता की विशेषता है।

इस प्रकार रायप्रोलु सुब्बाराव ने अपनी कविताओं में समाज में व्याप्त दुष्प्रभावों के कारण जीवन से जूझती हुई स्त्रियों का चित्रण कर समाज को समझाने का प्रयत्न किया कि इन सामाजिक परंपराओं से स्त्री जीवन कितना कष्टमय हो रहा है। कुछ कविताओं में सुशिक्षित नारियों को स्वावलंबी व्यक्तित्व देकर समाज के सामने उदाहरण भी रखा कि उनको समुचित अवसर देंगे तो अपने जीवन को वह सुखमय बना सकते हैं।

तेलुगु काव्य में परंपरागत प्रवृत्तियों का काव्य बहुत मात्रा में मिलता है। परंपरा से हटकर नवजागरण कालीन वैचारिकता से प्रभावित होकर स्त्रियों के प्रति दृष्टि में परिवर्तन के साथ जो कविताएँ हैं उन्हीं को लिया गया है। इन कविताओं में स्त्रियों की समस्याओं के प्रति एक परिवर्तित दृष्टि के साथ नारी चित्रण इन कविताओं में मिलता है।

## स्त्री लेखन - स्त्री विमर्श

नवजागरण कालीन समाज में स्त्रियों का शिक्षित होना ही विशेष बात थी। सुशिक्षित स्त्रियाँ काव्य रचना में प्रवृत्त होने लगी। यह समाज के परिवर्तित दृष्टिकोण का प्रमाण है। पूरे आंध्र प्रांत में स्त्री शिक्षा को प्रोत्साहन दिया गया। स्त्रियों की प्रारंभिक रचनाएँ पौराणिक काव्य वस्तु के आधार पर ही लिखी गयी। कांचलपल्लि कनकांबा ने शिक्षा के नाम पर पाश्चात्य सभ्यता को अंधानुकरण का विरोध किया। "पाश्चात्य भाषा को व्यावहारिक ज्ञान के लिए सीखना उचित है किंतु दूसरों की सभ्यता को सीखने लगेंगे तो आंध्र जाति की स्थिति हास्यास्पद होगी।" (डॉ.छायादेवी - 20 व शताब्दंलो तेलुगु रचयित्रुल रचनलु-पृ.41)

आंध्र प्रांत में स्वतंत्रता आंदोलन के प्रारंभिक दौर से ही स्त्रियों ने उसमें सक्रिय योगदान दिया। अनेक स्त्रियाँ प्रायः गिरफ्तार होती थीं और जेलों में बंद कर दी जाती थीं। विश्वसुंदरम्मा 'स्त्रियों का बंदीखाना' शीर्षक कविता में कैदियों के रूप में स्त्रियों की दशा का

वर्णन किया और उन्होंने जेलों में ए, बी और सी क्लासों में होनेवाली विवक्षा को भी रेखांकित किया। ( डॉ. छायादेवी - 20 व शताब्दंलो तेलुगु रचयित्रुल रचनलु-पृ.49)

रुक्मिणी अम्मा ने अपने 'प्रेम' कविता में प्रेमी से निवेदन किया कि सौंदर्य, यौवन, धन आदि के लिए अगर प्रेम करना चाहें तो नहीं, केवल प्रेम के लिए ही प्रेम करना चाहोगे तो विश्वास भरा हृदय तुम को समर्पित कर दूँगी।" (पृ.51)

कोलकलूरि स्वरूपा रानी ने पंरपरागत काव्य शिल्प में वस्तुगत नवीनता के साथ काव्य रचना की। आधुनिक विचारधारा को अपनी 'स्त्री पर्व' रचना में सशक्त अभिव्यक्ति दी। इस रचना में स्वरूप रानी पुरुष की उस मानसिकता को व्यक्त किया जिसके चलते उसने स्त्री के लिए कायदे कानून बनाये जिससे वह दबी-कुचली ही रही। कवयित्री प्रबोधित करती है कि पत्नी को दासी का नहीं, अपने बराबर का दर्जा दें, उस पर स्नेह एवं प्रेम का भाव रखें। इस कविता में 1920 के दर्मियान स्त्री-जीवन में पग-पग व्याप्त निषेधों के प्रति विद्रोह की भावना व्यक्त हुई-

"हिले तो मुश्किल, डुले तो मुश्किल
कदम बढ़ाये तो सबसे बड़ा मुश्किल
मुख पर मुस्कान दिखे तो मुश्किल
पलकें उठाये तो और मुश्किल
अड़ोस-पड़ोस से अपनापन मुश्किल
बोले बेइन्तहा मुश्किल
अबला जन्म ही मुश्किल
समझ में नहीं आता, इसे फेंके
कैसे एकाएक।" - पृ. 55

अपने जन्म के प्रति उकताहट की पराकाष्ठा है कि इस जन्म से निजात पाना चाहती है।

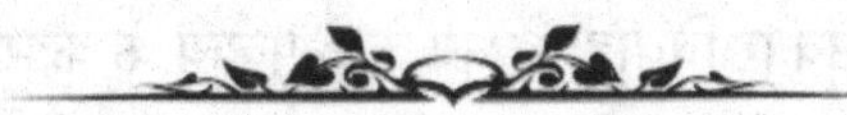

# 9. नवजागरणकालीन कथा साहित्य में स्त्री-विमर्श

भारतीय नवजागरण काल में सभी भारतीय भाषाओं में गद्य में विपुल मात्रा में विविध विधाओं में रचना होने लगी थी। आधुनिक काल तक गद्य का जो रूप था, वह हिंदी में प्रायः ब्रज भाषा में और खड़ीबोली था और तेलुगु में मध्य युगीन ग्रांथिक भाषा तथा सरल ग्रांथिक भाषा के रूप में था। नवजरगण काल में गद्य की विविध विधाओं में कथा साहित्य एवं निबंध साहित्य का विकास हुआ था।

**हिंदी कथा साहित्य में स्त्री**

'भाग्यवती' नवजागरण कालीन कथा साहित्य के क्षेत्र में स्त्री को महत्वपूर्ण स्थान देकर लिखा गया पहला मौलिक उपन्यास है। पंजाब के प्रसिद्ध हिंदी लेखक पं.श्रद्धाराम फुल्लौरी बाल विवाह के विरोधी एवं विधवा विवाह के पक्षधर थे। इन विचारों को आधार बनाकर उन्होंने 'भाग्यवती' नामक उपन्यास की रचना की। कुछ आलोचकों के अनुसार यह हिंदी का पहला उपन्यास है। इस उपन्यास के प्रथम पृष्ठ पर छपा है-"भाग्यवती"-स्त्री शिक्षा की अपूर्व पुस्तक, स्वदेशी बालिकाओं के उपकारार्थ पुत्री पाठशालाओं में स्वीकृत और भारत खंड के अन्य शिक्षा विभागों में भी प्रचलित है तथा "भारत खंड की स्त्रियों को गृहस्थ धर्म की शिक्षा प्राप्त हो" उद्देश्य से यह ग्रंथ सुगम हिंदी भाषा में एक कल्पित कहानी है। (श्रद्धाराम ग्रंथावली - पृ. 185) इस उपन्यास में विवाहादि से संबद्ध कुरीतियों का विरोध करते हुए उनकी समाप्ति पर बल दिया गया। भारतेंदु और प्रतापनारायण मिश्र ने भी इन बातों का विरोध किया। उपन्यासकार विवाहों में धन के अपव्यय के कट्टर विरोधी थे। नाच-गाना, आतिशबाजी आदि में जो धन व्यय किया जाता था, उस धन को लड़की को देने के पक्ष में था। 'भाग्यवती' उपन्यास में एक स्थान पर लिखा गया -भला कहो, जो विवाहों में लोग

सहस्रों रुपये वृथा लुटा देते हैं, यह बात किस शास्त्र में लिखी है? क्या अच्छी बात है कि द्रव्य नाचनेवाली वेश्याओं को दिया जाता है और अग्निक्रीड़ा अर्थात् आतिशबाजी में लुटाया जाता है, वह बेटी को दिया जाया करें। (श्रद्धाराम ग्रंथावली- पृ. 192) इस प्रकार के विचारों को तत्कालीन सामाजिक परिस्थितियों में व्यक्त करने पर समाज के रोष का सामना करना पड़ता था क्योंकि समाज के अधिकतर पुरुष कट्टर परंपरावादी होते थे। श्रद्धाराम जी ने 'भाग्यवती' के एक पात्र पं. उमानाथ से कहलवाया है- "आप जानते हैं कि जब-जब कोई पुरुष किसी नई बात का आरंभ करना चाहता है, अथवा अपनी पुरानी रीतियों को सुधारने की इच्छा करता है, तो उसके भाई-बंधु और सांसारिक लोग कभी उससे प्रसन्न नहीं रहे। (श्रद्धाराम ग्रंथावली - पृ. 215)

बाबू गोपाल राम गहमरी की 'देवरानी-जठानी', 'दो बहन' 'तीन पुतोहू', 'सास-पतोहू' आदि उपन्यासों में स्त्री-जीवन के विविध पक्षों का चित्रण है। 'देवरानी- जेठानी' उपन्यास शिक्षित स्त्री पात्र के द्वारा स्त्रियों की शिक्षा के महत्व का प्रतिपादन किया। लज्जाराम शर्मा के द्वारा लिखा गया उपन्यास 'स्वतंत्र रमा और परतंत्र लक्ष्मी' में पाश्चात्य सभ्यता में रंगी हुई नारी के स्वच्छंद प्रेम को दर्शाया गया है। इसमें भारतीय संस्कृति की छाया में पली-बढ़ी एक आदर्श नारी का व्यथापूर्ण कहानी है।

**भाग्यवती (1877)**

उपर्युक्त उपन्यासों में 1877 में प्रकाशित 'भाग्यवती' सामाजिक सुधार की चेतना में प्रखर माना जाता है। इस उपन्यास में तत्कालीन पारिवारिक एवं सामाजिक जीवन के अनेक मुद्दों को लेकर यथार्थपरक दृष्टि के साथ प्रस्तुत किया। "विधवा विवाह के पक्ष में ऐसे-ऐसे तर्क दिये गये थे जिन्हें अंग्रेज़ सरकार ने तत्कालीन समाज की मान्यताओं से डर कर उपन्यास से हटवा दिया क्योंकि यह उपन्यास स्कूली पाठ्यक्रम में रखा गया था।" (राष्ट्रीय नवजागरण और साहित्य- पृ. 19, वीर भारत तलवार) 'भाग्यवती' का व्यक्तित्व संपन्न स्त्री के रूप में चित्रण किया गया है। यह युगीन परिवेश में भाग्यवती जैसी चरित्र की कल्पना नहीं की जा सकती किंतु उपन्यासकार ने अपनी काल्पनिक नारी चरित्र को इस उपन्यास में साकार कर दिया।

**'देवरानी-जठानी की कहानी'**

यह उपन्यास 1870 में गौरीदत्त द्वारा लिखा गया है। इस उपन्यास में शिक्षित एवं अशिक्षित बहू के लाभ-हानि को बताया गया है। "ठीक इसी विषय पर उर्दू में नजीर अहमद इससे पहले ही 'मिरात उल उरूस' लिख चुके थे। हिंदी प्रदेश में सर सय्यद अहमद के नेतृत्व

में उर्दू माध्यम से मुसलमानों के बीच समाज-सुधार ( नई रोशनी) का आंदोलन हिंदुओं के बीच हुए आर्य समाज के आंदोलन से कुछ पहले ही शुरू हो गया था।" (राष्ट्रीय नवजागरण और साहित्य-पृ.18, वीर भारत तलवार) यहाँ यह ध्यान देने की बात है कि स्त्री-शिक्षा के मुद्दे को लेकर मुस्लिम समाज में भी उस काल में सुधारकों एवं रचनाकारों ने प्रयास करना शुरू कर दिया।

**प्रेमा (1907)**

'प्रेमा' प्रेमचंद का पहला उपन्यास माना जाता है। इसका रचना-काल सन् 1907 है। 'हिंदी प्रदीप' में इस उपन्यास की एक रोचक समीक्षा सन् 1907 में ही प्रकाशित हुई-"प्रेमा एक उपन्यास है... दो विधवाओं के विवाह का प्रस्ताव इसमें है- लिखनेवाले ने तो अपने समय में विधवा-विवाह के अनुमोदन में इसे लिखा है...।" किंतु बाद में 'प्रेमा' उपन्यास में विधवा-विवाह कराने के संदर्भ में प्रेमचंद का विचार कुछ बदला-सा लगता है-"मैंने विधवा का विवाह कराके हिंदू नारी को आदर्श से गिरा दिया था। उस वक्त जीवन की उम्र थी और सुधार की प्रवृत्ति जोरों पर थी। " ( कमल किशोर गोयनका, प्रेमचंद का अप्राप्य साहित्य (खंड दो)-पृ.99)

**सेवा सदन**

सेवा सदन (सन् 1918) में प्रेमचंद ने समाज में व्याप्त अनमेल विवाह, दहेज तथा वेश्यावृत्ति जैसी स्त्री से जुड़ी समस्याओं का चित्रण किया। तत्कालीन मध्यमवर्गीय जीवन को इन समस्याओं ने झकझोर दिया।

**अन्य उपन्यास**

लज्जाराम शर्मा ने सन् 1907 में 'सुशीला विधवा' उपन्यास की रचना की। कार्तिक प्रसाद खत्री ने अपने 'दलित कुसुम' उपन्यास में दलित नारी का चित्र अंकि किया। किशोरीलाल गोस्वामी ने 1899 ई. में ही 'स्वर्गीय कुसुम' नामक उपन्यास की रचना की जिसमें देवदासी प्रथा की आलोचना की गयी। 'ठेठ हिंदी का ठाठ' नामक उपन्यास में हरिऔध ने अनमेल विवाह के दुष्परिणामों का चित्रण किया।

यह सर्वविदित है कि नवजागरण काल में कहानियाँ ही ज्यादा लिखी गयी किंतु उपन्यास कम लिखे गये। स्त्री लेखन के संदर्भ में भी ऐसा ही हुआ। सरस्वती गुप्ता, प्रियंवदा देवी, हेमंत कुमारी चौधरी, यशोदा देवी, ब्रह्मकुमारी और लीलावती देवी (हिंदी साहित्य का आधा इतिहास - पृ. 283) इन स्त्री उपन्यासकारों ने अपनी रचना में त्याग, बलिदान और

पति भक्ति जैसे आदर्शों को प्रस्तुत किया। इनका उद्देश्य था- उपदेशात्मक उपन्यासों द्वारा स्त्री को शिक्षित करना और उसमें सुधार लाना।

## नवजागरण कालीन हिंदी कहानी और राजेंद्र बाला घोष (बंग महिला) का समय

आचार्य रामचंद्र शुक्ल के अनुसार किशोरी लाल गोस्वामी की 'इंदुमति' हिंदी की पहली कहानी है। शुक्ल जी ने तीन कहानियों का जिक्र किया और हिंदी साहित्य का इतिहास 'बंग महिला' (राजेंद्र बाला घोष) की कहानी 'दुलाईवाली' को मौलिक कहानी मानता है, और यह भी स्वीकार करता है कि इस विधा को बंग महिला ने समृद्ध किया परंतु उसे प्रथम कहानी का दर्जा नहीं देता। कारण बताने की जरूरत नहीं होनी चाहिए।" (सुमन राजे, हिंदी साहित्य का आधा इतिहास- पृ. 282) डॉ. सुमन राजे को तो इसमें महिलाओं के लेखन के प्रति उपेक्षा का भाव स्पष्ट परिलक्षित होती है। बंग महिला के बाद या साथ किसी महिला कथाकार का नाम नहीं होना भी आश्चर्य की बात नहीं है। "पहली कहानीकार न सही, कहानीकार के रूप में बंग महिला का जिक्र तो किया गया। परंतु उसके बाद किसी महिला कथाकार का संदर्भ नहीं है। ऐसा नहीं है कि शुक्ल जी के समय की शोध सीमाओं को अनदेखी की जा रही है, लेकिन यह सत्य है कि उन्होंने ज्ञात तथ्यों की अनदेखी की है- अनयास या सायास। 'बंग महिला' के अतिरिक्त भी महिलाएँ थी जो रचना कर्म गद्य में लगी थी। यह समय वह था, जब सामाजिक परिवर्तन की प्रक्रिया के केंद्रों में स्त्री थी।" (सुमन राजे, हिंदी साहित्य का आधा इतिहास- पृ.282) ऐतिहासिक आधारों पर ध्यान दे तो उन दिनों पत्रिकाओं का प्रचार-प्रसार जिनमें महिला लेखन को महत्व दिया जा रहा था। स्त्री-शिक्षा को बढ़ावा देने के असफल प्रयत्न हो रहे थे। 'ब्रह्म समाज' ने स्त्रियों के लिए पृथक से पत्रिकाएँ निकाली थीं। 'वामा बोधिनी', 'अबला बान्धव', 'महिला', 'अंतःपुर', 'भारती', 'भारत महिला' एवं 'सुप्रभात' कुछ प्रमुख नाम हैं। आर्य समाज, प्रार्थना समाज और दकन एजुकेशन सोसाइटी जैसी संस्थाओं ने स्त्री-शिक्षा में सक्रिय भागीदारी निभायी थी। सन् 1849 ई. में सरकार के सहयोग से ईश्वरचंद्र विद्यासागर ने कलकत्ते में हिंदू बालिका विद्यालय की स्थापना की जिसकी छात्र संख्या शुरू से ग्यारह थी। सन् 1901 में देश में बारह महिला महाविद्यालय चल रहे थे जिसमें शिक्षारत छात्राओं की संख्या कुल 177 थी। उस समय के समाज सुधारक मूलतः प्रथमतः स्त्री को जागृत करना चाहते थे। बहु- विवाह निषेध, बाल-विवाह निषेध, विधवा विवाह प्रचार, पर्दा प्रथा विरोध - ये प्रमुख बिंदु थे, जिनके केंद्र में स्त्री थी।" (डॉ. सुमन राजे - हिंदी साहित्य का आधा इतिहास - पृ.282) साहित्य-समाज की उपेक्षा के कारण तत्कालीन स्त्री लेखन से परिचित होने से हम वंचित रह गये। "आश्चर्य है कि तब भी

साहित्य का सरोकार पुरुष से था। लेखक पुरुष, पाठक पुरुष और समीक्षक पुरुष।" (नूपुर-अशोक वागर्थ अप्रैल-1996-पृ.89)

**यशोदा देवी**

नवजागरण काल में पहली पीढ़ी की महिला कथाकारों में श्रीमती यशोदा देवी प्रमुख हैं। उन्होंने ऐतिहासिक, पौराणिक एवं सामाजिक कहानियाँ लिखीं। 'पृथ्वीराज की रानी', 'सती का प्रश्न', 'वीरमति', 'वीरावृत्तांत', 'अनुमति', 'स्त्री की दया', 'विमला', 'भोगवती', 'वीरपुत्री', 'सती- सर्वस्व', 'स्त्री का साहस' आदि ऐतिहासिक एवं पौराणिक कहानियाँ हैं। कुछ सामाजिक कहानियाँ इस प्रकार हैं- सुशीला, भानुमति, सत्यवती, महिमा आदि। प्रियंवदा देवी, शारदा कुमारी आदि ने भी अनेक कहानियाँ लिखी थीं। कहानियाँ चाहे ऐतिहासिक को, पौराणिक या सामाजिक हो, इन रचनाकारों का उद्देश्य स्त्री चरित्र को अंकित करना। स्त्री रचनाकारों के प्रति चरम उपेक्षा का एक उदाहरण उषा देवी मित्रा का है-

**उषादेवी मित्रा**

"सन् 1897 में जन्मी उषा देवी मित्रा की मातृभाषा बांगला थी, फिर भी उन्होंने हिंदी को पाँच उपन्यास और सात कहानी-संग्रह प्रदान किये। सन् 1966 में सत्तर वर्ष की आयु में जब उनकी मृत्यु हुई तो उन्होंने वसीयत की कि मेरी सारी पुस्तकें मेरे साथ चिता में जला दी जाएँ।" (सुमन राजे, हिंदी साहित्य का आधा इतिहास-पृ.284)

**सुभद्रा कुमारी चौहान और अन्य महिला कहानीकार**

सुभद्रा कुमारी चौहान, महादेवी वर्मा, हेमवती देवी आदि कथाकारों ने हिंदी साहित्य को समृद्ध किया। "अधिकांश कहानियों का मूल उपादान या मध्यवर्ग के हिंदू परिवारों की अशांतिकर अवस्था है। सास, जेठानी और पति के अत्याचार, स्त्री की पराधीनता, उसे पढ़ने-लिखने या दूसरों से बात करने में बाधा इत्यादि बातें ही नाना भावों और नाना रूपों में कही गयी है। सुभद्रा कुमारी के 'बिखरे मोती' इस विषय में सर्व प्रथम है।" (सुमन राजे, हिंदी साहित्य का आधा इतिहास - पृ. 285 ) सुभद्रा कुमारी चौहान की कहानियों में परिवारों में शिक्षित बहुओं की समस्याओं को आधार बनाकर परिस्थितियों का प्रामाणिक एवं यथार्थ चित्रण किया गया। परंतु उनके चरित्र में ऐसी विद्रोह भावना नहीं पायी जाती जो समाज की इस निर्दयतापूर्ण व्यवस्था को अस्वीकार करे। शिवरानी देवी (प्रेमचंद की पत्नी) की कहानियों में (आँसू की दो बूँदें) व्यवस्था को अस्वीकार करने के साथ-साथ आदर्श की परिकल्पना भी दिखाई देती है। कमला देवी और होमवती देवी की कहानियाँ मध्यम मार्ग

का अनुसरण करती है। कमलादेवी अपने चरित्रों, उनकी क्रियाओं और उनकी परिणति की ओर जितनी सयत्न हैं, उतनी उन रूढ़ विधियों की ओर नहीं जो इन चरित्रों, क्रियाओं और परिणतियों का नियमन करती है। कमला देवी में जहाँ वैयक्तिक स्वाधीनता के प्रति पक्षपात का स्वर प्रधान हो उठा है, वहाँ होमवती देवी में रूढ़ियों की प्रधानता का स्वर है। शायद यही कारण है कि कमला देवी अपने चरित्रों में अनुभव के द्वारा काट-छाँट (विश्लेषण) करती है और हेमवती देवी कल्पना के द्वारा उन्हें मांसल करने की चेष्टा करती है। (हिंदी साहित्य का आधा इतिहास-पृ.286) 1930 के आस-पास महादेवी, सुभद्रा कुमारी चौहान के साथ उनकी पूरी पीढ़ी जो शिक्षित थी पूरे उत्साह के साथ लेखन कार्य में जुट गयीं। उनकी रचनाधर्मिता साहित्यिक विधाओं तक सीमित नहीं थी और उन्होंने साहित्य एवं समाज के साथ राजनीति के क्षेत्र में भी सक्रिय रही थी। साहित्यिक समारोहों में भाग लेना, पत्रिकाओं का संपादन, महिला और राजनीतिक संगठनों में भागीदारी और अपनी तरह से नवजागरण का हिस्सा बनना शामिल था। उनकी अद्भुत विशेषता रही - कथनी और करनी में एकता। विद्रोह की विरल चिंगारी - महादेवी के व्यक्तित्व में है वह विद्रोह उनकी विनम्रता में ढका - ढका मिलता है। महिला शिक्षा के क्षेत्र में उनका योगदान प्रयाग-महिला विद्यापीठ के रूप में साकार है जो उनके संकल्प-बल एवं इच्छा शक्ति का प्रमाण है।

सुभद्रा कुमारी चौहान की राष्ट्रीय काव्यधारा के साथ उनकी जेल यात्राओं में भी वे उसी उत्साह से काम करती थी। स्त्री रचनाकारों के सामने देश के लिए बड़ा vision होता था। सुभद्रा कुमारी एवं महादेवी - ये दोनों महदाशय संपन्न, निर्भीक, साहसी एवं स्नेहिल स्वभाव की महिलाएँ थीं जिन्होंने भावी पीढ़ी की महिलाओं के लिए मार्ग प्रशस्त किया।

**नवजागरण कालीन तेलुगु कथा साहित्य**

विश्व साहित्य में उपन्यास का विशेष स्थान है। उपन्यास की रचना प्रक्रिया में हर कथाकार अपनी शैली एवं शिल्प का निर्माण करता है। विश्व साहित्य में उपन्यास के नाना प्रकार हैं जो विभिन्न अभिरुचियों के पाठकों के लिए पठनीय होते हैं। विश्व साहित्य में उपन्यास-विधा का विशेष विकास हुआ। भारतीय साहित्य में देश की विभिन्न भाषाओं में उपन्यास साहित्य आश्चर्य चकित करता है। आधुनिक काल में आधुनिक सभ्यता के साथ उपन्यास रचना प्रक्रिया का प्रारंभ हुआ। सौ वर्ष के समय में भारतीय भाषाओं के उपन्यास साहित्य में मानव जीवन की वैचारिक एवं संवेदनात्मक दशाओं का सांगोपांग चित्रण मिलता है।

तेलुगु साहित्य अंग्रेज़ी के novel को 'नवला' के नाम से जाना जाता है। कर्नूल सरकारी अधिकारी गोपाल कृष्णम्मा चेट्टी ने 'श्री रंगराज चरित्र- सोनाबाई परिणयमु' तेलुगु में 'नवीन प्रबंध' (novel के लिए उन्होंने इस शब्द का प्रयोग किया) 1872 में लिखा। आरुद्र आदि तेलुगु साहित्य के इतिहासकारों ने 'श्री रंगराज चरित्र- (सोनाबाई परिणय)' को तेलुगु साहित्य का पहला उपन्यास स्वीकार किया। कथावस्तु काल्पनिक है। इस उपन्यास की यह विशेषता है श्री रंगराज चरित्र के साथ सोनाबाई परिणय भी कथावस्तु में महत्वपूर्ण अंग के रूप में स्वीकृति के कारण सोनाबाई का चरित्र भी महत्वपूर्ण हो जाता है।

**श्री रंगराज चरित्र (1872)**

नरहरि गोपालकृष्णम्मा चेट्टी ने अपने 'श्री रंगराज चरित्र' उपन्यास की रचना की प्रेरणा के बारे में अंग्रेज़ी भूमिका में लिखा था कि 1869 से 1872 तक भारत देश के गवर्नर जनरल ओर वाइसराय के रूप में कार्यरत लार्ड मेयो ने 1871 में एक इश्तहार दिया था कि बंगालियों के रीति-रिवाजों से अवगत करानेवाले किसी गद्य-प्रबंध के रचनाकार को पुरस्कार दिया जाएगा। (आरुद्र - समग्र आंध्र साहित्यमु-भाग-12-पृ.126- 127) "इस इश्तेहार को देखकर श्री गोपालकृष्णम्मा जो मदरास में उस समय सरकारी अधिकारी थे, सोचा कि तेलुगु देश के रीति-रिवाजों से अवगत कराने के उद्देश्य से तेलुगु में इस प्रकार के गद्य - प्रबंध की रचना करें। अपनी कुशलता के अनुरूप एक ग्रंथ की रचना की, वही तेलुगु का पहला पहला उपन्यास है।" (पृ.127) उपन्यास की तेलुगु भूमिका में उपन्यास के बारे में उनके विचारों पर प्रकाश डाला गया। "श्री गोपाल कृष्णम्मा ने अपने ग्रंथ में 'प्रिफेस' में व्यक्त विचारों को तेलुगु भूमिका में और विस्तार सेलिखा। पद्य काव्यों में प्रबंध - नायिका के लक्षणों को वह जानते थे। इसलिए उन्होंने सोचा कि लाक्षणिकों के द्वारा प्रतिपादित नायक के चरित्र का वर्णन करना चाहते थे। उन्होंने 'सोनाबाई परिणय' की कथा ही लिखना चाहा। उन्होंने सोचा कि नायक के नाम पर ग्रंथ के नामकरण के कारण उसकी उदात्तता बढ़ेगी।" (पृ.130)

'श्री रंगराज चरित्र'-उपन्यास की दूसरी विशेषता है - इसकी कहानी। इस उपन्यास में श्री रंगराज जो राजकुमार था, वह एक लंबाडी (आदिवासी) लड़की से प्रेम करता है। विवाह करना चाहता है। किंतु कुलीन राजकुमार एक आदिवासी लड़की से विवाह उस समय के समाज में नियमों के विरुद्ध था। उपन्यासकार से अपनी कल्पना से कहानी में नाटकीय तत्व का समावेश किया गया। लंबाडी दम्पति को वह लड़की कहीं मिलती है, मूलतः वह राज परिवार की ही थी। इस उपन्यास में रचनाकार ने तेलुगु प्रदेश के रीति-रिवाजों के अनुसार कथा का निर्वाह किया। इस कहानी में प्रतिनायक भी है। कथा का नायक, नायिका को

प्रतिनायक के चंगुल से मुक्त कराता है और सोनाबाई से विवाह कर लेता है। सोनाबाई कथानक के केंद्र बिंदु में थी। इस प्रकार इस उपन्यास में स्त्री के जीवन की व्यथा - गाथा को विविध संदर्भों में चित्रित किया गया था। स्त्री पात्र को केंद्र में रखने के कारण इस उपन्यास का ऐतिहासिक महत्व होता है।

## राजशेखर चरित्र (1880)

1880 जुलाई 20 तारीख को श्री कंदुकूरि वीरेशलिंगम् ने 'राजशेखर चरित्र' या 'विवेक चंद्रिका' को पुस्तकाकार में प्रकाशित किया। 1878 में यह 'विवेकवर्द्धिनी' पत्रिका के अंशों में प्रकाशित हुई थी। कुछ आलोचक इस उपन्यास को प्रथम उपन्या होने का गौरव भी देते हैं। किंतु उस चर्चा में हम नहीं जायेंगे। इस उपन्यास की सबसे बड़ी विशेषता है इसका अंग्रेज़ी में अनुवाद | रिवेंड हटसिनसन् ने 'फार्टून्स वील' शीर्षक से 1887 को इंग्लैंड में प्रकाशित किया। 'London Times' पत्रिका ने इस उपन्यास की समीक्षा की थी। "इस उपन्यास में हिंदुओं का पारिवारिक जीवन, उपासना पद्धतियाँ, विवाह के संदर्भ में सभी अधिकारों से वंचित स्त्री- समाज का चित्रण बहुत सुंदर एवं प्रमाणिक रूप से चित्रण किया गया।" (पृ.138) इस प्रकार यह उपन्यास स्त्री चरित्र प्रधान नहीं होने के बावजूद स्त्रियों की तत्कालीन समाज में व्याप्त दुर्दशा का चित्रण है।

## मालपल्लि (सन् 1921)

1921 में 'मालपल्लि' उपन्यास की रचना उन्नव लक्ष्मीनारायण ने की। 1922 में इसके प्रकाशन के साथ तेलुगु उपन्यास ने एक नया मोड़ लिया। स्वतंत्रता आंदोलन में सक्रिय रूप से भाग लेने के साथ अछूतोद्धार आंदोलन में भी भाग ले रहे थे। "जब गाँधीजी कांग्रेस-लीग में दोस्ती के लिए प्रयास कर रहे थे उस समय अंग्रेज़ हिंदू मुस्लिम के बीच में भेद-भाव ही नहीं ला रहे थे बल्कि हिंदू समाज को भी ब्राह्मण- ब्राह्मणेतर स्पर्धा के बीज भी बोये थे। आंध्र प्रांत में 1917 में 'षम्मण्डलांध्र ब्राह्मणेतर महासभा' हुई थी। यह जस्टिस पार्टी का था। ... इस सभा के एक सप्ताह के बाद ही बेजवाडा (विजयवाडा) में आंध्र प्रदेश ' आदि आंध्र' महासभा हुई। " ( समग्र आंध्र साहित्यमु-पृ.198) पहली बार पंचम जाति के लोग संगठित शक्ति के रूप में उभर कर आये। 1913 में लक्ष्मीनारायण आइरलाण्ड बैरिस्टरी पढ़ने गये थे। साम्यवाद सिद्धांत को समझने का प्रयत्न किया। इस सामाजिक एवं वैयक्तिक पृष्ठभूमि के साथ, स्वतंत्रता आंदोलन में पुल्लरि सत्याग्रह के संदर्भ में लक्ष्मीनारायण को ब्रिटिश सरकार ने बंदी बनाकर रायवेल्लूर जेल भेज दिया। जेल के अधिकारियों से अनुमति लेकर मालपल्लि की रचना आरंभ किया।

'माल्लपल्लि' आंध्र के ग्रामीण जीवन के विकास, गाँधीजी के सिद्धांतों को प्रतिपादित करनेवाले सामाजिक अभिलेख हैं। इसके लेखक हैं सुप्रसिद्ध देशभक्त नेता श्री उन्नव लक्ष्मीनारायण। इस उपन्यास की कहानी इस प्रकार से है- मंगलापुरम गाँव का मुखिया रामदास है (हरिजनों का) वह हरिजन होने पर भी सुशिक्षित, स्थितप्रज्ञ और योगी है। भारतीय नारीत्व का प्रतिबिंब महालक्ष्म्मा उसकी पत्नी है। वेंकट दास, संगदास और रंगडु इसके पुत्र हैं। ज्योति इसकी बेटी है। ज्योति अपने बुआ के लड़के अप्पादास से प्रेम करती है।

गाँव का मुखिया चौधरय्या क्रूर तथा लोभी है। उसकी पत्नी लक्ष्म्मा अतीव उदार तथा स्नेही है। उसका पुत्र रामानायुडु है। चौधरय्या का दत्तक पुत्र है वेंकटय्या। रामानायुडु के पुत्र का नाम है गोपीकृष्ण। रामदास अपने परिश्रम से चार पँच एकड़ ज़मीन का स्वामी बन खेती-बाड़ी का काम करता रहता है। यह चांडाल (अस्पृश्य) कहलाने वाले अपनी जाति के लोगों के उद्धार के लिए प्रयत्नशील रहता है। दरिद्रता और अज्ञान को दूर करने में लगा रहता है। संगदास भी गाँधीवादी है। संगदास की कार्यनिष्ठा तथा विचारों के कारण रामानायुडु उनका दोस्त बन जाता है, तो चौधरय्या इसे पसंद नहीं करता।

चौधरय्या, पटेल और निकट के गाँवों के कुछ जमींदार षडयंत्र करते हैं कि खेतीहर मज़दूरों को अनाज की जगह पैसे दिये जाएँ। मजदूर इस बात को नहीं मानते। संगदास मज़दूरों का नेतृत्व कर चौधरय्या को समझाने का निष्फल प्रयत्न करता है। रामानायुडु भी संगदास की तरफदारी करता है। वह संगदास के साथ हरिजनोद्धार हेतु विजयवाडा जाता है। वहाँ संगदास अपने वाक्चातुर्य से सभी को मंत्रमुग्ध कर देता है।

संगदास के कार्यकलापों से तंग आकर चौधरय्या क्रोधावेश में उसकी हत्या कर देता है। संगदास की अन्त्येष्टि के बाद गाँव में उसकी समाधि बनायी जाती है जिसके निकट 'संगपीठम्' की स्थापना होती है। अप्पादास रात को शिक्षा का प्रबंध करता है। रामानायुडु भी इसमें सहायता करता है। गाँव के उच्च्च वर्ग के लोग भी इस पाठशाला में जाने लगते हैं। चौधरय्या झूठे मुकदमे में रामदास को कंगाल बना देता है, तो उसे अप्पादास के घर में रहना पड़ता है।

इस बीच रामानायडु की पत्नी कमला रामानायुडु के चचेरे भाई मोहनराव के साथ मद्रास भाग जाती है। वहाँ कमला को चेचक आता है। खबर आता है कि वह मर गयी है। मोहन राव को क्षय हो जाता है। इधर 'संगपीठम्' सामाजिक जागरण का केंद्र बनता है। रामदास का ज्येष्ट पुत्र वेंकट दास डाकू बन जाता है। वह धनियों को लूटकर दीन-दुखियों की सहायता करने लगता है। कमला बीमारी से बचती है। शांतम्मा की दासी बनकर कमला

अपने पुत्र गोपीकृष्ण की देख-रेख में दिन बिताती है। पांडु रोग से गोपीकृष्ण मृत्यु को प्राप्त होता है। यह दुःख न सहने के कारण वह भी मर जाती है।

पादरी लोग मंगलापुरम में धर्म का प्रचार करते हैं। वेंकटदास के कारण रामदास के परिवार को पुलिस गिरफ्तार कर लेती है। सुपरिंटेंडेंट 'पॉल' ज्योति पर मोहित हो जाता है। रामदास और महालक्ष्म्मा को जेल हो जाती है। ज्योति और रंग सुधार केंद्र में रह जाते हैं। चौधरय्या की मृत्यु के बाद रामानायडु और वेंकय्या अपन जायदाद 'संगपीठम्' को देते हैा। पादरी स्वयं को रंगडु और ज्योति का संरक्षक घोषित करता है। 'पॉल' के वासना के प्रकोप के कारण अपनी आबरू बचाने ज्योति नदी में कूद कर जान देती है। उसे बचाने अप्पादास भी नदी में कूद कर जान देता है।

पुलिस मुठभेड में वेंकटदास पकड़ा जाता है। उसे पाँच साल जेल की सजा होती है। वहाँ वेंकटदास अपने माता-पिता को ज्योति और अप्पादास के सहमरण का समाचार बाताता है। महालक्ष्मी तत्काल मर जाती है। विद्रोही वेंकटदास भी मर जाता है। रामदास गाँव लौटता है। रामानायुडु उसका स्वागत करता है। मोहन राव क्षय रोग से मरते समय अपनी जायदाद विजय कलाशाला' को दे जाता है।

माल्लपल्लि उपन्यास में वर्ग संघर्ष एवं किसान आंदोलन खेतीहर मजदूरों के जीवन का यथार्थ चित्रण होने के साथ हरिजन आंदोलन का सशक्त चित्रण मिलता है। पूँजीपतियों के विरुद्ध मज़दूरों के संगठित शक्ति के महत्व का प्रतिपादन एवं प्रोत्साहन भी लक्षित होता है। 'माल्लपल्लि' के तीन भागों के प्रकाशन के साथ ही 1923 में ब्रिटिश सरकार ने इसे यह कहकर जब्त किया कि इस साहित्य में 'बोल्सेविजम्' का प्रचार है। 1928 में इस उपन्यास का निषेध आज्ञा सामप्त की गयी।

'माल्लपल्लि' स्त्री पात्र प्रधान या स्त्री समस्या प्रधान उपन्यास तो नहीं है। किंतु जिस समाज का चित्रण कर रहे थे उस समाज के स्त्रियों के जीवन पर प्रकाश डाला है। किंतु सामाजिक कारण हो या पारिवारिक आपसी कलह सबका सब से बुरा असर उस परिवार की स्त्रियों पर पड़ता है। उपन्यास का प्रधान पात्र रामदास की बेटी को अपने शील की रक्षा के लिए कृष्णा नदी में कूद कर प्राण देना पड़ता है। रामदा की पत्नी को जेल में जिंदगी काटनी पड़ती है। इस उपन्यास में यह भी बताया गया है। कि विद्रोही पतियों का अता-पता जानने के लिए किस प्रकार विरोधी पक्ष उनकी पत्नियों पर ज़ुल्म करता है। इस प्रकार प्रकारांतर से इस उपन्यास में स्त्री समस्याओं का चित्रण प्रसंगानुकूल किया गया है।

उपर्युक्त उपन्यास जिनमें स्त्री- पात्र प्रधान नहीं है और प्रत्यक्ष-परोक्ष रूप से स्त्री समस्याओं पर प्रकाश डाला गया है। इनके अतिरिक्त नवजागरण काल के प्रथम एवं द्वितीय चरण में कुछ उपन्यास हैं, जो स्त्री-चरित्र प्रधान थे। किंतु उन पुस्तकों को प्राप्त नहीं किया जा सका। वंगूरि सुब्बाराव (1888-1923) ने चंद्र वदन (1915), रोहिणी (1916) इंदिरा एवं सुभाषिणी नामक उपन्यासों की रचना की, जिनका विवेचन कहीं नहीं मिलता है। राज गोपालराव ने ललिता (1909) और कनकवल्लि (1919) उपन्यास लिखे थे। चिलकमर्ति लक्ष्मी नरसिंहम् बहुमुखी प्रतिभा के धनी थे। सफल कवि, प्रसिद्ध एवं लोकप्रिय नाटककार साथ ही महान ऐतिहासिक उपन्यासकार थे। 1896 में उनके द्वारा लिखा गया 'हेमलता' पहला ऐतिहासिक उपन्यास माना जाता है। उसके बाद लगातार स्त्री प्रधान उपन्यासों की रचना की। उपन्यासों का नामकरण भी नायिकाओं के नाम से किया। उपन्यासों में नायिका के सशक्त व्यक्तित्व का चित्रण किया।

**हेमलता (सन् 1896) और अन्य ऐतिहासिक उपन्यास**

ऐतिहासिक उपन्यासकार श्री चिलकमर्ति लक्ष्मी नरसिंहम् ने हेमलता (1896), अहल्याबाई (1897), कर्पूरमंजरी (1898), सौंदर्य तिलक (1899) आदि स्त्री पात्र प्रधान उपन्यासों की रचना की। " 1896 में अपना पहला ऐतिहासिक उपन्यास 'हेमलता' लिखने से पहले चिलकमर्ति ने टीपू सुल्तान, तारा और चाँद बीबी उपन्यासों को दोस्तों से पढ़वाकर सुना जो मेडोस टेइलर नामक अंग्रेज़ रचनाकार द्वारा लिखे गये।" (समग्र आंध्र साहित्यमु-पृ.146)

**अहिल्याबाई**

'अहिल्याबाई' सन् 1897 ई. में चिंतामणि पत्रिका में प्रकाशित हुई जिसके लेखक चिलकमर्ति लक्ष्मी नरसिंहम् पंतुलु जी हैं। यह उपन्यास ऐतिहासिक पृष्ठभूमि पर लिखा गया है। औरंगजेब कालीन कहानी है। पति, श्वसुर एवं पुत्र को खोकर महाराष्ट्र की राज वनिता अहिल्याबाई स्वयं राजभार संभालती है। श्यामसुंदर दत्त, राधाकांत राव दोनों इनके दो बाहु हैं, जो राजकाज में अहिलयाबाई को प्रोत्साहित

करते हैं। उन पर अहिल्याबाई का संपूर्ण विश्वास है। जयवंत सिंह, दौलतराव प्रभृति अहिल्याबाई के खिलाफ षडयंत्र रचते हैं। उपन्यासकार ने अहिल्याबाई के व्यक्तित्व को वीरता एवं शालीनता युक्त चित्रण किया। अनेक कठिनाइयों एवं राजनीतिक दाँव पेंच से जूझते हुए अहिल्याबाई का चित्रण निखरता है। इस कथाक्रम में अहिल्याबाई साथ कमला

नामक स्त्री पात्र उनकी राजनीतिक गुत्थियों को सुलझाने में सहायता करती है। इस प्रकार दोनों स्त्री पात्रों के व्यक्तित्व को उपन्यासकार ने सशक्त ढंग से रूपायित किया था।

## तेलुगु में नारी प्रधान कथा साहित्य

तेलुगु में नारी प्रधान कथा साहित्य लिखेन वालों में श्री चिलकमर्ति लक्ष्मी नरसिंहम् पंतुलू जी अग्रगण्य हैं। इन्होंने कई उपन्यास जैसे हेमलता, अहिल्याबाई, राज-रत्नमु आदि लिखे जिनका प्रधान पात्र स्त्री है। इनके अलावा, वेलूरि शिवराम शास्त्री, गुरजाडा वेंकट अप्पाराव का नाम कथा साहित्य में अग्रगण्य है।

## धर्मवती विलासमु (1893-94 ई.)

श्री खंडविल्लि रामचंद्रुडु की प्रथम रचना 'धर्मवती विलासमु' चरित्र प्रधान उपन्यास है जिसे हम ऐतिहासिक रचना मान सकते हैं। इस उपन्यास की नायिका विद्यावती ने स्वयंवर प्रथा के द्वारा एक कवि को अपना वर चुना। एक व्यापारी के हाथों पीड़ित अपने पति को मुक्त करने के लिए विद्यावती वकील का वेश धारण कर पति को पीड़ित करनेवाले व्यापारी के साथ न्यायालय में वाद-विवाद करती है। इस उपन्यास के बारे में 'चिंतामणि' पत्रिका में छपा कि- "स्त्री शिक्षा की व्याप्ति हेतु स्थापित किये गये संस्थाओं और स्त्री जनोद्धार हेतु किये गये संस्करणों में कंदुकूरि वीरेशलिंगम् भी सदस्य थे। इस उपन्यास को पुरस्कार देनेवाली निर्णायक समिति में वह भी एक थे। विद्यावती स्त्री घर का अलंकार है, विद्या स्त्री का अधिकार है, ऐसे विचारों के प्रचार का प्रयास करनेवाले दिनों में इस सामाजिक उपन्यास का आविर्भाव हुआ।""[66]

## प्रणय महिम

नम्बूरु तिरु नारायण स्वामि इसके लेखक हैं। इस उपन्यास का नायक सुब्बाराव है। सुब्बाराव का भाई विजयरामदासु है। सुब्बाराव की पत्नी श्यामलांबा और माता अक्कलक्ष्म्मा के बीच ( सास - बहु का रिश्ता ) बंधन का सजीव चित्रण इस उपन्यास में है। "सास-बहू अक्कलक्ष्म्मा-श्यामलांबा का कलह, विजय रामदास कैसे ऋण लेकर अपने भाई सुब्बाराव का विवाह संपन्न करता है और उसकी नौकरी की कोशिश में कष्ट उठाता है, नायक, लक्ष्मी नारायण आदि मित्रों की कुसंगति में पड़कर, वेश्या सहवासी बन जाता है। ... इसका वर्णन है। स्त्रियाँ कष्ट समय न जानने वाले मूर्ख हैं। ये विवाहादि कार्यों में भोजन के

[66] आंध्र नवला परिनाममु-पृ.159 (चिंतामणि पत्रिका, तीसरी संपुट में पूर्ण रूप से प्रकाशित), गौतम ग्रंथालय, राजमहेंद्रवरम

लिए ऋण (महाजन के पास) लेकर व्यय करती हैं। गृह कलह को बढ़ाती हैं। मीनाक्षी, बुधरंजन जैसी वेश्याएँ अपनी वाक्चातुर्य से युवकों को बहकाते हैं। ऐसे तत्कालीन सामाजिक परिस्थितियों का प्रतिबिंब यह उपन्यास है।"[67]

माणिक्य राव एक सरकारी कर्मचारी है। मीनाक्षी इसकी रखैल है। पेद्दभोट्ल स्वामि समाज का द्रोही है जो मीनाक्षी द्वारा (माणिक्य राव से सिफारिश करती है) सुब्बाराव को बीस रुपये की नौकरी दिलवाता है। पुंडरीकाक्षय्या जल्द अपने पुत्री का विवाह करना चाहता है। विजय रामदासु सुब्बाराव को सही रास्ते पर लाने में सफल न हुआ। दूसरी ओर पति के चारित्रिक पतन से सुब्बाराव की पत्नी भी दुखी थी। पेद्दभोलु की पुत्री सुब्बा भ्रूण हत्या करती है। सब सुब्बाराव को इस अवैध बच्चे का बाप मानते हैं। लोक लाज से बचने के लिए मित्र कृष्णाराव के साथ मद्रास के मिल्लर कालिज में प्रवेश हासिल कर प्रथम श्रेणी में (परीक्षा) उत्तीर्ण होता है। युवावस्था में बहक जाने वाले युवकों को सही रास्ता दिखाना, वेश्या सहवास और विधवा दुश्चरित्रों के परिणामों का चित्रण करना इस उपन्यास का प्रमुख उद्देश्य रहा।

**सत्यराजापूर्व देशयात्रलु**

अपने इस उपन्यास के बारे में पंतुलु जी ने अपने 'स्वीय चरित्र' (आत्मकथा) में इस प्रकार लिखा- "सन् 1891 ई. में स्त्री के संदर्भ में हमारे समाज में होनेवाले अन्यायों का उजागर करने के लिए मैंने 'सत्यराजा पूर्व देशयात्रलु' उपन्यास के प्रथम भाग की रचना कर, प्रकाशित किया।"[68]

यह उपन्यास अंग्रेजी उपन्यास 'Gulliver's Travels' पर आधारित है। इस उपन्यास में 'आडु मलयालम' नामक प्रकरण अधिक प्रसिद्ध है। 'आडु मलयालम' में स्त्रियों को सारे अधिकार प्राप्त हैं। पुरुष अधिकार हीन है। यदि पुरुष प्रधान समाज मे सारे अधिकार पुरुष के हैं और स्त्री को कोई अधिकार नहीं है, तो वह कैसे अनुभव करती है। उसके ठीक विपरीत अनुभव 'सत्यराजु' को 'आडु मलयालम' में होते हैं। असंभव होते हुए भी कंदुकूरि वीरेशलिंगम् की यह कल्पना हास्य-व्यंग्य का मिश्रण है। यह सभी स्त्री पाठकों के मन को लुभा देता है।

'आडु मलयालम' का सारा वातावरण विचित्र है। हमारे देश की स्त्रियों की दुर्दशाएँ जैसे रसोईघर में पड़ी रहना, बाज़ार न देख पाना, अपढ़ बनी रहना, अज्ञान में फँसे रहना,

---

[67] आंध्र नवला परिणाममु- पृ. 162

[68] 'तेलुगु साहित्यमु पै इंग्लिशु प्रभावमु, ले. कोत्तपल्लि वीरभद्रा राव- पृ.346

प्रत्येक बात के लिए पति पर निर्भर रहना, पुरुषों के हाथ का खिलौना बनकर नाना यातनाएँ सहना वहाँ पुरुषों के भाग्य में बटा था। उन्नीसवीं शती के उत्तरार्द्ध में आंध्र प्रदेश में कई परिवर्तन आये। कई महापुरुषों ने नूतन साहित्यिक प्रक्रियाओं के अनुरूप रचना करने का प्रयत्न किया। नव्यांध्र युग निर्माता कंदुकूरि ने समाज-सुधार हेतु साहित्य रचना की। समाज की कुप्रथाओं से पिसकर हाहाकार करनेवाले असहाय स्त्रियों की दीन हीन दशा का वर्णन 'सत्यराजु पूर्व देश यात्रलु' उपन्यास में हुआ है। 'आडु मलयालम' (स्त्री राज्य) की कल्पना करके स्त्रियों के द्वारा पुरुषों के उत्पीड़न का व्यांग्यात्मक वर्णन कर, उस समय के समाज में स्त्रियों की दशा का उद्धार करने की चेष्टा की। उस समय में पुरुष कार्पण्यता की अवहेलना की।

## दिद्दुबाटु (1910 ई.)

आधुनिक तेलुगु कथा साहित्य में 'दिद्दुबाटु' कहानी अग्रगण्य है। फरवरी, 1910 ई. में 'आंध्र भारती' नामक पत्रिका में यह प्रकाशित हुआ। इसके लेखक थे गुरजाड अप्पाराव। इस कहानी का उद्देश्य था सामाजिक संस्कार| गुरजाड अप्पाराव कहानी, कविता, उपन्यास, नाटकादि साहित्यिक विधाओं में साहित्य सेवा कर रहे थे। वे एक सच्चे समाज सुधारक थे। 'दिद्दुबाटु' कहानी में उन्होंने वेश्या समस्या पर प्रकाश डाला। इस कहानी का प्रमुख पुरुष पात्र गोपाल राव एक व्यभिचारी है। वेश्या सहवास से तंग आकर उसकी पत्नी एक दिन उसे छोड़कर चली जाती है। तब गोपाल राव सोचता है-"वेश्या विरोध करने के बजाय मेरा मन गणिका के गाने - नाचने में लग गया। एक गाने के साथ खत्म नहीं हुआ। गाने वाली पर भी मन लुब्ध होने लगा। मैं भी गली- कूचे में फिरनेवालों के जैसे अंत तक वहीं पर बैठा रह गया। गुणवती, विद्यावती विनयसंपन्न मेरी पत्नी ने मुझे अच्छा सबक सिखाया।"[69]

गोपालराव गुस्से में रामुडु नामक अपने नौकर को पीटता है। फिर भी, गोपाल राव एक गुणी इंसान है जो स्त्री शिक्षा के महत्व को समझाता है। उसके मन में पछतावा है। वह स्वयं को पशु समझने लगता है, जब उसकी पत्नी स्वयं उसे छोड़कर चली जाती है। वह अपने दुर्व्यवहार से लज्जित होकर रामुडु से कहता है- "अरे मूर्ख! भगवान के इस संसार की सबसे अनमोल रत्न का नाम ही विद्या से विभूषित स्त्री है। शिव ने इसे अर्धांगिनी कहा। अंग्रेज़ भी अपनी पत्नी को 'बेटर हॉफ' माना है। अर्थात् पत्नी पति से बड़ी है। फिर वह अपने

[69] 'गुरजाडा कथानिकलु- पृ. 20, 22

नौकर से अपनी पत्नी कमलिनी की मायके से लिवा लाने का बंदोबस्त करता है। अर्थात् शिक्षा मनुष्य को सुसंस्कृत बनाती है।"1[70]

उसका नौकर रामुडु पुरुष के दंभ का उजागर करते हुए कहता है- "मालकिन! मेरी बात सुनिये। दुनिया देखा हूँ। छोटों को देखा। बड़ों को देखा। सुना आपने। स्त्रियों को पति का कहा सुनना चाहिए। नहीं तो बड़े मालिक जैसे छोटे मालिक भी बिगड़ जायेंगे। आपको ही कहता हूँ। सुना है शहर में सुनहरी बदन वाली एक वेश्या आई है, जिसको देखकर पंतुलू अपना दिल खो बैठे हैं।"[71]

"रामुडु गोपालराय को सलाह देता है कि वे कहीं न जाये। मैं ( रामुडु) स्वयं आपकी पत्नी के मायके में जाकर कहूँगा कि " औरत का धर्म है कि गृहस्वामि की बात माने। नहीं तो शहर से जो सुंदर वेश्या आई है, वे उसके चक्कर में आ जायेंगे।"[72] खुश होने के बजाय गोपालराव क्रुद्ध होकर कहता है कि "नहीं। तुम कहो कि मास्टर जी को बुद्धि आ गई। वे आगे वेश्याओं का गाना नहीं सुनेंगे। रात को देर से नहीं लौटेंगे। कमलिनी तक मेरी क्षमायाचना पहुँचा देना। मेरे दोष का उजागर न करे। तुम्हारे बिना क्षण युग के समान बीत रहा है।"[73]

[74]तब उसे (गोपाल राव को) पता चलता है कि उसकी पत्नी ने उसे सही रास्ते पर लाने के लिए मायके जाने का नाटक खेला। कमलिनी गोपालराव के नाम पत्र लिखती है- "आपके मुख से रोज असत्य सुनने के बजाय, मैं स्वयं आपके रास्ते का रुकावट न बनूँ, पति हित चाहने वाली सती का यही कर्तव्य है।"

'दिद्दुबाटु' आधुनिक तेलुगु साहित्य की पहली मौलिक कहानी है। ऊपर से इसमें स्त्री-समाज के प्रति सहानुभूति का भाव प्रदर्शित है। इसीलिए यह कहा लोकप्रिय एवं महत्वपूर्ण है।

## नवजागरण कालीन तेलुगु साहित्य के महिला कथाकार

[70] गुराडा कथानिक- पृ. 22

[71] गुराडा कथानिक- पृ. 23

[72] गुरजाडा कथानिकलु- पृ. 19

[73] गुरजाडा कथानिकलु- पृ. 18

[74] 'गुरजाडा कथानिकलु- पृ. 22

बीसवीं शताब्दी के प्रारंभिक दशकों से स्त्री रचनाकारों की संख्या बढ़ गयी थी। किंतु इस साहित्य का समाज ने रख-रखाव में उपेक्षा की। कई रचनाकारों का उल्लेख मिलता है किंतु रचनाएँ उपलब्ध नहीं होती। कुछ प्रसिद्ध कथाकार इस प्रकार हैं-

## पुलुगुर्ति लक्ष्मी नरसम्मा

लक्ष्मी नरसम्मा का जन्म 1878 में माना जाता है। बचपन में उनकी शिक्षा व्यवस्थित रूप से नहीं हुई थी। पंडितों के परिवार में जन्म लिया और सुशिक्षित परिवार में बहू बनकर गयी थी। पति स्त्री शिक्षा के पक्षधर थे। स्वाध्याय से ही साहित्य का अध्ययन किया। अनायास ही साहित्य सृजन का कार्य चलने लगा। 'जनाना' एवं 'हिंदू सुंदरी' पत्रिकाओं में निबंध आदि लिखती थी। 1904 से 'सावित्री' नामक पत्रिका को स्वयं चलाया। आठ साल तक (1904-1912 ) यह पत्रिका लगातार चलती रही। अनेक ग्रंथों की रचना की थी। उनमें उपन्यास भी हैं - ' सुभद्रा', 'कमल-कुमारी', 'लोकबांधवी' आदि प्रमुख हैं। आज ये उपन्यास उपलब्ध नहीं हैं। किंतु आलोचकों ने इन उपन्यासों की प्रशंसा की थी।

## कांचनपल्लि कनकम्मा

कनकम्मा ने साहित्य की विविध विधाओं में रचनाकार के रूप में प्रसिद्ध हैं। आपका जन्म सन् 1893 में हुआ था। मैकमिलन कंपनी के लिए अनेक पुस्तकों की रचना की। मद्रास क्वीन मेरीस कालेज में आपने अध्यापन का कार्य किया। आपने 'अमृतवल्ली' (1917) उपन्यास लिखा। कहा जाता है कि यह किसी तमिल उपन्यास का अनुसरण है। किंतु इस उपन्यास के कारण आप अत्यन्त लोकप्रिय रचनाकार बन गयी।

## मागंटि अन्नपूर्णा देवी (1895-1927)

अन्नपूर्णा देवी ने स्वतंत्रता आंदोलन में सक्रिय कार्य किया। आपकी देश के प्रति निष्ठा एवं सेवा-भावना को गाँधीजी ने भी प्रशंसा की। अपने सारे आभूषणों को देश के लिए गाँधीजी के हाथों समर्पित कर दिया। आप एक सशक्त रचनाकार भी थीं। सन् 1919 में 'सीताराममु' नामक उपन्यास की रचना की।

## पुलवर्ति कमलावती

कमलावती साहित्यकार के रूप में प्रसिद्ध थीं। आपकी प्रतिभा को सम्मानित र हलक्ष्मी स्वर्ण कंकण' प्रदान किया गया। आपने अनेक रचनाएँ की थीं। उनमें कुछ महत्वपूर्ण उपन्यास इस प्रकार हैं- 1. कुमुद्वती, 2 पुलिंद कन्या, 3. राणी प्रमीला, 4. विद्युत् प्रभा

## सीरम सुभद्रम्मा (1876-1947)

सुभद्रम्मा प्रतिभा संपन्न साहित्यकार हैं। आपका 'आगिलम्' उपन्यास अंग्रेज़ी उपन्यास का अनुसरण है। इस उपन्यास को विश्वविद्यालय ने उच्च्च कक्षाओं के लिए पाठ्य ग्रंथ के रूप में चयन किया। उन्होंने 'अरविंद' नामक उपन्यास की रचना की। आपका दूसरा उपन्यास था- 'शिरोमणि'।

सुशिक्षित सीतम्मा के उपन्यास, नाटक और एकांकी की रचना के साथ आसु कविता कहने की क्षमता भी रखती है। सीतम्मा ने 'अरविंद' उपन्यास लिखा। पद्मिनी परिणय, क्षीरसागर मंथन, दिलीप, शूर्पणखा आदि प्रमुख हैं।

नवजागरण काल में वेमूरि आण्दालम्मा ने सन् 1916 में कमलिनी उपन्यास की रचना की।

| | |
|---|---|
| जूलुरि तुलसम्मा | रानी भवानी - दो भाग |
| राजांबा | चम्पक मालिनी |
| ई. लक्ष्मी नरसम्मा | सुकेशी |
| वि. श्रीनिवासम्मा | प्रियान्वेशन |
| सत्यनाथम्मा, कृपाबाई | सुगुणम्मा |
| आवर सत्यवतम्मा | सुनन्दिनी |
| मल्लवरपु सुब्बम्मा | सुनंदिनी चरित्र |

जयंति सूरम्मा ने 'सुदक्षिणा चरित्र', स्वर्णम्मा ने 'इंदिरा' (1915) उपन्यासों की रचना की।

आंध्र प्रांत में श्री वीरेशलिंगम आदि सुधारकों के प्रयत्नों से राजमहेंद्री, विशाखपट्टणम, काकिनाडा, मसुलिपटनम् विजयनगरम् आदि प्रांतों में स्त्री-शिक्षा को प्रोत्साहित किया गया। मध्यवर्ग की बालिकाएँ बड़ी संख्या में सुशिक्षित हुई। इसलिए 1910-1915 से लगातार स्त्रियों ने उपन्यासों की रचना में लग गयी। "इस शताब्दी में पुरुषों के समान स्त्रियाँ भी सरल ग्रांथिक भाषा में उपन्यास लिखे। उस समय उपन्यास लिखने वाली लेखिकाएँ थीं- पुलगुर्ति नरसमाम्बा (लोकबांधन), कांचनपल्लि कम् (अमृतवल्ली), विशालाक्षी (खैदी), पुलपर्ति कमलादेवी ( विक्टोरिया क्रास), कनुपति वर लक्षम्मा (अपराधिनी), मागंटि अन्नपूर्णा देवी ( विवाह मंगलमु ), वेदुल मीनाक्षी देवी (डॉ.सुजाता), स्थानापति रुक्मिणम्मा (छाया) आदि बीस तक लेखिकाएँ हैं। कुछ लेखिकाओं ने बहुभाषा

- ज्ञान के कारण अंग्रेज़ी से एवं अन्य भारतीय भाषाओं से उपन्यासों का अनुवाद भी किया।"[75]

इन उपन्यासों में प्रायः तत्कालीन पारिवारिक जीवन में नारी की स्थिति का वर्णन करते हुए पुरुषाधिपत्य के विरुद्ध कोई विरोध का स्वर स्पष्ट सुनायी नहीं पड़ता। स्त्री-शिक्षा के महत्व का प्रतिपादन, पारिवारिक शांति के लिए स्त्रियों में समझौता करने की भावना का ही चित्रण किया गया। उस समय के समाज में स्त्रियों का लिखना ही एक क्रांतिकारी परिवर्तन मानना चाहिए। प्रारंभ में कई महिलाओं ने अपने परिचय को छिपाकर भी रचनाएँ कीं, जैसे 'बंग महिला'। बीसवीं शती के चौथे दशक में स्वतंत्र विचारों को साहस के साथ रचना करनेवाली महिलाओं का पदार्पण कथा साहित्य में हुआ। "स्वतंत्रता से पूर्व चालीस के आस-पास चलम की पुत्री सौरिस 'अनावीलर', ‘जीवनराग' नामक उपन्यासों को लिखा। इल्लिदल सरस्वती देवी ने ‘दरिजेरिन प्राणालु', ‘नील बांचनु काल्मोक्कुता' जैसे उपन्यास लिखे।"[76] किंतु नवजागरण कालीन महिला कथाकारों में हिंदी में बंग महिला (राजेंद्र बाला घोष), यशोदा देवी, उषा देवी मित्रा का उल्लेख मिलता है और कुछ समय बाद के सुभद्रा कुमारी चौहान एवं संस्मरण लेखिका महादेवी वर्मा का आता है। इसी प्रकार तेलुगु साहित्य में महिला कथाकारों में कुनपर्ति वर लक्ष्मी एवं कांचनपल्ली कनकाम्बा का नाम विशेष प्रसिद्ध है।

कहानीकार के रूप में भंडारु अच्चमाम्बा प्रसिद्ध हैं। अच्चमांबा की दो कहानियाँ तेलुगु साहित्य में प्रसिद्ध हैं। 'स्त्री - विद्या' जो 1902 में 'हिंदू सुंदरी' पत्रिका में प्रकाशित हुई। ‘धनत्रयोदशी' कहानी भी 'हिंदू सुंदरी' में 1902 में ही प्रकाशित हुई। दोनों कहानियों का नेपथ्य सामाजिक जीवन ही था। किंतु तेलुगु साहित्य के इतिहासकारों ने गुरजाड़ा की 'दिद्दुबाटु' कहानी जो 1910 में प्रकाशित हई उसको तेलुगु की पहली कहानी का दर्जा दिया। परवर्ती कुछ इतिहासकारों में अनेक ने अच्चमाम्बा को पहली कहानीकार का दर्जा देते हुए प्रमाण प्रस्तुत किये।

## नवजागरण कालीन कहानीकार अच्चमाम्बा

अच्चमाम्बा आंध्र प्रांत की शिक्षित स्त्रियों की पहली पीढ़ी की थी। उनकी शिक्षा भी किसी व्यवस्थित रूप में नहीं हुई थी। तेलुगु प्रदेश के युग प्रवर्तक साहित्यकार, पत्रकार

---

[75] सं. छायादेवी, बीसवीं शताब्दी लो तेलुगु रचयित्रुल रचनलु - पृ. 30

[76] सं. छायावादी- 20 शताब्दं लो तेलुगु रचयित्रुल रचनलु- पृ.30

कोमर्राजु लक्ष्मण राव अच्चमाम्बा के छोटे भाई थे। इन दोनों के बचपन में ही पिता का देहांत हा`गया था। अपने दोनों बच्चों को लेकर उनकी माँ सौतेले पुत्र के पास चली आयी और कुछ ही दिनों बाद अच्चमाम्बा का विवाह अपने भाई माधवराव से कर दिया, जो नागपुर में नौकरी करते थे। लक्ष्मण राव की पढ़ाई माधव राव के पास ही हुई थी। भाई के पास बैठकर अच्चमाम्बा ने लिखना पढ़ना सीखा। इस प्रकार उन्होंने तेलुगु, संस्कृत, मराठी, हिंदी और गुजराती भाषाओं को सीखा।

अच्चमाम्बा के पति परंपरावादी थे। उनका विचार था कि स्त्रियाँ शिक्षित होकर पथ भ्रष्ट हो जाती है। अच्चमाम्बा को पढ़ने-लिखने से मना किया। वे पति को नाराज़ करना नहीं चाहती थी। इसलिए पति जब दौरे पर गये होते तब वह पढ़ती थी। पति को खुश रखते हुए अपने पढ़ने-लिखने के लिए समय निकालती थी। उस समय वीरेशलिंगम् के सुधारवादी आंदोलन में स्त्री - शिक्षा और विधवा-विवाह प्रमुख मुद्दे थे। समाज से स्त्री-शिक्षा को अधिक प्रोत्साहन मिला। तत्कालीन उच्च, मध्य वर्ग के परिवारों में स्त्रियों को पढ़ने-लिखने के लिए प्रोत्साहन मिलता था। किंतु स्त्रियों के शिक्षित होने के बावजूद उनके लिए भी सामाजिक बंधन ज्यों के त्यों थे। जिस युग में जन्म लिया उस युग के सामाजिक नियमों का पालन करते हुए उन्होंने अपने व्यक्तित्व को निखारा। उनकी जीवनी में लिखा गया - "एक तरफ प्राचीन सती धर्म, दूसरी तरफ पाश्चात्य शिक्षा-संस्कार इन दोनों का अद्भुत एवं अनुपम व्यवहार करनेवाली आदर्श महिला है। "वीरेशलिंम् की सुधारवादी कार्यक्रमों से प्रभावित अच्चमाम्बा अपने परंपरावादी पति के विचारों में कुछ हद तक परिवर्तन लाने में सफल हुई। पति के साथ जब वह मसुलीपट्टणम गयी थी तो वहाँ 'वृंदावन स्त्री- समाज' नाम से समाज की स्थापना की थी। उस समय कुछ ही स्त्रियाँ उसकी सदस्य बनी, किंतु सभी ने प्रस्ताव पारित किया कि स्त्रियों की प्रगति के लिए उनके लिए अलग समाज की आवश्यकता थी। उसके बाद अच्चमाम्बा ने काकिनाडा में भी 'स्त्री- समाज' की स्थापना की। इस प्रकार सित्रयों में चेतना लाने की कोशिश की। 1902 में 'कृष्णा - पत्रिका' का प्रकाशन प्रारंभ हुआ। इस पत्रिका में स्त्री समुदाय के प्रति अच्चमांबा की सेवा की प्रशंसा मुन कृष्णाराव जैसे संपादक ने भी की थी। पति जब दौरे पर होते थे आस-पास के गाँवों में जाकर सामाजिक सेवा कार्यक्रम करती थी। स्त्रियों एवं बच्चों की सेवा में व्यस्त रहती थी। इसी सेवा कार्यक्रम के दौरान प्लेग से पीड़ित किसी माँ और शिशु के संदर्भ में अच्चमाम्बा को प्लेग रोग का संक्रमण हुआ और तीस वर्ष की अल्प आयु में उसका स्वर्गवास हो गया। इतनी कम आयु में उन्होंने समाज और साहित्य की सेवा की।

अच्चमाम्बा ने प्रसिद्ध स्त्रियों के व्यक्तित्व एवं महानता का वर्णन करते हुए 'अबला सच्चरित्र माला' (1901) की रचना की। 'तेलुगु जनाना' एवं 'हिंदू सुंदरी' में उनकी रचनाएँ एवं कहानियाँ छपती थीं। अच्चमाम्बा ने 1898 से 1904 तक बारह कहानियाँ लिखीं। इतने संक्षिप्त जीवन में इतने सेवा कार्यों के बीच उन्होंने जो कहानियाँ लिखीं, उनमें उनकी सामाजिक स्पृहा व्यक्त होती है। 'गुणवति यगु स्त्री' (1901), 'ललिता शारदलु' (1901), 'जानकम्मा' (1902), 'दम्पतुल प्रथम कलहम्' (1902), 'सत्पात्र दानम्' (1902), 'स्त्री विद्या' (1902), 'धनत्रयोदशी' (1902), 'भार्या भर्तल संवादमु' (1893), 'अद्दभुनु सत्यवतियुनु' (1903), 'बीद कुटुंबमु' (1904)-इन कहानियों को शिल्प की दृष्टि से नहीं देख सकते। किंतु इन कहानियों में स्त्री जीवन के विविध संदर्भों का चित्रण है। कई कहानियों में स्त्रियों को ही अधिक सुझाव दिये गये। क्योंकि तत्कालीन समाज में स्त्रियाँ अपनी अशिक्षा, अविवेक एवं स्त्री- - सुलभ ईर्ष्या-द्वेष के कारण भी अशांत जीवन व्यतीत कर रही थी। पति के साथ सामंजस्यपूर्वक जीवन यापन के लिए स्त्रियों में विवेक जागृत कर, स्त्रियों की मूर्खता के कारणों को पहचानकर उनको निदान प्रस्तुत किया गया। यह उस युग की स्त्री रचनाकार की सीमा है। स्त्री स्वयं अपने नाम के साथ रचना-कर्म में प्रवृत्त होना ही उस युग के लिए एक क्रांतिकारी घटना है। यह घटना अच्चमांबा के कारण ही संभव हो सका है। अपने युगानुरूप लेखन के साथ उन्होंने कहीं स्त्री स्वेच्छा की जो तड़प है उस तरफ भी संकेत किया। 'दंपतुल प्रथम कलहम्' (1902) नामक कहानी में ललिता का यह द्रष्टव्य है और रेखांकित करने योग्य है- " मैं तुम्हारी ब्याहता पत्नी हूँ, कोई दासी नहीं।" 1902 इस प्रकार के उद्गार उनमें छिपे विद्रोही चेतना के प्रतीक हैं। कुछ कहानियों में स्त्री-शिक्षा के महत्व को अनेक दृष्टियों से विवेचन करते हुए स्त्री - शिक्षा के पक्ष में अपने विचार व्यक्त किये। 'धनत्रयोदशी' कहानी आज भी प्रासंगिक है। इस कहानी में दिखाया गया है कि पतियों को नौकरी में भ्रष्टाचार, घूस लेना आदि बुराइयों से पत्नी किस प्रकार बचाती है। गरीब दंपति के जीवन में व्याप्त आर्थिक कठिनाइयों के कारण जब ऊहापोह में रहता है पत्नी अपनी सादगी एवं चारित्रिक बल पर, बिना दुराशा के पति को प्रलोभनों से बचाती है। पति-पत्नी के संवाद ( भार्या - भर्तल संवादमु) में अच्चमाम्बा ने प्रतिपादित किया कि स्त्री के लिए अलंकार उसके चरित्र के उदात्त गुण होते हैं और सोने के आभूषण नहीं। इस प्रकार स्त्रियों को विवेकशील बनाने का प्रयत्न किया। तत्कालीन साहित्य में पुरुषों के प्रतिकूल अंशों को छोड़कर स्त्रियों में जो बुराइयाँ पुरुष देख रहे थे और बार-बार उनकी तरफ इशारा करते थे, उन्हीं पर स्त्री रचनाकारों ने विशेष ध्यान दिया। क्योंकि वे अनुभव करती थी कि इस प्रकार के दुर्गुणों से भरे व्यक्तित्व में प्रगति

असंभव होती है। स्त्री-शिक्षा के द्वारा मानवता के सर्वोच्च गुणों से समन्वित होकर ही स्त्री पुरुष के साथ समानता के अधिकार की मांग कर सकती। साहित्य की रचना के द्वारा तात्कालीन समाज ही प्रतिबिंबित होता। अच्चमाम्बा ने तत्कालीन जीवन की स्थितियों, आचार-व्यवहार आदि का चित्रण करते हुए, एक समुन्नत समाज के लिए उसमें वांछनीय परिवर्तनों का अपने समाज के अनुरूप कल्पना की है और उन्हीं को अपनी कहानियों में व्यक्त किया। यह निस्संकोच कहा जा सकता है कि-अच्चमाम्बा एक साहित्यकार एवं समाज सेवी ही नहीं एक जागरूक दृष्टि सम्पन्न महिला भी थी।

**नवजागरण कालीन महिला कथाकार - कनुपर्ति वरलक्ष्मम्मा**

वरलक्ष्मम्मा का जन्म 1896 में आंध्र प्रांत के ब्राह्मण परिवार में हुआ था। उस समय की परंपरा के अनुरूप उनका विवाह बाल्यावस्था में ही हो गया। पढ़ने-लिखने के प्रति उनकी रुचि को देखकर पहले भाइयों ने पश्चात् पति ने उनको प्रोत्साहित किया। उन्होंने स्वयं के अथक परिश्रम से सुशिक्षित हुई। 1911-1912 के आस-पास उन्होंने साहित्य रचना प्रारंभ की। लगभग चार दशकों तक निरंतर लिखती रहीं। उन्होंने साहित्य सेवा के साथ समाज सेवा में स्त्री कल्याण संबंधी अनेक कार्यक्रमों को आयोजित किया। तत्कालीन स्त्री समुदाय में चेतना लाने के लिए स्त्री समाजों में भाषण दिये। 1931 में बापट्ला (आंध्र) में 'स्त्री हितैषिणी मंडली' की स्थापना की थी। 1933 में 'आंध्र राज्य महिला सभा की अध्यक्षता की। साहित्य एवं समाज ही नहीं राजनीति के क्षेत्र में भी वरलक्ष्मम्मा ने सक्रिय कार्य किया और राजनीतिक आंदोलनों में भाग लिया। 1921 महात्मा गाँधी को वचन दिया कि वह खद्दर ही के वस्त्र धारण करेगी। इस वचन का उन्होंने आजीवन पालन किया। सरोजनी नायडु एवं दुर्गाबाई देशमुख जैसी देशभक्त महिलाओं के साथ आपकी मित्रता थी।

कहानीकार के रूप में वरलक्ष्मम्मा काफी लोकप्रिय थीं। उनकी कहानियाँ तत्कालीन प्रसिद्ध पत्रिकाएँ - भारती, गृहलक्ष्मी, आंध्र पत्रिका, अनसूया, विनोदिनी, आनंदवाणी, कल्याणी आदि में छपती थीं। 1925 लगातार दो दशाब्दियों तक उस समय के महान साहित्यकारों के साथ आपकी कहानियाँ छपती थीं। उन्होंने लगभग 50 कहानियाँ लिखीं। इन सभी कहानियों की विषय वस्तु काल्पनिक नहीं रहती थीं। समाज में अपने चारों तरफ उन्होंने जो देखा और जो अनुभव किया उन्हीं घटनाओं को और संदर्भों को लेकर अपने विचारों को जोड़कर कहानियों को कलात्मकता से सजाकर रखा। समाज की वास्तविक दशा का वर्णन करते हुए, कहानीकार यह भी बताती थी समाज को कैसा रहना चाहिए। संदेश देते हुए भी कोरे संदेश न लगकर सहजता के साथ कहानी के प्रतिपाद्य का निर्वाह

होता था। कन्याशुल्क, विधवा-विवाह आदि सामयिक समस्याओं के साथ दाम्पत्य जीवन से संबंधित, स्त्री-शिक्षा का महत्व, बेटा- बेटी के पालन-पोषण में विवक्षा आदि महत्वपूर्ण मुद्दों पर कहानियों की रचना की। इस प्रकार स्त्री जीवन से संबंधित कहानियों के अलावा 'ढलती उम्र' की असुरक्षा की भावना का मनोवैज्ञानिक स्थितियाँ 'वजीफे की रात' कहानी में चित्रित की गयी। समकालीन समाज, बदलती हुई परिस्थितियाँ, बदलती हुई विचारधाराएँ और उनसे उत्पन्न अच्छी- बुरी स्थितियों का वर्णन किया। कहानीकार ने स्पष्ट संकेत दिया कि परिवर्तन के इस दौर में परंपरा का कितना अनुसरण करें ओर नवीनता कितना आत्मसात करें।

# 10. नवजागरणकालीन महिला पत्रकारिता

सन् 1855 ई. में लड़कियों की शिक्षा के लिए स्थानीय शिक्षा अधिकारियों ने एक आंदोलन चलाया जिसके परिणामस्वरूप तीन सौ के लगभग स्कूल खोले गये जिनमें लड़कियों को शिक्षा दी जाने लगी। लड़कियों को शिक्षा दिलाने की जरूरत पर साहित्यकारों की दृष्टि गई। भारतेंदु ने तो लिखा भी - "नारी पढ़े बिना एक हू काज न चलत लखाई।" द्विवेदी युगीन कवि तत्कालीन समाज की स्त्री समस्याओं का मूल कारण नारी-शिक्षा का अभाव मानते थे। इसीलिए उन्होंने कविता में भी इस तरह की बात कही कि नारी - शिक्षा जरूरी है। अप्रैल, 1903 ई. में सरस्वती में छपे एक लेख (पूना का अनाथ बालिकाश्रम) के अनुसार "इस समय इस देश में, स्त्री-शिक्षा के संबंध में भिन्न-भिन्न लोगों का भिन्न-भिन्न मत है। कोई कहता है स्त्री-शिक्षा की आवश्यकता ही नहीं। कोई कहता है- "आवश्यकता तो है, परंतु उच्च शिक्षा न देना चाहिए। कोई अपने घर की विधवाओं को पुराण और पूजा पाठ की पुस्तकें पढ़ानी चाहता है। कोई लड़कों की शिक्षा विधवाओं को भी देना अच्छा समझता है। कोई दस्तकारी और सीना- पिरोना सिखलाकर बाल विधवाओं को इस योग्य करना चाहता है कि जिसमें अपने भरण-पोषण के लिए उन्हें दूसरों का मुँह न देखना पड़े। कोई उन्हें शिक्षक अथवा उपदेशक बनाकर उन्हीं के समान दूसरा हतभागिनी विधवाओं को शिक्षा और उपदेश देने के योग्य करना चाहता है। अर्थात् सबके विचार अलग-अलग हैं।

मई 1903 ई. में 'सरस्वती' में एक लेख छपा 'गुजरातियों में स्त्री-शिक्षा' जिसके अनुसार- "बंग और महाराष्ट्र देश में स्त्री शिक्षा का प्रचार और प्रांतों की अपेक्षा बहुत अधिक है। बंग देश में तो स्त्रियाँ कविता करती हैं, उपन्यास लिखती हैं, कालिज शिक्षा देती हैं और समाचार पत्रों में अच्छे-अच्छे लेख प्रकाशित करती हैं। "

तत्कालीन ब्रिटिश सरकार स्त्रियों को उच्च शिक्षा देने के पक्ष में थी। सितंबर, 1908 ई. की 'लक्ष्मी' (मासिक पत्रिका) में 'गवर्नमेंट की कृपा' नामक लेख के अनुसार- "इंडियन गवर्नमेंट ने दो स्त्रियों को, जो हिंदुस्तान में बी. ए. पास कर चुकी हों, इंग्लैंड मे ं पढ़ने के लिए 225 रुपये सालाना वजीफा, आगे जाने का खर्चा देना मंजूर किया है। देखें इससे हिंदुस्तान की स्त्रियों की क्या उन्नति होती है। हमें तो पूर्वीय स्त्रियों का पश्चिमीय स्त्रियों की रहन- सहन न सीखना ही मंगलप्रद जँचता है।" इसके लेखक लाला भगवान 'दीन' जो भारतीय संस्कृति को पश्चिमी ढंग की संस्कृति से श्रेष्ठ समझते थे।

जनवरी, 1905 ई. की 'सरस्वती' में 'जापान की शिक्षा प्रणाली' नामक एक लेख छपा जिसके लेखक महावीर प्रसाद द्विवेदी हैं। इस लेख में - " जापान में स्त्री-शिक्षा का भी अच्छा प्रचार है। 1900 ई. में स्त्रियों की जो यूनिवर्सिटी (विश्वविद्यालय) टोकियो में स्थापित हुई, वह सब में श्रेष्ठ है। ... इस विश्वविद्यालय में इस समय कोई 700 स्त्रियाँ हैं। ... जिन-जिन विषयों की शिक्षा अपेक्षित हैं, वे सब विषय यहाँ सिखलाये जाते हैं। बच्चों का पालन-पोषण, सफाई, कला-कौशल और गृहस्थी के काम-काज के सिवा शिष्टाचार, गाना- बाजना, तस्वीर खींचना और फूलों की मालाएँ और गुलदस्ते आदि बनाना भी सिखलाया जाता है।"

जनवरी, 1911 ई. में 'स्त्री दर्पण' में 'स्त्री-शिक्षा में देशोन्नति' नामक लेख छपा जिसकी लेखिका कमलेश्वरी देवी थीं जिसमें " यदि हमारे देश में भी जापान की तरह स्त्रियों को शिक्षा मिले तो हमारे देश की कितनी उन्नति हो।... हमारे देश की स्त्रियाँ यदि जापान की स्त्रियों की तरह अपने देश का सुधार चाहें, तो प्रथम तो शिक्षित होने का उपाय करें, विद्या में तन-मन-धन लगायें, बस यही समझें कि विद्या ही से हमारा कल्याण हो।"

मैथिली शरण गुप्त जी के अनुसार- "क्या कर नहीं सकती भला यदि शिक्षित हो नारियाँ।" 1916 ई. तक भारत में स्त्री-शिक्षा की स्थिति इस प्रकार थी-"सन् 1913-14 में कालेज में पढ़नेवाली की संख्या संयुक्त प्रांत में 66 थीं, परंतु बंगाल में यह संख्या 140, मदरास में 69, बंबई में 136 और पंजाब में 50 रही। अर्थात् सबसे अधिक संख्या उच्च शिक्षा पानेवाली स्त्रियों की बंगाल में है। बंगाल के बाद दूसरा नंबर बंबई प्रांत का है। बंबई के बाद मदरास और संयुक्त प्रांत का। पंजाब का नंबर सबसे पीछे है। अब मध्य शिक्षा का ब्योरा सुनिये | मध्यम शिक्षा पानेवालों की संयुक्त प्रांत में संख्या 8290 है और स्कूलों की संख्या 85 है। बंगाल में यह संख्या 10614 और 86, बंबई में 8761 और 87, आरंभिक शिक्षा के लिए संयुक्त प्रांत में 1067 मदरसें हैं और पढनेवाली कन्याओं की संख्या 46693 है। बंगाल में मदरसों की संख्या 7058 और कन्याओं की संख्या 210137, मद्रास में 1443 और 24821 बंबई में 1271 और 140210 और पंजाब में 803 और 37715 हैं। इस पर से

पढ़नेवालों की संख्या मद्रास में सबसे अधिक है। कन्याओं को शिक्षा देने का काम सिखाने के लिए नार्मल स्कूलों की संख्या संयुक्त प्रांत में 17 और शिक्षक का काम सीखनेवालों की संख्या 139 है। परंतु बंगाल में 8 और 132, मद्रास में 23 और 513, बंबई में 17 और 611 और पंजाब में 6 और 111 हैं। स्पेशल स्कूलों की संख्या संयुक्त प्रांत में 10 है और उनमें 338 स्त्रियाँ पढ़ती या काम सीख हैं। 16 मदरसें और 709 सीखनेवाली मद्रास में हैं। 480 मदरसे और 14411 बंगाल में, 6 मदरसे और 301 बंबई में। इसी प्रकार 6 मदरसे और 527 पंजाब में हैं।

'लक्ष्मी' नामक मासिक पत्रिका में जनवरी, 1918 ई. में 'स्त्री - शिक्षा के लिए महादान' नामक संपादकीय लेख में - "टिकारी महाराज कुमार ने ... 13 लाख वार्षिक आय के अपने सारे राज को स्त्री शिक्षा के लिए ट्रस्ट में दे दिया... इस रुपये से स्त्री शिक्षा के लिए जो कालिज स्थापित होगा उसमें सब जाति - पाँति की लड़कियों को पढ़ाया जाएगा। सर अली हमाम साहब ने 40 हज़ार रुपये की 50 बीघे जमीन कालिज बनवाने के लिए दी। हर प्रांत में यदि महाराज कुमार जैसे एक दानवीर जन्म लेते तो भारत की स्त्री जाति का उद्धार हो सकता है।"

हिंदी प्रदेश में रामेश्वरी नेहरू ने 1909 में स्त्री- दर्पण निकालना शुरू किया। इससे पहले महिलाओं के लिए महिलाओं द्वारा निकाली गयी किसी पत्रिका का विवरण नहीं मिलता है। पहली बार प्रयाग में 1909 में रामेश्वरी नेहरू ने महिला समिति का भी गठन किया। "स्त्री दर्पण का एक अंतरंग भाग कुमारी दर्पण के नाम से छपता था जिसकी संपादिका रूपकुमारी नेहरू थी। स्त्री दर्पण हिंदी प्रदेश में स्त्री आंदोलन की सबसे मुख्य पत्रिका बनी। स्त्रियों की समस्याओं को एक आंदोलनकारी ढंग से इतनी गंभीरता एवं गहराई से उठानेवाली पत्रिका उस समय कोई दूसरी नहीं थी।"[77]

स्त्री दर्पण के साथ 'गृहलक्ष्मी' नामक और एक पत्रिका में स्त्रियों की समस्याओं की चर्चा होती थी। परंपरावादी विचारों से ओत-प्रोत 'आर्य महिला' पत्रिका निकलती थी। 1919 जनवरी अंक में स्त्री दर्पण पत्रिका में 'महिला सर्वस्व' (प्रकाश वर्ष नहीं है) की आलोचना में उसको साधारण पत्रिका माना गया था। 'कायस्थ महिला हितैषी' पत्रिका अपने शीर्षक से प्रकट करना है किसी विशेष जाति की महिलाओं के लिए ही थी। उसका प्रकाशन वर्ष भी मालूम नहीं है। इस प्रकार कुछ उच्च परिवारों की शिक्षित महिलाओं ने पत्रकारिता के क्षेत्र में प्रवेश किया। कुछ सीधे नेहरू परिवार से ही जुड़ी थी।

---

[77] वीर भारत तलवार राष्ट्रीय नवजागरण और साहित्य–पृ.123

स्त्री-शिक्षा को प्रोत्साहित करनेवाले लेखों की सूची निम्न प्रकार है-

| क्र.सं. | पत्रिका | लेख का नाम | लेखिका |
|---|---|---|---|
| 1 | स्त्री दर्पण, दिसंबर, 1910 ई. | स्त्रियों के प्रति उपदेश | श्रीमती महादेवी कुंवर |
| 2 | स्त्री दर्पण, जनवरी, 1911 ई. | स्त्री शिक्षा से देशोन्नति | श्रीमती कमलेश्वरी देवी, आगरा |
| 3 | स्त्री दर्पण, फरवरी, 1911 ई. | स्त्रियों का कर्तव्य | श्रीमती रानी साहब विजयनगरम् |
| 4 | स्त्री दर्पण, फरवरी, 1911 ई. | स्त्री का कर्तव्य | श्रीमती रामेश्वरी शुक्ल |
| 5 | स्त्री दर्पण, मार्च, 1911 ई. | स्त्री-शिक्षा | श्रीमती भुवनेश्वरी देवी |
| 6 | स्त्री दर्पण, जुलाई, 1911 ई. | जापान की स्त्रियाँ | कैलास रानी, बातल |
| 7 | स्त्री दर्पण, जुलाई, 1916 ई. | स्त्री-शिक्षा | एक विनीत देशभक्त |
| 8 | स्त्री दर्पण, मार्च, 1915 ई. | स्त्रियाँ एवं सामाजिक कार्य | रामेश्वरी नेहरू (संपादक) |
| 9 | स्त्री दर्पण, अगस्त, 1915 ई. | स्त्रियों के राजनैतिक अधिकार | श्रीमती सावित्री देवी मालवीय |
| 10 | चांद, दिसंबर, 1910 ई. | स्त्री शिक्षा | श्रीमती जयोदा देवी |
| 11 | चाँद, जनवरी, 1912 ई. | जापान की औरतें | मूलचंद, एम.ए.एल.एल.बी. |
| 12 | चाँद, 1916 ई. | स्त्री जाति और वर्तमान व्यवस्था | कुमारी सत्यवती महेंद्री, अमृतसर |
| 13 | चाँद, फरवरी, 1916 ई. | हमें स्त्री शिक्षा की आवश्यकता क्यों है | श्रीयुत रामजी विद्यार्थी |
| 14 | चाँद, जून-जुलाई, 1916 ई. | स्त्रियाँ क्या नहीं कर सकती | श्रीयुत साधु |
| 15 | चाँद, जून-जुलाई, 1916 ई. | स्त्रियों की उच्च शिक्षा | संपादक |

इन लेखों की विशेषता यह है कि इनमें लेखिकाओं की ओर से अधिक लिखे गये हैं। यह नारी-चेतना का सूचक है।

नवजागरण काल में स्त्री-शिक्षा हेतु जो कार्य किये गये, उनमें 'स्त्री दर्पण' पत्रिका का महत्वपूर्ण योगदान रहा। इसी तरह कई अन्य पत्रिकाओं ने भी स्त्री शिक्षा प्रसार हेतु प्रयास किये। इन प्रयासों के फलस्वरूप आधुनिक भारतीय स्त्री की स्थिति में काफी हद तक सुधार हुआ।

**नारीवाद (स्त्री दर्पण)**

आज के युग की नारीवाद कुछ विशेषताएँ और लक्षण पुनर्जागरण काल के स्त्री-आंदोलन में अपनी कोमल अवस्था में दिखाई देते हैं। भारत में स्त्री आंदोलन की असली शुरुआत उन्नीसवीं शती के आखिरी दशकों में हुई जब पंडिता रमाबाई, आनंदीबाई जोशी, फानना सरोबजी, एनी जगन्नाथन और रुक्माबाई जैसी औरतें अपने घरों में पुरुष प्रधान समाज द्वारा थोपे बंधनों को तोड़कर ऊँची शिक्षा के लिए विदेश गयी और लौटकर उन्होंने भारत में स्त्रियों के आंदोलन को आगे बढ़ाया। स्त्रियों के लिए अपने लिए स्वतंत्र संगठन कायम किए।

सन् 1886 ई. में श्रीमती स्वर्णकुमारी देवी ने 'लेडीज ऐसोसिएशन' कायम किया। सन् 1892 ई. में पंडिता रमाबाई ने स्त्रियों की शिक्षा और रोजगार हेतु पूना में 'शारदा सदन' खोला। सन् 1902 ई. में रमाबाई रानाडे ने 'हिंदू लेडीज सोशल एंड लिटरेरी क्लब' और सन् 1909 ई. में पूना में 'सेवासदन' खोला। इसी समय बंबई में 'स्त्री-बोध' पत्रिका निकलनी शुरू हुई। सन् 1914 ई. में ऐनीबेसेंट भारत के राष्ट्रीय आंदोलन की नेत्री के रूप में उभरी। सन् 1917 ई. में स्त्रियों का पहला अखिल भारतीय संगठन (वुमेंस इंडिया एसोसिएशन) कायम किया और इसी संगठन से 'स्त्री धर्म' नामक पत्रिका भी निकाली गयी।

सन् 1909 ई. में इलाहाबाद में पहली बार रामेश्वरी नेहरू ने 'प्रयाग महिला समिति' का गठन किया और 'स्त्री दर्पण' नामक पत्रिका भी निकाला जिसमें 'कुमारी दर्पण' नामक एक अंतरंग भाग छपता था। इस पत्रिका की संपादक रूप कुमारी नेहरू थीं। इस तरह स्त्रियों से संबंधित पत्र-पत्रिकाओं और साहित्य के प्रकाशन का सिलसिला शुरू हो गया। गृहलक्ष्मी, आर्य महिला (बनारस से ) जैसी पाक्षिक पत्रिकाएँ स्त्रियों को वैदिक आधार पर शिक्षित

करके प्रतिष्ठा दिलवाने के उद्देश्य से प्रकाशित होती थीं। स्त्रियों को कार्यदक्ष एवं हस्त कलाओं (कारीगरी) में निपुण बनाने का काम किया।

जून, 1917 ई. में 'स्त्री दर्पण' में 'स्त्रियाँ और परदा' नामक लेख छपा जिसकी लेखिका श्रीमती सत्यवती थीं। उन्होंने परदा को मुसलमान शासन की देन सिद्ध किया। ऐसे ही विचार अगस्त 1918 ई. में 'आधुनिक पर्दा प्रणाली तथा उससे हानियाँ' नामक लेख द्वारा श्रीमती सौभाग्यवती ने व्यक्त किया। यह लेख 'स्त्री दर्पण' पत्रिका में छपा। "सच्चरित्र का चिह्न घूँघट (पर्दा) नहीं है। " - यह लेख इस बात को स्पष्ट करता है | अगस्त, 1917 ई. के 'स्त्री दर्पण' में 'स्त्री उन्नति कैसे हो?' नामक लेख छपा जिसकी रचनाकार हुक्मादेवी थीं। इसमें उन्होंने पुरुष के बहु विवाह की प्रथा को स्त्री की अवनति का कारण माना। फरवरी, 1918 ई. में श्रीमती गुलाब देवी चतुर्वेदी ने 'स्त्री दर्पण' की संपादिका के नाम पत्र लिखा - "अन्य सब बहिनें विचार में पढ़ें। " इसमें अनमेल (मृतस्त्रीक) विवाह का सवाल उठाया गया है- "मृतस्त्रीक पुरुषों को ढूँढ़- ढूँढ़कर कन्याएँ ब्याही जाती हैं। कन्या है 15 वर्ष की और हमारे दुल्हाजी 60 वर्ष के | क्या ऐसी सुंदर जोड़ी भी कभी खराब मालूम होती है? धन्य है! धन्य है!" इस भयानक समस्या को सुलझाने का सुझाव भी दिया गया -"प्रयाग में एक कन्या हितकारिणी सभा स्थापित की जावे। उस सभा का मुख्य उद्देश्य यही होगा कि मृतस्त्रीक पुरुषों के साथ कुँवारी कन्याओं का विवाह रोक दें।"

मार्च, 1918 ई. में ही 'स्त्री दर्पण' में हुक्मादेवी का एक लेख - 'स्त्री जाति का अवनति का मुख्य कारण अनमेल विवाह' छपा। इसमें "गंगाजल जैसी निर्मल कन्या के साथ 60-70 वर्ष के बूढ़े दुहाजू, दादा, नाना, पुत्री पुत्र वाले मनुष्य का विवाह होता है। इस तरह के विवाह की प्रथा समाज में चल रही है। इसी के बल पर पुरुष कहते हैं कि पुरानी जूती टूट गई तो नयी पहन लेंगे। अन्यथा चोली का क्या धोना, औरत का क्या रोना। "

अप्रैल, 1918 ई. के 'स्त्री दर्पण' में हुक्मादेवी ने 'अर्धांगिनी या पाँव की जूती?' में फिर लिखा-"वर्तमान समय में बुरी तरह से वैवाहिक अत्याचार फैला हुआ है। कोई घर इस प्रथा से शून्य नहीं है कि एक स्त्री मरी, दूसरी से विवाह कर लिया, दूसरी मरी, तीसरी तैयार है... क्या यह दुष्ट प्रथा स्त्री जाति के लिए महा आपत्त नहीं है, क्या स्त्री जाति को जूती की पदवी देनेवाली यही प्रथा नहीं है।"

'स्त्री तो पाँव की जूती है' जैसा मुहावरा कई लेखों में प्रकट हुआ। पुरुष प्रधान समाज में स्त्री की वास्तविक स्थिति की पहचान ऐसी ही थी। उस जमाने में कई स्त्रियों ने अन्य स्त्रियों से अपने स्वत्व, अधिकार एवं मान-मर्यादा - धर्म हेतु संघर्श करने की अपील की। स्त्रीमुक्ति

के लिए प्रयास किया। भारतीय स्त्री जाति को अपनी खोई हुई स्वतंत्रता प्राप्त करने, पुरुष जाति की पैरों जी जूती बनने से तिरस्कार करने के लिए कलम का प्रयोग किया। हुक्मादेवी ने 'गूढ़ भाव प्रकाश' नामक पुस्तक लिखा जो विधुर अनमेल विवाह सवाल पर है।

यद्यपि तत्कालीन स्त्री लेखिकाओं ने विधवा विवाह की माँग के बजाय स्त्री स्वावलंबन पर बल दिया, पुरुष के लेखों में विधवा विवाह की खुली और जोरदार वकालत मिलती है। जनवरी, 1919 ई. में 'स्त्री दर्पण' में संपादकीय टिप्पणी छपी- 'जबर्दस्ती वैधव्य' जिसमें स्त्रियों के वैधव्य की भयंकर झलक है। लेखिका ने लड़कियों की विवाह सम्मत आयु को बढ़ाने की सिफारिश की "हमारी सम्मति में यदि विधवा विवाह एकदम जारी करने से सचमुच कठिनाइयों का सामना करना पड़ता हो, तो एक से पंद्रह वर्ष की उम्रवाली कन्याओं का विवाह कर देने की रीति अनयास रोकी जा सकती है। "

अप्रैल, 1919 ई. में स्त्री दर्पण में एक लेख छपा जिसमें एक पुरुष लेखक ने भारत के युवा वर्ग को: गिरी हुई विधवाओं की स्थिति उन्नति करने के लिए अपील की। उन्होंने उस विषय पर विधवाओं के मौन को तर्कपूर्ण कहा- "क्या वे लज्जा के मारे किसी से कह सकती है कि हमारा पुनर्विवाह करो? जिस दिन हिंदू विधवा खुलेबंदी एक यूरोपियन विधवा स्त्री की तरह दूसरे पति को तलाश करने लगेगी, उस दिन जानते हो क्या होगा? उस दिन भारत मैया की छाती फटकर दो टुकड़े हो जायेगी और हम सब पुरुष उसमें समा जाएँगे।"

सुप्रसिद्ध हिंदी लेखिका महादेवी वर्मा जी क्रास्थवेट गर्ल्स हाई स्कूल की छात्रा थीं। उनका विवाह दस वर्ष की अवस्था में हो गया। उनकी माँ घर में पर्दा रखती थीं। किंतु उनके पिता ने महादेवी को पढ़ाया। स्कूल की पढ़ाई के समय महादेवी ने 'पर्दा प्रथा' नामक निबंध और 'भारतीय नारी' नामक नाटक लिखा। बड़ी होकर महादेवी ने अपने बाल्य विवाह का तिरस्कार कर दिया। यह संदर्भ स्त्री आंदोलन के संदर्भ में महत्वपूर्ण है।

अगस्त, 1917 ई. में स्त्री दर्पण में रामेश्वरी नेहरू का भाषण छपा जो उन्होंने रंगून की महिला समिति में दिया। इस भाषण में उन्होंने नारी की स्वतंत्रता की वकालत करते हुए कहा- "सीता, सावित्री, दमयंती, शकुंतला पर्दे में रहने वाली स्त्रियाँ नहीं थीं। " स्त्रियों के निजी अधिकारों को लेकर कई लेख 'स्त्री दर्पण' में छपते रहे। सन् 1905 ई. में यूरोपियन स्त्रियाँ अपने राजनीतिक अधिकारों की माँग कर रही थीं। यह आंदोलन भारतीय स्त्रीवादियों के लिए प्रेरणास्रोत बना। उनके मताधिकार आंदोलन का इतिहास अक्तूबर, 1918 ई. के स्त्री दर्पण में छपा। इस संदर्भ में उमा नेहरू के लेख महत्वपूर्ण हैं। सितंबर, अक्तूबर अगस्त, 1917 ई. में स्त्री दर्पण में 'स्त्रियाँ ओर स्वराज्य' लेख छपा जिसमें होमरूल में ऐनी बेसेंट की तारीफ

हुई और लिखा गया आज एक स्त्री भारत के स्त्री-पुरुष के स्वराज्य हेतु लड़ रही हैं। यथा- "हमें इस समय भी आप स्वराज्य में समता दे सकते हैं, हमें आप पहले स्वराज्य आंदोलन में ही समता दीजिए।" स्वराज्य आंदोलन में भारतीय स्त्रियों ने युगांतरकारी भूमिका निभाई थीं।

नवंबर, 1917 ई. में सरोजिनी नायडू के नेतृत्व में स्त्रियों की एक प्रतिनिधि मंडली भारत मंत्री मांटेग्यू से मिला। माँगें थीं- लड़के-लड़कियों के लिए अनिवार्य शिक्षा, लड़कियों के लिए स्कूलों, अध्यापिकाओं के लिए प्रशिक्षण का इंतजाम-स्त्रियों के लिए मेडिकल कालेज, बच्चों और स्त्रियों के लिए स्वास्थ्य के प्रबंध और उनकी बढ़ती मृत्युदर पर रोक। 1918 ई. में 'मर्यादा' नामक पत्रिका में उमा नेहरू ने 'स्त्रियों के अधिकार' को लेकर लेख लिखा जिसमें स्त्री अधिकार विरोधियों को मुँहतोड़ जवाब दिया। गणेश शंकर विद्यार्थी ने स्त्रियों को वोट देने के हक का समर्थन किया। वे मानते थे कि सीता-सावित्री बनाने के लिए रामचंद्र, कृष्ण, भरत और युधिष्ठिर और अर्जुन की आवश्यकता होती है। पाश्चात्य संस्कृति का अवलंबन करनेवाले पुरुष यदि ऐसी स्त्री की खोज करता है, तो यह मृगतृष्णा है। भारतीय समाज स्त्री जाति के लिए 'प्रोकस्तस का पलंग' है। स्त्री के आत्म-त्याग को वे आत्म-हत्या मानते थे।

उल्लेखनीय है कि उमा नेहरू ने पुरुष समाज से कहा कि स्त्री को देवी न समझकर सिर्फ स्त्री समझें। दूसरी ओर गाँधीजी ने भारतीय स्त्री को देवी कहा। सांप्रदायिक भारतीय समाज ने उमा नेहरू को भुलकार महात्मा गाँधी को सराहा। कहा न होगा उमा नेहरू के यथार्थ पर महात्मा गाँधी का नकाब चढ़ गया। स्त्री-पुरुष समानता को लेकर दिसंबर, 1909 ई. में सरस्वती में एक लेख छपा "इंग्लैंड में अबलाओं का आंदोलन" जिसमें "ब्रिटिश पार्लियामेंट में पुरुष ही 'वोट' दिया करते थे, स्त्रियाँ नहीं दिया करते थे। अब स्त्रियाँ भी राय देना चाहती हैं। राज्य शासन में स्त्रियों की राय क्यों नहीं ली जाय। क्या बिना स्त्रियों के भी कोई देश रह सकता है?" भारतीय स्त्रियाँ भी स्वतंत्रता की इच्छुक थीं। 'सरस्वती' जून, 1910 ई. में 'स्त्रिगों की स्वतंत्रता' नामक लेख छपा जिसमें लेखिका सावित्री देवी लिखती हैं- "... हम लोगों को वैसी ही स्वतंत्रता मिलनी चाहिए जैसा कि ... क्षत्राणियों को तथा पूर्व समय में ऋषि पत्नियों तथा राज-पत्नियों... को मिलती थीं...।" इसी स्वतंत्रता की प्राप्ति के लिए भारतीय स्त्री ने स्वतंत्रता संग्राम में भाग लिया। जेल गई।

## चाँद पत्रिका

## पत्रकार महादेवी और स्त्री विमर्श

1922 में महिलाओं के लिए 'चाँद' पत्रिका का प्रकाशन शुरू हुआ। इस पत्रिका की संचालिका थी विद्यावती सहगल। 'चाँद' महिलाओं की लोकप्रिय पत्रिका थी। महादेवी वर्मा कुछ समय के लिए इसकी संपादक बनी और उनके प्रखर एवं तेजस्वी व्यक्तित्व प्रकट हुआ। उस समय के उनके संपादकीय लेख स्त्री विमर्श की चरम परिणति का दस्तावेज है। उनके समकालीन समाज में नारी के स्थान की चर्चा करते हुए लिखा है-"हिंदू नारी का, घर और समाज इन्हीं दो से विशेष संपर्क रहता है। परंतु इन दोनों ही स्थानों में उसकी स्थिति कितनी करुण है, इसके विचार मात्र से ही किसी सहृदय का हृदय काँपे बिना नहीं रहता। अपने पितृ-गृह में उसे वैसा ही स्थान मिलता है जैसा किसी दुकान में उस वस्तु को प्राप्त होता है जिसके रखने और बेचने दोनों ही में दुकानदार को हानि की संभावना रहती है।"[78]

'जीवन का व्यवसाय' निबंध में वेश्याओं का जीवन एवं समस्याओं पर निर्भीक अपने विचार व्यक्त करते हुए लिखती हैं- पुरुष के लिए वह अदिम युग की बंधनहीन, कर्तव्य-ज्ञान शून्य तथा समाज रहित नारी ही रही। पुरुष को आकर्षित करना उसका ध्येय और पराभूत करना उसकी कामना रही। मनुष्य में जो पशुता का, बर्बरता का अंश है, उसने सर्वदा ऐसी ही नारी की इच्छा की। इसी से ऐसी रूप व्यवसायिनी स्त्री की उपस्थिति संभव रही।

"पुरुष को आवश्यकता रहेगी, इसलिए स्त्री को अपना जीवन बेचना होगा, यह कहना तो न्यायसंगत नहीं होगा। कोई भी सामाजिक प्राणी अपनी आवश्यकता के लिए अन्य के स्वार्थ की हत्या नहीं कर सकता।"[79] यहाँ यह ध्यान देने योग्य है कि वीरेशलिंगम एवं रघुपति वेंकट रत्नं नायडू वेश्याओं के मुजरा और नाच में शामिल न होने के लिए अपने विद्यार्थियों से समूह में प्रमाण लिया करते थे। रघुपति प्रायः अपने विद्यार्थियों से कहते थे कि वह नाचने वाली अगर तुम्हारी बहन होती तो तुम क्या करते? वेश्याओं के सामान्य जीवन मुहैया कराने के लिए रघुपति ने प्रशंसनीय कार्य किया।

आर्थिक स्वतंत्रता पर विचार करते हुए महादेवी के विचार हैं- "किसी भी स्मृतिकार ने उसके जीवन की आर्थिक विषमता पर ध्यान देने का अवसर नहीं पाया। किसी भी

---

[78] श्रृंखला की कड़ियाँ - पृ. 41

[79] श्रृंखला की कड़ियाँ- पृ. 97

शास्त्रकार ने पुरुष से भिन्न करके उसकी समस्या को नहीं देखा। परिणाम यह हुआ-"समाज ने उसे पुरुष की सहायता पर इतना निर्भर कर दिया कि उसके सारे न्याय, सारा स्नेह और संपूर्ण आत्मसमर्पण बंदी के विवश कर्तव्य के समान जान पड़ने लगे।"

अनेक निबंधों में प्राचीन भारत में महिला का महत्वपूर्ण उदात्त स्थान का हवाला देते हुए स्त्रियों को अपने अधिकारों को स्वायत्त करते हुए, क्योंकि ये भाटन से नहीं मिलते, प्रगति मार्ग पर अग्रसर होने की प्रेरणा दी। घर और बाहर स्त्री को अपने व्यक्तित्व में सामंजस्य करने की नारी की सहज कोमल संवेदनशील व्यक्तित्व को बरकरार रखते हुए अपनी अस्मिता को समाज में रेखांकित करने की आवश्यकता पर जोर दिया। समाज के अनेक रूढ़ियों, परंपराओं, संकीर्ण विचारों के बंधनों में बंदी नारी को हिदायत दी। "स्वयं अपनी इच्छा से प्राप्त युगदीर्घ बंधनों को काट देने के लिए हमें संसार भर की अनुमति लेने का न अवसर है, न आवश्यकता, परंतु इतना ध्यान रहना चाहिए कि बेड़ियों के साथ ही उसी अस्त्र से, बंदी यदि पैर भी काट डालेगी तो उसकी मुक्ति की आशा दुराशा मात्र रह जायेगी।"

कुछ लोगों की दृष्टि में शिक्षित और आर्थिक संपन्न स्त्री के समक्ष पुरुष का कोई महत्व नहीं रहता। महादेवी के विचार में कोई भी वस्तु कितना भी महान् हो दूसरे वस्तु का स्थान नहीं ले सकती। उसी प्रकार स्त्री, पुरुष नहीं बन सकती। किंतु विवाह के लिए आर्थिक पराधीनता कारण नहीं होना चाहिए। बिट्टो संस्मरण में दो विवाह के बाद विधवा बनी बिट्टो की आर्थिक परवशता पर व्यंग्य करते हुए कहती है- "मनु महाराज के विधान के अनुसार कुंभीपाक का डर न हो तो कहना चाहूँगी कि बिट्टो तीसरे विवाह की प्रतीक्षा में है।"

अनाहूत की माँ बाल विधवा के संस्मरण में बाल विधवा माँ बन जाती है। उसके दादा के अनुरोध से उसे मिलने जाती और वहाँ उनकी संवेदना, उनका रोष, समाज के रीति रिवाजों पर आक्रोश उनकी मानवतावादी दृष्टि की परिचायक है। "उसके अकाल वैधव्य के लिए उसे दोषी नहीं ठहराया जा सकता। किंतु उस अबोध शिशु से येन-केन-प्रकारेन छुट्टी पाकर फिर वह निष्ठुर समाज में सतीत्व की दुहाई देते हुए पुनः वापस जाने के पक्ष में भी नहीं है। इसलिए वे कहती हैं अगर ये स्त्रियाँ यह कह सकती-"बर्बरों तुम लोगों ने हमारे नारीत्व, पत्नीत्व को छीन लिया, किंतु हमारा मातृत्व हम किसी प्रकार नहीं देंगे, तो इनकी बहुत सारी समस्याएँ सुलझ जाएँ।"

महादेवी के विचारों में सतीत्व किसी नारी का अर्जित गुण होता है। किंतु समाज इस सत्य को स्वीकार नहीं करता है- "समाज के पास वह जादू की छड़ी है जिसे वह सती कह दे वह सती, जिसे वह असती कह दे वह अपनी सारी भावी पीढ़ियों को लेकर समाज से

बाहर रहने को अभिशप्त है। " वेश्या पुत्री के अपने सुशील चरित्र के बावजूद किसी की पत्नी बनकर भी किस प्रकार अपने पूरे अधिकारों से वंचित है उसका बड़ा कारुणिक चित्र प्रस्तुत किया गया है।

स्त्री को समाज में गौरवपूर्ण स्थान दिलवाने के लिए कई लोगों ने उल्लेखनीय कार्य किए। समाज में उपेक्षित स्त्री को उसके सामाजिक और राजनैतिक अधिकार दिलवाने का महान प्रयास ही असल में नारीवाद है। इसी को स्त्री स्वतंत्रता भी कह सकते हैं। पुरुष के मुकाबले में स्त्री कभी किसी भी क्षेत्र में पीछे नहीं रह सकती। इसी उद्देश्य से नारीवाद का विकास हुआ।

इस प्रकार स्वतंत्रता पूर्व स्त्री विमर्श पर विहंगावलोकन करने पर कुछ बातें स्पष्ट हो जाती हैं। एक सामाजिक इतिहास - समीक्षक के अनुसार- We find dissent in the writings of Women of social reform phase and protest in the writings and lives of Women during Freedom movement. But both these Phases Women participants tried to adapt themselves to the norms preached either by the male reformers or male leaders of Political parites. Here and there we find dissent being expressed in Women's writing against male domination or individual assentaition as in the case of Mahadevi varma. Durgabai Deshmukh or Varalakshmi. Only in the post independent period, we do come across a movement, seriously pointing out to the lapses of the system in its varied forms, resulting in the exploitation and victimization of women. It further urges the need to strive for a better future based on equality.

## महिला पत्रकारिता- तेलुगु

19 वीं शताब्दी में भारतीय भाषाओं में गद्य का विकास हुआ। मुद्रण कला के विकास के कारण गद्य का विकास संभव हुआ। अनेक पत्रिकाओं का प्रकाशन वीरेशलिंगम् से पहले भी हुआ। 'वृत्तान्तिनी' 1830-42 मदरास से निकलती थी। 15-20 पत्रिकाएँ निकलती थीं। वेद समाज जिसे ब्रह्म समाज का पूर्व रूप माना जाता है, उसके तत्वावधान में 'तत्वबोधिनी' पत्रिका 1864 से निकलने लगी। इस पत्रिका में धर्म संबंधी एवं समाज सुधार संबंधी लेखों को प्रकाशित किया जाता था। इस पत्रिका में 'स्त्री- पुनर्जागरण संबंधी' लेख के प्रकाशन के साथ स्त्री विमर्श का प्रारंभ माना जा सकता है। श्री कंदुकूरि वीरेशलिंगम् ने स्वीकार किया

कि 'तत्वबोधिनी' के इस लेख से वे प्रभावित थे। इस पत्रिका में स्त्री-पुनर्विवाह संबंधी लेख जो सरल शैली में लिखे जाते थे, प्रायः प्रकाशित होते थे। उसके बाद 'आंध्र भाषासंजीवनी' एवं 'पुरुषार्थ प्रदायिनी' पत्रिकाएँ निकलती थीं जिसमें धार्मिक, सामाजिक एवं राजनीतिक विषयों पर चर्चा होती है। 'पुरुषार्थ प्रदायिनी' में धुआँदार बहस छिड़ गया कि स्त्री पुनर्विवाह शास्त्र सम्मत है या नहीं ? पक्ष में, विपक्ष में तत्कालीन विद्वानों एवं समाज सुधारकों के गंभीर लेख प्रकाशित होते थे। मदरास से ईसाई मिशनरियों की देखरेख में 'The native public opinion' नाम की अंग्रेज़ी पत्रिका निकलती थी जिसका एक भाग तेलुगु का होता था। राजमहेंद्री से The Godavari Educational नामक पत्रिका (अंग्रेज़ी) निकलती थी जो मासिक पत्रिका थी। इसमें भी तेलुगु का एक भाग था जिसका संपादन श्री वीरेशलिंगम् करते थे और अंग्रेज़ी भाग के संपादक थे-रेवरेण्ड बारो जो राजमहेंद्री के सरकारी विद्यालय के प्रधान अध्यापक थे। इनमें समाचारों के साथ धर्म संबंधी एवं अन्य रचनाओं का भी प्रकाशन होता था।

1874 में स्वयं वीरेशलिंगम् ने 'विवेकवर्धिनी' नामक पत्रिका का प्रकाशन किया। वे स्वयं इसके सम्पादक थे। इसकी स्थापना के मुख्य कारणों पर प्रकाश डालते हुए उन्होंने कहा-स्त्री-शिक्षा को प्रोत्साहित करना और अपने विचारों का प्रचार-प्रसार करना उनका पहला मुख्य उद्देश्य था। दूसरा उद्देश्य था इस पत्रिका के माध्यम से सरकारी कर्मचारियों में घूसखोरी दूर करना, समाज में सदाचार का प्रचार करना, समाज में सुधारवादी विचारों को फैलाना, सनातन धर्म के स्थान पर शुद्ध आस्तिक धर्म का प्रचार करना।" यहाँ यह ध्यातव्य है कि वीरेशलिंगम् ब्रह्म समाज से प्रभावित थे एवं तत्पश्चात् उसमें विधिवत् दीक्षित भी हुए। यद्यपि 'विवेकवर्धिनी' पत्रिका में साहित्य को भी उचित स्थान मिलता था तथापि इसमें समाज सुधार संबंधी सामग्री को ही प्रमुख स्थान मिलता था। वीरेशलिंगम् ने 'चिंतामणि' पत्रिका 'सत्यसंवर्धिनी' पत्रिकाओं में महत्वपूर्ण भूमिका निभायी किंतु 'विवेकवर्धिनी' अपने सुधारवादी चिंतन की प्रतिबद्धता के लिए प्रसिद्ध था। वीरेशलिंगम् के लिए साहित्य रचना का उद्देश्य भी प्राय: समाज सुधार की चेतना का विकास करना ही रहा। इस पत्रिका के लिए यह विशेष महत्व की बात है कि बाद में इसका एक अंग्रेज़ी भाग का भी प्रकाशन प्रारंभ हो गया था जिसके कारण उनके विचारों का प्रसार भारत के अनेक भागों में संभव हो सका। इस पत्रिका में स्त्री-शिक्षा एवं स्त्री पुनर्विवाह दो महत्वपूर्ण विषयों पर प्रायः चर्चा होती थी जिससे जनमानस इन समस्याओं पर सोचने के लिए विवश हो गया। प्रतिक्रिया चाहे पक्ष में हो या विपक्ष में हो - तीव्र वाद-विवाद तो होता ही था।

1883 में वीरेशलिंगम् ने स्त्रियों के लिए विशेष पत्रिका निकाली जिसका नाम था- सती हितबोधिनी। सती हितबोधिनी के मुख पृष्ठ पर एक श्लोक छपता था-

**"अरक्षिता गृहे रुद्धा पुरुषैराप्तकारिभिः।**

**आत्मानमात्मनायास्तु रक्षेयुस्तास्सुरक्षितः॥"**

"आप्त पुरुषों द्वारा घर में अवरुद्ध स्त्रियाँ सुरक्षित नहीं होती हैं, अपने आप को सुरक्षित रखने वाली ही सुरक्षित होती है" जिस समय 1% स्त्रियाँ भी शिक्षित नहीं थीं, तब यह मुख पृष्ठ उनकी सुधार संबंधी महत्वाकांक्षा की द्योतक है। इस पत्रिका में स्त्रियों के लिए उपयोगी, ज्ञानदायी शास्त्र एवं स्वास्थ्य संबंधी लेख ही नहीं, साहित्यिक चर्चाओं को भी प्रकाशित किया जाता था।

उस समय स्त्रियों को परिवार चलाने योग्य शिक्षा ही नहीं पुरुषों के समान शिक्षा देने के पक्ष में अनेक विद्वानों ने अपने विचारों को व्यक्त किया। 1901 में प्रकाशित Indian Social reform में श्री सुब्रहमणियन अय्यर ने स्त्रियों को गृहोपयोगी शिक्षा के स्थान पर नहीं पुरुषों के समान शिक्षा देने के पक्ष में अपना विचार व्यक्त करते हुए लिखा- My own opinion is that their education should be as high as scientific and as invigorating as the education of man... The calls on her energy, her sense of duty and her social virtues will necessarily differ, and her education should be liberal and invigorating enough to enable her to meet the changed conditions. (page no.356)

स्त्री की शक्तिमत्ता को उद्घाटित करते हुए आगे कहा गया है- Woman is capable of highest courage, the courage which endures the sharpest arrows of pain without a murmur, which sacrifices itself forother's sake which gives up everything willingly for a cherished cause, which can bear unjust censure with a tranquit spirit and not despair.

According to Ruskin "A man's work for his home is to secure its maintenance, progress and defenc, the women to secure its order, comfort and loveliness" but both have public duties also. The man's duty is to assist in the maintenance, in the advance in the defence of State.

The woman's duty is in the ordering, in the comforting and in the beautiful adoinment of the state. (348)

Women have risen to high in every art where to, they give their care. (Ariosto) Women are capable of every improvement which will better their judgements and understanding, is beyond all doubt... the survey of the women in the world of letters is very instructive and proves that she is not intellectually inferior to man.

हिंदी प्रदेश में सन् 1874 में भारतेंदु ने 'बाल बोधिनी' पत्रिका निकाली थी। इसमें स्त्रियों को ही सुधारने का इरादा दिखायी देता है। वीरेशलिंगम की पत्रिका में भी इस प्रकार स्त्रियों के हित एवं कर्तव्य की बात तो होती थी किंतु मुख्य उद्देश्य स्त्रियों को शिक्षित करना एवं स्त्री पुनर्विवाह विषयक अपने विचारों का व्यापक प्रचार करना था।

The First all India Women's conference was held at Guntur in 1910. Pulugurti lakshmi narasmamba, Editor of Savitri, presided over the function

1892-93 में विजयनगरम् के राजा ने बाल विवाह संबंधी आंकड़ों को इकट्ठा करने का आदेश दिया। कन्याशुल्क से लेकर बालिकाओं के विवाह संबंधी आंकड़े चौंकाने वाले थे। तत्कालीन सुधारकों ने बाल विवाह के साथ कन्याशुल्क का भी विरोध करते हुए लेख लिखे। समाज से इस दुराचार को दूर करने की चेष्टा करने लगे थे। गुरजाडा अप्पाराव ने 'कन्याशुल्कं' नाटक की रचना 1895 में की और उसका प्रदर्शन भी उसी समय हुआ था। उन्होंने इसका परिवर्द्धित संस्करण का 1905 में प्रकाशन किया। इस नाटक में कन्याशुल्क, बाल विवाह, स्त्री पुनर्विवाह, विधवा विवाह एवं वेश्या वृत्ति से संबंधित समस्याओं को एक साथ विवेचन किया गया। इस नाटक के द्वारा मानवतावादी दृष्टि का जयघोष किया गया।

मदरास प्रांत के विभिन्न शहरों से विशेष रूप से राजमहेंद्री एवं मदरास से विभिन्न पत्रिकाएँ निकलने लगीं। आंध्र प्रकाशिका (1885), हिंदू जन संस्कारिणी (1885), सत्य संवर्धिनी (1891), शशिलेखा (1894), देशाभिमानी (1896) आदि। इन सभी पत्रिकाओं में सामाजिक दुराचारों के विरुद्ध आवाज़ उठायी जाती थी। स्त्रियों की शिक्षा का प्रोत्साहन बाल विवाह का विरोध करते हुए स्त्री की अनेक समस्याओं पर विचार किया गया था। 'सती हित बोधिनी' पत्रिका ने स्त्री-शिक्षा की आवश्यकता पर जोर दिया जो उस समय के समाज सुधारकों को सब से प्रिय एवं प्रमुख विषय था। उस समय के सभी पत्रिकाओं का उद्देश्य

प्रायः समाज सुधार ही होने के कारण समाज में आधा भाग स्त्रियों की समस्याओं पर केंद्रित केवल स्त्रियों के लिए पत्रिका का विचार युगानुरूप ही था। इस विचार को कार्यान्वित करने का साहस वीरेशलिंगम् के अतिरिक्त और कौन कर सकते। उस युग में स्त्री के पुनर्विवाह का पक्षधर होने के कारण पूरे समाज ने उनके साथ जो दुश्मनी निभायी। इतिहास इसका साक्षी है। इस प्रकार 'सती हितबोधिनी' पहली स्त्रियों की पत्रिका थी।

1893 'तेलुगु जनाना' पत्रिका मल्लादि वेंकट रत्नम्मा के संपादन में निकलने लगी थी। बाद में कुछ समय के लिए श्री वीरेशलिंगम् ने भी इस पत्रिका के संपादक के रूप में कार्य किया। किंतु तेलुगु की यह पहली पत्रिका है जिसकी संपादक महिला बनी। इस पत्रिका में भी स्त्रियों की समस्याओं की ही चर्चा होती थी। स्त्रियों की गतिविधियों पर भी प्रकाश डाला जाता था। इसकी विशेषता यह है कि इस पत्रिका ने समाज में स्त्रियों को प्रभावित किया। स्त्रियों ने लिखना आरंभ किया। स्त्रियों की अनेक रचनाएँ 'तेलुगु जनाना' पत्रिका में प्रकाशित होती थी। उन लेखों में स्त्रियों की प्रतिबद्धता, समस्याओं के प्रति सुलझी दृष्टि और व्यक्तित्व का विकास परिलक्षित होता था। इस पत्रिका में लिखने वाली कुछ महिलाओं ने पुरुषों की सहायता के बिना ही पत्रिकाओं को चलाया। समाज में चेतना लाने का सफल प्रयास किया था।

1893 काकिनाडा से रापाक कौस्तुभम् ने 'स्त्री हितबोधिनी' नामक पत्रिका का संपादन किया। शीर्षक से ही स्पष्ट है कि इस पत्रिका में स्त्री संबंधी विषयों को ही लेकर स्त्रियों के लिए ही यह पत्रिका चलायी गयी। (इसकी प्रतियाँ नहीं मिलती हैं।)

बीसवीं शताब्दी के उदय काल में महिलाओं द्वारा महिलाओं के लिए पत्रिका 'हिंदू सुंदरी' मोसलिकंटि रमाबाई के संपादन में 1902 में निकली। यह पत्रिका कुछ समय के बाद बंद हुई और प्रकाशित होने लगी तो लगभग 1945 तक चली। स्त्रियों की समस्याओं के लेखों के अलावा स्त्रियों द्वारा लिखी गयी कहानियाँ और गीत भी प्रकाशित होते थे।

अशिक्षा के कारण स्त्रियों में व्याप्त अज्ञान के अंधकार को दूर करने के लिए अनेक महिलाओं ने अपने सारगर्भित लेखों स्त्री समुदाय में व्याप्त सामान्य बुराइयों को भी दूर करने का प्रयत्न किया। विवेकशील बनने की प्रेरणा दी। 1903 में 'हिंदू सुंदरी' में अपने लेख में बंडारु अच्चमाम्बा ने स्त्रियों से अपील की कि विवेक के साथ वे सुखमय जीवन बिताये। उन्होंने कहा कि मानव मात्र के लिए अपने जीवन को सुखमय बनाना चाहिए। जीवन के तनावों की थकान से शांत सुख को बाँटते हुए ही पाया जा सकता है। सुख बाँटने की शक्ति गृहिणी में ही रहती है। गृहिणी मधुर वाणी से परिवार में शांति पूर्ण वातावरण की सृष्टि कर

सकती है। रामाबाई ने अपना 'घर में करने योग्य महान कार्य' शीर्षक लेख में लिखा था कि परिवार के सदस्यों में आपस का सद्भाव एवं सौमनस्य महत्वपूर्ण है। परिवार के रुग्ण व्यक्तियों की सेवा करनी चाहिए। इससे एक मानसिक संतोष मिलता है। यह समाज सेवा के समतुल्य है। "उन्होंने समाज में, परिवार में माँ के महत्वपूर्ण स्थान को रेखांकित करते हुए कहा था- माँ हमारा सर्वस्व है। माँ ही संतान के चरित्र का निर्माण करती है। माँ के प्रयत्नों से ही अच्छे संस्कारों के बीज बुद्धि में अंकुरित होते हैं। भारत देश में माँ ही शासन करती है। वह हमारे घरों में निवास करती है। उसका प्रेम कभी नहीं मरता।" इस प्रकार के कथनों से स्पष्ट है कि तत्कालीन स्त्री लेखन में स्त्रियों में सुप्तस्त्रियोचित गुणों को उभार कर, उन्हीं गुणों के कारण समाज में गर्व के साथ अपने अस्तित्व को रेखांकित करते हुए जीने की कला को विकसित करने का प्रयास था। बालन्त्रपु शेषम्मा ने अपना लेख 'हमें क्या चाहिए दूसरों की मदद करो' शीर्षक लेख में उन्होंने मानवता के विकास के लिए सेवा भाव की आवश्यकता पर जोर दिया।

1904 'सावित्री' पत्रिका काकिनाडा से निकलने लगी। महिला ( कार्यकर्ता) क्रांतिकारी पुलुगुर्ति लक्ष्मी नरसम्मा इस पत्रिका की संपादक थी। उसके अनुसार उस समय स्त्रियाँ इस दुविधा में थी कि वे उच्च शिक्षा कैसे प्राप्त करें। उन्होंने उनको सलाह दी कि यदि स्त्रियाँ शिक्षा प्राप्त नहीं करेगी तो पुरुषों से हीन भावना से ग्रसित होगी। ज्ञान एक अथाह सागर के समान है। उसमें जो थोड़ी शिक्षा मिली उससे संतुष्ट न रहकर अंतरंग के अवलोकन के लिए विचारों की स्पष्टता के लिए स्त्रियों को निरंतर अध्ययनशील होना चाहिए। इस महिला ने एक महत्वपूर्ण विचार यह भी व्यक्त किया 'विधवा विवाह के संदर्भ में' उन्होंने यह संदेह व्यक्त किया कि विधवा विवाह करने आगे बढ़ने वाले सभी पुरुष सदाशय एवं समाज सुधार प्रेमी नहीं रहते। इसलिए इस संदर्भ में जागरूक रहना चाहिए।

आंध्र पत्रिका में माडभूषि चंद्रम्मा ने अपने लेख में स्त्री-पुरुष में कौन बड़े हैं ? चर्चा करते हुए अपने प्राचीन वैदिक एवं उपनिषद् साहित्य से उदाहरण देते हुए यह प्रतिपादित किया है कि स्त्री पुरुष से किसी भी क्षेत्र गें कग नहीं है। इन स्त्री लेखकों ने पत्रिकाओं को पढ़ने के लिए प्रोत्साहित किया।

हिंदू सुंदरी (1904) में करिकलपूडि शेषम्मा ने स्त्रियों को अपने निर्णय स्वयं लेने की प्रेरणा देते हुए, समाज की टीका-टिप्पणी पर ध्यान न देने की सलाह दी। इस प्रकार आत्मविश्वास को महत्व दिया।

रापाक कौस्तुभम् वीरेशलिंगम के स्त्री-शिक्षा एवं पुनर्विवाह संबंधी विचारों से कार्यकलापों से अत्यन्त प्रभावित अनुयायी थी। 'सरस्वती' पत्रिका में उन्होंने वीरेशलिंगम के रेखाचित्र देकर अपनी कृतज्ञता ज्ञापित की।

उस समय ब्रह्म समाज से प्रभावित कुछ महिलाओं ने ( हिंदू सुंदरी, मई 1911 अंक में गुडाल लक्ष्मी) मूर्तिपूजा की विवेचना करते हुए उन्होंने विचार व्यक्त किया परमात्मा सर्वान्तर्यामी है। इसलिए दामेर्ल सीतम्मा ने माना कि व्रत, पूजा आदि ज्ञान के अभाव के कारण स्त्रियों में व्यक्त थे। इस प्रकार स्त्री लेखन में ब्रह्म समाज के विचारों का प्रभाव सामाजिक अंधविश्वासों के विरोध के स्वर भी मुखरित होने लगे। स्त्री पुनर्विवाह के संदर्भ में भी वाद- विवाद से भरे आग्रहपूर्ण एवं आवेगपूर्ण लेख इन पत्रिकाओं में प्रकाशित होने लगी।

कनपर्ति वरलक्ष्मी ने अपने एक लेख में यह विचार व्यक्त किया कि घर बाहर या सरकार में महिलाओं की प्रगति सशक्तिपूर्ण आर्थिक अधिकारों के आधार पर होता है न कि बर्तन माँजने, झाड़ू-बुहार करने या खाना पकाना आदि कामों से। 1938-39 में वरलक्ष्मी ने अपनी रचना 'लक्ष्मी शतकम्' के माध्यम से समाज से प्रश्न किया कि विधवाओं को क्यों सजा दी जा रही है। स्वावलंबी होने के लिए उनको सुविधाएँ क्यों नहीं दी जा रही हैं? उनको शिक्षा क्यों नहीं दी जा रही है? उनको क्यों पुनर्विवाह करने से रोका जा रहा है? उन्होंने यह आशा भी व्यक्त की कि मद्रास प्रेसिडेंसी की लेजिस्लेचर के लिए चुनी गयी प्रतिनिधि महिलाएँ स्त्री समाज में शिक्षा के प्रसार में और आर्थिक रूप से स्वावलंबी बनने की पूरी-पूरी कोशिश करेंगी। (गृहलक्ष्मी- पृ.487, जुलाई, 1938)

आत्मकूरि अन्नपूर्णम्मा ने 'कुमार सुगुण बोधिनी' लिखकर तेलुगु में प्रचलित कुमारी शतकम् जो लड़कियों के लिए था उसका उत्तर दिया। अपने पुत्र को संबोधित करते हुए पुरुष समाज में व्याप्त दोषों पर प्रकाश डाला। उस कुमार सुझाव दिया कि वह अपनी पत्नी पर दोषारोपण करने से पहले अपने दोषों पर ध्यान देने की आदत डालें। पत्नी ही अच्छी मित्र एवं साथी हो सकती है। युग-युगों से पुरुषों के द्वारा नारी को दी जानेवाली नैतिक शिक्षा जैसे मानो एक नन्हीं सी चिड़िया पर जैसा ब्रह्मास्त्र। इस प्रकार महिलाओं ने नारी के प्रति समाज में अत्याचारों के विरोध में आवाज़ उठायी।

'हिंदू सुंदरी' के अनेक लेखों में लेखिकाओं ने अनुभव किया कि महिलाओं को विज्ञान के ज्ञान की आवश्यकता है। उसमें सामान्य विज्ञान के एवं स्वास्थ्य विज्ञान के संबंध में अनेक लेख प्रकाशित होते थे। स्त्रियों एवं माता - शिशु संबंधी ज्ञानवर्द्धक लेख प्रायः

प्रकाशित होते थे। अनेक महिलाओं ने बाल विवाह का विरोध किया। उससे उत्पन्न दुष्परिणामों पर विस्तार से प्रकाश डाला था।

रामाबाई (हिंदू सुंदरी की संपादक) ने समाज में स्त्रियों के स्थान की चर्चा करते हुए यह विचार व्यक्त किया कि समाज में महत्वपूर्ण स्थान पाने के लिए योग्यता की आवश्यकता होती है। योग्यता शिक्षा से मिलती है। उन्होंने उदाहरण के तौर पर लीलावती (अंक गणित की लेखक) आदि नामों को रेखांकित किया।

1911-1914 की पत्र-पत्रिकाओं में शिक्षा के क्षेत्र में सित्रयों की प्रगति को रेखांकित करते हुए अनेक लेख लिखे गये। पत्र-पत्रिकाओं में महिलाओं ने पुस्तक समीक्षाएँ लिखी थीं जिससे उनके साहित्य के मूल्यांकन की क्षमता का भी पता चलता है। इन पत्र-पत्रिकाओं में एक महत्वपूर्ण विधा का श्रीगणेश स्त्री लेखन में हुआ फीचर लेखन। 'अनसूया' पत्रिका में विंजमूरि वेंकट रत्नम् के फीचर 'शारद लेखलु' शीर्षक से प्रकाशित होता था। इसमें पत्र शैली में स्त्री की तत्कालीन समस्याओं एवं संघर्षों पर विचार-विमन किया जाता था। कनपर्ति वरलक्ष्मी ने इस शीर्षक को आगे बढ़ाते हुए फीचर लेखन की विधा को आगे बढ़ाया। 'गृहलक्ष्मी' पत्रिका 1939 में सिंध लेजिस्लेषण में दहेज प्रथा के विरोध में कानून पास करने के लिए प्रशंसा करते हुए संदेह व्यक्त किया-कहीं शारदा एक्ट के होते हुए भी बाल विवाह हो ही रहे थे तो इस कानून का क्या असर होगा। समाज अलिखित शासकों से परिचालित होता है। इसलिए उनके विचार में समाज के व्यक्तियों में मानो - परिवर्तन आवश्यक है। इस तरह के विचार वरलक्ष्मी के जागरूक दृष्टि के परिचायक हैं।

स्वतंत्रता आंदोलन के दौरान महिला पत्रिकाओं में राष्ट्रीय चेतना भरे लेखों का प्रकाशन होने लगा था। मतदान का महत्व, स्वराज्य, स्वदेशी, खादी, चुनाव आदि विषयों के साथ इंग्लैंड का उदाहरण देते हुए अपने लेखों में भारतीय स्त्री समुदाय को हर क्षेत्र में आगे बढ़ने की प्रेरणा देने लगी थी।

'स्वराज्य प्राप्ति और महिलाओं के कर्तव्य' शीर्षक (Andhra Patrika, 1925) में लिखा था कि स्त्रियों को समझाना चाहिए कि स्वराज्य का तात्पर्य क्या है ? स्वराज्य की माँग क्यों करना है? क्या हम स्वराज्य के योग्य है ? कैसे प्राप्त करना है ? किससे प्राप्त करना है आदि प्रश्नों के संदर्भ में गंभीर विवेचन करते हुए उन्होंने विचार व्यक्त किया कि भारत की प्रगति महिलाओं के हाथ में है।

कनकवल्ली के अनुसार स्त्री अगर पुरुष के समतुल्य बनना चाहती है तो उसे राजनीति में प्रवेश करना चाहिए। कमला रत्नम् के मत में स्त्रियों को राजनीति में प्रवेश लेना ही नहीं

अपनी समस्याओं के बारे में प्रस्ताव भी पारित करना चाहिए। 1937 मद्रास शासन सभा के अध्यक्ष अम्मन्नराजा का वक्तव्य ध्यान देने योग्य है- राजनीति को स्त्रियों के अन्य क्रियाकलापों से अलग नहीं समझना चाहिए। महिलाएँ राजनीति में सक्रिय रहने के लिए अपने समय को व्यवस्थित कर लेगी क्योंकि वे अपना कुछ समय गृह कार्यों से निकालकर सामाजिक कार्यक्रमों में लग रही हैं। इसलिए महिलाओं को राजनीति में प्रवेश करना चाहिए।

किंतु 1946 में जब दुर्गाबाई देशमुख के चुनाव के दौरान शासन सभा में अधिक भागीदारी के लिए समर्पित विज्ञापन को यह कहते हुए कांग्रेस ने खारिज किया वे पूरी देशभक्ति के साथ चुनाव प्रचार में भाग लें। चुनाव के बाद 'आंध्र महिला' में चुनाव परिणामों की समीक्षा करते हुए उन्होंने प्रश्न किया कि सरकारो में महिलाओं की भागीदारी क्या होगी? केवल झूठी प्रशंसा से कुछ लाभ नहीं है। उन्होंने प्रस्ताव रखा जहाँ कांग्रेस की सरकारें बनीं वहाँ स्त्रियों को स्वास्थ्य मंत्री का पद दें। अज्ञान के अंधकार से निकलकर जब स्त्री ने प्रश्न करना प्रारंभ किया तब पुरुष की विवक्षा पुनः समाज में प्रबल होने लगी।

दुर्गाबाई देशमुख ने समाज सुधार के कार्यक्रमों में सक्रिय भागीदारी ही नहीं ली अपितु सुधारवादी आंदोलनों का प्रारंभ भी किया। उन्होंने स्वयं 'आंध्र महिला सभा' नामक शैक्षिक संस्था की स्थापना की जहाँ विद्यालय, महाविद्यालय ही नहीं अनेक हस्तकलाओं की शिक्षा दी जाती है। इस प्रकार स्वतंत्रता पूर्व सामाजिक कार्यकर्ता के रूप में दुर्गाबाई का व्यक्तित्व अप्रतिम है। राजनीति के साथ सुधारवादी आंदोलनों में भाग लेते हुए आंध्र प्रांतों में महिलाओं के लिए अनेक सक्रिय सहयोग द्वारा प्रेरणा स्रोत बनी। 1944 में उन्होंने 'आंध्र महिला' पत्रिका चलाना प्रारंभ किया किंतु उनके समय के अनेक पत्र-पत्रिकाओं में उन्होंने स्त्री अधिकारों की मांग करते हुए अनेक लेख लिखे थे। स्त्रियों के लिए जो पत्रिकाएँ निकलती थीं उनमें स्त्री - शिक्षा संबंधी लेखों के साथ- साथ समाज में स्त्री का स्थान, स्त्री के अधिकार, स्त्री आंदोलन, सुधारवादी चेतना के साथ स्त्री पुनर्विवाह एवं बहु विवाह ( पुरुषों में प्रचलित) आदि पर भी स्त्रियों के महत्वपूर्ण लेख छपते थे। इतना ही नहीं इन पत्रिकाओं के संपादकीय सुविचारित एवं प्रेरणा प्रदान होते थे। विज्ञप्तियाँ, लेख, पुस्तक समीक्षा, धारवाहिक उपन्यास, नाटक, कहानियाँ, फीचर, पत्र आदि भी प्रकाशित होते थे जिनके कारण आंध्र महिला साहित्यकारों का पदार्पण हुआ। ध्यातव्य है कि उन रचनाओं में भी प्रधान या अंतर्लीन सुधार चेतना ही होती थी।

इस क्रम में दो महत्वपूर्ण पत्रिकाएँ और थी स्त्री धर्म (1917) संपादक मालती परवर्धन, सौंदर्यवल्ली (1919) संपादक गाडिचर्ल रमाबाई, 1883 से 1919 तक स्त्री

पत्रकारिता का महत्वपूर्ण दौर था। इस दौर में स्त्री पत्रिकाओं ने जन्म लिया और अपने संपूर्ण विकसित रूप में सामने आये जिनकी संपादक महिलाएँ ही थी।

बाद में कुछ पत्रिकाएँ निकली जो स्त्रियों के लिए थी और संपादक कुछ पत्रिकाओं के पुरुष और कुछ पत्रिकाओं की स्त्री रही। ये पत्रिकाएँ इस प्रकार है। आंध्र लक्ष्मी (1921) हिंदू युवती (1923) भारत महिला (1925) गृह लक्ष्मी (1927) विश्वज्ञानी, यशोदा (1930) आंध्र महिला (1944 ) आदि।

# V. पंचम खंड

## 11. नवजागरण - स्त्री- पक्षधर कथाकार

### (तेलुगु साहित्य के संदर्भ में)

उन्नीसवीं शताब्दी के प्रारंभ में सुधारवादी चेतना के कारण भारतीय समाज के विभिन्न प्रांतों में सती प्रथा, बाल विवाह, अस्पृश्यता के विरोध में वैचारिक आंदोलन का प्रारंभ हुआ। वह परवर्ती काल में भी निरंतर चलता रहा। किंतु स्वतंत्रता आंदोलन की प्रवेग भरी धारा में यह अंतर्धारा की तरह परिलक्षित होती है। सुधारवादी चिंतन के फलस्वरूप समाज में स्त्री समाज जागरूक हुआ। स्वतंत्रता आंदोलन में महिलाओं की भागीदारी, कांग्रेस में स्त्रियों की क्रियाशीलता ने समाज में महिलाओं की स्फूर्ति एवं चेतना का नया रूप सामने रखा। शिक्षा, समाज में न्यायोचित हकों के लिए आंदोलन, कांग्रेस के असहयोग आंदोलन में स्त्रियों की विशेष सहभागिता आदि प्रमुख क्रिया कलापों के बावजूद महिलाओं के इन आंदोलनों में स्वतंत्रता आंदोलन का राजनतिक पक्ष ही प्रबल दिखायी देता है। स्त्रियों के प्रयोजन का लक्ष्य गौण रही रहा। ध्यान देने की बात है कि 1975 के अंतर्राष्ट्रीय महिला वर्ष के बाद स्त्रियों की आशा-आकांक्षाओं की अभिव्यक्ति सशक्त रूप में होती रही। यह निर्विवाद है कि यह साहित्य परवर्ती सामाजिक एवं साहित्यिक आंदोलनों को प्रेरणा एवं प्राण शक्ति बनी। तेलुगु की तत्कालीन साहित्य ने स्त्री समाज की इस क्रांतिकारी रूप को गढ़ने में महत्वपूर्ण भूमिका निभायी। उस काल खंड के साहित्य में प्रतिफलित स्त्रियों के आंदोलनों की रूपरेखा एवं स्वभाव को समझने के लिए वीरेशलिंगम, गुरजाडा अप्पाराव, चलम,

विश्वनाथ सत्यनारायण, अडिवि बापिराजू और कुटुंबराव आदि साहित्यकारों के विचार और उनके साहित्य का विवेचन करना समीचीन है।

## कंदुकूरि वीरेशलिंगम

कंदुकूरि वीरेशलिंगम तेलुगु साहित्य के युग प्रवर्तक साहित्यकार ही नहीं तत्कालीन समाज को जागृत कर समाज सुधार के लिए आवश्यक वैचारिकता के प्रचार-प्रसार के लिए पत्रकारिता के क्षेत्र में भी हाथ में मशाल के साथ सक्रिय पथ- प्रदर्शक भी थे। लड़कियों के लिए बालिका विद्यालय की स्थापना, धवलेश्वरम् (राजमहेंद्री के निकट) में की थी जो उस प्रदेश का पहला बालिका विद्यालय था। स्त्री- शिक्षा के प्रचार-प्रसार में अपने निबंधों के साथ 1883 में 'सत्यवती चरित्र' नामक उपन्यास की भी रचना की। इस उपन्यास की नायिका को उनकी कल्पना में जो नारी का रूप है उसके नमूने के रूप में प्रस्तुत किया। सत्यवती पढ़ी-लिखी है, इसलिए वह अच्छा साहित्य पढ़ती है। अंधविश्वास एवं परंपरा का अंधानुकरण नहीं करती। परिवार के सभी सदस्यों के साथ अच्छा व्यवहार करती है। उनके मन में पति के प्रति प्रेम और अनुराग है। पड़ोसी स्त्रियों के साथ स्नेहपूर्वक व्यवहार करती है और उनको पढ़ना- लिखना सिखाती है। पारिवारिक कठिनाइयों को साहस के साथ सामना करती है। इस प्रकार वीरेशलिंगम का 'सत्यवती' पात्र से विशेष लगाव था। इसलिए वीरेशलिंगम ने अपने 'वेश्याप्रिय' प्रहसन की नायिका चारुमति को अपने आदर्श के रूप में 'सत्यवती' को मानते हुए बताया। 'सत्यवती चरित्र' की एक महत्वपूर्ण बात है जिस पर गौर करना चाहिए-सत्यवती की ननद सीता का प्रसंग जो इस संदर्भ में महत्वपूर्ण है। ननद सीता के पति का देहांत हो जाता है। भाभी के प्रोत्साहन से उसने पढ़ाई की। सत्यवति और उसका पति ननद सीता का दुबारा विवाह करना चाहते हैं। उपन्यास का अंत इस प्रस्ताव से होता है कि ननद सीता का विवाह हो। इस उपन्यास के रचना काल तक अर्थात् (1881 से 1883 तक) वीरेशलिंगम ने चार विधवा विवाह कराये। इन विधवा विवाहों के दौरान उनके अनुभवों के कारण सीता का पुनर्विवाह वीरेशलिंगम ने उस उपन्यास में नहीं कराया। उसका यह कारण रहा होगा कि स्त्री पुनर्विवाह को सहज में मान्यता नहीं मिल रही थी। अतः उस प्रसंग में उन्होंने शादी के प्रस्ताव के साथ ही समाप्त किया।

वीरेशलिंगम के सामाजिक कार्यक्रमों में एवं साहित्य में सुधारवादी चेतना ही प्रबल रही। पितृसत्ता प्रधान समाज में बाल-विवाह, अशिक्षा, सती प्रथा, वैधव्य के अभिशाप के साथ दुर्भर स्त्री जीवन को देखकर उसमें परिवर्तन लाने के लिए समाज - सुधार के कार्यक्रमों में तन-मन-धन से जुट गये थे। उन्होंने अनुभव किया कि समा सुधार के संबंध में उनके

व्याख्यानों एवं निबंधों ने तत्कालीन परंपरावादी दृष्टिको ज्यादा प्रभावित नहीं किया। इतना ही नहीं, इन परंपरावादियों ने वीरेशलिंगम् के सुधारवादी कार्यकलापों की खिल्ली उड़ा रही थी और उनके मार्ग में अवरोध उत्पन्न कर रहे थे। ऐसे समय में 'आडु मलयालम्'[80] (उपन्यास का अंश) लिखकर उन लोगों को जैसे मानो treatment दिया। पितृसत्तात्मक समाज के सामने उन्होंने एक काल्पनिक स्त्री सत्तात्मक समाज के रूप को लाकर खड़ा किया। समाज में जहाँ स्त्रियाँ गृह कार्य करती उस उपन्यास के समाज में पुरुष गृह कार्यों का निर्वाह करते थे। इस समाज में स्त्रियाँ अशिक्षित हैं। उपन्यास के समाज में पुरुष अशिक्षित हैं, यहाँ स्त्रियाँ सती हो रही हैं तो उपन्यास के समाज में पुरुषों का पत्नियों की चिताओं पर साथ में दाह संस्कार हो रहा है, यहाँ स्त्रियों के लिए जितने प्रकार के प्रतिबंध हैं उपन्यास के समाज में पुरुषों के साथ भी उतने ही प्रतिबंध हैं। यहाँ जिस प्रकार स्त्री- जनोद्धार के लिए अनेक सुधारवादी आंदोलन चल रहे हैं, उसी प्रकार उपन्यास के समाज में पुरुषों के जीवन के उद्धार के लिए अनेक सुधार के कार्यक्रम चल रहे हैं। जिस प्रकार यहाँ स्त्रियों के सुधार संबंधी कार्यक्रमों का विरोध करनेवाला एक दकियानूसी वर्ग है उसी प्रकार वहाँ पुरुषों की उन्नति न चाहनेवाला विरोधी स्त्रीवर्ग है। इस पूरे उपन्यास को सत्यराजाचार्य नामक पात्र के द्वारा उत्तम पुरुष के कथन के रूप में कथा का निर्वाह किया। उपन्यास के उस काल्पनिक देश में एक काल्पनिक भाषा को भी ईजाद किया वीरेशलिंगम् जी ने। वहाँ पति-पत्नी के लिए प्रयुक्त शब्दों का उनके अनुसार अर्थ या पत्नी- 'पंथी' अर्थ उन्होंने बताया- मालिक और पति के लिए शब्द गढ़ा 'भूडा' जिसका अर्थ है-दास। एक तरह समाज में पुरुष सत्तात्मक व्यवस्था में पति- पत्नी के प्रचलित स्थितियों का उल्टा रूप उन्होंने उपन्यास की व्यंगयात्मक शैली में प्रस्फुटित किया था। इस प्रकार वीरेशलिंगम् जी ने प्रचलित व्यवस्था में पति-पत्नी के संबंधों को मालिक और गुलाम के जैसे संबंधों के रूप में चित्रण कर समाज पर कटाक्ष किया। जिस प्रकार पतिव्रता धर्म यहाँ स्त्रियों को घुट्टी में पिलाया जाता है उसी प्रकार पुरुषों को 'आडु मलयालम्' में पतियों को पत्नीव्रत धर्म के पालन का निरंतर उपदेश दिया जाता है। 'आडु मलयालम्' बाह्य रूप से हास्य व्यंग्य रचना के रूप में चमत्कृत करता है किंतु गंभीर अध्ययन

[80] "1891 में मैंने 'सत्यराज के पूर्व देश की यात्राएँ' के प्रथम भाग की रचना की जिसमें हमारे पास स्त्रियों के प्रति होनेवाले अत्याचारों का ब्याज रूप से चित्रण किया।" (आत्मकथा वीरेशलिंम) उन्होंने स्वीकार किया कि इस रचना की प्रेरणा उनको Gulliver's Travells (गलिवर ट्रावेल्स) उपन्यास से मिली। इस रचना के प्रथम भाग का शीर्षक है- "आडु मलयालम " जिसका अर्थ होगा 'मलयालम देश की स्त्रियाँ'। द्रविड पारिवारिक व्यवस्था में स्त्री सत्तात्मक पारिवारिक व्यवस्था के आधार पर इस रचना में व्यंग्य और अधिक्षेप के आधार पर तत्कालीन समाज में स्त्रियों की दुर्दशा के प्रति पुरुषों को जागरूक करने और झकझोरने का प्रयत्न किया।

के उपरांत हमें लगने लगता है कि स्त्रियों के प्रति होनेवाले अन्याय को देखकर वीरेशलिंगम के मन में कितनी गहन वेदना थी। स्त्री जाति के प्रति हो रहे घोर अन्याय के प्रति समाज के पुरुष वर्ग के हृदय को स्पंदित करने हेतु ही उन्होंने बड़ी निष्ठा से इस उपन्यास की रचना की।

वीरेशलिंगम् ने सोचा कि विधवाओं के पुनर्विवाह से स्त्री जाति का उद्धार होगा, किंतु उन्होंने यह अनुमान नहीं किया कि समाज में सुधारवादी आंदोलन की सही समझ के अभाव में इस आंदोलन का और इन पुनर्विवाहों का क्या हश्र होगा। दगाबाज, चालाक पुरुष किस तरह सुधार के नाम पर विधवाओं के साथ कैसा नाटक करेंगे। वीरेशलिंगम् ने अगुआ बनकर स्वयं अनेक विधवाओं का विवाह संपन्न किया। यहाँ भी स्त्री-पुरुष स्वेच्छा एवं प्रेम के लिए कोई स्थान नहीं। विडंबना यह है कि जिन लोगों ने विधवा विवाह किया उनके भरण-पोषण की जिम्मेदारी भी वीरेशलिंगम् जी को ही उठाना पड़ा। विवाह की बुनियाद स्वेच्छा और प्रेम ही हो सकते हैं। यद्यपि वीरेशलिंगम् के द्वारा स्त्री शिक्षा का प्रचार-प्रसार हुआ, स्त्रियों के बारे में सोचने, स्त्रियों को स्वयं सोचने के लिए प्रेरणा आदि मिले तब भी विधवा विवाह के संदर्भ में उनकी आशा के अनुरूप सफलता नहीं मिली। वीरेशलिंगम् की सुधारवादी चेतना ने कुछ सूडो (psudo) सुधारवादियों को तैयार किया। गुरजाडा अप्पाराव ने इस प्रकार के लोगों के प्रतिनिधि के रूप में 'कन्या शुल्कम्' के गिरीशम् जैसे पात्र की सृष्टि की, बुच्चम्मा जैसी भोली- भाली विधवाएँ उनके हाथों पड़ गयी तो प्रवंचना की शिकार होगी। गुरजाडा ने यह चेतावनी 'कन्या शुल्कम्' नाटक द्वारा समाज को दी।

सुधार आंदोलन Progressive movement होने के बावजूद स्त्री या दलित की स्वयं भागीदारी नहीं रही। समाज में व्याप्त निरंकुशता, आधिपत्य, शोषण के विरुद्ध जिन लोगों ने विरोध प्रकट किया, प्रश्न किया, उन्होंने इन दोनों के प्रति हो रहे अन्याय एवं अत्याचार से उन्हें नजात दिलाने की एवं समाज में इन दोनों के अधिकारों की रक्षा का बीड़ा उठाया। स्त्री जीवन स्त्रियों के दृष्टिकोण से चिंतन कर कोई योजना बनाकर काम नहीं किया। बालिकाओं को सुशिक्षित होना है। वह किस प्रकार की शिक्षा हो? यहाँ उनका लक्ष्य है- गृहोपयोगी शिक्षा हो। विधवा - जीवन कितना दुर्भर होता है उन लोगों ने अपनी आँखों से देखा। खासकर बाल विधवाओं की दुर्दशा। उनको लगा पुनर्विवाह करके समाज में एक आदर सम्मान पूर्वक जीवन दिला सकेंगे। यहाँ उनकी ममता एवं वात्सल्यमयी दृष्टि ही महत्वपूर्ण रही। उन्होंने इन स्त्रियों को व्यक्तियों की दृष्टि से नहीं देखा। वेश्याओं के संदर्भ में भी उनके विचार इसी प्रकार समाज केंद्रित होने के कारण वेश्या वृत्ति का विरोध किया। वेश्याओं के सुख-दुखमय जीवन व्यतीत करने वाली प्राणी के रूप में उन्होंने सोचा नहीं। उस

युग के चिंतन की यही सीमा थी। किंतु हमें यह नहीं भूलना चाहिए कि परंपराओं और अंध विश्वासों में जकड़े उस समाज में इस परिवर्तनाकांक्षी विचारों के प्रचार- प्रसार के कारण उन सुधारकों को जो विरोध समाज में वैयक्तिक रूप से झेलना पड़ा, परवर्ती युगों में इस प्रकार के उदाहरण नहीं मिलते। सुधारवादी आंदोलन के प्रथम चरण के सुधारकों ने बहुत सहा। उनको इतना श्रेय तो जाता ही है कि पहली पीढ़ी की स्त्री - रचनाकारों, स्त्री- पत्रकारों, सुधारवादी चेतना संपन्न स्त्रियों को बनाने की भूमिका तैयार की।

## गुरजाडा अप्पाराव

वीरेशलिंगम के समकालीन गुरजाडा ने सोचा कि स्त्रियाँ अपनी इच्छा से दांपत्य जीवन में प्रवेश करने पर ही कुटुंब व्यवस्था सुदृढ़ हो सकती है। उनके अनुसार शादी करना या नहीं करना स्त्रियों के स्वयं के निर्णय पर आधारित होने पर ही विवाह की व्यवस्था सुंदर मानव संबंधों का निर्माण कर सेकगी। गुरजाडा अपने चारों ओर व्याप्त नारी-जीवन के दुखमय रूपों को देखने के बाद इस नतीजे पर पहुँचे। 'कन्या शुल्कम्' के अंत में विधवा बुच्चम्मा के विवाह के प्रस्ताव पर सौजन्यराव पात्र के द्वारा जाडा अपने विचार इस प्रकार प्रकट करते हैं- " वह पढ़ लिखकर विज्ञानवती बनकर उसकी अपनी पसंद के किसी व्यक्ति से विवाह करेगी। या नहीं करेगी।" पुनर्विवाह का निर्णय बुच्चम्मा पर छोड़कर गुरजाडा यह कहना चाहते हैं कि विधवा का भी उद्धार किसी के करने से नहीं होगा। स्वयं अपना उद्धार करने योग्य विधवाओं को भी बनने की आवश्यकता है।

स्त्री-जनोद्धार के संदर्भ में गुरजाडा ने और समकालीन सुधरकों ने जो आंदोलन किये, उन्होंने उन समस्याओं के जो समाधान खोजे हैं उनसे दुष्परिणामों की, उनके उत्पन्न अनेक समस्याओं की चर्चा अपनी कहानियों में की। समाज में स्त्रियों के दुखमय जीवन में परिवर्तन लाने के लिए सच्चरित्र पुरुष एवं सुशिक्षित स्त्रियों की जरूरत है जिन्हें सामाजिक जीवन का समुचित ज्ञान हो। गुरजाडा ने अपनी कहानियों में यह दिखाया है कि सही समझ के अभाव में कितना नुकसान होता है। बाल-विवाह, विधवा-विवाह, यांटी नाँच, वेश्या विरोधी आंदोलनों के प्रवर्तकों ने इन समस्याओं के गहन अध्ययन के बाद, अपने जीवन के अनुभवों के प्रत्यक्ष आधारों के बाद, उनके समूल नाश के लिए समाज में विरोध प्रकट करते हुए आंदोलन में अग्रगामी रहे। गुरजाडा ने अनुभव किया कि सामाजिक सुधार के कार्यक्रमों के मार्ग पर आगे बढ़नेवाले सुशिक्षित, मध्यवर्ग के लोग समस्या के मूल तक न पहुँचकर सैद्धांतिक मार्ग के मात्र अनुयायी बनकर, अपने आपको समाज सुधार का बीड़ा उठानेवाले महान् पुरुष मानकर जो अहंकार करते हैं, जो जीवन संघर्ष से अनभिज्ञ हैं, उनके प्रयत्नों से

समस्याएँ सुलझ नहीं सकती हैं। ये लोग जिन स्त्रियों की सुधार के लिए कमर कसकर निकले थे, वह लक्ष्य ही भुला देंगे। गुरजाडा की कहानी 'संशोधन' में पत्नी केंद्र में रही और 'सुधारक का हृदय' कहानी में वेश्या को केंद्र में रखकर उनके दृष्टिकोण को महत्व दिया गया है। दोनों कहानियों की रचना तब हुई जब आंध्र के उस प्रांत में 'यांटी नाँच आंदोलन' जोरों पर था। कथा का सार यह है कि समाज में वेश्या व्यवस्था की जो जिम्मेदारी है, उसके अस्तित्व और उसके भविष्य के लिए जो कारण बनने वाले पुरुष वही हो, वे उस वेश्या - समाज के उद्धार की बात करते हैं। इससे बड़ी विडंबना और क्या हो सकती है ?

गुरजाडा की कहानी 'संशोधन' की नायिका समाज सेवा में दिन-रात आंदोलनों में व्यस्त अपने पति के व्यवहार में परिवर्तन ला सकी है, संशोधन कर सकी है। इसका मुख्य कारण कहानीकार के अनुसार कमलिनी (पत्नी) सुशिक्षित, विवेकशील और आंदोलनों के प्रति जागरूक होने के कारण अपने प्रति उपेक्षा भाव रखनेवाले पति के प्रति अपने ही style में विरोध व्यक्त करती है और उसके व्यवहार में संशोधन करने में कामयाब होती है। किंतु 'सुधारक का हृदय' कहानी में समाज सुधारक के रूप में प्रतिष्ठित रंगनाथय्या अपने सुधारवादी कार्यक्रमों के बारे में पत्नी को ठीक से अवगत नहीं कराता है। इस कार्यक्रम के विरोध में पत्नी अपने विचारों को दृढ़ता से व्यक्त करती है तो उससे बचने के लिए घर में बिताने का समय भी वह बाहर बिताने लगता है। वेश्याओं के उद्धार हेतु प्रयत्नों में वेश्या सरला से मिलता है और उसके सौंदर्य को देखकर मुग्ध हो जाता है। ऐसे समाज सुधारक जिनमें चारित्रिक बल नहीं है वे किसी का उद्धार करने जाते और स्वयं पतनशील होते हैं। जिन सुधारकों को वेश्या को अपने साथ ले जाने का साहस नहीं है, उनका यह सोचना कि वेश्या विवाह कर समाज में सम्मान सहित जीवन यापन करें - हास्यास्पद लगता है। इसीलिए ऐसे समाज-सुधारकों के विचारों का तिरस्कार करते हुए वेश्या सरला का व्यंग्य भरा प्रश्न ध्यान देने योग्य है- "आपके विचार में किसी एक बदमाश से शादी कर हमेशा के लिए क्या मुझे गुलाम बनकर जीना चाहिए।" इस कथन के साथ कहानीकार गुरजाडा ने परिवार व्यवस्था के खोखलेपन पर तीखा प्रहार किया।

गुरजाडा का विचार था - स्त्री जनोद्धार और महिला अभ्युदय के नाम पर सुधारवादी आंदोलन स्त्रियो को इस तरह एक बंधन से दूसरे प्रकार के बंधन में डा रहे हैं। वास्तव में उनका विश्वास है कि जो कार्यक्रम हैं उनमें व्यक्तियों के रूप में व्यक्तित्व विकास के कोई तत्व नहीं दिखायी देते हैं। 'मेटिल्डा' कहानी में नायिका का पति 'बूढ़ा शेर' है। निरंतर वह पत्नी पर संदेह करता है, और अपमानित करते रहता है। उसका किसी पुरुष के साथ देखने

पर, या कोई पुरुष अप्रत्याशित उसको देखने पर भी उसको ही नहीं, उस देखनेवाले पुरुष को भी व्यंग्य बाणों से घायल करके छोड़ता था। इस प्रकार अनुभव प्राप्त करनेवाला एक व्यक्ति उस स्त्री के जीवन को बदलना चाहता है। उस व्यक्ति का मित्र यह कहकर उसको रोकने की चेष्टा करता है कि यह बूढ़ा शेर सिर्फ दहाड़ता है, काटता नहीं। उसको कभी नहीं मारता और उसके रोटी-कपड़ा का इंतजाम हो जाता है। इसलिए उसके साथ ही जीवन यापन करना श्रेयस्कर है, पुनर्विवाह की जरूरत नहीं है। मित्र की दृष्टि में मेटिल्डा शारीरिक हिंसा नहीं झेल रही है, इसलिए उसके जीवन में परिवर्तन की जरूरत नहीं है। किंतु जो पात्र मेटिल्डा के लिए सोच रहा है उसकी दृष्टि में मेटिल्डा के लिए यह समस्या है। उसके प्रयत्नों से मेटिल्डा का दूसरा विवाह होता है। यह दूसरा पति मेटिल्डा को पुरुषों के बीच में आने का निमंत्रण देता है। सबके साथ मिलकर कॉफी पीने का आग्रह करता है। कहानी के अंत में कहानीकार उसे पति के द्वारा प्रदत्त स्वेच्छा की सीमित परिधि में उसे कठपुतली के रूप में ही देखता है। गुरजाडा के अनुसार- स्त्री जब तक स्वेच्छा के लिए संघर्ष कर स्वयं प्राप्त नहीं करती और पुरुष प्रदत्त स्वेच्छा के ही बल पर जीती है तो यह स्वेच्छा उसी प्रकार का है जैसे किसी खूँटे से बंधे पशु की गति जिस प्रकार रस्सी की सीमा में ही सिमटकर रह जाती है।

इस प्रकार गुरजाडा ने यह प्रतिपादित करने की कोशिश की कि सुधार आंदोलन स्त्री को सही मायने में मुक्ति नहीं दे पा रही है। उन्होंने स्त्री मुक्ति के लिए कारगर आंदोलनों की आवश्यकता पर जोर दिया।

## स्त्रीवादी कथाकार गुडिपाटि वेंकटाचलम्

आधुनिक युग में समाज के सभी वर्गों के अधिकारों, उनके न्यायाचित भागीदारी और उनकी प्रगति की कल्पना की गयी। विश्व के सामाजिक परिदृश्य से अवगत तत्कालीन चिंतनशील विचारकों ने समूचे समाज की अभ्युदय की आकांक्षा से सुधारवादी आंदोलनों की सैद्धांतिक साहित्यिक एवं सामाजिक कार्यकलापों की रूप कल्पना की थी। इस सुधारवादी आंदोलन का एक महत्वपूर्ण अंश स्त्री समुदाय की प्रगति रहा। अतः सामाजिक क्षेत्र में बाल विवाह, अनमेल विवाह, वेश्या व्यवस्था का विरोध एवं स्त्री शिक्षा एवं स्त्री पुनर्विवाह के प्रोत्साहन में प्रचार-प्रसार के कार्यक्रमों का आयोजन होता था। इन को समाज में प्रचार का बड़ा माध्यम साहित्य की मानकर वीरेशलिंगम ने उपन्यास और नाटक को अपना अस्त्र बनाया और समाज में व्याप्त कुसंस्कारों, अंधविश्वासों को दूर करने के लिए संघर्ष किया। गुरजाडा ने मानव समाज के सूक्ष्म एवं गहन अध्ययन के द्वारा यह अनुभव

किया कि स्त्री की प्रगति अवरोधक तत्व, भारतीय समाज के आर्थिक एवं सांस्कृतिक इतिहास से दो-चार होकर ही स्त्री की समस्याओं का जायजा लिया जा सकता है। उन्होंने यह भी अनुभव किया कि इस स्त्री चेतना एवं स्त्री अस्मिता से संपन्न स्त्रियों की सक्रिय भागीदारी के साथ स्त्री-जन को न्याय मिल सकता है। इतिहास के प्रति उनकी आलोचक दृष्टि के कारण उनके इस चिंतन को विस्तार मिला। इसीलिए उन्होंने सामाजिक एवं सांस्कृतिक अवरोधों को दूर करने के लिए साहित्य को हथियार के रूप में प्रयोग किया और साहित्य के प्रयोजन को रेखांकित किया। इस तरह की चिंतन - परंपरा की विरासत लेकर चलम् साहित्य क्षेत्र में आये। उनके विचार में स्त्री-पुरुष संबंधों के तात्विक विश्लेषण के लिए यह समझना जरूरी है कि युगों से स्त्री - चिंतन एवं स्त्री चेतना की पड़ताल किये बिना ही स्त्री पुरुष संबंधों का अस्तित्व था। इन संबंधों के लिए स्त्री- जीवन को स्त्री दृष्टि से देखना और समस्याओं को संबोधित करते समय इसी दृष्टि के साथ आगे बढ़ना, अत्यन्त आवश्यक है। स्त्री जीवन को जीने लायक बनाने के लिए स्त्री-पुरुष संबंधों के परंपरागत साँचे को बदलना जरूरी है। इसी चिंतन से प्रतिबद्ध होकर उन्होंने साहित्य का सृजन किया।

चलम् ने स्त्री-पुरुष संबंधों का सूक्ष्म विश्लेषण किया। स्त्री स्वेच्छा एवं स्त्री- जीवन की जटिलताओं को दूर करने के प्रयत्न में प्रतिबद्धता और प्रगाढ़ सरोकार के कारण स्त्री-पुरुष संबंधों के संदर्भ में क्रांतिकारी विचारों को व्यक्त किया। यह भी ध्यान देने की बात है कि उनके बाद की कई पीढ़ियों तक इन विचारों को समझने में कठिनाई हुई। शशिरेखा (1921), देवदत्त भार्या (1923) आदि उपन्यासों में उनकी विचारधारा व्यक्त हुई। 'मैन अण्ड विमेन' और 'स्त्री' (1925) में स्त्री पुरुष संबंधों की सामाजिक परिणति का ऐतिहासिक दृष्टि से समग्रता से चिंतन किया। उनके पूरे साहित्य में इन्हीं प्रतिपादित धारणाओं के प्रतिपादन का प्रयत्न है। चलम् ने अपने समय के समाज का गहन अध्ययन किया और पाया कि स्त्री-पुरुष संबंधों की जटिलता का प्रमुख कारण उनका समाज में एक समान स्थान नहीं होना। उन्होंने अपनी रचना 'मैन अण्ड विमेन' में लिखा कि लड़का-लड़की में नैसर्गिक सृष्टि के कारण उतना अंतर नहीं, जितना समाज के द्वारा आरोपित भेदभाव के कारण है। लड़का-लड़की में सहज स्नेहभाव के विकास के लिए समाज ने हमेशा अवरोध उत्पन्न किया। समाज ने अनेक नियमों एवं बंधनों के द्वारा लड़कियों में उत्साह, आत्माभिमान एवं साहस आदि भावों को बढ़ने नहीं दिया और उनका दमन करने पर मजबूर किया। इसमें यह भी बताया किस प्रकार सामाजिक व्यवस्था किसी लड़की के जीवन को दुर्भर बनाने में महत्वपूर्ण भूमिका का निर्वाह करती है। इसमें लड़की के जीवन के उस पक्ष को उद्घाटित किया गया जिसमें अपने बारह

वर्ष की उम्र से ही अपने परिचित मित्र लड़कों से, खेल-खेल में भी उनके स्पर्श से अपने को बचाते हुए, संभालते हुए जीना पड़ता है।

स्त्री-पुरुष के असमान सामाजिक संबंधों के कारण ही स्त्री को पुरुष के समान सामाजिक जीवन नहीं मिला। पुरुष अपने जीवन यापन के लिए कोई व्यवस्था करता है जबकि स्त्री विवाह कर संतान की उत्पत्ति का साधन बन, इसी को जीवनोपाधि के रूप में स्वीकार कर जीने के लिए मजबूर कर दी जाती है। परिवार या समाज यह नहीं सोचता है कि अपने जीवनोपाधि के चयन में लड़की के भी कुछ अधिकार हो सकते हैं। इस प्रकार के जीवन जीने के लिए मजबूर एक लड़की की व्यथा-गाथा 'मैने क्या किया' कहानी में व्यक्त किया गया है। 'नायडू लड़की' कहानी में दादी का कथन भी इसी विचार को व्यक्त करता है - "जानवर, पक्षी, कीड़े-मकोड़े और पुरुष सभी स्वतंत्र जीवन यापन करते हैं। मनुष्यों में स्त्री को जीने के लिए शादी करना ही है। ऐसे क्यों ?" स्त्री जीवन में व्याप्त परावलंबन इसका कारण है। कोई भी काम कर अपने जीवन-यापन करने योग्य न बनाकर, पर कटे पिंजरे की पक्षी के समान जीने के लिए मजबूर स्त्रियों की प्रतिनिधि के रूप में 'नायडु लड़की' में चित्रण किया गया है। चलम की धारणा है कि सामाजिक व्यवस्था ने स्त्री के लिए कोई सामाजिक जीवन ही नहीं दिया। स्त्री को अज्ञान के ऐसे अंधकार में ढकेल दिया गया कि संसार के व्यापक जीवन क्षेत्र में उसको पैर नहीं रखने दिया गया। सामाजिक जीवन के प्रति शंकाकुल बनाया। कोई भी काम करके आर्थिक रूप से स्वतंत्र रहकर अपना जीवन यापन का कोई अवसर न देकर स्त्रियों को पराधीन बनाया और अपनी आवश्यकताओं के लिए पुरुष का मुहताज बनाया। अपने पितृगृह से मिलने वाले जायदाद संबंधी सभी कानूनों में भी पुरुष - पक्षपाती दृष्टि को चलम ने अनुभव किया। चलम के विचार में जायदाद संबंधी जितने कानून हैं वे सभी पुरुषों के लिए, पुरुषों के पक्ष में, पुरुषों द्वारा बन गये, इन कानूनों से स्त्री की भलाई नहीं हो सकती है। आज का भी यथार्थ यही है कि जायदाद में बेटियों का दाय भाग देने कितने पिता, कितने भाई तैयार हैं, सोचने का विषय ही है। चलम ने अपनी कहानियों में यह दिखाया कि तत्कालीन सभ्य समाज में न्यायालयों में पुलिस व्यवस्था में भी किस प्रकार स्त्रियों के अधिकारों को नज़र अंदाज किया जा रहा था। समाज में किसी व्यक्ति को प्रताड़ित और अपमानित करने का अधिकार किसी को नहीं। किंतु स्त्री जीवन इसका अपवाद है। पति के साथ दुर्भर जीवन से बचकर पत्नी अगर भाग जाती है और वह पुलिस के सामने या मैजिस्ट्रेट के सामने कहती भी है कि पति के साथ वह जीवन यापन नहीं कर सकती तब भी

वहाँ पति के साथ रहने की नसीहत मिलती है और जबर्दस्ती फिर उन स्त्रियों को पतियों के सुपुर्द किया जाता है।

सभ्य समाज इस प्रकार के कानून से चिंतित है। 'भार्या' एवं 'नायडू लड़की' कहानियों में चलम ने समाज में व्याप्त इस विचार पर प्रश्न चिह्न लगाया कि पत्नी होने के नाते पति से प्रेम न होने पर भी, पति के अत्याचार के बावजूद क्या उसे पति के साथ ही रहना है ? ये कहानियाँ 1925-26 के आसपास की हैं। उस समय किसी साहित्यकार ने चलम के जैसा सामाजिक व्यवस्था से साहस के साथ स्त्रियों के पक्ष में विद्रोह नहीं किया।

श्री चलम के समय की सामाजिक संस्कृति का जो रूप था उसके अनुसार स्त्री का अपने देह एवं जीवन पर उसका अपना कोई अधिकार नहीं था। उसका समूचा अस्तित्व केवल पुरुष-प्रयोजन के लिए ही था। इन अधिकारों के लिए कोई स्त्री संघर्ष करती तो उसके पक्ष में दलील पेश करें ऐसे वकील भी तो नहीं थे। इसीलिए श्री चलम की कहानियों में जो महिलाएँ कचहरी गयीं अपने पक्ष में स्त्रियों ने स्वयं अपनी दलीलें पेश की। आर्थिक समस्या के कारण किसी ने 'गर्भस्राव' कराया तो किसी दूसरी ने पति से प्राप्त होनेवाले संक्रामक बीमारियों से डर कर गर्भस्राव कराया। किंतु समाज की न्याय संहिता एवं कानून स्त्री होने के कारण जन्म न देने का हक उसको नहीं है। संतानोत्पत्ति में स्त्री की इच्छा अनिच्छा का प्रश्न तो दूर उस समय उसकी परिस्थितियों से उत्पन्न वेदना को समझने वाला कोई नहीं था। इसीलिए उनकी समस्या की गंभीरता को एवं तीव्रता को समझने के लिए उनके पात्रों द्वारा ही बताया है गर्भस्राव के निर्णय तक लानेवाली वे कौन-सी परिस्थितियाँ थीं। 1921 से 1947 तक कालखंड का चलम का साहित्य तत्कालीन स्त्रियों की सामाजिक एवं आर्थिक संदर्भों को स्त्री- कोण से लिखा गया। गौरतलब है कि उस समय गर्भस्राव गैर-कानूनी था।

चलम का लेखन 1921 1947 सुधारवादी आंदोलन की खामियों को केंद्र में रखकर प्रारंभ हुआ था और स्वतंत्रता ( देश की ) प्राप्त होने के समय तक स्त्री की प्रगति के अवरोधक संबंधों, व्यवस्थाओं एवं मूल्यों को पहचानकर, उनका विरोध करने वाला आंदोलन का रूप ले लिया। उनका प्रयास था- स्त्री को भी व्यक्तित्व संपन्न समग्र मनुष्य के रूप में विकास हो। उनको समझने का प्रयास किया जो अपने ही परिवार में बेटी के रूप में, बहू के रूप में बाल्यावस्था से ही अपनों द्वारा ही उपेक्षित, तिरस्कृत होती जा रही थी। पति के रूप में, उन अबोध, विवाहिता बालिकाओं को पत्नियों के साथ किस प्रकार लैंगिक शोषण होता था। पुरुष का स्वार्थी, कामुक, अहंकारी रूप का बेबाक चित्रण चलम की विशेषता रही। चलम ने अपनी पीढ़ी से बहुत आगे जाकर ही स्त्री की दृष्टि से इन कहानियों में जो चित्रण था वह

उस समय का यथार्थ था। दुखियारी स्त्रियों के प्रति चलम के मन में गहन वेदना थी। चलम के अनुसार समाज में जितने अधिकार पुरुष को मिलते हैं वे सभी अधिकार और स्वेच्छा स्त्री को मिलने चाहिए। अंतिम चरण की कहानियों में यह भी अनुभव किया कि स्त्री की स्वेच्छाचारिता में भी उसको दुख ही मिलता है क्योंकि स्त्री पुरुष संबंधों में पुनः पुरुष का विश्वसनीय और अचंचल प्रेम वहाँ भी उसे नहीं मिलता। स्त्री के हृदय के सूक्ष्म भावों का अत्यन्त संवेदनशील चित्रण चलम साहित्य की विशेषता है।

वीरेशलिंगम एवं उनकी सुधारवादी आंदोलनों के मूल में स्थित स्त्री- समस्याओं को स्त्री जीवन के बरकस रखकर देखने का प्रयत्न गुरजाडा एवं चलम ने किया। दोनों का आशय यह था कि जब तक स्त्री व्यक्तित्व संपन्न होकर अपने लिए अनुकूल निर्णय नहीं ले सकती थी तब तक उसके जीवन के संबंध में सभी निर्णय किसी-न-किसी रूप में दूसरे लेते रहेंगे उसका जीवन सुखमय नहीं हो सकता। अपने जीवन संबंधी सभी निर्णय लेने का अधिकार उसी के पास होना चाहिए। एक तरह से यह सुधारवादी चिंतन का पूरक पक्ष कह सकते हैं।

**परवर्ती कथाकार**

वीरेशलिंगम के विरोध में उस समय के समाज में परंपरावादी चिंतकों ने तीखी प्रतिक्रिया व्यक्त की। अपने सुधारवादी कार्यक्रमों के लिए वीरेशलिंगम को कड़ा संघर्ष करना पड़ा। कोर्ट कचहरियों की धूल छाननी पड़ी। चलम के समय तक इन परंपरावादियों की प्रतिक्रिया सामाजिक, सांस्कृतिक एवं साहित्यिक क्षेत्र में स्पष्ट परिलक्षित होने लगी। चलम् ने 1921 से 1928 तक 'शशिरेखा', 'मैदान', 'विवाह' आदि उपन्यासों की रचना की और उनके द्वारा स्त्री पुरुष संबंधों के बारे में एक नयी सोच का प्रचार-प्रसार किया। इन उपन्यासों में स्त्रियों ने परिवार या कुटुंब के एकाधिकार को चुनौती देकर स्वाभिमान को महत्व दिया। स्वेच्छा से अपने आनंद एवं अनुभूति लिए लैंगिक संबंधों की आकांक्षा भी व्यक्त की। 1932 विश्वनाथ सत्यनारायण ने इस नयी भावधारा का सामना करने के लिए एक उपन्यास की रचना की जिसका नाम है- 'चैलियलि कट्ट'। इस उपन्यास में उन्होंने प्रतिपादित किया है कि परिवार या कुटुंब सनातन धर्म का आलंबन है। स्त्री जीवन को उसके अनुबंध के रूप में उन्होंने व्याख्यायित किया। उन्होंने माना है कि लड़कियों का पालन पोषण पितृसत्तात्मक संस्कृति, व्यवस्था एवं लक्षणों के लिए आवश्यकता के अनुरूप होना चाहिए। स्वेच्छापूर्ण स्त्री पुरुष संबंध कुटुंब व्यवस्था के प्रतिकूल होने के साथ-साथ स्त्रियों के पतन के भी कारण होंगे। इसलिए उन्होंने चेतावनी दी कि स्त्रियों को कुटुंब रूपी किनारे (समुद्र के) की हद तोड़कर नहीं जाना चाहिए। समाज एवं परंपरा विरोधी लैंगिक संबंध जीवन में प्रलय की सृष्टि

करते हैं। चलम ने जहाँ प्रेम के अभाव में विवाह के महत्व को अस्वीकार किया वहाँ विश्वनाथ सत्यनारायण के अनुसार विवाह एक व्यवस्था है जिसमें प्रेम ही नहीं वय का भी कोई महत्व नहीं है। इस प्रकार सुधारवादी आंदोलन के विरोध में बाल्य विवाहों को फिर सामाजिक संस्कृति के अंग बनाने का प्रयत्न किया। इस प्रकार चलम एवं विश्वनाथ का साहित्य तत्कालीन समाज के संवाद अभिव्यक्ति है और तत्कालीन सामाजिक इतिहास का दस्तावेज है।

समाज में स्त्री शिक्षा के अवसर, सुधारवादी चेतना का प्रभाव गुरजाडा, चलम् जैसे साहित्यकारों की रचनाओं को पढ़ने के कारण अपने विचारों को अभिव्यक्त कर सकने की क्षमता स्त्रियों में आयी। इस नयी पीढ़ी के स्त्री वर्ग के कारण परंपरागत सामाजिक व्यवस्था चरमरा सकती है। इस युवा पीढ़ी की स्वेच्छा के प्रति आकांक्षा, कुटुंब के एकाधिकार का विरोध आदि जो क्रांतिकारी प्रवृत्तियाँ प्रकट होने लगीं, इनके कारण कुटुंब व्यवस्था की चूलें ढीली पड़ सकती है। इस भय से एक वर्ग स्त्रियों में यह प्रचार करने लगा कि सामाजिक व्यवस्था एवं परंपरा के अधीन होकर जीने में ही स्त्रियों की भलाई है। इस प्रकार भारतीय परंपरागत संस्कृति के प्रचारक के रूप में तत्कालीन सामाजिक संदर्भ में अनेक साहित्यकार हुए। उनमें अडवि बापिराजू प्रमुख हैं। उनके 'तूफान' उपन्यास में हेमकुसुमसुंदरी जो स्वेच्छावादी विचारधारा के साथ आगे बढ़ते हुए पुनः स्वयं ही कुटुंब व्यवस्था में विश्वास कर लेती है और उस जीवन को सुखमय मान लेती है। इस उपन्यास के द्वारा बापिराजू यह बताना चाहते थे कि स्वेच्छा के बारे में और अधिकारों के बारे में चिंतन स्त्री - जीवन को अस्त व्यस्त बनाता है। उन विचारों से उभर कर जीवन को सुखमय बनाना स्वयं उसके ही हाथों में रहता है। इस प्रकार विश्वनाथ सत्यनारायण ने अपने साहित्य के द्वारा प्रत्यक्ष एवं नियामक शैली में एवं बापिराजू ने अपने साहित्य द्वारा परोक्ष और कोमल शैली में परंपरावादी सामाजिक संस्कृति को सुदृढ़ करने का प्रयत्न किया।

कंदुकूरि, गुरजाडा एवं चलम के द्वारा प्रचलित सुधारवादी सामाजिक संस्कृतिक को विरासत के रूप में ग्रहण करते हुए कोडवटिगंटि कुटुंब राव का अपनी मार्क्सवादी विचारधारा के प्रभाव के साथ तेलुगु कथा साहित्य में पदार्पण हुआ। समाज के जड़ों में व्याप्त लिंग - विवक्षा के स्वरूप और प्रकृतियों का विस्तार से सूक्ष्म दृष्टि से अध्ययन किया। उनके साहित्य में समाज में व्याप्त असमान परिस्थितियों को लांघकर अपनी जिंदगी को अपने इच्छानुसार जीने के लिए उपयुक्त बनाया। समाज में स्त्री की असमानता को भी सामाजिक दृष्टि से ही देखकर स्त्री समस्या को स्त्री समस्या न मानकर सामाजिक समस्या के रूप में प्रस्तुत किया।

"परंपरा से हो या कानून से हो एक दूसरे से निम्न कमतर होकर जन्म लना दुख की बात है। फिर भी हमारे समाज में कुछ लोग निम्न जाति में जन्म लेते हैं, कुछ गरीबों के घरों में जन्म लेते हैं, और कुछ लोग स्त्रियों के रूप में जन्म लेते हैं।"(स्त्री- जन्म 1947) सामाजिक असमानताओं में जातिगत, आर्थिक आदि के अंतर्गत ही स्त्री पुरुष असमानता को भी समझने का दिशा- निर्देश किया।

'स्त्री जीवन मधुर है' (1947) में कुटुंबराव की नायिका ग्यारह साल की लड़की है। उसके चारों ओर स्त्रियों के जीवन को देखकर उसके मन में उथल-पुथल मचता रहता है। नाना का नानी को मारना, पिता का माँ को मारना, जीजा का जीजी को मारना देखकर घबरा जाती है और सोचती है कि पुरुष स्त्री को क्यों मारता है? उसको स्त्री पुरुष जीवन में जो अंतर है समझ में आ जाता है। वह सोचती है-स्त्रियाँ पुरुष से गालियाँ खाते हुए, मारपीट सहते हुए चाकरी करने को मजबूर है। पिता भी चाकरी करते हैं पर इतवार को छुट्टी है और तनख्वाह भी है। माँ को छुट्टी भी नहीं है मजूरी भी नहीं है। उसको यह भी समझ में आता है कि परिवार लड़कियों के लिए किये जानेवाले खर्च के प्रति किस प्रकार कंजूसी करता है। पड़ोस के कृष्णमूर्ति का परिवार कुछ भिन्न है। कृष्णमूर्ति पत्नी को नहीं मारता। उनकी लड़कियाँ पढ़ने जाती हैं। उस परिवार को देखकर खुश होती है। वह सोचती है- "बड़ी होकर मैं पीटने वाले पति से शादी नहीं करूँगी। किसी को नहीं बताऊँगी मैं कृष्णमूर्ति से ही शादी कर लूँगी।"

इस प्रकार स्त्री जीवन के अनेक समस्याओं से जूझते हुए वह छोटी लड़की अपने कल्पना में भी उसी यथार्थ के जीवन को देखती रहती है और रेडियो में गाना बजता है-"स्त्री जीवन ही मधुर है।" रचनाकार यह बताना चाहता है कि स्त्री को तब भी भ्रमित करने का कितना प्रयास है।

"तुम हमारी माँ, बहन और पत्नी हो, बिना मजूरी की नौकर हो, तुम्हारी चाकरी चौबीस घंटों की है, तुम्हारे लिए कोई छुट्टी नहीं, तुम्हारे लिए डॉक्टर सर्टिफिकेट नहीं है, पेंशन नहीं है। तुम जहाँ भी जाओ, तुम्हारी नौकरी नहीं बदलेगी।" इन पंक्तियों में कुटुंबराव ने स्त्री-श्रम के आर्थिक संदर्भ के रेखांकित किया। वह ऐसी मजदूर है जिसका कोई वेतन नहीं है, उस श्रम का कोई मूल्य नहीं है। यही कारण है, काम के घंटे निर्धारित नहीं हैं। उस कार्य प्रणाली को लेकर वह कोई प्रश्न नहीं कर सकती। इस संबंध में उसके अधिकारों का कहीं जिक्र नहीं है। स्त्री को श्रम जीवी नहीं गुलाम के रूप में जिस सामाजिक व्यवस्था ने बनाया उस समाज का यथार्थ चित्र रखते हुए कुटुंबराव ने समाजवादी स्त्रीवाद (Social feminism) चिंतन के पक्षधर दिखायी देते हैं। तत्कालीन समाज की परवाह न करते हुए स्त्रियों के पक्ष में

रचना कर और समाज में व्याप्त स्त्री-शोषण का स्पष्ट शब्दों में विरोध व्यक्त किया- "तुम्हारे प्रति हम सब धर्म - शासक ही हैं, हम सब जबर्दस्त साम्राज्यवादी हैं, हम सभी पूँजी पति ही हैं, हम सभी गुंडे बदमाश हैं। सभी सज्जनों के जैसे नादानों के जैसे और अशक्तों जैसे तुम्हारा भी जीवन शांति से गुजर जाय, अगर ऐसा चाहती हो तो तुम हमारे सामने सिर झुका कर रहो। मगर विद्रोह करोगी तो तुम्हें हम देख लेंगे। हम तुम्हें इज्जत से जीने नहीं देंगे। तुम्हें समाज में सिर उठाकर जीने नहीं देंगे। तुम्हारे पीछे ऐसे पड़ जायेंगे कि तुम कोई पागल कुत्ता हो। हम इस समाज के नेता हैं। जिंदगियों पर हमारा ही अधिकार है।" इस कथन में समाज में युग युगों से पुरुषों का स्त्रियों के प्रति चली आ रही जुल्म और जबर्दस्ती के प्रति रचनाकार का क्रोध और तिरस्कार व्यक्त होते हैं। यहाँ बताया गया है कि समाज में व्याप्त पुरुषाहंकार किस प्रकार निरंतर अपने अधिकारों की रक्षा करते हुए धर्म, राज्य एवं आर्थिक हथियार के साथ स्त्रियों के प्रति कितना अन्याय कर रहा है। लेखक का विश्वास है कि जो शोषण के शिकार हैं वे एक दिन जरूर विद्रोह करेंगे। ऐसे विद्रोहों से ही अधिकार मिलेंगे। माँगने से नहीं। ऐसे ही विद्रोही पात्र की कल्पना उन्होंने 1934 में की थी अपनी कहानी 'सच्ची पतिव्रता' में इस कहानी का सारांश इस प्रकार है-सीता शादी के बाद नयी दुल्हन बन कर ससुराल आयी। उसे मालूम होता है घर और खेत सब गिरवी पर है तथा सेठ घर पर कब्जा करने की ताक में है। इन मुसीबतों को दूर करने का रास्ता सोचती है और स्वयं नौकरी करने का निर्णय लेती है। किंतु परिवार में कुछ लोगों को लगा कि औरत का नौकरी करने से इज्जत चली जायेगी। किसी ने कहा कि औरत की कमाई खाने से जहर खाकर मरना ठीक है। उसके ससुर का यहाँ तक सोचना है कि औरत का नौकरी करने से अच्छा रंडी बनना। फिर भी सीता टस से मस नहीं होती। 15 रुपये का टाइपिस्ट की नौकरी करती है, मामा के पास जाकर। पति को भी बुला लेती है। उसको भी बीमा कंपनी में नौकरी मिलती है। फिर भी आर्थिक कठिनाइयाँ कम नहीं होती। घर चलाने के लिए नाटक कंपनी में काम करती है। बाद में सिनेमा में भी काम करना शुरू कर देती है। वह नहीं चाहती कि अपना बोझ भी पति पर डालकर बिसूरती रहे। कहानीकार की दृष्टि में वह इसलिए सच्ची पतिव्रता है क्योंकि उसने साहस के साथ स्वयं सोचा एवं पति को हौसला बढ़ाया। 1934 जब स्त्रियों ने सामाजिक क्षेत्र में कदम रखा भी नहीं, उस समय इस प्रकार की कहानी की रचना क्रांतिकारी प्रयास है। इस कहानी की नायिका यह भी जाती है कि सामाजिक क्षेत्र में उसका जीवन कंटकमय होगा।

स्त्री का अपना जीवन जीने में भी सामाजिक व्यवस्था में अनेक अवरोध हैं। संघर्ष करते हुए ही साहस बटोरना चाहती है। उसका विचार था कि राह चलते कोई मनचला आँख

मारता है तो उसमें अपने चरित्र का कोई योगदान नहीं रहता। किंतु इस प्रकार की घटनाओं के लिए स्त्रियों को तैयार रहना चाहिए और किसी और की मदद के बिना ही स्वयं सामना करना चाहिए। इस प्रकार एक स्वावलंबी, साहसी स्त्री की कल्पना कुटुंबराव ने 1934 में की थी। गुरजाडा की 'मेटिल्डा' कहानी में मेटिल्डा ऐसे मनचले युवक से परेशान होकर उससे अपने व्यवहार को बदलने के लिए अनुनय- विनय करती है। किंतु कुटुंबराव की कहानी की नायिका जान जाती है कि जिस समाज स्त्री को भोग की वस्तु के रूप में देखा जाता है उस पितृसत्तात्मक व्यवस्था में दया या रहम की अपेक्षा करना असंगत है। इसलिए ऐसी स्थितियों का सामना करने के लिए सक्षम बनती है और सामना करती है।

विडंबना यह है कि आज 21 सदी में भी सुशिक्षित, सक्षम और जागरूक होकर स्त्री होने के कारण उस पर जो अत्याचार और शोषण हो रहा है उससे अपने आप को चना आज की स्त्री के लिए कठिन हो रहा है।

फिर भी स्त्री की चेतना को झकझोर उसे मनुष्य होने का अहसास दिलाकर, उसे स्वयं अपने पैरों पर चल कर अपने जीवन जीने के लिए अपने साहित्य के द्वारा जिन महानुभावों ने उंगली पकड़कर उस मार्ग तक पहुँचाया उनमें कंदुकूरि वीरेशलिंगम, गुरजाडा, चलम, विश्वनाथ सत्यनारायण, बापिराजू एवं कुटुंबराव अग्रगण्य हैं।

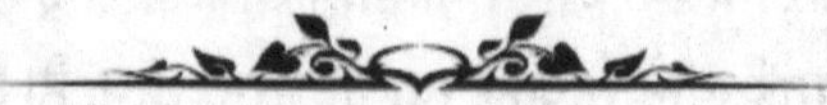

# 12. स्त्रीवादी पहला चिंतक - कथाकार: चलम्

ब्रिटिश सरकार शासन के दौरान 19 वीं शताब्दी के पूर्वार्द्ध में अंग्रेजी शिक्षा- प्रणाली भारत के प्रमुख शहरो में प्रारंभ हो गयी। भारतीय जीवन शैली में एवं विचारधारा में भी एक तरह का बदलाव होने लगा। अंग्रेज़ी भाषा, संस्कृति एवं ऐतिहासिक दृष्टि ने शिक्षित समुदाय को प्रभावित किया। शिक्षा, चिकित्सा एवं धार्मिक क्षेत्रों में ईसाई मिशनरियों ने नव्य चेतना जागृत की। उस समय का भारतीय समाज धार्मिक आडंबर, अंध-विश्वास, सामाजिक दुराचार आदि बुराइयों से आक्रांत था। उस समय की युवा पीढ़ी में परंपरागत रीति रिवाजों के प्रति तिरस्कार के साथ जीवन के प्रति एक नया दृष्टिकोण एवं पाश्चात्य सभ्यता के प्रति एक प्रकार का आकर्षण का भाव विकसित होने लगा। आधुनिक समाज को हिंदू धर्म से ईसाई धर्म ज्यादा उदार लगने लगा एवं भारतीय संस्कृति की तुलना में पाश्चात्य संस्कृति अनुकरणीय लगने लगी। वेद एवं उपनिषदों के प्रति एक प्रकार का तिरस्कार का भाव पनपने ही लगा था कि भारतीय समाज में बंगाल के मनीषी समाज सुधारक, तत्वद्रष्टा एवं मानवता के पुजारी राजा राममोहन राय का पदार्पण हुआ। उन्होंने 1929 में 'ब्रह्म समाज' की स्थापना की। यह कहना अतिशयोक्ति नहीं कि पूरा भारत देश उनकी विचारधारा से प्रभावित था। हिंदू धर्म के प्रति इस नयी दृष्टि ने ईसाई धर्म एवं पाश्चात्य सभ्यता के प्रति जनमानस में बढ़ते हुए आकर्षण को कम करने में सहायता की और जनता की दृष्टि को समाज में व्याप्त दुराचारों पर ध्यान आकर्षित किया और मानव समाज में प्रेम-भावना को (आध्यात्मिक) विकसित करने का प्रयास किया।

राजा राममोहन राय की इस नवीन विचारधारा के प्रचार-प्रसार में केशव चंद्र सेन, देवेंद्रनाथ ठाकुर, शिवनाथ शास्त्री आदि का योगदान स्पृहणीय था। आंध्र प्रांत में ब्रह्म समाज की विचारधारा के प्रचार-प्रसार में शिवनाथ शास्त्री का विशेष योगदान रहा। सती प्रथा का

उन्मूलन, स्त्री शिक्षा, विधवा विवाह, अस्पृश्यता निवारण आदि सुधारवादी मुद्दों को आंध्र प्रांत ने गंभीरता से सोचा और रघुपति वेंकट रत्नं नायुडु आदि सुधारवादी बुद्धिजीवियों ने इन मुद्दों के लिए कटिबद्ध होकर तन-मन-धन से काम किया। यहीं से आंध्र में अस्पृश्यता के विरोध में सुधारवादी चेतना की प्रस्थान बिंदु मानी जाती है।

नवजागरण कालीन युवा पीढ़ी ने विश्व के आंदोलनों के साथ परिचय के कारण परिवर्तित विश्व मानव समाजको निरखने-परखने का प्रयास किया। यूरोप के रूसो एवं वाल्टेर की स्वतंत्रता एवं समानता की विचारधारा के साथ औद्योगिक क्रांति के प्रभाव से समाज में उत्पन्न आर्थिक असमानताओं के विरोध में गुलाम देशों ने साम्राज्यवादी देशों से मुक्ति के लिए आंदोलन किया और स्वतंत्रता को प्राप्त किया। फ्रेंच और रूसी क्रांति के कारण स्वेच्छा एवं सामाजिक चेतना उपनिवेश देशों में उत्तेजना जागृत कर रही थी और राष्ट्रीय आंदोलनों को प्रेरणा देकर स्वतंत्रता की चेतना को भर रही थी।

भारतीय जनता एक तरफ अंग्रेज़ी शासन के खिलाफ आंदोलन कर रही थी। एक वर्ग स्वतंत्रता को पाने के लिए और दूसरी तरफ ब्रह्म समाज के प्रभाव से समाज का एक वर्ग सुधारवादी चेतना के साथ समाज में परिवर्तन लाने के लिए जी-जान से आंदोलन कर रहा था। भारतीय समाज में व्याप्त अंध विश्वासों को जिनके कारण अपने अधिकारों से वंचित एवं शोषण की शिकार स्त्री- समुदाय को ब्रिटिश सरकार की सहायता से सशक्त करने का प्रयत्न तत्कालीन समाज सुधारकों ने किया। सुधारवादी चेतना के साथ-साथ स्वतंत्रता के लिए राजनीतिक आंदोलन प्रारंभ हुआ।

भारत में सुधारवादी आंदोलन एवं स्वतंत्रता आंदोलन के नेता राष्ट्रीय नव जागरण के उन्नायक रहे। फिर भी सुधारवादी चिंतकों के लिए समाज सुधार प्रमुख था। बाह्याडंबर, अंधविश्वास, रूढ़िवादिता से समाज को निजात दिलाना महत्वपूर्ण था। समाज सुधार के समर्थक अंग्रेज शासकों के प्रशंसक रहे। वीरेशलिंगम एवं चलम ने अंग्रेज़ सरकार के विरोध में कार्य करना नहीं चाहा। उनका विचार था कि मनुष्य को अज्ञान एवं परंपरा के अंधानुकरण से मुक्ति दिलाना आवश्यक था। चलम ने मानव की स्वतंत्रता को वैचारिक धरातल पर महत्वपूर्ण माना। उन दिनों इस प्रकार तीन प्रकार के आंदोलन परिलक्षित होते हैं - 1) स्वतंत्रता के लिए व्यापक राजनीतिक आंदोलन, 2) स्त्री की गुलामी के विरोध में (वीरेशलिंगम्, गुरजाडा, चलम), 3) अस्पृश्यता एवं अंधविश्वासों के विरुद्ध आंदोलन (रघुपति वेंकटरत्नं नायुडु आदि)। "चलम ने स्त्री- पुरुष संबंधों में असमानताओं को दूर कर,

पुरुष की दासता से मुक्त कर और गुलाम मानसिकता से दूर रखकर स्त्री को मुक्त करने के लिए बहुत पहले साहित्य की रचना के द्वारा प्रयत्न किया।"[81]

चलम के रचनाकाल के प्रारंभिक दौर में राष्ट्रीय स्तर पर स्वतंत्रता आंदोलन में आंध्र प्रांत की भागीदारी का प्रभाव परिलक्षित नहीं होता। इसलिए कभी-कभी कुछ कहानियों के इतिवृत्त की गति की आवश्यकता के अनुरूप प्रसंग मात्र मिलता है। चलम की दृढ़ धारणा थी कि पुरुषाधिकार से स्त्री की मुक्ति, देश की राजनीतिक स्वतंत्रता से भी महत्वपूर्ण है। तत्कालीन भारतीय समाज में पराधीनता की दुस्सहनीय दशा में जीवन यापन करते हुए स्त्री-समुदाय के उद्धार का बीड़ा राजा राममोहन राय ने उठाया था। उन्होंने हिंदू समाज में व्याप्त तर्कहीन सामाजिक रीति-रिवाज, धर्म के नाम पर दुराचार आदि का विरोध किया। उन्होंने देखा स्त्रियों को पारिवारिक जायदाद पर कोई अधिकार नहीं था। संपन्न परिवार की विधवाओं के लिए भी अभावमय जीवन जीना या सती होने के अलावा कोई विकल्प नहीं था। बहु विवाह व्यवस्था के कारण उत्पन्न दुष्परिणाम भोगने के लिए वह मजबूर थी। अशिक्षा एवं असुरक्षा के कारण स्त्रियाँ आश्रित बन कर जीते हुए गुलामों के समान जीवन यापन कर रही थी। इस स्त्री समुदाय को स्वतंत्र एवं आत्म निर्भर बनाने के लिए उन्होंने सती प्रथा का विरोध किया और उसके लिए कानून लाने का प्रयत्न किया। स्त्री के संपत्ति में अधिकार के लिए भी कानून लाने का प्रयत्न किया। समाज में छुआछूत के भेदभाव को समाप्त करने की वकालत की। अपने ब्रह्म समाज के क्रिया कलापों के साथ स्त्री जन के कल्याण को भी जोड़ कर संपूर्ण भारतीय चिंतन को स्त्रियों के लिए सोचने के लिए प्रेरणा दी और मार्गदर्शन किया। आंध्र में भी तत्कालीन समाज में राममोहन राय के विचारों से प्रभावित बुद्धि जीवी वर्ग ने आंध्र समाज में सुधारवादी चेतना से स्त्री जन के सामाजिक स्थितियों को बदलकर स्त्री को मानवीय धरातल पर समझने-समझाने का प्रयास किया।

राजा राममोहन राय की सुधारवादी विचारधारा से श्री वीरेशलिंगम (1848- 1919) प्रभावित थे और आंध्र में सामाजिक दुराचारों को दूर करने का तन-मन-धन से अपने पूरे जीवन में कार्य किया। स्त्री-शिक्षा एवं विधवा-विवाह के क्षेत्र में उनके कार्य- कलापों के कारण रूढ़िवादी समाज ने उनका बहिष्कार किया और उनको मिथ्यारोपों से कोर्ट-कचहरियों तक खींचा। उनके सुधारवादी कार्यक्रमों की समकालीन समाज की प्रतिक्रिया की चर्चा करते हुए वीरेशलिंगम लिखते हैं- " घूसखोरी के खिलाफ कहता हूँ तो सरकारी कर्मचारी नाराज

[81] रचमल्लु रामचंद्रारेड्डी, सारस्वत विवेचन- पृ.50

हैं, वेश्यागमन शील विरुद्ध कहता हूँ तो रसिक नायक नाराज़ हैं, और बाह्याडंबर को धर्म विरुद्ध कहता हूँ तो धर्म गुरु नाराज हैं। हमारी पत्रिका को अपने लक्ष्य प्राप्त करनी है तो इन सभी की नाराजगी पर ध्यान नहीं देना है, उनकी उपेक्षा करनी है।[82] वीरेशलिंगम ने अपने विचारों को दृढ़ता से, निर्भीकता से एवं साहस के साथ अपनी पत्रिकाओं के माध्यम से विशेष प्रचार-प्रसार किया। स्त्रियों के जीवन में सुधार के प्रति और उनकी अन्यान्य समस्याओं के प्रति वीरेशलिंगम का सरोकार उनके प्रत्येक कार्य से झलकती है। 1889 में ही उन्होंने स्त्रियों को स्वास्थ्य संबंधी ज्ञान देने के लिए 'देहारोग्य धर्म बोधिनी' की रचना की। 1896 में उन्होंने 'पत्नी हित सूचिनी' में स्त्रियों की दुर्दशा पर चिंता करते हुए, उनकी इस दुरावस्था को दूर करने का प्रयत्न करते हुए, इसी कार्य को अपने जीवन का लक्ष्य माना था। उनकी दृढ़ धारणा थी कि स्त्रियों की प्रगति एवं विकास पर ही समाज की प्रगति एवं विकास आधारित होती है।

चलम के जन्म लेने तक ही वीरेशलिंगम स्त्री जीवन सुधार को एक आंदोलन का रूप दे चुके थे। वीरेशलिंगम की सुधारवादी चेतना एवं कार्यक्रमों की योजना में स्त्री शिक्षा को लक्ष्य बना कर 1874 में धवलेश्वरम् में बालिका पाठशाला की स्थापना से प्रारंभ होकर विधवाओं के लिए शरणालय, विधवा विवाह आदि के साथ उनकी मृत्यु क (1919) आंदोलन निरंतर चलता रहा। इस आधुनिक आंध्र समाज के निर्माता वीरेशलिंगम को चलम ने अपना Spiritual father माना। वीरेशलिंगम के समकालीन रचनाकार एवं चिंतक गुरजाडा ने समाज में व्याप्त अनेक दुराचारों को नवीन दृष्टिकोण से देखा। विवाह व्यवस्था में तत्कालीन समाज में व्याप्त 'कन्याशुल्क' को प्रमुख मुद्दे के रूप में लेते हुए, विधवा विवाह की व्यावहारिक विसंगति, वेश्यावृत्ति में वेश्या को दोषी मानने पर प्रश्न चिह्न लगाते हुए वेश्यागामी पुरुषों के विभाजित व्यक्ि का सूक्ष्म विश्लेषण किया। अपने नाटक 'कन्याशुल्कम्' की नायिका मधुरवाणी की मानव मूल्यों के प्रति सजगता एवं जीवन के प्रति उसका दृष्टिकोण, एक बाल विवाह को रोकने में उसकी सहायता एवं होशियारी का बड़े मनोयोग से चित्रण करते हुए, दर्शकों एवं पाठकों को वेश्याओं के प्रति समाज के दृष्टिकोण को बदलने का कार्य किया। बाल विवाह की समस्या, विधवा पुनर्विवाह का प्रचार-प्रसार के सूक्ष्म विश्लेषण के साथ वेश्या समस्या के प्रति पुरुष समाज का दृष्टिकोण का सजग विवेचन कर द्वारा तत्कालीन समाज की चर्चित संदर्भों पर चर्चा की। गुरजाडा की दृष्टि में

---

[82] कंदुकूरि वीरेशलिंगम पंतुलु, स्वीय चरित्र (1982) - पृ.62

विधवा का पुनर्विवाह की अपेक्षा उसको इस योग्य बनाना जरूरी है कि वह निर्णय कर सके कि अपने लिए क्या चाहिए क्या नहीं ? अगर वह तब अपनी भलाई- बुराई समझ कर विवाह करें। उनका विचार है कि गिरीशम जैसे सूडो (pseudo) सुधारवादी, स्वार्थी एवं लोभी पुरुषों से पुनर्विवाह विधवाओं के जीवन को सुखमय नहीं बना सकता। 'कन्यका' में कन्या राजा के अधिकार जन्य अहंकार को चुनौती देती हुई प्राण दे देती है। 'पूर्णिमा' में बाल्य विवाह के दुष्परिणामों का चित्रण किया। गुरजाडा ने अपने पत्रों एवं डायरी में स्त्री-पुरुष संबंधों को संवेदना के स्तर पर ही नहीं बौद्धिक एवं शास्त्रीय दृष्टिकोण से विचार करते हुए लिखा है कि विवाह व्यवस्था ने किस प्रकार अपने रूप बदलकर स्त्री को मजबूर बनाकर अन्याय एवं अत्याचार किया। गुरजाडा के विचार में समाज में व्याप्त अव्यवस्था का यथार्थ चित्रण कर सामाजिक जीवन में उदार मानव मूल्यों की स्थापना करने से बढ़कर साहित्य का कोई और कर्तव्य नहीं है। गुरजाडा ने अपनी रचनाओं के द्वारा स्त्री समस्याओं का विश्लेषण कर उनके समाधान के लिए समाज को मजबूर किया। उनकी विचारधारा से गुरजाडा ने परवर्ती रचनाकार चलम को प्रभावित किया। चलम ने अनुभव किया कि उनकी विचारधारा से स्वयं की सोच मिलती है।

स्त्री के प्रति अन्याय का कारण सामाजिक व्यवस्था है। जो सामाजिक व्यवस्था जितनी कट्टर रही उतनी ही स्त्री का शोषण करती रही। वर्तमान सामाजिक व्यवस्थाएँ भी अपवाद नहीं हैं। समाज की आर्थिक व्यवस्था, पुरुष सत्तात्मक व्यवस्था, धार्मिक व्यवस्था और स्त्री के पातिव्रत्य की भावनात्मक दृष्टि ने स्त्री के व्यक्ति रूप में विकास का अवरोध उत्पन्न किया। स्त्री को भोग्या रूप की प्रधानता रही। इस प्रकार के अन्याय से उसका उद्धार करने के लिए पुरुष की विचारधारा में परिवर्तन, सुधारवादी चेतना और उदार भावना के साथ अमांसल प्रेम भावना की कल्पना की गयी है। प्रेम का मांसल होना और श्रृंगार प्रकृति का निषेध आदि के कारण उपनिषदों के प्रभाव एवं ब्रह्म समाज के संस्कारों के कारण महाकवि रवींद्र ने स्त्री पुरुष संबंधों को अत्यन्त पवित्र रूप दिया। उन्हीं के प्रभाव में संपूर्ण भारत के स्वच्छंदतावादी कवियों ने Romanticism अपनी प्रेमिकाओं के अलौकिक सौंदर्य का ही वर्णन किया और दैहिक आकर्षण एवं उसके वर्णन को प्रधानता नहीं दी।

सभ्य समाज में दाम्पत्य संबंध संतान के द्वारा अपने पूर्णत्व को प्राप्त माना जाता था। प्रारंभ से ही संतान का सामाजिक प्रयोजन भी था। फिर वैयक्तिक इच्छा एवं आकर्षण किसी-न-किसी रूप में व्यक्त होते ही थे। सामाजिक व्यवस्था द्वारा निर्मित नियम एवं निषेधों के कारण वैयक्तिक आकांक्षाओं एवं कामनाओं के लिए उत्पन्न अवरोधों के कारण मानसिक

क्लेश एवं संघर्ष व्यक्ति को झकझोरते ही रहे। कृषि प्रधान सभ्यता के कारण उत्पन्न पुरुषसत्तात्मक समाज में स्त्री गुलाम बन गयी। इतना ही नहीं वर्ग प्रधान समाज में पुरुष गुलाम बना तो स्त्री उस पुरुष गुलाम की गुलाम बनकर रह गयी। मानव जीवन इतिहास की यह प्रक्रिया निरंतर चलती रही है। स्त्री पुरुष का सहज आकर्षण अमांसल सौंदर्य एवं अशरीरी प्रेम में व्यक्त होना भी समाज द्वारा निर्धारित नियमों को तोड़कर व्यक्ति के रूप में अपने हृदय की भावनाओं की अभिव्यक्ति भी व्यक्तिवाद का जयघोष है। फिर भी सीमा यह है कि अपनी प्रेम भावना के आवेग को दबाकर उसके देह पक्ष को नकारते हुए परंपरागत विचारधारा को स्वीकार करते हुए विकास क्रम में बने प्रेम संबंधों को स्वीकार नहीं किया।

फ्यूडल व्यवस्था से पूंजीवादी व्यवस्था में रूपांतरित होकर भी फ्यूडल व्यवस्था के सामाजिक मूल्यों को ही समाज में प्रचलन था। फ्यूडल व्यवस्था के बाद भी स्त्रियों के लिए विवाह, पत्नीत्व धर्म आदि का समाज में विश्लेषण एवं परिवर्तन नहीं हुआ और परिणाम स्वरूप पुरुषसत्तात्मक समाज सुदृढ़ हो गया। ब्रह्म समाज का व्यापक प्रचार- प्रसार एवं सुधारवादी चेतना एवं कार्यक्रमों में भी स्त्री पुरुष संबंधों के संदर्भ में पुरुषसत्तात्मक नियमों को ही प्रधानता मिली। इसीलिए जिस समाज में जाति, वर्ग एवं पुरुष सत्तात्मक व्यवस्था नहीं उसी समाज में स्त्री को न्याय मिलेगा।

देश में स्त्रियों के कल्याण के लिए अनेक कानून बने। उनमें प्रमुख हैं- 1) विधवा पुनर्विवाह कानून 1856 में आया। बाल विवाह के विरोध में 'शारदा बिल' 1929 में बना। 1949 बहु विवाह प्रथा के विरोध में कानून बना और तलाक कानून बना। स्त्री पुरुष संबंधों में परिवर्तन के लिए और स्त्री जीवन प्रगति के लिए अनेक कानून आये। इन कानूनों की परिधि से भी स्त्री जीवन की प्रगति के लिए आवश्यक दृष्टिकोण का अभाव था। स्त्री पुरुष संबंधों की असमानताओं, यथार्थ जीवन की कठिनाइयों को चल ने अपनी रचना का वस्तु बनाया।

चलम ने धर्म-अर्थ-काम और मोक्ष की नयी परिभाषा देकर, प्रेम के विभिन्न पहलुओं का स्त्री की दृष्टि से समझने-समझाने का प्रयत्न किया। उन्होंने पहली बार उपेक्षित 'काम' को (जिसे उन्होंने 'मोह' कहा) अनेक दृष्टिकोणों से देखते हुए चल साहित्य में स्त्री- पक्ष की चर्चा की है।

स्त्री जीवन की समस्याओं को, स्त्री के शरीर, मन एवं बुद्धि के अनुभव की गहराइयों को छूकर एवं स्वयं अनुभव कर अत्यन्त सहज मानवीय दृष्टिकोण से चित्रण किया है जो हमें स्त्री के प्रति उनके सरोकार को स्पष्ट एवं विश्वसनीय ढंग से महसूस कराता है। चलम ने बताया

है कि जो समाज स्त्री पर शासन करना ही जानता है और जो पुरुष समुदाय अपने प्रयोजनों के अनुरूप निर्देश देना एवं नियंत्रण रखना जानता है वह यह भी सोचे कि उस समाज के बारे में और उस पुरुष समाज के बारे में स्त्री क्या सोचती है? उन्होंने यह दिखाया है कि स्त्री का दबा हुआ असंतोष, उसकी आशा एवं आकांक्षाएँ जो उसे निरंतर उद्वेलित करते हैं, उनको समाज के सामने व्यक्त करने के लिए पुरुष और सामाजिक व्यवस्था का तिरस्कार कितनी जरूरत है? यह पुरुषाहंकार के लिए चुनौती बन गया है। इसीलिए चलम के समकालीन समाज ने चलम साहित्य का विरोध किया।

चलम का विचार ही नहीं आरोप भी था कि समाज में प्रचलित परिवार व्यवस्था और उसके प्रयोजनों के लिए स्त्री की अस्मिता को समाप्त किया गया। इसीलिए परिवार व्यवस्था में स्त्री पुरुषों के संबंधों में मूल्यों का कोई स्थान नहीं रह गया। मूल्यहीन व्यवस्था और एक तरह से ऐसी व्यवस्था जिसमें पुरुष के लिए अलग मूल्य और स्त्री के लिए अलग मूल्य, चलम ने स्वीकार नहीं किया। अपने साहित्य में इसकी चर्चा अनेक कोणों से करना शुरू किया और मूल्य रहित परिवार व्यवस्था का तिरस्कार किया। साहित्य के क्षेत्र में इस कार्य के कारण अनेकों से दुश्मनी मोल लेनी पड़ी। फिर भी जिन मूल्यों का विश्वास किया उन मूल्यों से युक्त स्त्री पुरुष संबंधों के लिए और ऐसी कुटुंब व्यवस्था के लिए 1920 से 1950 निरंतर साहित्य सृजन किया। तूफान बनकर समाज को झकझोर दिया। परंपरावादी ही नहीं मार्क्सवादी ने भी चलम के साहित्य की समीक्षा में न्याय नहीं किया। तेलुगु की प्रसिद्ध साहित्यकार श्री रंगनायकम् ने चलम साहित्य का गहन अध्ययन किया। उनके अनुसार सामाजिक एवं आर्थिक परिणामों के संदर्भ में चलम के शास्त्रीय ज्ञान की सीमाओं के कारण उनके साहित्य में कुछ गलत विचारों एवं सूचनाओं को पाया जाता है फिरभी पुरुष के संदर्भ में समाज के दुहरे मानदंडों एवं स्त्री स्वेच्छा को आधार बनाकर उन्होंने जिस विस्तृत साहित्य की रचना की, वह निश्चय ही अपने समय से आगे जाकर प्रेरणा दे सकता है। अस्तु, चलम की शताब्दी तक स्त्रीवाद साहित्य ने चलम को अपना पथ प्रदर्शक माना। समीक्षकों ने भी स्वीकार किया कि चलम Feminism के प्रवर्तक हैं।

जंडर (Gender) की चर्चा स्त्रीवाद का प्रमुख अंश है। मानव जाति में स्त्री पुरुष दोनों जन्म लेते हैं। समाज, दोनों के लिए अलग-अलग कर्तव्य, भिन्न नैतिक मूल्य, भिन्न जीवन शैली के द्वारा दोनों के लिए भिन्न-भिन्न संसारों की सृष्टि करता है। स्त्रियों को पुरुषों से भिन्न रूप में, जो पुरुष प्रयोजनों के लिए जीने वाली दशा का क्रमिक विवरण या विश्लेषण 'लिंगविवक्षा' के नाम से जाना जाता है। 1926 में अंग्रेज़ी में उन्होंने एक कर-पत्र को तैयार किया जिसका शीर्षक है 'Man and Woman'. उनके संपूर्ण साहित्य में लिंग विवक्षा के

दो रूप को सूक्ष्म दृष्टि से देखा - 1) सामाजिक संदर्भ, 2) सेक्स। Man and Woman में सामाजिक दृष्टिकोण व्यक्त होता है तो 'स्त्री' रचना के साथ उन्होंने संपूर्ण साहित्य में 'लिंगविवक्षा' को अनेक कोणों से देखा और व्यक्त किया।

चलम ने बड़े तिरस्कार भाव से कहा था कि समाज ने नीति एवं धर्म के नाम पर निर्देश देते हुए स्त्री गुणों की फेहरिस्त में - अधीनता, क्षमा, विनयशीलता, पवित्रता, सेवा एवं आत्मसंयम का निरूपण किया। स्त्री धर्म के नाम पर स्त्री को पूर्ण रूप से पुरुष के अधीन बनाते हुए समाज उससे आशा करता है कि स्त्री परिवार के लिए अपनी सारी इच्छाओं का दमन करें, आशा-आकांक्षाओं को, सुख-संतोष को, शरीर और मस्तिष्क को यहाँ तक कि अपने आत्मसम्मान एवं पवित्रता तक का त्याग करें।

लिंग विवक्षा जिसने स्त्री को व्यक्ति नही रहने दिया, गुलाम बनाकर छोड़ा, उस पर विस्तार से विवेचन करते हुए चलम ने कहा राजनतिक, आर्थिक, सामाजिक व्यवस्था, नैतिक एवं न्याय व्यवस्था तथा कला के क्षेत्र में पुरुष ने अपनी इच्छानुसार स्त्री को कार्य करने के लिए उपयुक्त प्रणाली का निर्माण किया। उनका यह भी मानना था कि स्त्री की आर्थिक आवश्यकताओं को पूरा करते हुए, सामाजिक रूप से अपने अनुशासन में रखते हुए, स्त्री के नैतिक व्यवहार का भी पुरुष ही निर्देश देता है और पुरुष अपनी इच्छा से स्त्री के लिए जो आवश्यक मानता है उन्हीं को उसके लिए समुपार्जित करता है। चलम ने स्पष्ट रूप से माना कि पुरुष स्त्री को अपनी इच्छानुसार ही संचालन करता है। चलम ने सामाजिक व्यवस्था के स्वभाव पर प्रश्न चिह्न लगाते हुए जानना चाहा था कि समाज में स्त्री के लिए अलग न्याय और पुरुष के लिए अलग क्यों हैं? उन्होंने अनुभव किया कि कानून भी पुरुषों के लिए पुरुषों के द्वारा बनाया गया है। Man and Woman में उन्होंने चिंता व्यक्त की कि स्त्री को पराधीन बनाकर, अपने भरण-पोषण के लिए दूसरों पर निर्भर कर, उसके स्वभाव गत सहज विकास एवं बुद्धिमत्ता को नाश करने के साथ-साथ उसके आत्म सम्मान की भावना एवं स्वेच्छा की आकांक्षा को भी समूल नाश किया था। प्रेम और जन्म-जन्म का संबंध आदि का वास्ता देकर मीठी बातों से पत्नी की इच्छाओं, विचारों से लेकर पढ़नेवाली पुस्तकों, दोस्तों का चयन, व्यवसाय चुनाव आदि सभी अहम मुद्दों पर पति का नियंत्रण रहता है। इस प्रकार धीरे-धीरे व्यक्तित्व एवं आत्मा को ध्वस्त करते हुए पत्नी को पूरी तरह अपनी छाया या अपने आंगन की तूती बनाने वाला पति रूपी पुरुष चलम की दृष्टि में हत्यारे से कम नहीं है।

चलम की धारणा है कि आर्थिक रूप से स्वतंत्र स्त्री जब सशक्त व्यक्तित्व संपन्न होगी तब ही अपने सहज विकास के लिए अवरोध बने माता-पिता, पति या संतान का सामना कर

स्वतंत्र व्यक्ति के रूप में स्थिर रह सकती है। चलम का स्त्री के प्रति अन्याय का विद्रोह उनके लेखन में पग-पग पर व्यक्त होता है। उनके द्वारा व्यक्त यह विद्रोही वक्तव्य दर्शनीय है- "स्त्री की अधीनता एवं पुरुष के अनुशासन के अभाव में परिवार (कुटुंब) टिक नहीं सकता तो परिवार या कुटुंब का नहीं रहना ही ठीक है- "उनका विचार है कि किसी प्रकार का नियंत्रण न हो, स्त्री-पुरुष के लिए समान रूप से उत्तरदायित्व एवं स्वातंत्र्य हो, तब ही विवाह व्यवस्था को आगे बढ़ना चाहिए नहीं तो उसका तिरस्कार करना चाहिए।[83] 1926 के दर्मियान ही चलम ने स्त्री के लिए सपना देखा था कि अपनी इच्छा से ज्ञान प्राप्त करें, जीवन साथी को स्वयं चुने और अपनी जिम्मेदारी स्वयं लेने योग्य बने और इस प्रकार स्त्री समुदाय सशक्त बनें।

स्त्री की समस्याओं को स्त्री की दृष्टि से समझते हुए चलम ने माना कि स्त्री के जीवन के विकास के अवरोध अगर विवाह के कारण उत्पन्न होता है तो विवाह व्यवस्था को अस्वीकार करना चाहिए। इस विचार के पीछे समाज में व्याप्त स्त्री-पुरुष के दाम्पत्य-जीवन के कटु संबंधों को अनुभव करना माना जा सकता है। अन्यथा चल की भी तीव्र इच्छा रही कि विवाह के बाद स्त्री पुरुष एक दूसरे के प्रति प्रेम एवं आकर्षण के साथ स्थिर जीवन बितायें। अगर ऐसा नहीं होता तो पितृ सत्तात्मक समाज का धिक्कार करते हुए उन्होंने माना स्त्री को उस यातनामय जीवन से बाहर आना चाहिए। चलम के विचारों की अस्पष्टता ने विश्लेषण के अभाव के कारण तत्कालीन समाज ने सोचा कि चलम का साहित्य स्त्री को विवाह के विरोध में भड़काता है। व्यक्ति के रूप में स्त्री को भी पुरुष के समान संपूर्ण स्वेच्छा की आकांक्षा उन्हें स्त्रीवादियों के समीप लाता है। संतानोत्पत्ति के संदर्भ में स्त्री के निर्णय के पक्ष धर होने के कारण स्त्रीवादियों के विचार के समीप है। इस प्रकार करीब 70-75 साल पहले ही 'स्त्री' को केंद्र में रखकर स्त्री जीवन की संवेदनाओं के विचारों को अभिव्यक्त कर क्रांतिकारी रचनाकार के रूप में प्रसिद्ध चलम ने स्त्री जीवन के वैचारिक, सामाजिक, आर्थिक, मानसिक सभी पक्षों को उजागर किया। चलम साहित्य में स्त्री पात्रों ने अपने प्रति हुए अन्याय के लिए समाज को कटघरे में खड़ा किया और उन प्रश्नों को उत्तर देना आज के समाज के लिए भी मुश्किल है।

[83] चलम, स्त्री (1982 सं) पृ.48

# 13. स्त्री-विमर्श - चलम के मौलिक विचार

श्री चलम अपने समाज में क्रांतिकारी लेखक हैं। चलम की रचनाओं ने समाज को झिंझोड़ने के साथ उसकी व्यवस्था की चूले ढीली होने का डर भी पैदा किया। चलम के लिए जिंदगी और साहित्य में अंतर नहीं था। उन्होंने जीवन जो देखा-जिया- भोगा उसे ही रचना का रूप दिया। उनकी जिंदगी ने ही उन्हें रचनाकार बनाया। लिखने के लिए मजबूर किया।

बचपन से ही उनकी जिंदगी को प्रभावित करनेवाली स्त्रियाँ ही रही जो जीवन की विविध दशाओं में उनके संपर्क में आयी। 1925 में ही उन्होंने 'स्त्री' शीर्षक पुस्तक की रचना की जिसने तेलुगु समाज में तहलका मचा दिया। इस पुस्तक को स्त्री-समाज को समर्पित करते हुए उन्होंने लिखा- "एक क्षण मुझे चैन से बैठने नहीं दिया जिसने निरंतर अपने प्रणय-मलय पवन की गति के प्रवेग से या गहन विरह व्यथा के भार से मेरी साँसें अवरुद्ध कर झकझोर कर मेरे जीवन को पालने वाले उस स्त्री-लोक को यह (पुस्तक) अर्पित है।"

चलम की भाषा-शैली का अपना एक विशिष्ट स्थान है। किंतु उनकी शैली के प्रशंसकों से उन्होंने निवेदन किया- "मैं शैली के बारे में बिलकुल नहीं जानता। जब मेरे जीवन में स्त्री की समस्या ने आकर मेरे हृदय के रक्त को उबाल दिया, स्त्री की समस्याओं को जानकर उसको यातनाएँ देने वाले समाज के लिए मैं आग उगालने लगा तब तक मैं नहीं जानता था कि मैं लिख सकता हूँ। मैं यह कैसे समझाऊँ कि अब भी उस विषय (स्त्री-समस्या) को छोड़कर मुझे और कुछ लिखना नहीं आता।"

'भार्या' 1924 की कहानी है। यह कहानी विलक्षण है। तत्कालीन कहानी साहित्य में नया मोड़ लाने वाली प्रतिनिधि कहानी के रूप में चर्चित है। चलम का यह विचार है कि

पति-पत्नी में आपसी प्रेम-भावना के साथ दाम्पत्य जीवन का निर्वाह होना चाहिए। पुरुषाहंकार से या विवाह से प्राप्त अधिकार के साथ पत्नी को भोगना व्यभिचार के समान ही है। पत्नी की भावना को न जानते हुए, उस के मन में आकर्षण के अभाव में, जानवर के समान उसके साथ व्यवहार किया जाता है तो आनंदानुभूति के अभाव में वह औरत विवाह-व्यवस्था में अपने आप को ढालने में असमर्थ होती है। इसके परिणामस्वरूप वह स्त्री किस प्रकार आत्महत्या करने को मजबूर होती है इस कहानी में चित्रित किया गया है।

आपका पूरा नाम है - श्री गुडिपाटि वेंकट चलम्। आपने कहानियाँ - 62, उपन्यास-8, नाटक एवं एकांकी - 27, 'स्त्री' एवं 'चलम् म्यूजिंग्स' जैसे वैचारिक रचनाओं के साथ तेलुगु साहित्य समाज में स्त्री की विभिन्न समस्याओं के चित्रण के साथ आपके अपने क्रांतिकारी विचारों को बेहिचक व्यक्त कर तत्कालीन समाज को चौंका दिया। परिणामस्वरूप समाज ने इन से जैसी दुश्मनी निभाई, शायद ही किसी रचनाकार के साथ निभाई होगी। ऐसे सशक्त, निर्भीक एवं स्त्री पक्षपाती रचनाकार की यह प्रमुख कहानी है- 'भार्या'।

**बीसवीं शताब्दी का पहला चरण और स्त्री विमर्शः स्त्री के प्रति चलम के मौलिक विचार**
('स्त्री' और 'मौन अंड वुमन' के संदर्भ में)

बीसवीं शताब्दी के प्रथम एवं दूसरे चरण में तत्कीन सामाजिक जीवन को चलम ने करीब से देखा था। समाज मं प्रचलित बाल विवाहों के दुष्परिणामों को अपने परिवर एवं आस-पास के वातावरण में स्वयं अनुभव किया। उस समाज में अनमेल विवाह ओर लड़कियों को बारह-तेरह वर्ष के वय में ही जबर्दस्ती दाम्पत्य जीवन के लिए विवश करना आम बात थी। इस प्रकार की परिस्थितियों से अपनी बहनों तक जूझते हुए उन्होंने देखा। अपने माता-पिता से इनका विरोध भी किया। अपने जीवन में भी जिनको चाहा उससे विवाह नहीं कर सका। माता-पिता के इच्छानुसार ही विवाह किया। उन्होंने विश्वास किया कि स्त्रियों की दशा शिक्षा के द्वारा ही सुधर सकती है। पत्नी को और अपनी भाभी को शिक्षित कर उनके व्यक्तित्व विकास में योगदान दिया। चलम को अपनी संतान से ममता ही नहीं थी, अपितु उनकी स्वेच्छा और स्वतंत्रता का भी ध्यान दिया। उनकी दृढ़ धारणा थी कि स्त्रियों को भी अपनी इच्छा और आकांक्षा के अनुरूप जीवन-यापन का अधिकार मिलना चाहिए। उन्होंने अपने परिवार की स्त्रियों के साथ इस प्रकार का आचरण करके दिखाया। चलम के व्यक्तित्व में सुधारवादी विचारधारा का प्रभाव देख सकते हैं। उनके अनुसार साहित्य और जीवन का परस्पर संबंध अनिवार्य है। 'Practice what you preach' इनका सिद्धांत था।

इस प्रकार प्रतिबद्ध रचनाकार के रूप में तेलुगु साहित्य में शायद भारतीय साहित्य में उनका अपना विशिष्ट स्थान है।

चलम का जीवन एवं साहित्य का लक्ष्य था - समाज द्वारा शोषित स्त्री का उद्धार। 1921 में 'शशिरेखा' के सृजन में उनका स्त्री पुरुष संबंधों में तारतम्य का विचार मन्थन परिलक्षित होता है। चलम ने 1924 में एक सभा में Man & Woman (excluding aspect of love) नामक लेख प्रस्तुत किया। 1926 में यह एक Booklet के रूप में प्रकाशित हुआ, जिसका व्यापक प्रचार-प्रसार हुआ। 1925 में चलम ने 'स्त्री' की रचना की। इस रचना में व्यक्त विचारों के कारण चलम 'विद्रोही' रचनाकार के रूप में प्रसिद्ध हुए और इसकी प्रतियाँ अधिक संख्या में खरीदी गयीं। इनके अतिरिक्त 'आनंद', 'विषाद' (दुख) आदि की रचना की। इनमें अनेक लेख थे जो अपने वैचारिक विद्रोह के स्वभाव के कारण प्रचलित हैं। उपर्युक्त रचनाएँ एक तरह से चलम के सृजनात्मक साहित्य के लिए प्रणाली (Manifesto) तैयार कर रहे थे। Russel के Marriage and Morals (1929) से पहले ही चलम ने 'स्त्री' (1925) लिखी थी जिसमें विवाह, स्त्री पुरुष संबंध और स्त्री संबंधी अनेक समस्याओं का सुविचारित एवं तार्किक विश्लेषण हुआ।

चलम ने अपनी संवेदनाओं की अभिव्यक्ति के लिए साहित्य की रचना की और अपने जीवन की यात्रा में जो व्यक्ति मिले उनके व्यक्तित्व को प्रतीकात्मक नामों के द्वारा 'प्रेम-पत्र' नामक पुस्तक में विश्लेषण करने का प्रयत्न किया। अपनी साहित्य चेतना की वैचारिक भूमिका के रूप में 'म्यूजिंग्स' शीर्षक से विलक्षण रचना की। इस प्रकार की रचना-प्रक्रिया चलम से पूर्व तेलुगु साहित्य में नहीं थी और आज भी तेलुगु साहित्य में अनुपम माना जाता है।

'Man and Woman' स्त्री विमर्श का पहला दस्तावेज है। उसमें समाज और पुरुष द्वारा स्त्री के शोषण की यथार्थ गाथा है। चलम ने अनुभव किया कि शताब्दियों से समाज ने स्त्री को व्यक्ति के रूप में पहचानने से इनकार किया। उसकी आकाँक्षाओं को एवं अधिकारों को अहमियत नहीं दी। पुरुषाहंकार एवं स्त्री की अधीनता आदि स्त्री पुरुष संबंधों की सहजता को प्रभावित किया। पुरुष का धर्म, यश, कानून, अज्ञान, मूर्खता, अहंकार आदि अवरोधों के कारण पुरुष अपने पुरुषाहंकार एवं स्वार्थ को त्याग कर उदारता के साथ स्त्री को भी व्यक्ति के रूप में पहचानने में असमर्थ रहा। इस लेख में चलम ने बताया है कि इस प्रकार के अज्ञान को दूर करने के लिए कुछ ही पुरुष प्रयत्न कर रहे हैं। स्त्री को सभी अधिकारों से समाज ने वंचित किया। अपने से पहले अपने पति एवं संतान की देख-रेख का भार स्वीकार करने की

स्थितियों को भी समाज ने ही ईजाद किया। सब कुछ पति का ही है। वह स्वयं और उसकी संतान भी पति की जायदाद का ही हिस्सा है। सामाजिक धर्म एवं धर्म के अनुसार भी सेवा भाव, क्षमा, त्याग, पवित्रता एवं पातिव्रत धर्म जैसे सभी 'स्त्री- धर्म' के अंतर्गत माने गये थे। शिक्षा का अधिकार नहीं दिया गया है। प्रश्न करने का अधिकार नहीं है। आलोचना करने का अधिकार नहीं है। उसका शरीर, मन और आत्मा उसके नहीं हैं। ये सब अपने पति को चुनने का अधिकार नहीं है, और कम से कम इतना अधिकार भी नहीं है कि वह अपने लिए कोई वस्तु या कोई जेवर भी चुन सके, पसंद कर सके। पुरुष सत्ता को जीवित रखने के लिए उसको जायदाद का हक भी नहीं दिया गया। वह प्रश्न करने लायक बन जाएगी इसलिए उसे पढ़ने नहीं दिया गया। वह चुनौती देने लायक हो जाएगी इसलिए शारीरिक श्रम नहीं करने दिया। उसके आचरण पर उंगली उठाएगी इसलिए नीति शास्त्र से उसे अवगत नहीं कराया गया। यह सब करने के बाद पुरुष ने घोषणा की कि वही शक्तिशाली है। आज भी ऐसे लोग हैं जो यह कहते हैं कि स्त्री अबला है, समाज के उत्पादन कार्य में पुरुष के समान काम नहीं कर सकती और इसलिए रसोई, शयन कक्ष एवं शिशु पोषण तक ही उसके कार्य को सीमित करना है। पुरुष ने सोचा कि बच्चों को जन्म देना आदि प्राकृतिक धर्मों के निर्वाह के कारण स्त्री शरीर से कमजोर हो जाने के कारण समाज में उत्तरदायित्वपूर्ण कार्यों का निर्वाह नहीं कर सकती। कवियों ने उसके सौंदर्य का वर्णन किया। गायकों ने उसका गुणगान किया। उसके शरीर की अनुपम सुंदरता का भजन किया और यशोगान किया, किंतु वे यह भूल गये कि वह चलती है, बोलती है, सोचती है, सांस लेती है और उसकी अपनी इच्छाएँ हैं और उसका अपना व्यक्तित्व है। पुरुष ने रसास्वादन के लिए किसी फूल को जैसे अपने शयन कक्ष में सजाया है उसे सजाया है मगर उसको व्यक्ति के रूप में सम्मान नहीं दिया। वह मेहनत करेगी तो थक जाएगी, इसलिए उसके लिए पुरुष ने श्रम किया। वह सोचने लगेगी तो वह शुष्क हो जाएगी इसलिए उसने स्वयं सोचना आरंभ किया। वह समाज में संचरणशील रहेगी तो उसकी पवित्रता को ठेस लगेगी इसलिए उसको समाज से दूर रखकर घर में ही कैद कर रखा। इस निबंध में श्री चलम ने बताया कि इस प्रकार पुरुष स्त्री पर शासन करनेवाला अधिनायक बन गया।[84]

[84] In Politics man votes for her, in economics man maintains her, in society man rules over her, in ethics man dictates to her, in law he possess her, and in the arts and sciences man achieves for her-Chalam-man and woman-(1926) तेलुगु - वेलुगुः चलम- पुराणं सुब्रह्मण्य शर्मा- पृ. 180

पुरुष दूसरों की पत्नी और संतान से प्रभावित होकर कविता करने लगता है और साहित्य में वर्णित श्रृंगार आदि भावनाओं में बह जाता है। अपनी पत्नी में सौंदर्य देखना, अपनी पत्नी के सौंदर्य की प्रशंसा करना पुरुष के लिए व्यर्थ लगता है। पर स्त्री में सौंदर्य ढूँढ़ना, उसकी रसग्राह्यता का प्रमाण बन गया है। चलम ने इस निबंध में बताया है कि विवाह व्यवस्था में किस प्रकार स्त्री के प्रति पुरुष की दृष्टि तुच्छ बन गयी है। स्वच्छंतावादी और अशरीरी प्रेमवादियों ने उसको देवी का दर्जा दिया तो भी उसका पिता, उसका पति एवं पुत्र- तीनों ने उसको कुछ नहीं जाननेवाली अबोध ही समझा है। छः साल का छोटा बच्चा भी वह स्वयं पुरुष होने के कारण जाने-अनजाने स्वयं का ही माँ से ज्यादा बड़ा मानता है। वह बच्चा भी जान जाता है कि उसकी सेवा करने के अलावा उसकी माँ को और कोई चारा नहीं है और उसको और कोई आश्रय नहीं, जायदाद नहीं है और स्वेच्छा भी नहीं है। नौकर- यजमान के पास अगर काम करना नहीं चाहता तो काम छोड़कर स्वेच्छा से चला जाता है। वीरों की जननी भारत की स्त्री, उसकी इच्छा नहीं है तो भी पति को छोड़कर जा नहीं सकती। पति घर से निकाल देता तब भी जाने की हालत में नहीं है। क्रांत दर्शी, ऋषि एवं चिंतकों को जन्म देनेवाली माँ को यह स्वेच्छा नहीं कि वह निर्णय करे कि संतान को जन्म दे या जन्म न दे। यह स्त्री संतान को जन्म देकर, पालन-पोषण के ज्ञान के अभाव में कभी ऐसी भी होता है कि उन बच्चो के भविष्य को खराब कर रही है। शिशु पोषण के विषय पर चलम ने एक पुस्तक की भी रचना की। संतान के द्वेष के बावजूद मातृत्व के कारण वह संतान को प्रेम ही करती रही है। सभ्य देशों ने स्त्री के शरीर एवं आत्मा पर पुरुषों के आधिपत्य के भाव के अंतर्गत छिपी तुच्छ अहंकार को पहचाना नहीं। कानून ने भी स्त्री को जायदाद से वंचित किया। अब स्त्री को जायदाद पर कानूनी हक तो हासिल हो गया है फिर भी व्यवहार में आज तक यह अधिकार नहीं के बराबर है। वर्ग समाज एवं व्यवस्था के कानून प्राय: उच्च वर्ग के पुरुषों के लिए अनुकूल बनते।

समाज के निम्न, मध्य एवं उच्च वर्ग के स्त्रियों में उच्च वर्ग के स्त्रियों को पुरुष गुड़ियों की तरह रक्षा करते। मध्य वर्ग की स्त्री तो घर में गुलामों के जैसे घर का काम करती है। इस वर्ग की स्त्रियाँ नहीं कमाती। निम्न वर्ग की स्त्रियाँ कमाती हैं तो भी उनकी कमायी पर उनका अधिकार नहीं रहता है, पतियों के अधीन रहता। चलम के विचार में निम्न वर्ग की स्त्रियों को छोड़कर, जनसंख्या की आधी आबादी को उत्पादन क्षेत्र से दूर रखना देश की आर्थिक स्थिति के लिए उपयुक्त नहीं है (Man and Woman), स्त्री का जीवन रसोईघर में ही बीतना नहीं चाहिए। उनके सुझाव के अनुसार सामाजिक रसोईघरों के इंतजाम करने से स्त्रियों का

काम कम ही नहीं होता, वरन् उनकी प्रतिभा के अनुसार सामाजिक क्षेत्र में भी काम करने का अवसर मिलता है। इस प्रकार के इंतजाम Socialist राष्ट्रों में है। 1924 में ही इस प्रकार का सुझाव देकर तेलुगु प्रदेश के लोगों को इस ढंग से सोचने के लिए प्रेरणा देना उनकी सूझ-बूझ और दूर दृष्टि का परिचय देता है। उनका विचार है स्त्री ने माँ का कर्तव्य निभाने के लिए ही जन्म नहीं लिया। नर्स, डॉक्टर, वकील जैसे विभिन्न सामाजिक व्यवसायों में काम करने का सामर्थ्य रखती है। सामाजिक केंद्रों के निर्वाह के लिए चलम ने अनेक सुझाव दिये। चलम को दुख था कि समाज में अत्यन्त प्रतिभाशाली स्त्रियाँ भी आगे नहीं बढ़ रही हैं, वे भी रसोईघर तक ही सिमट कर रहने के लिए मजबूर है। चलम ने स्त्री के पति की आमदनी पर आश्रित होने की स्थिति की आलोचना की। उन्होंने स्त्री को निरंतर पराधीन, पराश्रित, परावलंबी बननेवाली, उसके अधिकारों से वंचित करनेवाली विवाह-व्यवस्था को चुनौती दी है। उन्होंने सोचा कि विवाह के बंधन में रहकर शोषण, हिंसा, आर्थिक पराधीनता आदि स्त्री व्यक्तित्व को कुचलनेवाली स्थितियों में रहते हुए पति की मार पीट एवं पुरुषाहंकार सहते हुए भी अपने-आप को सुरक्षित होने के भ्रम को पालना स्त्री के लिए श्रेयस्कर नहीं है। उस बंधन को तोड़कर स्त्री को मुक्त होना चाहिए। किंतु समाज ने उन पर आरोप लगाते हुए निंदा की कि चलम ने विवाह को तोड़कर स्त्री को स्वेच्छा के साथ मुक्त जीवन जीने को प्रेरित किया। सत्य तो यह है कि चलम ने दोष पूरित विवाह व्यवस्था का तिरस्कार किया और दोष रहित विवाह - व्यवस्था की कामना की।[85] उनकी मान्यता है कि मानवता की दृष्टि से, परस्पर समझ एवं सद्भाव से एक होकर जीनेवाले जीवन क्रम का नाम ही विवाह है। उनकी दृष्टि में वह कतई विवाह नहीं कहला सकता जहाँ स्त्री भोग की वस्तु के रूप में देखी जाती हो और पुरुषाहंकार को बढ़ावा मिलती हो। चलम के विचारानुसार विवाह व्यवस्था इतनी तुच्छ हो गयी कि हत्यारा शरीर की ही हत्या करता है, किंतु पति पत्नी की आत्मा को भी खा जाता है। यह अपराध धर्म, श्रृंगार, प्रेम, परस्पर आत्मा के बंधन जैसे अमूल्य भावों की आड़ में होता है।[86]

---

[85] मेरी तीव्र इच्छा है कि विवाह में व्याप्त अन्याय एवं अत्याचार समाप्त हो ... यह अन्याय दूर हो तो यह विवाह इतना भी बुरी नहीं कि डर कर मर जाय। चलम- म्यूजिंग्स- पृ. 33

[86] A murderer kills the body but the husband eats the soul. And their crime is committed under the religious, romantic, sweet names of harmones, love, oneness of soul. -Chalam, तेलुगु- वेलुगुः चलम पुराणं सुब्रह्मण्य शर्मा - पृ. 187

स्त्री की अशिक्षा एवं अज्ञान के कारण पति की नज़र में अहमियत नहीं रहती, ऐसी पत्नी को पति भी प्रेम करने में नाकामयाब रहता है। हालत यह हो जाती है कि पति उसके प्रति प्रेमी जैसा व्यवहार न कर एक पुलिस, खुफिया अफसर, कचहरी के जज और यहाँ तक उसके लिए यमराज जैसा तैयार होता है। चलम का विचार है कि स्त्री-पुरुष पति-पत्नी जैसा न होकर दोस्तों के जैसा दाम्पत्य जीवन का निर्वाह करना ठीक रहता है। क्योंकि व्यवस्था ने पत्नीत्व को दासत्व का दर्जा ही दिया है। चलम की तीव्र इच्छा थी कि स्त्री को जायदाद में हक मिले और व्यवस्था और संतान पर भी हक मिले। आज के करीब 80-85 साल पहले ही स्त्री के प्रति किसी पुरुष के इतने उदार विचार थे - विश्वास ही नहीं होता।

चलम के अनुसार समाज को पुरुष के समान स्त्री को भी स्वेच्छा देनी चाहिए। पति स्वेच्छा देनेवाला या लेनेवाला नहीं होना चाहिए। स्वेच्छा के कारण पुरुष का भी पतन नहीं होता है। उसी प्रकार स्त्री का भी स्वेच्छा के कारण कभी पतन नहीं हो सकता है और व्यक्तित्व में निखार आ सकता है। स्वेच्छा के कारण उसका पतन होने की कल्पना कर उसे घर में बांधकर रखना निश्चित रूप से उसके लिए बुरा ही होगा, अच्छा कभी नहीं होगा।

स्त्री के लिए आर्थिक स्वतंत्रता महत्वपूर्ण है। अपनी समस्याओं का समाधान वह स्वयं कर सकती है। इतना निश्चित है कि कोई समाज सुधार, स्त्री की दशा में सुधार नहीं ला सकता। जब तक ये सुधार-संबंधी कानून स्त्री को शिक्षा एवं आर्थिक स्वतंत्रता नहीं देते तब तक इन से स्त्री को कोई लाभ नहीं हो सकता। चलम स्त्रियों के लिए अलग शिक्षा प्रणाली के पक्ष में भी नहीं हैं।[87]

'Man and Woman' निबंध में अपनी विचारधारा को इस प्रकार व्यक्त किया- स्त्री को स्वयं जीने दीजिए। उसके रास्ते में पिता, पति और गृहस्वामी बनकर अड़चन मत डालिए। उसकी अपनी इच्छा के अनुसार वह जो बनना चाहती है बनने दीजिए। उसका गंतव्य, लक्ष्य उसके सपनों को आप निर्देश न दीजिए। उसको स्वयं जानने दीजिए। उसके शरीर पर, मन पर, उसकी पसंद-नापसंद पर, उसके अपने व्यक्तित्व पर संपूर्ण स्वेच्छा को उसे अनुभव करने दीजिए। उसके प्रेम पर आप शासन मत कीजिए। व्यभिचारिणी बनती या घरेलू स्त्री बनती -

[87] The man attempted betterment of her position with education schemes and social reforms and marriage acts, is half-hearted and subconsciously treacherous, girls schools with girls special curricula are stupefying girl's brains, and marriage bills are multiplying slaves. Man can do little for her, except indirectly by removing himself from her path, and disowning all responsible control over her. -Chalam

उसकी इच्छा पर छोड़ दीजिए। गुलाम की गुलाम बनकर, पीढ़ियों से चली आ रही उसकी गुलामी से उसकी मुक्ति को उसे स्वयं पाने दीजिए।[88]

चलम का यह संदेश अपनी पूरी उदारता के साथ अत्यन्त जटिल है। स्वेच्छा के बारे में लिखते हुए उनका यह विचार स्पष्ट होता है कि समाज का आधा समुदाय पूरी स्वेच्छा को भोग रहा है। आधा समुदाय जो स्त्री समुदाय है उसकी स्वेच्छा पर ही मीमांसा क्यों ? स्वेच्छा से पतन होता है तो दोनों का होता है। पतनशील स्वेच्छा के साथ भी आधा पुरुष समुदाय वैभव मंडित जीवन जी रहा है तो स्त्री समुदाय क्यों गुलामी का जीवन जिये। स्वेच्छा के जो खतरे हैं वे दोनों के लिए समान हैं। स्वेच्छा व्यक्तित्व विकास के लिए दोनों समुदायों के लिए आवश्यक है। स्वेच्छा के उन खतरों के डर से स्त्री को घर में बांधकर रखने से समाज का विकास नहीं होगा। चलम की धारणा हे कि स्त्री और पुरुष दोनों समान हैं और स्त्री को महान या तुच्छ मानने की जरूरत नहीं है, समान दृष्टि से ही देखे। स्त्री-पुरुष विवाह से संबंधित व्यवस्था जितने भी विषय हैं उन सभी पर समीक्षा और और संशोधन हो। चलम के विचार में स्त्री विवाहिता हो या अविवाहिता - उसके लिए आर्थिक स्वावलंबन आवश्यक है। पुरुषों को चाहिए कि वे स्त्रियों के प्रति अपने अधिकारों या उत्तरदायित्वों की कल्पना कर उन पर हक जताने के अपने स्वभाव को छोड़ कर स्त्रियों को अपने इच्छानुसार रहने के लिए छोड़ दें, उसके परिणाम जो भी हों।

चलम की आकांक्षा थी कि विवाह व्यवसथा गंभीर संशोधनों के साथ सुव्यवस्थित हो। उन्होंने जिस व्यवस्था की कल्पना की वह पुरुष सत्ता या धन सत्ता से दूर होगी और वह सपना स्त्री पुरुषों के परिवर्तित संस्कारों एवं परिश्रम से ही साकार हो सकती है। चलम का दृढ़ विश्वास था किसी भी व्यवस्था में समस्याओं को नजरंदाज न करते हुए, समाधान खोजकर मानवता के सरोकार के साथ आगे बढ़े। व्यक्ति को निर्णय लेते समय समाज से न डर कर समझदारी के साथ सामाजिक परंपराओं में संशोधन लाने की कोशिश करनी चाहिए। चलम की धारणा थी कि जब तक पुरुष एवं समाज का स्त्री के प्रति दृष्टिकोण नहीं बदलता तब तक कोई बड़ा परिवर्तन नहीं होता। 'स्त्री' रचना की भूमिका में उन्होंने पुरुष को प्रत्यक्ष रूप से एवं परोक्ष रूप से चेतावनी दी है - स्त्री को भी शरीर है- उसको व्यायाम देना है : उसको बुद्धि है उसे ज्ञान देना है; उसके पास हृदय है-उसे अनुभव देना है। इस तरह चलम ने स्त्री को संपूर्ण मनुष्य के रूप में देखा था। उनका विचार था सब से ज्यादा, शिक्षा से भी ज्यादा

[88] तेलुगु- वेलुगुः चलम-पुराणं सुब्रह्मण्य शर्मा - पृ. 190-191

महत्वपूर्ण है - स्त्री का स्वतंत्र धनार्जन। लोगों को या किसी देश को दबाकर रखने के लिए महत्वपूर्ण बात है-आर्थिक पराधीनता। स्त्री की गुलामी का सबसे बड़ा कारण यही हैं- "आर्थिक स्वावलंबन को चलम ने स्त्री व्यक्तित्व का महत्वपूर्ण तत्व माना है। उनकी दृष्टि में उस शिक्षा का कोई महत्व नहीं है जो स्त्री को आर्थिक स्वावलंबन नहीं दे सकता। स्त्री पुरुष दाम्पत्य जीवन के प्रति चलम का अपना विशिष्ट चिंतन है- "स्त्री पुरुष सच्चे अर्थों में मित्र एवं दम्पती होना है तो दोनों को संपूर्ण स्वेच्छा होनी चाहिए। आपस में प्रेम का बंधन ही होना चाहिए अधिकार का बंधन नहीं" चलम पत्नी के प्रति पुरुष की अधिकार की भावना के खिलाफ थे।

Man and Woman में चलम ने स्त्रियों की सामाजिक समस्याओं का विस्तार से चर्चा करते हुए अपनी सूक्ष्म दृष्टि का परिचय दिया। 'स्त्री' रचना में स्त्री पुरुष संबंधों की विशेष चर्चा की। उन्होंने माना कि विवाह को प्रेम पर आधारित होना चाहिए। किंतु समाज में विवाह काम भावना को पूरा करने के लिए व्यवस्थित एक संस्था के रूप में काम कर रहा है। विवाह व्यवस्था में स्त्री की इच्छा अनिच्छा का कोई महत्व नहीं रहता। पति का उनके शरीर और मन को अपने अधीन कर पत्नी को अपनी संपत्ति मानने की दुरवस्था के प्रति चलम ने विद्रोह किया। उन्होंने अपने कथा साहित्य में इस प्रकार के दाम्पत्य संबंधों के निर्वाह में थकी हारी स्त्रियों का चित्रण किया। जो लड़की इस व्यवस्था से विद्रोह करती उसकी दशा का चित्रण 'स्त्री' में इस प्रकार करते हैं-पति के अधीन होकर हिंसा को सहन करने की शक्ति के अभाव के कारण, देह को उनके अधीन देने से विवश होकर, असहनीय स्थिति में, कुछ नवविवाहित लड़कियाँ घर छोड़कर अनेक प्रकार कष्ट झेलकर माता-पिता के पास जाती तो वे भी अगर स्वीकार न करते तो, फिर से उसी पति के पास वापस लौटने के अलावा कोई चारा नहीं रहता, और तब लड़की की दशा और दुगुनी दुखमय होगी। अगर वह पति के पास वापस नहीं जाती तो समाज उसका बहिष्कार करेगा। कईबार विवशता के कारण आत्महत्याए करने के लिए मजबूर हो जाती है।[89] कुछ ऐसी स्त्रियाँ भी हैं जो पति के शोषण से तंग आकर भी उसको छोड़कर समाज में अकेले जीने की शक्ति नहीं रखती है। अपने मन के अनुकूल पुरुष के साथ प्रेम संबंध रखती है जिससे पति अनभिज्ञ रहता है। इसको समाज व्यभिचार कहता है। समाज की परिस्थितियों के प्रोत्साहन के कारण ही इस प्रकार की स्थितियाँ पैदा होती हैं। क्योंकि इन प्रकार के संबंधों से समाज की झूठी व्यवस्था में कोई आँच नहीं आता। किंतु

[89] चलम स्त्री (1975) पृ.43

चलम ने इस प्रकार के प्रच्छन्न प्रणय व्यापा को प्रोत्साहन नहीं दिया और उन्होंने सलाह दी कि पति के साथ उसे रहना पसंद नहीं है तो वह उसे छोड़कर चला जाय। एक क्षण की काम वासना की तुष्टि के लिए अपने पवित्र सौंदर्य को जिस किसी के सामने नहीं अर्पित करना चाहिए। पति के साथ अगर दाम्पत्य जीवन सुखमय नहीं है तो उससे अच्छा कोई व्यक्ति मिलता है तो उसे नये प्रिय व्यक्ति के साथ स्थिर संबंध बना लेना चाहिए। इस प्रकार स्त्री के जीवन में सुस्थिरता के लिए एक से ज्यादा संबंधों की जरूरत पड़ सकती है। उसको पाप, अनीति एवं व्यभिचार के रूप में नहीं देखना चाहिए। पुरुष एवं समाज को इस प्रकार के स्त्री के प्रयत्नों को सहानुभूति से देखना चाहिए। इस प्रकार की स्वेच्छा अगर स्त्री को मिलती तो स्त्री अपने पसंद के पुरुष के साथ स्नेह एवं प्रेम के दाम्पत्य जीवन में स्थिरता पा है। इस प्रकार स्वेच्छा के अभाव में ही व्यभिचार बढ़ता है। चलम का विचार है तत्कालीन समाज में प्रेम (मोह) रहित विवाहों के कारण व्यभिचार की संभावना अधिक है। उनके अनुसार व्यभिचार का कारण समाज के नियम हैं, मानव का सहज स्वभाव नहीं है। उनकी दृष्टि में स्वेच्छा से व्यभिचार नहीं बढ़ता जैसा लोग सोचते हैं, किंतु कम होता है। पुरुष को स्त्री की स्वेच्छा को पुनः उसे सिखा देना चाहिए क्योंकि उसकी स्वेच्छा पर अंकुश उसी ने लगाया। पुरुष को यह जान लेना चाहिए कि उसको स्वेच्छा से रहना सिखाना केवल स्त्री के लिए नहीं पुरुष के लिए भी जरूरी है।

चलम के अनुसार सच तो यह है कि समाज को नीति में विश्वास नहीं है। समाज स्त्री-पुरुष के बिना प्रेम के संबंध को अनीति नहीं मानता। स्त्री स्वेच्छा को आदर देते हुए पुरुष को (जेलस) ईर्ष्या से भी ऊपर उठना चाहिए। स्त्री पुरुष का संबंध उन्नत, निर्मल एवं अधिक प्रेमपूर्ण होने तक (जेलसी) ईर्ष्या भाव पर विजय पाना मुश्किल है।

स्त्री की स्वेच्छा की बात करते हुए लगता है कि चलम कहीं - " मोनागमी" को अस्वीकार नहीं कर रहे हैं ? किंतु चलम की धारणा है विवाह की सारी खामियाँ दूर हो होते अंत में एक स्त्री को एक ही पुरुष का आदर्श होना चाहिए और वे पति-पत्नी के रूप में ही हो।

मातृत्व के प्रति चलम के अपने विचार हैं जो स्त्री के पक्ष में जाते हैं। उनका मानना है कि मातृत्व के कारण स्त्री को अद्भुत आनंदानुभूति होती है। प्रकृति स्त्री के द्वारा अपना धर्म निभाती है। अनेक स्त्रियाँ इस अनुभव को नहीं जानती। पति के अभाव के कारण, समाज एवं लोकापवाद के भय के कारण गर्भपात करनेवाली स्त्रियाँ हैं। इस दशा में बच्चे के लालन-पालन के लिए साधनहीन ऐसी माँएँ भी है जिनको संतान बेचना पड़ता। संतानहीनता स्त्री

जीवन में घोर अशांति पैदा करती है। आज की स्त्री को यह समझ में आना चाहिए कि संतान को पालना सब कामों में प्रमुख है। संतान को जन्म देना उसका धर्म है। समाज की स्थितियाँ ऐसी होनी चाहिए कि स्त्री में यह आत्मविश्वास पैदा हो कि संतान उसकी अपनी है। स्त्री को संतान पैदा करने का हक है। चलम ने सुझाया कि जरूरत पड़े तो संतान के लिए वह पुरुष को भी बदल सकती है। चलम ने संतान के कारण स्त्री के स्थान में क्या परिवर्तन होता है? इतना ही नहीं बताया 1925 में ही अपनी पुस्तक 'स्त्री' के द्वारा यह भी बताया कि छोटा परिवार सुखी परिवार होता है उसके लिए गर्भ निरोधक कुछ उपायों को भी सुझाया। चलम के क्रांतिकारी विचारों को कार्यान्वित करना मुश्किल है, फिर भी स्त्री के पक्ष में उनके इन विचारों और स्त्री जाति के प्रति उनका प्रेम, उसकी मुक्ति की आकांक्षा इतनी तीव्र है कि मानना पड़ता है अपने इन्हीं विचारों के कारण अपने समय से वे सदियों आगे थे।

'स्त्री' के तृतीय संस्करण (1945) के संदर्भ में चलम ने समाज से उसकी व्यवस्था से विद्रोह करने के उनके विचार के पीछे अपने लक्ष्य की चर्चा करते हुए लिखा है- " चली आ रही रीति रिवाजों के प्रति विद्रोह करने का सामर्थ्य और आवश्यकता जिन लोगों में रहती है, वे कम ही रह जाते हैं। अपने विद्रोह से स्वयं की या दूसरों की भलाई अगर चाहते हैं तो हम जिस स्वेच्छा की कामना करते हैं, उसे सब के लिए हमें स्वीकार करना चाहिए। अपने लोगों पर अधिकार की भावना को छोड़ देना चाहिए। अपने विद्रोह के कारण उत्पन्न परिणामों को ( कष्टों को) गर्व के साथ सामना करना चाहिए। इन विचारों के प्रचार कारण बताते हुए लिखा है- अपने मौन, अज्ञान और मूर्खता के कारण आँख मूंद लेते हैं दूसरों को जो असहाय एवं कमजोर है उनके प्रति किस प्रकार अन्याय होता है। अगर हम आवाज उठायेंगे तो इससे उनके हृदय में थोड़ा परिवर्तन तो होगा और उनमें नये दृष्टिकोण का विकास होगा। यह विश्वास हे कि लोग धीरे-धीरे नये विचारों के प्रकाश में आँख खोलेंगे।[90]

'स्त्री' स्वेच्छा की वकालत करनेवाले चलम ने 1952 में अपने इस पुस्तक के नये संस्करण की भूमिका में स्त्री स्वेच्छा और उस स्वेच्छा के व्यापक अर्थ की चर्चा की है। स्त्री पुरुष संबंध कितना भी प्रमुख हो संसार की अनेक समस्याओं में वह एक है। कोई भी एक समस्या का पूर्ण रूप से समाधान हो गया तो अन्य समस्याओं का भी समाधान हो गया समझना चाहिए। मैं ऐसा कह रहा हूँ इसलिए इस पुस्तक के किसी भी पंक्ति को बदलने की जरूरत नहीं है। उन सभी बातों को स्त्री को सीखना ही चाहिए। किंतु इस स्वेच्छा की कोशिश

[90] स्त्री-रचनाकाल - 1925 स्केटहोम का पहला संस्करण-74, दूसरा संस्करण- 1982- पृ.12

में यह भूलना नहीं चाहिए कि सुधार कहाँ होगा। मेरी इस पुस्तक में अपने लिए उपयोगी वाक्यों को ही पूर्ण सत्य मानकर चुनने की गलती नहीं करनी चाहिए।[91]

इन दोनों रचनाओं के 25 वर्ष बाद चलम ने तात्विक दृष्टि से इन संबंधों पर विचार किया और लिखा- इस संसार रूपी वृक्ष में मनुष्य एक पत्ता है। यह जानना चाहिए कि पत्ता एक अलग नहीं, उसका जीवन, उसका आनंद, धूप में इठलाने का ह्लाद इन सभी का मूल आधार वह जीव रस है जो वृक्ष के जड़ों से आकर उसको भर जाता है। उस पत्ते की कांति, पुष्टि, तुष्टि अपने लिए सृष्टि के प्रत्येक जीव जंतु के लिए, प्राणि मात्र के साथ बाह्य संबंध से अलग, इन सभी की उत्पत्ति के पीछे के संबंध को जानने के बाद जीवन की सुंदरता, अर्थवत्ता एवं सार्थकता व्यक्त होती है। उपयोगिता एवं स्वार्थ भावना से हटकर, स्नेह को ऊपरी परतों से हटाकर संबंधों की गहनता के साथ समीप आने के बाद सभी को समान रूप से ओर उद्दाम वेग से एकाकार करनेवाली यह सृष्टि की लीला समझने के बाद आँखों के सामने नयी कांति एवं समरसता फैल जाएगी।

सतही तौर पर देखने से सृष्टि प्रत्येक दूसरे से भिन्न प्रतीत होता है। गहराई देख सकने से ऐसी एकता लक्षित होती है जो इनको भिन्न ही नहीं कर सकती। वह एकता ही ईश्वर है। इस सत्य के जितने समीप होते जायेंगे पति का आज्ञा देना भी नहीं होगा, स्त्री का धिक्कार भी नहीं होगा।

इस आलेख में चलम की विचारधारा का मूल रूप ही व्यक्त हआ। इसमें व्याख्या या टीका-टिप्पणी नहीं हुई। कोई भी विचारक या चिंतक अपनी वैचारिकता में सर्वसम्मत तो नहीं होता। कहीं कुछ विचार जटिल, अतिशय बौद्धिक, अतिशय भावुक या अव्यावहारिक लग सकते हैं। चलम के ये पूरे विचार समाज में अत्यन्त विवादास्पद स्त्री-जीवन जो परंपरागत है, विवाह व्यवस्था जो भारतीय जीवन की रीढ़ की हड्डी है, उन पर केंद्रित है।

हर पाठक को रचनाकार के विचारों से सहमत या असहमत होने का पूरा अधिकार है। पाठक के तौर पर मैं भी कहीं-कहीं उन विचारों से असहमत हूँ। किंतु बीसवीं सदी के तीसरे दशक में जब देश को भी मुक्ति नहीं मिली, स्त्री मुक्ति की बात बड़ी गंभीरता से, बड़ी संवेदना के साथ अपने चारों तरफ के समाज से दो-चार होते हुए, समाज की भर्त्सना के बावजूद अपने विचारों को व्यक्त करना, रचनाकार के रूप में अपनी आत्मा की आवाज़ को मानना - आश्चर्य चकित कर देने वाला है। उनके साहित्य का ही नहीं उनका भी समाज से

[91] स्त्री - रचनाकाल - 1925 स्केटहोम का पहला संस्करण-74, दूसरा संस्करण- 1982- पृ.18

बहिष्कार किया, किराये पर मकान नहीं मिलता, ढंग की नौकरी नहीं मिलती तब भी अपने ढंग से जिये, समाज का जो कृत्रिम ढांचा है उसके नग्न रूप को अपने उपन्यासों और कहानियों में बेधड़क दिखाया। आश्चर्य की बात है कि 'स्त्री' या 'मैदानम्' जिन दो रचनाओं को समाज ने एक तरह से बैन (Ban) किया था, उनमें कोई अश्लील प्रसंग नहीं आता है। समाज को झकझोर यथार्थ को प्रस्तुत करने की उनकी वैचारिकता से ही समाज असुरक्षित महसूस करता था। तत्कालीन समाज में चलम साहित्य लड़कियों को पढ़ने नहीं दिया जाता था। तेलुगु के स्त्रीवादी रचनाकारों ने ( 1980 से स्त्रीवादी काव्य) चलम को अपना पुरोधा माना है।

स्त्री को, स्त्री के हृदय को, उसकी समस्याओं को उसकी दृष्टि से देखकर, समाज को कटघरे में खड़ा कर, स्त्री के लिए न्याय माँगने वाला पहला पैरोकार तेलुगु में तो निर्विवाद रूप से चलम ही है। उनके साहित्य की चर्चा के लिए यहाँ स्थान नहीं है। किंतु कोई हिंदी साहित्य का जानकार भी चलम के साहित्य से अवगत होंगे तो यह निश्चित रूप से मान जायेंगे उस काल में उन की तुलना में वहाँ भी कोई नहीं है।

# VI. षष्ठ खंड

# कुछ चुने हुए अनुवाद

## 14. भार्या - श्री गुडिपाटि वेंकट चलम् (कहानी)

**रचनाकाल 1924**

रुक्मिणी और मेरी बचपन से ही दोस्ती रही। एक स्कूल में हम दोनों ने पढ़ाई की। हम दोनों के घर पास-पास थे। हम लड़कियों में रुक्मिणी सबसे ज्यादा शरारती थी। रुक्मिणी को आती देख लड़के घबराते थे। हम लड़कियों के लिए रुक्मिणी प्राणों से प्यारी थी। हम लड़कियाँ उस पर जान निछावर करती थीं। उसके बगैर कोई खेल नहीं, गाना-बजाना नहीं, पूजा त्यौहार भी नहीं सुहाती थी। बड़े-बुजुर्गों के लिए और छोटे बच्चों के लिए भी वह उतनी ही प्यारी थी। घरों की बड़ी-बूढ़ियाँ उसको बुला- बुलाकर अपने पास बिठाकर अपने बचपन के किस्से-कहानियाँ सुनाती थीं। ऐसा लगता था सृष्टि की दया, मृदुता, खुशी और हँसी मिल मिलाकर शायद वह बनी थी।

फिर होशियार भी ऐसी ही थी। किसी भी पुस्तक को एक बार पढ़ लिया तो बस, याद रह जाता था। वह तीसरी कक्षा में पढ़ते समय छठी कक्षा के लड़के को गणित में मदद करती थी। उसके गले में क्या जादू थी कि कुछ भी गाती थी तो मधुर लगता था। अद्भुत संगीत लगता था। रास्ते पर चलनेवाले भी रुककर सुनते थे। सीने- पिरोने में उसका लगाव नहीं था। रुक्मिणी डर नाम की चीज़ नहीं जानती थी। किसी से भी नहीं डरती थी। कोई भी गलत हो रहा है तो उसने देखा तो वह तुरंत बिना संकोच कुछ भी बोल देती। संकोच नहीं करती थी। कभी स्पष्ट कह देती थी- "क्या है, तुम्हारी बहू को इस प्रकार क्यों सता रहे हैं ? आपको दया नहीं आती? क्या आप इन्सान हैं?" एक घर में पति के अत्याचार बर्दाश्त से बाहर होने पर पत्नी कुएँ में कूद कर मर गयी। रुक्मिणी ने उस व्यक्ति के पास जाकर कहा - "उसको आपने

ही मार डाला। आपकी पत्नी है इसलिए कोई कुछ नहीं कहता। अगर कोई और होता तो आपको फाँसी हो जाती थी।" उसने दुबारा शादी करने की कोशिश की। रुक्मिणी ने गाँव में सब को कहा कि उसको कोई लड़की न दे।

रुक्मणी बड़ी हो रही थी, रूप निखर रहा था। सब उसी की तरफ देखते थे। एक दिन सुबह रुक्मिणी हमारे आँगन में ठहरी थी। इतने में हमारे स्कूल मास्टर (स्कूल में रुक्मिणी को चाहते थे) मेरे भाई से बातचीत करके जाते-जाते रुक्मिणी को देखकर पास आया। " रुक्मिणी कितनी बड़ी हो गयी" कहते-कहते उसके कंधे पर हाथ रखा। "मुझे मत छूना मुझे अच्छा नहीं लगता" कहते हुए उसने हाथ झटक दिया। बड़ी हो हुए भी शायद मैं ऐसा कह नहीं सकती। मास्टर ने हँसते हुए गाल पर हाथ रखा। क्या किया जानते हैं? पीठ पर जोर से पाँचों उँगलियों की छाप छोड़ते हुए दे मारी। वह हक्का-बक्का होकर अपनी पीठ सहलाते हुए चला गया।

मैं दो महीनों के बाद ससुराल जानेवाली थी तभी कुछ घट गया। तब रुक्मिणी ग्यारह साल की होगी। दीपावली त्योहार के लिए उसका पति आया और दो दिन रह कर गया। दो दिन रुक्मिणी हमें दिखायी नहीं दी। उसके पति के जाने के बाद दुपहर में आयी। मेरी दीदी, मैं और मेरे भाई मिलकर उससे हँसी-मजाक करने लगे। वह हमेशा हँसी-मजाक से रूठती नहीं थी। वह भी चमत्कार से बातें बनाती थी। पर आज उसने कुछ नहीं कहा। सिर घुमा लिया। आँखों में पानीभर आया काजल सनी काली- काली बूँदें गिरने लगीं। पास ही हमारा सोने का कमरा था। वह झट से उठी और उस कमरे में जाकर दरवाजा बंद कर लिया। हम एक दूसरे का मुँह ताकने लगे। रुक्मिणी ने कभी ऐसानहीं किया। उसके चेहरे पर हँसी ही हमने देखी। कभी रोते हुए नहीं देखा। हमें डर लगा। लगा कि उसको बहुत तकलीफ पहुँची होगी। थोड़ी देर बाद मैं ही अंदर गयी। बिस्तर पर औंधी पड़ी थी। रो रही थी। हिचकियाँ सुनायी दे रही थी। मैंने कितना पूछा फिर भी उसने कुछ नहीं बताया। उसकी हरकतें देखकर मुझ डर लगने लगा। किसी को बुलाने नहीं दे रही थी। बहुत देर बाद उसने खुद ही अपने आपको संभाला। मुँह हाथ धोया। कंघी की और चली गयी। बस, उस दिन के बाद रुक्मिणी के चेहरे पर फिर कभी हँसी नहीं आयी। खेलना छोड़ दिया किसी से बात नहीं करती थी। कोई कारण नहीं जानता।

दो महीने हो गये। मैं ससुराल चली गयी जाने के चार-छ: महीने बाद ही उसके बारे में अजीबोगरीब बातें सुनने लगी। पहले मुझे यकीन ही नहीं हुआ था। बाद में जब रुक्मिणी को जाननेवाले, उसके चाहनेवाले, रिश्तेदार- सभी एक ही बात कह रहे हैं तो यकीन न करूँ तो

क्या करूँ? बहुत ताज्जुब हुआ था | मुझे कभी नहीं लगा रुक्मिणी इस तरह बदल सकती है। पहले बहुत दुख हुआ था बाद में इनती शर्मसार हुई कि जैसे कि मैंने ही वह सब कुछ किया। बाद में और बातें सुनने के बाद उससे हो गयी। आगे-आगे उससे द्वेष हो गया।

एक बार मैं मायके गयी थी तो वहाँ रुक्मिणी दिखाई दी। तभी पति के घर से शायद आ गयी। गाँव भर में चहल-पहल थी इसको लेकर। औरतें सभी इस लड़की की ही बातें कर रही थीं। एक दुपहर मैं आँगन में खड़ी थी तो वह मेरी तरफ आने लगी। रुक्मिणी! कितना बदल गयी। कितनी दुबली हो गयी। आँखें धँस गयी। ऐसा लगा जिंदगी से उसे कोई उम्मीद नहीं है। चेहरा उतर गया था। कहीं-कहीं बाल सफेद हो गये। मेरे पास आकर उसने मेरा हाथ पकड़ा। झट से मैंने अंदर आकर दरवाजा बंद किया। तब उसकी नज़र को याद कर उस पर तरस आया। दुख हुआ। ऐसा लगा - बेचारी का दिल ही टूट गया। पता नहीं मेरे पास क्यों आयी थी? दोस्ती के कारण? मुझे लगा उस लड़की के साथ मैंने जो किया ठीक ही किया। उसने कैसे-कैसे काम किये। छि: मैं उससे बात करूँ? अगर बात कर लेती तो क्या हर्ज था? वह आखिरी मुलाकात थी।

मैंने रुक्मिणी के बारे में सुना था - गौना करने उसका पति आया तो रुक्मिणी ने कहा- मैं नहीं जाऊँगी। मुझे यह पति नहीं चाहिए। इस गाँव में मणि मेरी सहेली है। उसके जैसा मैं भी वेश्या बनूँगी। उस रात पति से कहा कि बहुत ज्यादा पैसा देने के बाद ही मुझे छूना। पति ने अपना गाँव ले जाना चाहा तो उसने जाने से इन्कार किया। बाद में जबरदस्ती उसे ले गये। उसका पति बड़ा अच्छा था। फिर भी वहाँ नहीं रह कर भागकर अकेली ही गाँव आ गयी थी। उसका नाना और माँ ने खूब गालियाँ दी। उनको भला-बुरा कहकर वेश्या की बेटी मणि के घर भाग गयी, वहीं रहने लगी। उसके दयालु पति ने आकर उसे ले जाना चाहा तो वहाँ गुंडों से उसको पिटवाने की कोशिश की गयी। तब उसके पति के पास और कोई चारा नहीं था तो थाने में रुक्मिणी के खिलाफ रिपोर्ट दर्ज किया। पुलिस ने डरा-धमकाकर पति के पास जाने के लिए कहा था तो तालाब में जा मरी।

यह माना गया था कि रुक्मिणी ने यह सब किया। कितना बेहूदा है। शायद उस लड़की की ग्रह-दशा ठीक नहीं रही होगी, और ये लोग मान रहे थे कि यह सब उस बेचारी ने जान-बूझकर ही किया। यह सब सुनने के बाद उसकी मौत की सुनकर भी मुझे दुख नहीं हुआ। एक महीने के बाद मैं माँ के पास गाँव गयी। मेरी भाभी की तबीयत ठीक नहीं थी तो तालाब से पानी लाने के लिए मैं ही गयी थी। उस दिन शाम के धुँधलके में कोई औरत कागजों का पुलिंदा मेरे हाथों में रखकर फौरन चली गयी। घर आकर पढ़ने लगी। पढ़ते वक्त मेरा जी कैसा

घबराया, इसको पढ़ने के बाद आपको भी मालूम होगा। यह पत्र रुक्मिणी के द्वारा लिखा गया, जो अब इस दुनिया में नहीं है।

"सीता, मैं जानती हूँ कि तुम्हें मुझ पर कितना गुस्सा है। मेरा नाम सुन कर ही थूकोगी। तुम्हारे जैसे पवित्र स्त्रियों का थूक भी मुझ जैसों पर गिरना नहीं चाहिए। ये कागज भी तुम पढ़ोगी कि नहीं क्योंकि इनको मैंने स्पर्श किया। अगर नहीं भी पढ़ती तो भी कोई नुकसान नहीं है। फिर भी तुम्हें लिखने का मन हो रहा है। बचपन की दोस्ती तुमने तो भुला दी मगर मैं नहीं भूल सकी। तुम सब लोग पतिव्रता हो। मेरा मैला नाम तुमने पोंछ डाला तुम्हारे निर्मल मन से। किंतु तुम्हारे प्रतिष्ठात्मक जीवन की स्मृतियाँ तो मेरे स्वच्छ मन में रह गयी। तुम अपने चेहरे, बातचीत और करुणा को मुझ से हटा दिये पर अपनी स्मृतियों को मुझ से नहीं छीन सकीं।

मेरे बारे में दुनिया क्या कहती है कुछ हद तक मुझे भी मालूम है। कितने भी बुरे हो पर वे उन बुराइयों को ढँक दाबकर रह सके तो लोग उनको सामने जो जी में आया नहीं बकेंगे। मगर जिसने नाम-धाम, लाज-हया, पाप-पुण्य, पत्नी धर्म छोड़ दिया उसके सामने जो जी में आया कहने में किसे संकोच होगा? कर्ज देकर कर्जदारों को डुबानेवाले बड़े-बड़े लोग, रिश्वतखोर पुलिस, बहुओं को आत्महत्या करने के लिए मजबूर करनेवाले सुहागिनें, पतियों को धोखा देनेवाली पतिव्रता- सभी मुझे मेरे मुँह पर ही गालियाँ देनेवाले हैं। सोचती हूँ तो आश्चर्य होता है। दो साल पहले तक कितनी संगी-सखी थीं मेरी। आज मेरी तरफ कोई भी आँख उठाकर नहीं देखता। एक भी नहीं है। इस वेश्या के अलावा, जो इस समाज और नीति से बाहर है। किसी ने भी यह नहीं पूछा कि सच क्या है और तुम्हारे साथ क्या हुआ है? यही दोस्ती है! जो कुछ भी हुआ, कुछ हद तक मेरे पति को मालूम है, उसके आगे जानना उनके बस की बात नहीं है। उनको देखकर तो दया आती है। उनके समान हज़ारों नर- पशुओं के रहते हुए उन्हीं पर यह मुसीबत आयी। मेरी जैसी बेशर्म डायन से शादी करने के कारण। जो सच उनको मालूम है बिना छुपाये कह सकने की हिम्मत उनमें भी नहीं है। वह तो आबरू वाले हैं। आबरूवाले ऐसे सच नहीं कहते। अगर कह देते तो समाज के तथाकथित आबरूवाले इनका बहिष्कार करेंगे।

ये कागज मैं अपनी अंतरंग सहेली इस गाँव की प्रसिद्ध वेश्या मणि को दे रही हूँ। वह तुमको देगी। वह जरूर देगी। प्रतिष्ठित परिवार की होती तो एक बात कह कर दूसरा करेगी। समाज की भलाई के लिए चिट्ठियाँ भी छिपा लेगी। या फिर समाज की परतों में छिपी सड़ांध के बाहर आने के डर से देने के लिए कहकर जला भी देंगी। मरी हुई मैं उनको कहाँ पूछूंगी।

वे पुण्यात्मा स्वर्ग जायेंगे मैं तो नरक जाऊँगी। मुलाकात की गुंजाइश नहीं है। अगर स्वर्ग जाकर पूछने की जुर्रत करूँगी तो वहाँ के लोगों से मुझे बाहर ढकेलने की कोशिश करेंगे। इन पत्रों को पढ़कर भी शायद तुम्हारा गुस्सा ठण्डा न हो, फिर भी एक बार पढ़ लो।

इस रात मैं आपके लोक से चली जा रही हूँ। सोलह साल पूरे नहीं हुए पर मुझे सौ साल का अनुभव मिल गया। बस, अब इस दुनिया में नहीं रहना। मेरी जैसी दुरात्मा को यह धरती ढो नहीं सकती। इस रात मुझे पानी भी अपनायेगा कि नहीं। मेरे मर जाने की खबर से बहुतों को खुशी होगी। खास कर मेरे पति को! एक हफ्ते के अंदर अच्छी आज्ञाकारी पत्नी को ला लेंगे। कोई संदेह नहीं। मेरी जैसी पत्नी जिसका है उसका पति अगर फिर से ब्याह करता तो आश्चर्य नहीं है। पर कितने पतिव्रता मानी जानेवाली पत्नियों के मरते ही ये मर्द दूसरी को तुरंत ब्याह कर लाते !

तुम्हारे ससुराल जाने के एक दिन पहले मैं तुम्हारे घर में खूब रोयी थी। तुम्हें याद है न? उसके दो दिन पहले मेरा पति हमारे गाँव आया था। उस दिन से मेरा शोक, मेरी वेदना, मेरा नरक और मेरा मरण शुरू हो गया। तुम विश्वास करो। यह सच है। उससे पहले मुझे शादी का मतलब नहीं मालूम था। मर्दों के छूने पर मुझे बहुत गुस्सा आता था। छूने में जो अंतर है मेरी समझ में आ जाता था। उस प्रकार छूनेवालों को मैं मारती थी। मेरे नाना का साला अक्सर आता था, एक बार उसने मुझे जूठा करते हुए चंबन लिया था। उसके पूरे चेहरे को मैंने नाखूनों से खरोंच दिया। मेरी माँ देखकर कुछ नहीं बोलती थी। कुछ बड़ी होने के बाद वह मेरे उरोजों पर हाथ लगाता था। मुझे अंगार लग जाता था। किसी को नहीं कह सकती थी, शर्म के मारे! एक बार मैंने माँ से कहा तो हँसकर टाल गयी। मुझे बहुत रोना आया। भागना चाहा। उस उसको मार डालना चाह रही थी। उसने जहाँ-जहाँ छुआ वहाँ-वहाँ मैं दस बार धोती थी। बाद में उसने ज्यादा परेशान करना छोड़ दिया, मगर पूरे तौर पर नहीं। इस प्रकार की कुछ घटनाएँ और घटीं और उस दिन दुपहर तक शादी का मतलब मुझे मालूम नहीं था।

दुपहर के दो बज गये थे। हमेशा की तरह माँ ने मेरे पति को 'कॉफी'ले जाकर देने को कहा। मैं कमरे में गयी थी। उसने दरवाजा बंद करने को कहा। मैं गयी नहीं तो वह उठकर गया और दरवाजा बंद कर दिया। मुझे उसने कसकर पकड़ा और पलंग पर डाल दिया। मुझ से बातचीत नहीं की, मान-मनुहार नहीं की, लाड प्यार नहीं किया। मुझे कुछ समझ में नहीं आ रहा था। बिल्ली चिडिया को पकड़ती तो जिस तरह तड़पती है उसी प्रकार मैं छटपटा रही थी| दर्द-दर्द-दर्द याद करती हूँ तो अभी उठती हूँ। मेरा शरीर मेरा नहीं था। खूब रोयी, चिल्लायी। इतनी जोर से चिल्ला शायद सारा मुहल्ला सुन लिया होगा। मैंने सोचा दरवाजा

खुलवाकर मेरे नाना और माँ उनको घर से बाहर करेंगे। मगर कोई नहीं आया। मेरी चीखों से लगता था कि मैं मर रही थी। मुझे लग रहा था कि वह मुझे मार डालेगा। मैंने हाथ पकड़कर उससे विनती की। मैं बहुत डर गयी थी। कसाई को भी शायद बकरी पर दया आती, मगर उसे दया नहीं आयी। जैसे जान बचाने के लिए कितनी कोशिश की मैंने पूरी ताकत लगायी। उसके हाथ नहीं आयी तो थककर छोड़ दिया और झट उठा और पैर से जोर से लात मारी और कहा 'चल जा'। मैं बाहर आकर गिरी। बाहर पूरे घर को देखकर जान में जान आयी। जोर-जोर से रोती हुई माँ से लिपट गयी। जिंदगी में पहली और आखिरी बार इतने जोर-जोर से रोयी। मेरा भरोसा था कि मेरी हर मुसीबत पर, किसी के तकलीफ पहुँचाने पर मेरी माँ उनको डाँटकर मुझे लाड करेगी, ढांढस बँधाएगी। उस दिन तो मेरी माँ और मामी- दोनों हँसने लगी थी। मेरी तकलीफ उनकी समझ में नही आयी। मेरी मामी ने पूछा- "क्या किया उसने ? काट लिया क्या? कहाँ बताओ।" उनकी इमाजिनेशन का यह हाल है। क्या ये समझ रहे हैं कि मुझे पहले से मालूम है? कभी उन लोगों ने बताया था क्या? खाना पीना सोना जैसा शायद उनको यह सब है। मामी को देखना था- मुँह से लार टपक रहा था। क्या ईर्ष्या, क्या खुशी उसकी आँखों में। दौड़ती हुई अपने कमरे में भागी। मैं अपने शरीर की तरफ नहीं देख सक रही थी। अपने शरीर से ही घिन होने लगी थी। और कोई होता तो, उसको नाखूनों से खरोंचती थी, मारती थी मगर... । यह मुझे अकेली देखकर धडाम से गिरा कर, छिः छिः मैं याद भी करना नहीं चाहती, मैं कैसे जिंदा रही, पता नहीं।

उस दिन तुम्हारे घर में कितना रोयी थी। उसी बात को याद करके रोयी थी। किससे बोलूँ? जिंदगी से विरक्त हो गयी। किसी का चेहरा देखने में लज्जा हो रही थी। शर्म से गड़ी जा रही थी, दिन रात वही याद आ रहा था। मुझ से जबर्दस्ती करने के खिलाफ़ मैं क्या करूँ? मेरे दिल की खुशी, संसार का आनंद, इंसानों पर भरोसा-ये सब गायब हो गये। वह चला गया। जाने के बाद से हर हफ्ता लगातार नाना और माँ के नाम पत्र! "कितने दिन रुकना? इतने दिन तक आप की लड़की बड़ी क्यों नहीं हुई? तभी आपने कहा था कि लड़की ग्यारह साल की है अगर हम जानते कि इतने दिन तक रजस्वला नहीं होगी तो तब हम शायद दूसरा रिश्ता तय कर लेते थे।" तीन-चार महीने बाद और एक पत्र आया-" रजस्वला नहीं हुई तो भी गर्भाधान करके भेज देना। अगले कुछ अच्छे मुहूरत हैं।" मेरे नाना राजी नहीं हुए। इस पर उनको बहुत गुस्सा आया। उन्होंने पत्र लिखा-"आपकी बेटी हमें चाहिए, हम दूसरा रिश्ता तय कर लेंगे।" इस पत्र के बाद नाना मामी और माँ के बीच झगड़े होते थे रोना-धोना चलता था। मामी चाहती कि मुझे तुरंत ससुराल भेज दिया जाय। मामी का पति उसको जब आठ

साल भी नहीं थे, मर गया। इसलिए शायद मुझे और मेरे पति को एक साथ छोड़ना और मुझे ससुराल भेजना उसको अच्छा लगता है। माँ और मामी रो-धोकर बोलने पर भी नाना ने नहीं माना। कुछ नहीं कर सकी तो मेरी मामी मुझे गालियाँ देकर गुस्सा निकालती थी। मैं ने क्या किया? यह बात सुनकर बड़ी खुशी हुई कि वह दूसरी शादी कर मुझे छोड़ देगा। कितनी गालियाँ सुनूँगी तो भी इस बात पर मेरी खुशी का ठिकाना नहीं था। चहकती हुई फिरती थी। मुझे लगता था मैं हमेशा छोटी - ही रहूँगी तो कितना अच्छा होता। पता नहीं, नाना ने बाद में क्या सोचा। उनको खत लिख दिया कि मैं रजस्वला हो गयी। एक हफ्ते में ही उन्होंने मुहूरत निकालकर पत्र भेज दिया। मेरे नाना भी इस पूरे मामले से परेशान थे। बाद में पता चला कि गाँव के कुछ लोगों ने उनको डराया धमकाया भी।

मेरे नाना के लिए किसी तरह यह परेशानी दूर हो गयी तो काफी है। किसी ने यह नहीं सोचा कि मेरी परेशानी शुरू होगी। मेरा पूरा शरीर कांपने लगा। शादी का मतलब समझ में तो आ गया। रातों की नींद गायब हो गयी। डर के मारे खाना भी ठीक नहीं खा रही थी।

उनको क्या? यह मेरा दुख कब तक। शायद उनके या मेरे मरने तक भुगतना पड़ेगा। क्या सब लोग इस तरह के दुख के साथ ही घर-गृहस्थी चला रही हैं ? उनको रोते हुए तो नहीं देखा। मेरी माँ के पास खूब रोयी - "मैं तुम्हारे पास ही रहूँगी। उसको देखते ही डर लगता है।" पहले हँसने लगी थी फिर गुस्से में आयी और गालियाँ देने लगी। इन लोगों के लिए लड़की का जन्म लेना, बढ़ना, शादी होना, रजस्वला होना, गर्भाधान करना ऐसा ही है जैसा एक पौधा का उगना, पेड बनना, फल लगना है। इस काम में किसी प्रकार का व्यवधान आया तो सृष्टि में व्यवधान जैसा ही है। लड़की और मेरी जैसी छोटी लड़की का गौने से इन्कार करना। फिर क्या है ? क्या कभी ऐसा हुआ था? अगर कोई इन्कार कर दिया तो संसार उनको मानेगा। पेड़ पर फूल नहीं लगते तो क्या करते? जानवर अगर गाभिन नहीं बनती तो क्या करते। रुकेंगे ही न? फिर मुझे... मुँह बंदकर, लात मार कर ... मुझे जिसमें ज्ञान है, वेदना, अभिमान, डर और शरम-हया है, जो एक स्वतंत्र प्राणी है उसे ये लोग इस प्रकार जबर्दस्ती करनेवाले होते कौन हैं? मुझे जन्म दिया। पाला-पोसा। इसलिए उनकी अधीन वस्तु बनी। उनकी जानवर हूँ। मुझे इसके हाथों (पति नाम के) बेच डाला। क्या उनको मैंने कहा था कि पैदा करो? पैदा करें इसलिए खाना दिये। अगर न चाहते तो खाना भी नहीं देना था और क्यों नहीं मार डाला था? इससे तो बेहतर था। जानवर को चारा नहीं डालते? क्या मैं भी वैसी ही थी? फिर माँ भी तो हैं। बचपन से मेरे ऊपर उसी का अधिकार था। उन्होंने कभी भी पास बिठाकर क्या यह समझाया कि शादी का मतलब क्या है? स्त्री धर्म निभाने में आगे कितनी

मुसीबतें होंगी। उस प्रकार बताना गलत है। इस प्रकार की बातें बच्चों में नहीं बोल सकतीं। छोटी लड़कियों को अचानक कमरों में धकेल सकती हैं। गालियाँ देते बुरा नहीं लगा, उस प्रकार की बातें बताना बुरा है। वाह. रे। महूरत के दिन बराबर पहुँच गये। शाम में मेरा सिंगार कर रही थी तो लगा बलि - पशु को तैयार कर रही है। मैं उनके लिए एक मशीन - पुर्जा जैसी हूँ। पुरुषों की नज़र में स्त्री की शायद यही हैसियत है। इतने दिन जो मैं पली-बढ़ी, खेली-कूदी, लिखी-पढ़ी वह सब आज उनकी बलि चढ़ने के लिए ही। सृष्टि का आधा समुदाय बाकी आधे 'समुदाय के लिए गुलाम क्यों बनना है? खूबसूरत है तो पुरुष को रिझाने के लिए, ताकत है तो पुरुष की चाकरी करने के लिए, पढ़ी-लिखी पुरुष के धोबी का हिसाब-किताब रखने के लिए, संगीत आता तो पुरुष को आनंदित करने के लिए। इस तरह के अन्याय को संसार कैसे बर्दाश्त कर रहा है। परंपरा के कीचड़ में हमारे बुजुर्गों के हृदय सड गये हैं। इस पुरुष रूपी राक्षस का संहार कर अनाथ अबलाओं के उद्धार के लिए कोई रामचंद्र भी अवतार नहीं लेता।

उस शाम मैं बहुत रोयी थी। बहुत मनुहार करने लगी थी। किसको परवाह थी? उस रात की पीड़ा नाना की तो नहीं है। मेंढक को निगलने को तैयार साँप जैसे आसन पर बैठे उसकी आँखें चमक रही थीं। मुझे चिढ़ा रही थीं और कितनी देर बचकर रहेगी?" उस दुर्दशा से बचने का कोई चारा नहीं। मुझे इस प्रकार की कठोर सजा क्यों? मैंने क्या अपराध किया? फाँसी की सजा होने के बाद भी बचने की गुंजाइश रहती क्योंकि किसी के दिल में रहम होगा? मुझे इस प्रकार किसी के सामने मेरा शरीर, मेरा हृदय, मेरा मान, मेरी इच्छा सबको बिना मेरी इच्छा के इस प्रकार सरे आम खोलकर डाल देने का अधिकार किसने दिया? रोती-पीटती आँखों से खून के आँसू बहानेवाली अनाथ बालिका को नर पशु के लिए उसके माता-पिता ही बलि देते तो कौन उसकी पुकार सुनेगा? समय जैसे-जैसे बीत रहा था मुझे लग रहा था कि जंगली छिपकली पतिंगे के पास धीरे-धीरे सरक रहा था झपटने के लिए।

रात हो गयी थी। औरतें लेकर गयी थी। बहुत रोयी थी। मेरे प्राणों के लिए और मेरे मान के लिए, अपनी सुरक्षा के लिए लड़ रही थी। खींचकर ले गयीं और कमरे में धकेल कर दरवाजा बंद कर दिया। उस कमरे में भूखे बाघ के जैसे जो बकरी के इंतजार में भूखा था, चहलकदमी कर रहा था बेचैनी के साथ। काँपती दरवाजे के पीछे दुबक गयी। हाथ पकड़ कर पलंग तक ले गया और अजीब हरकतें करने लगा। उसकी आँखों में मैं इच्छा, वेदना, हृदय के साथ एक इंसान नहीं लग रही थी। उसकी काम वांछा पूरा करने का एक यंत्र मात्र हो गयी थी।

रात में मेरी चीख-पुकार के लिए मेरे नाना मुझे मारने पीटने तैयार हो गया। कितनी भी पीड़ा हो, उनके अनुसार, चीखना मना है। नाई हजामत बनाते वक्त जरा सी दर्द हुई तो नाना खुद तो उसे गालियाँ देते हुए मारने के लिए उठ गये थे। मुझे लगा- उसके उज्जडपन के लिए कम से कम उसको डांटेंगे। भोजन के समय उससे कह रहा था-"पहले सब ऐसे ही रहती हैं। कोई परवाह नहीं, आदत हो जाएगी। तुम संकोच मत करो।" मेरा दिल बैठ गया था। इच्छा हुई कि दोनों को मार डालूँ।"

दूसरे दिन उसने स्त्री-धर्म के बारे में समझाया उसकी पहली बीबी के बारे में बता रहा था-" अब इतने के लिए ही चिल्ला रही हो। तब मैं भरी जवानी में था। वह दुबली और कमजोर थी। आँखों में बीमारी थी, हमेशा सिरदर्द की शिकायत रहती थी। फिर भी उस हालत में भी 'ना' नहीं करती थी। आखिर बीवी जो है।"

मुझमें एक नया डर समा गया कि बेचारी इसीलिए मर गयी होगी। मेरी भी हालत वही होनेवाली है। "बिना किसी वजह के कमजोर होकर बीमार पड़ गयी। बीमारी की हालत में भी कभी रोकती नहीं थी। बहुत अच्छी थी। पतिव्रता थी। उसके मरने के बाद में मैंने सोचा कि शादी नहीं करूँगा। हर रात पैसे फेंकता था पसंद की मिल जाती थी। पंद्रह साल आराम से गुजर गये। मेरी माँ ने नहीं माना। उसने जिद की कि मुझे बुढ़ापे में देखनेवाला नहीं होगा। इसलिए शादी कर लूँ। सच ही, ये राँड सब बुढ़ापे में मेरा चेहरा भी नहीं देखेगी। इसलिए घर ब्याह कर लायी औरत का रहना जरूरी है। मैं भी बूढ़ा हो रहा हूँ उनके घरों के आसपास भटकना अब मुश्किल है। अब टिकने को ठिकाना चाहिए।"

तीन रातें बीत गयीं। फिर मुझे ले जाना चाह रहे थे। नाना और माँ के पास फूट-फूट कर रोयी और कहती रही थी कि मुझे न भेजें। पर उनका दिल जरा भी नहीं पसीजा। मैं ससुराल चली गयी। उनका बड़ा-सा घर था। घर में अकेली सास ही है और कोई नहीं है। वह मुझे बड़े प्रेम से देखती थी। घर का पूरा काम, रसोई भी वही संभालती थी। अगर मैं कोई काम करती तो गुस्से में आती थी। काम करते मुझे देखता तो वह भी अपनी माँ पर गुस्सा करता था। उनके अनुसार मेरी पूरी ताकत उसको सुख देने के लिए ही उपयोग में लाना चाहिए। सुबह से शाम तक, फिर शाम से सुबह तक पड़ी हुई तैयार मिलने के सिवा मेरा और कोई काम नहीं। यही मेरी जिंदगी है। उसको मुझ पर गुस्सा इसलिए आता था कि उसको प्यार नहीं करती। मुझे समझ में नहीं आता था कि मैं उस पर कैसे प्यार दिखाऊँ ? और क्यों दिखाऊँ? अक्सर गालियाँ देता था कि पहलीवाली मुसीबत में भी जैसे बोले वैसे सुनती थी झूठी खुशी जताती थी। यह तो कितनी जिद्दी है। कभी उन पर भी तरस आता था। अगर वह

मेरा पति न होता तो शायद उन पर आदर रहता था। उनके पूरे दोस्त उनको प्यार करते थे। उन पर उनको बहुत प्यार था। दयालु था धर्मात्मा था। गाँव में उनका अच्छा नाम था। मुझे क्या फायदा? मैं तो उनकी अर्धांगी और धर्म पत्नी हूँ। उनके दुर्गुण ही मेरे अनुभव के दायरे में आये।

एक दिन मेरी सास ने मुझे एक पोस्ट कार्ड देकर कहा कि "तुम्हारे नाना को आकर चार दिन के लिए ले जाने के लिए लिखना? " मैंने लिखा। मेरे नाना आया उन्होंने ले जाने को मनाह किया। मुझे ले जाने के लिए नाना से मैंने बहुत प्रार्थना की- नाना जी अगर तुम भी मुझ पर दया नहीं करोगे तो मेरी गत क्या होगी।" नाना के आँखों से आँसू बहने लगे। नाना ने कहा- "एक के हाथ में सौंपने के बाद फिर हमारा क्या अधिकार होगा?" मेरे नाना भी उससे दुश्मनी मोल लेना नहीं चाहता था।

मेरे और पति के बीच झगड़ा होने लगा। उसको सुख देने के लिए उससे झूठे प्रेम का प्रदर्शन करने लगी। सभी पतिव्रताओं के जैसा रहने का मैंने उनका अनुकरण किया। मैंने अपने दिल को मार कर उसकी पसंद के नीच हरकतें करने लगी। पर मुझे अपने ऊपर घृणा होने लगी। नाटकबाजी नहीं आती। मुझे और मेरे शरीर को सब सहकर प्रस्तुत करें तो काफी नहीं है। खुशी के साथ उसके प्रति माह जताना। ऐसे-ऐसे काम कराता था मुझे लगता था- पानी में डूब मरना काफी नहीं है। शरीर को जलाने की इच्छा होती थी।

एक हफ्ते के बाद कुछ तकलीफ होने लगी थी। डॉक्टर को नहीं बुलाया/ बहुत बीमार हो गयी थी और उठ नहीं सकती थी। आखिर में डॉक्टर को बुलाया गया। उसने देखा और कहा था उसको समझ में नहीं आ रहा है इसलिए लेडी डॉक्टर को बुलाया जाय। उस गाँव के मिशनरी दवाखाने से लेडी डॉक्टर को बुलाया गया। वह लेडी डॉक्टर और उस डॉक्टर ने आपस में बात की और मेरे पति को अंग्रेज़ी में जोर से डांट दिया। उसने उनके साथ बातचीत में आशय यह था कि उनको कुछ भी करने का हक नहीं बनता। दोनों डॉक्टर मेरी उम्र पूछ रहे थे और पुलिस और मैजिस्ट्रेट की बात भी कह रहे थे। मेरे पति ने जबर्दस्ती दोनों को घर से बाहर भेज दिया। उस डॉक्टर को बाद में नहीं बुलाया। आयुर्वेद की दवाइयाँ खिलाने लगे। मैं बार-बार मूर्च्छित होने लगी थी। काफी तकलीफ होती थी। बेहोशी के बहाने चीखती-चिल्लाती और उससे नोच-खसोंट करती थी। मेरा नाना फिर आया। पर उन लोगों ने मुझे नहीं भेजा और नाना चले गये।

फिर मैंने निश्चय कर लिया कि उस घर में बिलकुल नहीं रहना है। उस घर में सुख तो एक पल के लिए भी नहीं। पीड़ा और घृणा नहीं बर्दाश्त कर सकती थी। हिम्मत के साथ एक दिन मैंने उनसे कहा कि उनके साथ रहना मुझे पसंद नहीं। मुझे बहुत ज्यादा तकलीफ है इसलिए घर चली जाना चाहती हूँ, फिर वापस नहीं आना है। वह फिर से नयी शादी कर सकता है। उसकी दी हुई साड़ियाँ और गहने वह लौटा देगी। इस मेहरबानी को वह ताउम्र नहीं भूलेगी। पर उसने नहीं माना। इस हरकत से मुझे जो नुकसान होंगे-उसने यह सब बताया। आगे पति के बिना जीना मुश्किल है। समाज में इज्जत नहीं रहेगी, पति के छोड़ने के बाद मायके वाले भी ठीक से नहीं देखेंगे। मैंने बताया कि मैं सब बर्दाश्त कर लूँगी। उसने कहा कि मैं बदचलन हो जाऊँगी, समाज में उसकी छीछलादरी होगी और दुबारा शादी करने में बेकार पैसा खर्च होगा। मैंने कहा कि मुझे क्या फर्क पड़ता है। तो भी उसने नहीं माना। जैसे मुझे अंगार छू गया। किस अपराध की सजा है यह कैद। यह घर है या जेलखाना है ? कितना भी गंभीर अपराध हो कभी न कभी रिहाई तो होती है। यह शादी का जुल्म मेरे नाना और घरवालों ने मेरे साथ किया मुझे जिंदगी भर छुट्टी नहीं। उसको मैंने समझाया कि मैं भाग जाने की ताक में थी, कोई मजाक नहीं - सच में ही मैं भाग जाऊँगी। तब उसका माथा ठनका। एकदम रोने लगा। रोकर सच बताने लगा।

"तुम भाग गयी तो मेरी इज्जत का क्या होगा? पहली बीवी की मौत को लेकर ही तरह-तरह की अफवाहें हैं। अगर तुम भाग गयी तो क्या मैं सिर उठाकर जी सकूँगा? जिसकी बीवी भाग जाती है उस मर्द को समाज नीची निगाह से देखता है, क्या इज्जत रह जाएगी? वैसा मत करो? तुम्हारे लिए क्या नहीं कर रहा हूँ? तुम्हें क्या तकलीफ दे रहा हूँ।" मैंने कुछ नहीं कहा मुझे घृणा-सी हो गयी।

उस घर में एक बूढ़ा धोबी रहता था। कई सालों से वह उनके पास ही रहता था। उसने कभी इससे पहले बात नहीं की थी। एक दिन दुपहर जब मैं अकेली थी तब उसने मुझ से बात की थी। उसने कहा था कि मैं अपनी माँ के घर चली जाऊँ, अगर उस घर में रहूँगी तो मर जाऊँगी। मेरे पति की पहली बीवी भी ऐसे ही मर गयी थी। उसने कहा था कि वह मेरी मदद करेगा। सब चुपचाप हो गया। दूसरे दिन दुपहर मैं अपने गाँव पहुँच गयी। मेरे घरवाले मुझे देखकर खुश हो गये। मेरे नाना ने मुझे गले लगाया और मेरी माँ रोती रही। उन लोगों को देख कर मेरी जान में जान आयी। मैं सारे दुख भूल गयी। मुझे लगा कि संसार में अभी कुछ सुख बाकी है। आँगन में मेरे पौधों में फूल लगे हैं। गाय दूध दे रही है। मैं सोचने लगी कि मैं बेकार ही माँ और मामी से रूठ गयी थी।

मेरी सारी खुशियाँ राख में मिल गयी। दूसरे दिन मेरा पति दौड़ा-दौड़ा आया। घरवालों को भी पता चल गया कि मैं बगैर बताये आ गयी थी। नाना ने मुँह फेर लिया। मामी की गालियाँ खतम नहीं हो रही थीं। माँ ने लताड़ा पैदा होते ही क्यों न मरी। वह ले जाना चाहता था। पहले मैंने कहा कि मर भी जाऊँगी मगर साथ नहीं चलूँगी। बड़ा झगड़ा हुआ। सारा गाँव एक हो गया। मैंने निश्चय किया कुछ भी हो नहीं जाऊँगी। और फिर रातों के बारे में क्या बताऊँ जो उनके साथ गुजारे? उनका पूरा गुस्सा, बदला और जबर्दस्ती! मेरे नाना भी मुझे मारने को तैयार हो गये। "नाना! तुम को मेरे ऊपर इतना गुस्सा क्यों? मैंने क्या किया? तुम्हारे लिए क्या तकलीफ है? तुम्हारी इज्जत का सवाल है? कचहरी से घूस लाता था, उस समय गोरे साहब के पैरों पर गिरा था, उस गोरे साहब की सारी गालियों को तुमने बर्दाश्त किया- तब कुछ नहीं था, मेरा तुम्हारे घर आना तुम्हारे लिए बेइज्जती की वजह बनी? देवताओं की अर्चना किये बगैर भोजन नहीं करते न तुम? तुम ने कभी सोचा कि वह भगवान क्या सोच रहा है? तुम्हें तो यही चिंता है कि पड़ोस के सुब्रह्मण्यम् तुम्हारे बारे में क्या सोच रहे हैं? पातिव्रत्य-पति परमेश्वर- ये पुस्तकों में लिखी बातों को छोड़कर तुमने अपनी बुद्धि से क्या कभी सोचा था? गोरे साहब के पैरों पर गिरना उचित था! महाभारत में कहाँ लिख गया था! नाना! क्या वह हिंदू पुरुष-धर्म के अनुरूप था? मैं जा रही हूँ। मेरे लिए एक आँसू भी आएगी क्या? या फिर तुम यही सोच रहे हो कि मुझे मेरे लायक सजा ही मिली। क्या अब भी नहीं लग रहा है कि तुम्हारा भी कोई कसूर था? मेरे लिए अब वहाँ ठहरना मुश्किल हो गया था। ठीक से खाना भी देना बंद कर दिया। अपमान के कारण मर जाने का विचार आया। कोई नहीं है तो औरत के लिए और कौन-सा रास्ता बचेगा। तालाब के पास गयी, तो डर लगा। उस ठंडे पानी में मेरे गरम प्राणों को खोने का मन नहीं हुआ। घर जाने की चाह नहीं और तालाब में डूब मरने की हिम्मत नहीं। रोती बैठी थी और रोती हुई ही गाँव में आयी। हमारे गाँव की वेश्या नागमणी उधर से जा रही थी और उसने मुझ से बात की। मेरे बारे में पहले से उसने समझ लिया और इत्मीनान से बातें की। देवदूत जैसी लगी। उसके साथ आने को कहा और मैं गयी। चार दिन आराम से गुजर गये। उतनी सहानुभूति और किसी ने नहीं दिखायी। उसके पैरों पर गिरने की इच्छा हुई। आखिर मुझे ढूँढ निकाले और मेरे नाना और मेरे पति आये। नागमणी ने मुझे छिपा दिया। नागमणी के पास कुछ मर्द थे उन लोगों ने उन दोनों को अंदर भी आने नहीं दिया। फिर चैन से उस घर में रही। एक हफ्ते के बाद चार पुलिसवालों के साथ मुझे ले जाने आये। मणी खूब रोयी और कहने लगी- हमारे कुल में तो भी जन्म क्यों नहीं लिया। इस तरह की गुलामी तो नहीं रहती। मेरे पति मुझसे जिस प्रकार का बर्ताव करता

क्या इन लोगों के साथ कर सकता ? वे चुप नहीं बैठती। मुझे पुलिस इन्स्पेक्टर के घर ले गये। मेरे साथ बेचारी मणी भी आयी थी। वहाँ मेरे नाना और पति थे। सब ने मिलकर मणी को खूब गालियाँ दी। मणी ने भी उनकी खूब खबर ली। उनके कान में तो जूँ भी नहीं रेंगती। इन्स्पेक्टर ने मुझे अपने पति के साथ जाने को कहा। मैंने कहा कि अगर मेरा पति वचन दे कि मुझे नहीं छुएगा तो मैं जाऊँगी। नहीं तो किसी हालत में मैं नहीं जाऊँगी |

इन्स्पेक्टर ने कहा- "फिर तुम ने शादी क्यों की?" मैंने कहा- मैंने नहीं की। उन लोगों ने कर दिया। और तब मुझे मालूम नहीं था कि शादी का मतलब यह सब करना है। तब इन्स्पेक्टर ने कहा- "वह सब हम को मालूम नहीं है। तुम उनकी पत्नी हो इसलिए उन्हीं के पास रहना, उन्होंने कुछ किया तो भी।"

मुझे बहुत रोना आया। उनको इतना ही मालूम है कि मैं औरत हूँ, अकेली हूँ इसलिए पति को सौंपना है। क्या मेरा शरीर मेरा नहीं है? किसी को मैं अपना शरीर छूने से क्या मैं नहीं रोक सकती? स्वेच्छा से वेश्या कह सकती है पर अग्नि को साक्षी मानकर जिसने शादी की वह नहीं कह सकती। पुराने जमाने में गुलामों को बेचते थे, तब भी उनके शरीरों पर क्या इतना आधिपत्य रहता था? बैल अगर घाव के साथ है तो गाड़ियों से बाँधने पर पुलिस पकड़ लेगी। पर पति के पास नरक वेदना भुगतने के लिए पत्नी को हाथ पाँव बाँधकर उसके सामने डाल कर कहते हैं कि उसकी जो मर्जी है कर ले। क्या यही देश की सभ्यता है?

मैं उनके साथ भेज दी गयी। उस घर में फिर से तैयार हम। मेरी सास ने कुछ नहीं कहा। पहले जैसी ही थी। पर मेरे मुसीबत बढ़ गये। पहले भी उनमें करुणा बिलकुल नहीं थी, पर सब जिसे प्रेम समझते हैं, शायद वह था। अब वह सब कुछ नहीं है। अब गालियाँ और उलाहना देना मामूली बात हो गयी। मुझे जीने की जरूरत नहीं है। उनके रहते मैं एक दिन भी सुखी नहीं रहूँगी। उनको क्यों मरना है मैं ही मरूँगी। फिर से शादी कर लेंगे। सब मुसीबतें दूर हो जाएंगी। नाना और माँ की इज्जत जाएगी। सब सिर उठाकर जी सकेंगे। आज रात मैं पानी से नहीं डरूँगी। इन कागजों में मैंने सब कुछ लिख दिया।

हमारी हालत यह है। मैं सोचती हूँ कि तुम अपने पति के साथ सुखी होगी। फिर भी संसार पर मेरा भरोसा उठ गया। गाँव के सभी लोग मुझे कितना प्यार करते थे पर आजकल कोई पूछता भी नहीं है। किसी ने मुझ से बात करने की कोशिश नहीं की और पूछा ही नहीं कि सच क्या है? उनका पहले से विश्वास रहता कि गृहस्थी में जो भी खामियाँ रहती वे सब औरत के कारण ही हैं।

मैंने सोचा कि तुम तो भी बात करोगी। मुझ जैसी लड़की से कौन बात करेंगे? तुम लोगों के पति क्या कहेंगे? समाज ने जिस पति को दिया, उसको अगर खराब कहेंगे तो संसार चुप बैठेगा? कहेगा कि तुम ही बुरी हो। स्त्री का जीवन कितना महान है? स्त्री की कितनी सहनशक्ति है। पत्नी किसी भी बात को सह लेती है। बेशर्म होकर बाहर आकर इस प्रकार क्या कोई कहती?

मुझे किसी से प्यार नहीं है, मणि को छोड़ कर। इस बात के लिए मेरी जीभ जला देंगे। पति से प्यार नहीं इस प्रकार कोई कहता है, भला! शादी होते ही अचानक बिना किसी वजह उस पर प्यार आ जाना चाहिए। प्यार हो या न हो तो भी अभिनय करना चाहिए नहीं तो समाज चुप नहीं रहेगा। मरने के बाद मरे शरीर को मेरे पति के हाथों तो नहीं देंगे? तब तो मेरा शरीर मेरा नहीं रहेगा? मुझे कहाँ पकड़ लेगा? शायद स्वर्ग में...। मुझे क्यों स्वर्ग मिलेगा! उनको तो स्वर्ग ही है, अगर मैं नरक में जाऊँगी तो बच सकती हूँ। बाद की बात छोड़ो। मैंने जो नरक देखा उससे तकलीफदेह और कोई नरक नहीं हो सकता। यह स्वच्छ पानी मेरे सारे शरीर को धो देगा। मेरे शरीर को लगा मेरा हिकारत, मेरी नींच हरकतें, जो उनको खुश करने के लिए किया, वह सब घुल जायेंगे। गोदावरी का पानी सारे पापों को धो देगा तब स्वर्ग शायद मिलेगा। मुझे स्वर्ग नहीं चाहिए फिर से मैं उसके सामने जाऊँगी। फिर मुझे, कभी किसी भी जन्म में पति नहीं चाहिए। हे ईश्वर ! मुझे जन्म-जन्मांतर तक कन्या ही रहने दो। यही मेरी प्रार्थना है।

ये कागज मैं धोबी को दे रही हँ-वह मणी को देगा वह तुम्हें देगी। विदा।

(रुक्मिणी- 1924-गुडिपाटि वेंकट चलम्)

# 15. लाड़ली बेटी - श्रीमती सरस्वती (1933) (कहानी)

कमला लक्ष्मणराव साहब की एक ही बेटी है। लक्ष्मणराव इंजनीयर थे काफी धन कमाया। अब वजीफा ले रहे थे। उनको एक बेटा था- रंगाराव जो दूसरे गाँव में काम कर रहा था। उसके जन्म के सोलह साल बाद कमला का जन्म हुआ। लक्ष्मणराव दम्पती आनंदसागर में डोलने लगे। उनका आनंद विधाता से देखा नहीं गया। कमला चार साल की भी नहीं हुई और उसकी माँ यमपुरी जा बसी। लक्ष्मणराव ने लाड़-प्यार से कमला की देखभाल ऐसी की कि कमला को माँ की कमी ही महसूस न हो। बचपन में खेलकूद के साथ कमला को सुशिक्षित भी किया। वह बड़ी अध्ययनशील थी और अनेक विषयों पर पिता के साथ चर्चाएँ भी करती थी। बालिका पाठशाला में पढ़ती थी और सोलह साल पूरे भी नहीं हुए, वह मैट्रिक परीक्षा में उत्तीर्ण हो गयी। आगे कॉलेज जाकर पढ़ने की इच्छा थी कमली की और पिता भी पढ़ाना ही चाहते थे। किंतु डॉक्टर ने सलाह दी कि उसकी शारीरिक दुर्बलता को ध्यान में रखकर घर पर आराम करें। इसलिए वह घर पर ही रही, उसने पढ़ना-लिखना नहीं छोड़ा।

(2)

रात के बारह बज रहे थे। विशाल भवन के बरामदे में चुपचाप कुछ लोग बेचैनी से इधर-उधर चल रहे थे। मेज पर लेबल लगी दवा की शीशियाँ चार-पाँच रखी हुई थी। बिखरे बाल और लाल-थकी आँखों वाली एक लड़की वहाँ आई और कहने लगी-"नर्स, तुम जाकर आराम करो, मैं बैठूंगी।" जबर्दस्ती उसके हाथ से बर्फ की थैली ले ली। नर्स ने कहा "धन्यवाद" और चुपचाप दूसरे कमरे में चली गयी।

थोड़ी देर में बीमार आदमी ने पुकारा- "कमला।" "क्या, पिताजी?" कहते हुए कमला उसके नज़दीक गयी। "मैं अपना वसीयतनामा लिखूँगा।" उठने की कोशिश करने लगा।

कमला ने उसको धीरे से लिटाया और कहा - " पिताजी! आप सो जाइए, बुखार कम हो जाएगा। अब आपको डरने की कोई जरूरत नहीं है। वसीयतनामा कल भी लिखा जा सकता है।" लक्ष्मणराव तुरंत बेहोश हो गये। नर्स ने टेलिफोन पर डॉक्टर को बता दिया कि रोगी की मृत्यु हो गयी। कमला धड़ाम से नीचे गिरी और बेहोश हो गयी।

**(3)**

पिता की मृत्यु के तीन दिन तक कमला का शरीर सुन्न हो गया। दिमाग काम नहीं कर रहा था। दिशा भ्रमित होकर रहने लगी।

पाँचवें दिन से लग रहा था कि उसके हृदय में आग की लपटें सुलग रही थीं। उसको नींद नहीं आती, पक्षियों की चहचहाहट, मन भावन चाँदनी रातें, प्रशांत संध्या- एक भी उसके हृदय को शांति नहीं दे रहा था।

**(4)**

पिता की क्रिया-कर्म के लिए कमला का भाई शहर से आया। कर्मकाण्ड पूरा होने के बाद वह उस गाँव में रहना नहीं चाहता था, इसलिए घर बेच दिया। पिता लक्ष्मणराव ने कोई वसीयतनामा नहीं लिखा। इसलिए जायदाद का वारिस कमला का भाई ही है और उसी को मिला। पिता का पूरा प्रेम पानेवाली उस कुँवारी बहन कमला पर एक तरह से भाई और भाभी को ईर्ष्या ही ज्यादा थी, प्रेम नहीं। फिर भी उन लोगों ने कमला को अपने साथ आने के लिए कहा था। कमला जानती है कि उसकी भाभी का उसके प्रति उपेक्षा का भाव है। इसलिए उसने स्पष्ट कह दिया कि वह उन लोगों के साथ नहीं जाएगी। उसके पास जो जेवर हैं जो लगभग दो हज़ार रुपयों के मूल्य के हैं, उसने निश्चय किया कि उनको बेचकर आगे पढ़ेगी और आगे आत्मनिर्भर रहेगी। उसने गहने बेच दिये। एक कमरा पाँच रुपये में भाड़े में लिया। वह खुद खाना बनाकर, घर का कामकाज समेटकर पढ़ने लग गयी। कमला की जिंदगी को मन की व्यथा और गरीबी ने और दुर्भर बना दिया। उसकी तबीयत वैसे ही नाज़ुक थी और इन हालातों में और खराब हो गयी। चार-चार दिन को बुखार आने लगा। इसकी परवाह न करते वह कॉलेज जाती थी। डॉक्टर ने उसका मुआयना करके बता दिया कि उसको राजयक्ष्मा है। यह तीव्र रूप में होने के कारण ज्यादा एहितियात बरतना चाहिए। अच्छा भोजन, स्वच्छ हवा एवं आराम के साथ रहना जरूरी है।

तंग गली के एक छोटे घर के छत पर एक छोटा कमरा है। उसी कमरे में एक चारपाई पर दुबली-पतली कमला पड़ी हुई थी। वह हड्डियों का ढाँचा लग रही थी। उसकी सहेली

लक्ष्मी एक टूटे पंखे से उसे आराम देने की कोशिश कर रही थी। कमला खांस रही थी और बीच-बीच में कफ के साथ खून भी निकल रहा था। उस दिन धूप भी ज्यादा थी, इसलिए 105 डिग्री बुखार था। लक्ष्मी ने कहा- "कमला! कितना क्रूर है तेरा भाई। आकर देखा भी नहीं। एक ही पिता की संतान होकर वह धन दौलत से सुखमय जीवन बिता रहा है, तेरे पास दवा के लिए भी पैसे नहीं। यह कैसा न्याय है? हमारे कानून भी कैसे हैं? हमारा समाज भी कैसा समाज है? ऐसे भयंकर अन्याय हमारे समाज में ही हो सकते हैं, और किसी समाज में नहीं।"

इतने में दरवाजे पर किसी ने दस्तक दी। लक्ष्मी ने चुपचाप दरवाजा खोला। डाकिया ने एक खत दिया। वह कमला के नाम पर था। घर के मालिक ने भाड़े के लिए नोटिस दिया। तीसा रुपये घर का किराया देना था। उसके पास पूरा पैसा खर्च हो गया। वह हाथ की सोने की चूड़ियाँ एक-एक बेचकर जी रही थी। भाई ने लिखा कि कुँवारी, रहते हुए, अपने पास न आकर कमला उसकी प्रतिष्ठा में कलंक लगा रही है, इसलिए ऐसी बहन को वह बहन मानने से भी इनकार कर रहा था। कमला ने पत्र देखा और उसकी आँखों से आँसू बहने लगे।

लक्ष्मी से कहा- "लक्ष्मी! तू किसी प्रकार इस ऋण से मुझे मुक्त कर। मेरे पिता की चाँदी की घड़ी मेरी पेटी में है। उसे बेचकर उनको पैसे दे दो।"

लक्ष्मी ने कहा-"बहन! तू इस बारे में चिंता न कर | मेरी चूड़ियाँ बेचकर तेरा ऋण चुका दूँगी। इस प्रकार के अन्याय को देखते हुए चुपचाप बैठनेवाले पुरुषों का क्या कहना। उनको अपने सुख की ही चिंता है। क्या बेटियाँ बेटों के साथ जन्म नहीं रही हैं? बेटे सारी संपत्ति के वारिस हो रहे हैं और बेटियाँ निपट गरीबी में जी रही हैं। इस प्रकार परंपरा से प्रचलित यह कानून रूपी पिशाच हमारे समाज को छोड़ेगा? "शारदा बिल बनाने वाले महाशय जैसे महानुभाव क्या इस देश में अब नहीं हैं ? देश में इस कमला के जैसे और कितने लोग बलि होंगे? कब यह कानून समाप्त होगा?" कमला को फिर खांसी आयी। कमला को तड़पते हुए देख लक्ष्मी डॉक्टर को बुलाने गयी। डॉक्टर के पहुँचने तक ही कमला की चेतना चली गयी। लग रहा था- गहरी नींद में थी।

वह अपने पिता से मिलने चली गयी।

गृहलक्ष्मी-नवंबर-1933

# 16. संसद में मेजारिटी आपका ही है न?
# - श्रीमती कनपर्ति वरलक्ष्मी अम्मा (कहानी)

सुबह नौ बज रहे थे। राजेश्वरी घर में कुछ काम समेट रही थी। राघवराव दीवान खाने में आरामकुर्सी पर बैठकर डाक देख रहे थे। उन्होंने राजेश्वरी को पुकारा। राजेश्वरी ने दीवान खाने में आकर पूछा- "आपने बुलाया?" राघवराव ने कहा- "बक्सा-वक्सा समेटो, जाना है।"

"कहाँ जाना है?" - राजेश्वरी।

"गुंटूर।"-राघवराव

राजेश्वरी ने पूछा- "क्या मेरे मामा ने पत्र लिखा है?"

"नहीं, गुंटूर से कुछ बड़े लागों की बीवियों ने तुम्हें बुलाते हुए निमंत्रण पत्र लिखा है। वहाँ महिलाओं की सभाएँ होनेवाली हैं।" राघवराव ने कहा।

"बड़े लोगों की बीवियाँ क्यों? क्या उनके नाम-धाम नहीं हैं? "

"मुझे क्या मालूम? वहाँ जो है वही मैंने बताया। "

"तो फिर उनके नाम वहाँ नहीं हैं? "

" होता तो पढ़ता था न?"

"बिना बुलानेवालों के नाम क्या कोई निमंत्रण-पत्र होता है?"

राघवराव ने राजेश्वरी के हाथों में निमंत्रण पत्र दिया। राजेश्वरी ने निमंत्रण- पत्र पढ़ा और हँसते हुए कहने लगी- "वे सब बड़े - बड़े अफसरों की बीवियाँ हैं, इसलिए उन्होंने लिखा है फला की पत्नी। इसमें गलत क्या है? आजकल सब ऐसे ही लिख रही हैं। "

"ओहो! तुम्हें उसमें कोई गलत नहीं लगा तो अच्छी बात है। कुछ दिन तक हम लोग निर्भय रह सकते हैं। "

"आपको क्या है, आप हमेशा ही निर्भय रहेंगे। यह तो कहिए कि उसमें आपको गलत क्या लगा?"

"मुझे क्या करना है? मैं नहीं बताऊँगा।"

"हम मूर्ख हैं, समझ नहीं सकीं। आप समझदार हैं, समझा तो सकते हैं।"""

आपको व्यक्ति स्वातंत्र्य चाहिए।"

"हाँ।"

"पुरुषों के समान अधिकार चाहिए।"

"जरूर।"

"ये सब बातें हैं- ऐसा लगता है ये सब आप मन से नहीं चाहतीं।"

"है-हमारे नौ साल के महिला-सभाओं में पारित प्रस्तावों को एक बार पलटाकर देखिए। आपको ही पता चलेगा कि हमारी स्वतंत्रता की भावना किस प्रकार ततीव्र हो रही है।"

"वह केवल शब्दों में और वाक्यों में है। आपके विचारों में नहीं है। "

"आपका ऐसा सोचना गलत है। स्वतंत्रता के लिए हमारा महिला - समाज कितना छटपटा रहा है, हमारे हृदयों में झांक कर देखें तो समझ सकते हैं। "

"इतनी मेहनत की जरूरत नहीं है। आप लोगों के यह निमंत्रण पत्र देखें तो ही समझ में आ रहा है। "

"क्या समझ में आ रहा है। "

"आप सब पुरुषों की आड़ में ही अपना आधिपत्य भी चाहते हैं।"

"क्यों ऐसा लगा?"

"आपके अपने नाम रहते हुए, उसको छोड़कर अमुक आदमी की पत्नी के रूप में जाना जाना।"

"अच्छा, यह बात है? क्या पतियों के नाम लिखने मात्र से हमारी आकांक्षाओं में अवरोध होगा। मेम साहब सब ऐसा ही लिखती हैं न? फिर उनके अधिकारों में कोई आँच नहीं आयी। वे पुरुषों के समान अधिकारों को पा रही हैं न?"

राघवराव ने कहा-"समान अधिकार तो मिल रहे हैं, किंतु यह पद्धति ठीक नहीं है। एक मेम एक पुरुष से शादी करने के बाद आपस में अनबन के कारण तलाक लेकर दूसरे पुरुष के साथ विवाह करती है। इस प्रकार जब पति बदल गया तब उस बदले हुए पति की पत्नी के रूप में ही उसका नाम और पहचान। उस मेम को कितने भी अधिकार मिल जाएँ पर नाम पर कोई समान अधिकार नहीं है। आप लोगों को कोई अधिकार नहीं है, एक स्वतंत्र नाम का जो अधिकार है, उसको भी मेम साहबों का अनुकरण कर, खो दे रही हैं। हमारे देश में अनादि काल से पिता या पति के संबंध के साथ या आधार पर ही नाम की परंपरा नहीं है। वैदेही, वैदर्भी, पांचाली, शैव्या, जानकी, द्रौपदी आदि इसी प्रकार के हैं। उनका देश, उनका वंश, उनके पिता के आधार पर छोटे सुंदर नाम हैं। अब जो नाम है, वे इस प्रकार हैं- शारदा रमणराव, मिसेस शर्मा, मिसेस शास्त्री, मिसेस नायडू आदि। इनका तर्जुर्मा करेंगे तो शर्मा सति, शास्त्री सति आदि के रूप में निरर्थक लगते हैं। इसमें न बाप का नाम है और न ही माँ का नाम। इस प्रकार अपनी पहचान को छोड़कर व्यक्ति स्वतंत्रता, समान अधिकार आदि नारे लगाती हैं तो मजाक बन जाता है। राजेश्वरी ! आप महिलाएँ इस प्रकार के संबोधनों से शायद खुश होती हैं किंतु हम पुरुष लोग पत्नी कितनी सुशिक्षित हो कितनी भी जमीन-जायदाद की मालकिन हो, कितनी भी कमानेवाली हो अगर हमें अमुक के पति के रूप में बुलाते हैं। तो हम आत्महत्या कर लेंगे। क्या हम स्वीकार करेंगे! यह देख लो कि अगर मुझे कोई राजेश्वरी पति के रूपमें बुलाता है तो उसको एक झापड़ दूँगा।"

राजेश्वरी जोर से हँसी और कहने लगी- तौबा। हम इतना बड़ा कदम नहीं उठायेंगे।"

राघवराव ने कहा- "दासता के वातावरण में पाली पोसी गयी आप लोगों को व्यक्ति का स्वाभिमान क्या मालूम होता है?"

"हाँ पीढ़ियों से स्त्री को ऊँचा स्थान देने से कतराने वाली जाति के महानुभाव हैं, आप किसी के पति के रूप में अपनी पहचान क्या सहन कर सकेंगे?" "

सहन करना हमारे लिए..."

"आखिर गुंटूर जाने की बात का क्या हुआ?"

"क्या महिला सभा में जाओगी?"

"जाऊँगी। कई दिनों से जाकर देखने की इच्छा है। पिछली बार भी नहीं जा सकी। इस बार तो भी जाऊँगी। किसी दूर गाँव में नहीं अपने ही जिले में ही रही है। देख कर आऊँगी।"

" फिर तैयार हो जाओ।"

"कब?"

" आज ही तीन बजे की गाड़ी से। "

"तीन बजे की गाड़ी से? गुंटूर जाने तक क्या अंधेरा नहीं हो जाएगा?"

" अरे! अंधेरा हो गया तो रेल से नहीं उतर सकती और समान अधिकार चाहती हमारे साथ | "

"युग-युगों से हमें रसोई घरों में बंदी बनाकर हमारी क्षमता को दबाकर रखा। अब आप कहेंगे कि क्या अकेली नहीं जा सकती! तो मैं क्या कर सकती हूँ। बचपन से ही हिम्मत और साहस के साथ रहने की आदत डालें तो ही किसी को हिम्मत होगी। है न?"

"फिर भी डर नहीं। आप लोगों के स्वागत के लिए कई महिलाएँ स्टेशन पर इंतजार करती रहेंगी। वे लोग तुम्हें अतिथि गृह तक ले जायेंगी। अकेली जाने को डरने की जरूरत नहीं है। "

"मैं प्रतिनिधियों के साथ अतिथि गृह नहीं जाऊँगी। मैं मामाजी के घर जाऊँगी। बच्चों को दूध- बिस्कुट वहाँ कहाँ मिलेंगे?"

"तो अभी मैं तुम्हारे मामा जी को तार दूँगा। वे किसी आदमी को स्टेशन भेज देंगे।"

"आप ही आ जाइए न? शनिवार और इतवार कचहरी को भी तो छुट्टी ही है।

"हम पुरुषों के सारे हक छीनने के लिए तुम सभा में जा रही हो और मैं तुम्हारे साथ आऊँ?"

"आप पुरुषों के विरुद्ध क्या प्रस्ताव रख रहे हैं। हम चाहती हैं कि हमें ये सुविधाएँ मिलें। आपके विरुद्ध प्रस्ताव कैसे हुए?"

"आपके इच्छानुसार अगर सुविधाएँ दी जाती हैं तो फिर हमें असुविधा ही है न?"

"आप पुरुष कितने स्वार्थी हैं?"

"दूसरों के परमार्थ के विरोध में तो नहीं हैं।"

"फिर बोलिए कि आप गुंटूर आ रहे हैं या नहीं।"

"अन्यथा नहीं समझना, मैं नहीं आऊँगा। "

" फिर मामा जी को तार दे दीजिए। किसी को स्टेशन भेजेंगे।" कहकर राजेश्वरी भीतर चली गयी।

तुरंत तार देने के लिए राघवराव आरामकुर्सी से उठे और अल्मारी से पर्स निकाला, जेब में रखा और उत्तरीय कंधे पर डालकर बाहर निकलने लगे। इतने में राजेश्वरी चौके से बाहर आयी और पूछा - "क्या तार देने जा रहे हैं?"

"हाँ।"

"वहाँ से क्या बाजार जायेंगे? "

"तुम अगर कहोगी तो जाऊँगा। क्या चाहिए?"

"सभा में बच्चे रोयेंगे तो उनके लिए एक बिस्कुट पॉकेट और मामाजी के बच्चों को देने के लिए दो पौण्ड पेप्परमेंट |

"ठीक है। लेते आऊँगा।"

"अरे! बगैर सुने क्यों चले जा रहे हैं?"

" और क्या चाहिए? "

"बारीक छींटवाला वाइल का कपड़ा आठ गज और जूड़े में खोंसने..."

"अरे बाप रे! आप औरतों को कहीं जाना है तो... डर लगता है भई।"

"छोटी सुई से लेकर हर चीज़ को आप के हाथ के नीचे से ही आना है इसलिए हम अगर जरूरत की चीज़ माँगते हैं तो भी... अगर आपको चाहिए तो सब कुछ चुपचाप ला लेंगे। इस बीच आप बंबई गये तो आपने कितनी सूट सिलवाये, कितने जूते खरीदे। कभी नहीं कहा कि कितना खर्चा हो गया। आप अपने हाथों से कमाते हैं और दिल खोलकर खर्च कर लेते हैं।"

" आप भी तो कमाओ न? हमारा काम हलका हो जाएगा।"

"अगर यह होता तो हमारी पराधीनता 90% कम हो जाती थी।"

"अरे रे! तुम्हारे मन में कितने भाव उमड़ रहे हैं।"

"कितने भी भाव हों या विचार हों, क्या फायदा? पानी के बुलबुले पानी में ही समा जायेंगे न? क्या खास बात है?"

"सच ही यह महिला-युग है।" कहकर मुस्कुराते हुए राघवराव बाजार चले गये। राजेश्वरी सफर की तैयारियों में लग गयी।

## (2)

ठीक दो बजे घोड़ा गाड़ी घर के आंगन के सामने आकर ठहर गयी। राजेश्वरी ने बच्चों को तैयार किया, खुद भी अच्छी साड़ी पहनी और घर के कमरों को बंदकर ताले डालने लगी। राघवराव बरामदे में टहलते हुए नौकर से सामान गाड़ी में रखने को कहा। भीतर जाकर राजेश्वरी से पूछा - "इंटर के टिकट लूँ।" राजेश्वरी ने पूछा-"इंटर में महिलाओं के लिए क्या अलग डिब्बा रहेगा?" "शायद इस गाड़ी में नहीं होगा।" - राघवराव ने जवाब दिया।

"फिर थर्ड क्लास का टिकट ही लेना। बातचीत करते हुए आराम से बैठ सकती हूँ।" राजेश्वरी ने कहा।

"इंटर में क्या बात नहीं कर सकती?"

"किस से? "

"जो होंगे, उनके साथ ही। "

"कोई मर्द रहेंगे तो उनसे मेरी क्या बातचीत होगी? आप रहते तो बात अलग है।"

"अच्छा, तुम जहाँ जाओगी बाडीगार्ड जैसा मुझे शायद साथ में रहना है।"

"वह सब जाने दीजिए। थर्ड क्लास टिकट लिये तो महिलाओं का डब्बा अलग से जरूर रहता है। इसलिए उसमें बैठूंगी।"

नौकर ने सामान गाड़ी में रख दिया। राजेश्वरी बच्चों के साथ गाड़ी में बैठ गयी। राघवराव ने साइकिल पर पहले स्टेशन जाकर टिकट खरीदे।

इतने में राजेश्वरी और बच्चों के साथ घोड़ा गाड़ी भी आ गयी। महिलाओं के कंपार्टमेंट में बीवी-बच्चों को बिठाकर राघवराव ने देखा - गाड़ी छूटनेवाली थी। राजेश्वरी का घबराया हुआ चेहरा देखकर राघवराव को लगा कि वह भी जाता तो ठीक था। गाड़ी जाने तक रुक कर राघवराव घर पहुँचा।

कचहरी से आने के बाद पत्नी के साथ बातचीत और हास-परिहास में राघवराव का समय बीतता था। घर में पत्नी और बच्चे नहीं हैं तो घर में रहने की इच्छा नहीं हो रही थी। बाँट लेकर क्लब चला गया। आठ बजे तक खेलता रहा। घर लौटते समय अगले दिन के लिए दोस्तों को न्योता देकर आया। सोमवार पाँच बजे की गाड़ी से राजेश्वरी वापस आ गयी। राघवराव घर नहीं लौटे इसलिए पिता के लिए बच्चे इंतजार कर रहे थे। नौकर मालकिन से बातें कर रहे थे। महाराजिन पूछ रही थी कि खाने में क्या-क्या बनायें?

"मेरे छोटे भाई के लिए तूअर दाल की चटनी बनाओ। साहब के लिए कोई अच्छी तरकारी बनाना ही है। बच्चों के लिए खट्टी दाल बनाओ। पापड़ - वगैरह गरमागरम कुछ तलन हो जाय। पहले तो गरम पानी रखो ताकि बच्चों को दूध मिलाऊँ।" मालकिन ने ठाठ से आदेश दिये। इतने में राघवराव आ गये। बच्चे पिता के पास गये तो छोटे बच्चे को गोद में उठाकर बड़ी बच्ची की उँगली पकड़कर चलते हुए अंदर आये। छोटी लड़की लीला ने कहा- "मामा भी हमारे साथ आये हैं।" राघव राव ने राजेश्वरी की तरफ देखते हुए पूछा - "क्या तुम्हारा भाई श्रीनिवास आया है ? कहाँ है?" इतने में श्रीनिवास वहाँ आ ही गया। उसको देखते हुए राघवराव ने कहा- "श्रीनिवास! बी.ए. आनर्स, आमदनी तो नहीं। ऐसे व्यक्ति को बगैर सोचे समझे लड़की देने की सजा के रूप में तुम ससुराल में ही हो क्या आजकल?"

"नहीं, जीजा।" श्रीनिवास ने मुस्कुराते हुए कहा।

राजेश्वरी ने कहा- "अरे, एक क्षण में कितनी कहानी बना दी आपने? कल- परसों ही उधर गया था। आप तो ऐसे बता रहे हैं कि सालों साल जैसे वहीं था। "

"जीजा तो कहानीकार हैं। कहानियाँ गढ़ने में माहिर हैं। " श्रीनिवास ने कहा।

राघवराव ने कहा-"मेरी कहानियों की बात मत उठाओ। तुम्हारी जीजी को बहुत गुस्सा आता है।"

"तुम्हें क्या डर है?" श्रीनिवास ने कहा।

राघवराव ने कहा-"तुम्हारी जीजी की अध्यक्षता में जब महिला सभा में तीन प्रस्ताव पारित किये तब से डर ही रहा हूँ। डर से काँप रहा हूँ, समझे। पता नहीं, फिर से कौन-कौन से रिजोल्यूषन (Resolution) पास कराएगी? तुम्हें मालूम है औरतों से डरने के दिन आ गये।"

"अहा! कितना डर रहे हैं आप! आजकल औरतों के बारे में आप लोग जो लिख रहे हैं शायद इस प्रकार कभी पुरुषों ने नहीं लिखा होगा। कोई कहानी, कोई गीत, कोई निबंध या कोई कविता - किसी को भी पढ़ो, स्त्री की निंदा, स्त्री पर अधिक्षेप या फिर अनुचित वर्णन।" राजेश्वरी ने कहा।

"देखो! फिर शुरू हो गया आक्रोश भरा भाषण।" राघवराव ने हँसते हुए कहा।

"हाँ, आजकल का सभ्यतारहित लेखन देखती हूँ तो मुझे गुस्सा ही आता है। रसिक भोग की वस्तु के रूप में, पुरुष की संपत्ति के भाग के रूप में एक जड़ वस्तु के रूप में, पुरुषाधिपत्य, तुच्छ और त्याज्य के रूप में दार्शनिक हर कोई अपनी-अपनी चित्त की प्रवृत्ति के अनुरूप लिख रहा है। यह पूरा 'अंधगज' न्याय लगता है। किसी ने नारी हृदय की गहराई

को नहीं जाना। ईश्वर ने जिन तत्वों से पुरुष को बनाया, उन्हीं तत्वों से स्त्री को भी बनाया। इसलिए स्त्री पुरुष के समान स्वरूप एवं लक्षण संपन्न मानव-प्राणी है। किंतु पुरुषों की कल्पना का जड़ पदार्थ नहीं है।" राजेश्वरी ने तीखी आवाज़ में कहा।

"ओहो हो! श्रीनिवास! देखो! यही पुरुषों के समान प्राणी परसों अकेली गुंटूर जाने के लिए नीचे-ऊपर हो गयी। अब तो रौब से कैसे बात कर रही है?" ठहाका लगाकर राघवराव हँसने लगा।

राजेश्वरी ने कहा- " हमेशा लोहे के पिंजरे में बंदी बनी पक्षी की उड़ने की शक्ति क्या क्षीण नहीं हो जाती? यह गलती किसकी है? "

राघवराव ने उसका जवाब नहीं दिया और कहने लगा- "चलो श्रीनिवास अगर यहीं रह गये तो हम लोगों की गलतियाँ और गिनाएगी। इसलिए हमारा घूमने बाहर जाना ठीक है।" मुस्कुराता हुआ श्रीनिवास आया और दोनों घूमने चले गये। राजेश्वरी सामान समेटने लगी।

रात के आठ बज रहे थे। रेल गाड़ी सफर से थके बच्चे खाना खाकर सो गये। छोटी बच्ची भी दूध पीकर सो गयी। घर में सन्नाटा है। राजेश्वरी महिला सभा की बातें याद कर रही थी। महाराजिन झपकियाँ ले रही थी। इतने में राघवराव और श्रीनिवास आ गये। आते ही राघवराव ने पूछा- "क्या खाना बन गया?" राजेश्वरी ने सिर हिलाया। राघवराव ने कहा- "फिर देर किस बात की? खाना खा लेंगे।" राजेश्वरी को भी साथ में बैठने के लिए कहा। राघवराव के अनुरोध पर राजेश्वरी भी उनके साथ बैठ गयी। सब भोजन करने लगे। राघवराव ने श्रीनिवास से पूछा - "तुम्हारी नौकरी की बात क्या सोच रहे हो? "

"सोच तो रहा हूँ, मगर नौकरियाँ हैं कहाँ?" श्रीनिवास ने कहा।

"तुम्हारे ससुर कुछ प्रयास नहीं कर रहे हैं? वहाँ के जिला बोर्ड प्रेसिडेंट से शायद उनकी दोस्ती है।" राघवराव ने कहा।

"दोस्ती की सिफारिश के बदौलत नौकरी मिलने के दिन गये।"

राघवराव ने कहा-"तब फिर तुम अपने ससुराल में घर- जवाई बनकर रह जाओ। आजकल बेकारी के मारे सारे Graduate इसी तरह समस्या का समाधान कर रहे हैं। ससुराल में चाय-नाश्ता, खाना-पीना सब आराम से वक्त पर मिल जायेंगे। बीवी भी तो रहती है। ठाट से रह सकते हैं।"

"ससुराल में ज्यादा दिन रहने पर आदर सम्मान की बात का क्या पूछना | गरीब ब्राह्मण का लड़का जिसको मुफ्त में खाना देते हैं उससे भी बदतर हो जाता है ।"

"ऐसा कैसे हो सकता है? ज्यादा कुछ किया तो धौंस डालो कि बीवी को लेकर किसी गाँव या पराये देश में जाऊँगा । तब सीधे हो जायेंगे ।"

"उनके घर में हम जम कर क्यों रहना? सम्मान की आशा क्यों करना? इससे अच्छा यही है कि जब उनके बुलाने पर जायेंगे तो आदर-गौरव रहेगा।"

"तुम ऐसा रहोगे तो कोई नौकरी नहीं देता, तुम्हारे सास-ससुर और तुम्हारी बीवी भी तुम्हारी बात नहीं सुनेगी। किसी फिल्म स्टूडियो में भी जाकर काम करने लायक नहीं रहोगे।"

राघवराव और श्रीनिवास राव कुर्सियों पर बैठकर पान खा रहे हैं। झूले में बच्ची हिलने लगी तो राजेश्वरी थपकियाँ देने लगी।

"राजेश्वरी! गुंटूर जाकर तो आ गयी। महिला सभा कैसी रही? डाइर्वस (Divorce) प्रस्ताव का क्या हुआ? तुम ने कुछ बताया नहीं।" राघवराव ने कहा।

राजेश्वरी ने फिर से देखा। छोटी बच्ची सो गयी। वह उन लोगों के पास आ गयी और कहने लगी- "अब क्या डाइवर्स? महिला सभा में उसका नामोनिशान नहीं रह गया।"

"क्या यह प्रस्ताव आया ही नहीं? बच गये। हमारे दांपत्य के लिए स्थिरता की कमी नहीं रहेगी। "

"डाइवर्स पास हुआ तो भी हमारे दाम्पत्य के लिए क्या ..."

"हाँ नुक्सान है। तुम्हारे कोई साथी कोई डाइवर्स ले रही हैं तो तुम को भी शौक हुआ तो मैं क्या करता? इन तीनों..."

"आप भी रंगम्मा के पति जैसे बोल रहे हैं। "

"उसने कहा था क्या? "

उसने कहा-"देखो। तुम छः बच्चों की माँ हो। महिला सभा में डाइवर्स प्रस्ताव रख रही हैं। उसके अनुसार हम दोनों को अलग हो जाना पड़ता है। तब तुम और बच्चों को कौन देखेगा? इतने बच्चों की माँ से कौन शादी करेगा? बेवजह परेशान हो जाओगी। वैसी है तुम्हारी महिला सभा, तुम सभा में मत जाओ और उसका चंदा भी दो।"

"वह घबरा गयी और कहने लगी- भाभी! मैं महिला सभा में नहीं आऊँगी | मेरी पति ने ऐसा कहा। "

राघवराव से राजेश्वरी से कहा - "कुछ भी बोलिए। पुरुषों के लिए डाइवर्स सिंह स्वप्न (भयोत्पादक) लग रहा है। इसलिए अनेक प्रकार की बातों से औरतों को भ्रमित कर रहे हैं।"

"मुझे कोई भय नहीं है। शौक से तलाक लो और किसी से..."

"बाप रे ये क्या बातें हैं? आपको गलत सही नहीं मालूम - जिस बात की धुन में रहते हैं वही..."

"तलाक बोलते ही गलत लगने लगा पर समान अधिकार, स्वतंत्रता आदि का नाम लेते ही उत्साहित हो जाती है न? "

"उसमें क्या बात है? ये मानव के सहज सिद्ध अधिकार हैं। प्रत्येक स्त्री को ये अधिकार मिलना चाहिए। किंतु तलाक के बदले पुरुषों के लिए और एक प्रस्ताव पास किया हमने। "

"वह क्या है?"

"पत्नी के जीवित रहते हुए पुरुष को दूसरी शादी नहीं करनी चाहिए।" "लाख पास करो, हमें क्या?"

"हाँ, आपको क्या है? संसद में तो मेजारिटी आप ही का है न?"

गृहलक्ष्मी जनवरी 1936

www.ingramcontent.com/pod-product-compliance
Lightning Source LLC
LaVergne TN
LVHW031429170726

843492LV00010B/2925

*9788196915094*